Inhalt

Jürgen Pfaff

Handbuch der heilenden Farben

Die schönsten Techniken zum Heilen und Inspirieren

WINDPFERD

Wichtiger Hinweis: Die hier vorgestellten Methoden zum kreativen und ganzheitlich heilsamen Umgang mit Farben machen die Betreuung durch einen Arzt, Heilpraktiker oder Psychotherapeuten nicht überflüssig, wenn der Verdacht auf eine ernsthafte Gesundheitsstörung besteht.
Die Informationen in diesem Buch sind nach bestem Wissen und Gewissen dargestellt. Die Autoren und der Verlag übernehmen jedoch keine Haftung für irgendwelche Schäden aus dem richtigen oder unrichtigen Gebrauch der in diesem Buch vorgestellten Methoden. Diese sind lediglich zur Information und Weiterbildung gedacht.

1. Auflage 2005

Umschlaggestaltung: Kuhn Grafik, Digitales Design, Zürich
Illustrationen: Peter Ehrhardt
Illustrationen auf den Seiten 277, 280, 283, 303, 305 und 419 von Jürgen Pfaff
Satz und Layout: Marx Grafik & ArtWork
Herstellung: Schneelöwe Verlagsberatung & Verlag, Aitrang
www.windpferd.de
ISBN 3-89385-483-5

Printed in Germany

Vorwort

Da Sie dieses Buch in Ihren Händen halten, gehe ich davon aus, dass auch Sie sich sicher sind, dass Farben in unserem Leben eine außergewöhnlich wichtige Rolle spielen. Sicherlich haben Sie, bewusst oder unbewusst, bereits mit Farben gearbeitet. Mit Farben arbeiten ist ein Ausdruck, den ich nicht besonders mag, denn es hört sich wirklich nach „Arbeit“ an. Farben kann man einfach in den Alltag ganz gezielt mit einfließen lassen, ohne dass es etwas mit Arbeiten zu tun haben muss. Stellen Sie sich vor, es ist Winter und sehr kalt draußen. Sie möchten sich früh morgens ankleiden, stehen vor Ihrem Kleiderschrank und sehen fünf schöne, warme Pullover vor sich. Diese fünf Pullover haben den gleichen Schnitt, sind aus gleichem Material, nur die Farben sind unterschiedlich. Einer ist *rot,* einer ist *grün,* einer *braun,* einer *weiß* und einer *violett.* Zur neutralen Hose, die Sie bereits anhaben, passen alle Pullover gleichermaßen gut. Irgendetwas in Ihnen entscheidet sich für einen dieser kuschelig warmen Oberteile. Vielleicht der Rote, weil Sie heute viel Kraft brauchen, vielleicht der Weiße, weil Sie heute wichtige Entscheidungen treffen müssen. Ihr Unterbewusstsein weiß genau, welches die richtige Farbe ist, welche Farbe Sie jetzt am nötigsten brauchen. Wir wissen alle, dass es keine Zufälle gibt, daher werden Sie genau den richtigen Pullover auswählen. Sehen Sie, auch das ist „Arbeiten“ mit Farben. Solche Dinge geschehen täglich und laufen in der Regel ganz unbewusst ab. Doch wenn man sich auf die Vielfalt und Wirkungsweise der Farben in unserem Leben einlässt, so hat man ein wunderbares Mittel, an sich zu arbeiten – so ganz nebenbei und doch beeindruckend wirkungsvoll. Denn Farben haben nicht nur eine feine Wirkung auf unseren grobstofflichen Körper, sondern auch auf unseren Geist und unsere Seele. Und genau da beginnt das Heranziehen von Farben zur Bewältigung von Problemen, Hindernissen, Schmerzen und vieles mehr interessant zu werden. Doch darüber in den nächsten Kapiteln mehr.

Eines sollten wir uns nur klar werden: Es GIBT KEINEN ZUFALL. Zufall heißt, dass uns etwas zufällt. Es hat seine Berechtigung, egal was uns in welcher Situation zufällt. Ich möchte versuchen, es Ihnen anhand von einem Beispiel zu verdeutlichen: Stellen Sie sich vor, Sie sind beim Einkaufen im Supermarkt und ein anderer Kunde oder eine andere Kundin fährt Ihnen mit voller Wucht mit dem Einkaufswagen in die Hacken. Oh, das tut weh. Schmerz und Ärger kommen in Ihnen hoch. Als diese Person Sie dann noch anpöbelt mit den Worten „Können Sie denn nicht aufpassen und etwas schneller gehen …!“ Spätestens dann bekommen Sie Wut. Empörung macht sich breit. Was geschieht dann? Es gibt viele Möglichkeiten: Sie bleiben gelassen und denken sich Ihren Teil. Sie begeben sich auf die Ebene der anderen Person und schreien zurück. Sie bleiben ruhig und versuchen die Situation aufzuklären. Sie sehen viele Möglichkeiten, wie man reagieren könnte. Können Sie oder ich sicher sein, wie man letztendlich reagiert, wenn einem so etwas geschieht? Ich denke nicht. Letztendlich hängt das von Ihrer jetzigen, momentanen Verfassung bzw. Stimmung ab. Doch in jedem Fall kann man sich fragen: „Wieso geschieht mir das, was will mir dies verdeutlichen?" Fragen Sie Ihr Innerstes. Vielleicht nicht jetzt gerade in der Befangenheit von Emotionen, vielleicht fragen Sie sich das einfach später in einer ruhigen Minute zu Hause nach dem Auspacken Ihres Einkaufs. Sie werden eine Antwort bekommen. Vielleicht ist die Antwort: Ich war heute im Geschäft mal wieder scheußlich zur Auszubildenden. Jetzt sollte ich selbst mal spüren, wie es sich anfühlt ungerecht behandelt zu werden. Das könnte eine Antwort sein. Oder Sie finden eine Andere für sich, für diese Situation. Jedenfalls liegt in der Regel eine Bedeutung darin, in dem was uns zufällt. So ist es auch kein Zufall, wie Sie heute gekleidet sind, welche Farben Sie heute tragen. Es hat eine Wirkung auf Ihr Sein. Schauen Sie mal jetzt in diesem Augenblick, welche Farben Sie gerade tragen, welche Farben Sie umgeben. Das alles hat eine Bedeutung und einen Einfluss auf Sie. Welchen genau und wie man damit umgehen kann, erfahren Sie in diesem Buch der schönsten Techniken mit Farben.

Dieses Buch entstand, weil ich es immer als schwierig empfand, in der Literatur über Farbsysteme, die für mich passende Arbeitsweise mit Farben zu finden. Daher möchte ich Ihnen einfach einen Überblick mit ausführlichen Anleitungen und praktischen Übungen über Systeme und Möglichkeiten mit Farben zu arbeiten anbieten. Finden sie Ihren eigenen Weg heraus mit Farben Ihr Leben auf diesem Planeten noch fröhlicher und einfacher zu gestalten.

Ich wünsche Ihnen von Herzen viel Freude daran,

Ihr Jürgen Pfaff

Farben in der Wissenschaft

Diese Thematik mag vielleicht ein wenig „trocken" erscheinen, doch ich denke, um das Bild der Wirkung von Farben besser verstehen zu können, ist es angebracht ein wenig in die Wissenschaft einzusteigen. Ich möchte es an dieser Stelle nicht übertreiben und habe für Sie daher das Interessanteste einfach und verständlich zusammengestellt.

Farbe hat eine Schwingungsfrequenz, die entweder sehr lange oder auch kürzere Schwingungswellen aufweist. Diese Frequenzen haben eine Entsprechung zu unserem Inneren, zu unserem Körper, unserem Geist und unserer Seele.

Es ist nun mehr als 300 Jahre her, seit der Mensch zum ersten Mal in die Geheimnisse der Naturfarben eindrang. Der Engländer *Isaac Newton* (1642–1726) gehört sicher zu den einflussreichsten Naturforschern unserer Geschichte. Die produktivste Zeit hatte er in seiner Jugend. *Isaac Newton* verdanken wir viel, was wir heute über Farben wissen. Im Jahre 1666 startete er Versuche mit einem Prisma. Er fand heraus, wenn weißes Licht hindurch fiel, nicht etwa ein weißer Strahl wieder herauskam, sondern das Licht zog sich in ein waagrechtes Band auseinander. Dieses Band hatte die Farben des Regenbogens: *Rot, Orange, Gelb, Grün, Blau, Indigo* und *Violett.* Man nennt dieses Band heute Farbspektrum und die einzelnen Farben Spektralfarben.

Newton entdeckte bei seinem Versuch noch zwei weitere wichtige Tatsachen. Zunächst stellte er fest, dass sich keine Farbe des Spektrums in andere Farben zerlegen ließ, wie es beim weißen Licht möglich gewesen war. Außerdem fand er heraus, dass sich das farbige Licht bei Durchgang durch ein zweites, diesmal umgekehrtes Prisma wieder zum weißen Licht zusammenschloss.

Damit konnte er feststellen: Farben sind nicht Modifikationen des weißen Lichts, denn Farben sind vielmehr seine ursprünglichen Bestandteile. Weißes Licht besteht also aus farbigem Licht und zwar aus 7 verschiedenen Farben. Diese Bündelung des farbigen Lichts, das als *Weiß* erscheint, ist nicht zusammengesetzt, ganz im Gegenteil, es ist einfach und rein. Selbstverständlich kann man die Farben mischen, um dadurch Sekundärfarben zu kreieren. Und wenn die verschiedenen Komponenten im richtigen Verhältnis aufeinander treffen, sieht das Licht wieder *weiß* aus.

Als *Newton* sich mit den Farben noch näher beschäftigte, kam er auch auf die Frage nach der Natur des Lichtes. Er stellte sich das Licht als aus kleinen Teilchen bestehend vor, die von der Lichtquelle ausgehen und sich durch den Raum bewegen. Er nannte diese Teilchen Korpuskeln (welch ein Wort) und glaubte, für die verschiedenen Farben des Lichtes gäbe es verschiedene Arten von Korpuskeln. Seine Theorie über die Natur des Lichtes wurde als *Korpuskulartheorie* bekannt. Sie erklärt die Tatsache, dass Licht sich geradlinig ausbreitet, reflektiert und gebrochen werden kann. Da sich blaues Licht anders verhält als zum Beispiel rotes Licht und er ja die Vorstellung hatte, das jede Farbe aus Teilchen (Kügelchen) besteht, stellte er sich vor, dass die Teilchen des *roten* Lichts größere Teilchen aufweist als die Teilchen des *blauen* Lichts.

Etwa zur gleichen Zeit wie *Newton* beschäftigte sich auch der niederländische Naturforscher *Christian Huygens* mit dem Licht.

Dabei kam er zu dem Schluss, Licht breite sich in regelmäßigen Schwingungen nach allen Seiten aus, so wie Wellen die entstehen, wenn man einen Stein in das Wasser wirft. Obwohl *Huygens Wellentheorie* viele Eigenschaften, wie Brechung und Reflektion besser erklärten, als *Newtons Korpuskulartheorie,* dauerte es lange, bis sie sich durchsetzen konnte. Viele Änderungen wurden bei beiden Theorien vorgeschlagen, da keine unter jeder Bedingung anwendbar war. So suchten die Physiker nach einer Theorie, die unter allen Bedingungen zutraf.

Licht ist eine Form von Energie, die sich in Wellen ausbreitet. Diese Ansicht wurde zuerst im Jahre 1900 von dem deutschen Gelehrten *Max Planck* vertreten. Er sagte, dass Strahlungsenergie wie Licht sich aus winzigen, unveränderbaren Energiepaketen – er nannte sie Quanten – zusammensetzt, die aufgenommen und abgegeben werden. Fünf Jahre nach dem Planck seine Theorie verkündet hatte, schlug der deutsche Wissenschaftler Albert Einstein eine genauere Definition der Energie vor, die das Licht hervorruft. Einstein kam bei seinen Untersuchungen über die Zusammensetzung des Atoms zu dem Schluss, dass nicht nur Abgabe und Aufnahme der Energie des Lichtes in Quanten erfolge, sondern die Strahlung selber ein Strom von einzelnen Lichtquanten, die er Photonen nannte, sei. In mancher Hinsicht verhält sich Licht wie eine Welle, in anderer so, als ob es aus Teilchen bestünde. *Newtons* und *Huygens* Theorien schlossen sich nicht länger gegenseitig aus.

Um zu verstehen, wie sich eine Lichtwelle ausbreitet und was sie genau ist, beobachten wir einmal Wellen im Wasser. Wirft man einen Stein ins Wasser, breiten sich Wellen aus. Dort, wo der Stein in das Wasser fällt, entstehen jedoch nur wenige Wellen. Nach kurzer Zeit ist das Wasser im Zentrum der Wellen wieder ruhig, während einige Wellen sich noch nach allen

Seiten ausbreiten. Man bezeichnet die Zahl der Wellenberge, die in einer Sekunde einen Punkt passieren, als Schwingungszahl oder Frequenz. Bei Lichtwellen sind das mehrere hundert Millionen. Die Wellenlängen beim Licht betragen nur ein paar zehntausendstel Millimeter. Diese winzige Entfernung nennt man Wellenlänge. Allgemein gilt die Regel: Je kleiner die Wellenlänge, umso höher die Frequenz, also die Anzahl der Wellen. Und je größer die Wellenlänge, desto niedriger die Frequenz. Diese Regel lässt sich auch auf die Lichtwellen anwenden.

Die einzelnen Farben, die im Spektrum des weißen Lichts entdeckt wurden, haben verschiedene Wellenlängen. Die Physiker können ihre Länge und Frequenz mit besonderen, hochempfindlichen Instrumenten messen. Die Lichtwellenlängen sind sehr klein, etwa 2000 Wellenlängen hintereinander sind 1 mm lang. Als die Physiker das Spektrum erforschten, fanden sie heraus, dass die im weißen Licht enthaltenen Farben unterschiedliche Wellenlängen haben. Die Wellenlänge des *roten* Lichtes ist beträchtlich größer, als die des *violetten* Lichtes. Sie beträgt für *Rot* etwa 0,0008 mm – *Violett* dagegen hat eine nur halb so große Wellenlänge: 0,0004 mm. Die Wellenlängen der anderen Farben des Spektrums liegen zwischen diesen Werten. Sie werden von *Rot* über *Orange, Gelb, Grün, Blau* und *Indigo* bis *Violett* immer kürzer.

Betrachtet man an einem Sommertag einen Baum, sehen die Blätter *grün* aus. Betrachtet man denselben Baum dagegen abends oder nachts, sehen die Blätter *schwarz* aus. Die Farbe eines Körpers hängt von zwei Dingen ab: Davon, ob der Körper durchsichtig oder undurchsichtig ist und von der Farbe des Lichtes, das auf ihn fällt. *Weiß* und *Schwarz* sind keine richtigen Farben. *Weiß* bedeutet, dass alle Farben des Sonnenlichts reflektiert werden, *Schwarz* dagegen, dass diese Farben fehlen.

Blätter des Baumes, die wir im Sommer am Tage betrachten, erscheinen *Grün,* weil sie nur die *grünen* Lichtwellen zurückwerfen und die anderen verschlucken. Nachts erscheinen die Blätter *Schwarz,* weil kein Licht vorhanden ist, das von ihnen zurückgeworfen werden kann. Die Farbe eines Körpers hängt also davon ab, welche Lichtwellen er durchlässt und welche er absorbiert.

Unser menschliches Auge ist allerdings nur in der Lage einen kleinen Teil der tatsächlich vorhandenen Lichtwellen wahrzunehmen. Diese wahrnehmbaren Wellen haben eine Länge von 0,00036 und 0,00078 mm. Dieser Bereich ist das sichtbare Spektrum. Es erstreckt sich eben von *Rot* mit den größten Wellenlängen bis *Violett* mit den kleinsten Wellenlängen. Infrarotlicht oder ultraviolettes Licht liegen außerhalb der Längen und sind mit dem bloßen Auge in der Regel nicht sichtbar.

Der englische Gelehrte Sir *William Herschel* entdeckte um 1800, dass die verschiedenen Wellenlängen verschiedene Temperaturen erzeugen. So ist *Rot* mit den größten Wellenlängen die wärmendste Farbe. So kann man sich wirklich deutlich vorstellen, was genau geschieht, wenn man Farbe auf seinen Körper wirken lässt. Es werden bestimmte Frequenzen eingebracht, die der Körper mit all seinen feinstofflichen Körpern abbekommt und entsprechende Reaktionen hervorrufen kann. Jede einzelne Zelle im menschlichen Körper kann auf Farbschwingungen reagieren und so auch die feinstofflichen Körper. So werden Informationen freigesetzt, die in der Lage sind (einmal ganz einfach ausgedrückt) Power zu erzeugen oder Ruhe zu bringen.

An dieser Stelle möchte ich natürlich *Johann Wolfgang von Goethe* (1749–1832) nicht unerwähnt lassen. Etwa 100 Jahre nach *Newton* befasste sich *Goethe* mit den Farben. *Goethe* war eher der Ansicht Farbe erleben zu müssen, statt viel und umschweifend darüber zu philosophieren. So reduzierte er zum

Beispiel alle Farben auf 2 Grundfarben: *Gelb* und *Blau.* Aus diesen Farben ist es möglich alle anderen Farben entstehen zu lassen. Ein Inbegriff der Dualität. *Blau* der Himmel, das All, das *All-Eins-Sein.* Hieraus entstand die Sonne, das Licht. *Gelb!* Und aus diesen beiden Grundfarben entstand die rote Erde, die Materie. So steht es auch in einem sehr bekannten Buch. Es schließt sich dann die Überlegung an, ob man nicht tatsächlich die Farben noch weiter reduzieren könnte. Eine Reduktion auf *Blau. Blau* als alleinige Grundfarbe? Hierüber lässt sich letztendlich streiten. Ich möchte das auch Hier und Jetzt einfach einmal so stehen lassen. *Goethe* sagt, dass *Rot* eine Kombination aus *Blau* und *Gelb* sei. Nun weiß jeder, wenn man *Blau* und *Gelb* mischt nicht *Rot* entsteht, sondern *Grün.* Gemeint ist, würde man die Farbpigmente miteinander vermischen. Lässt man jedoch weißes Licht durch *Gelb* und *Blau* fließen, so kommt am Ende ein roter Lichtstrahl heraus. Es handelt sich hier um das Subtraktionsverfahren. Das bedeutet, dass aus dem weißen Licht, in dem alle Farben enthalten sind, der *Gelb-* und Blauanteil herausgefiltert werden, übrig bleibt ein kräftiges *Rot. Goethe* sagt, *Blau, Gelb* und *Rot* lägen jeweils einer ergänzenden Farbe gegenüber. Die ergänzende Farbe stellt jeweils eine Kombination der anderen beiden Farben dar. So zum Beispiel: Gegenüber *Blau* liegt *Orange,* bestehend aus *Gelb* und *Rot.* Gegenüber *Gelb* liegt *Violett,* bestehend aus *Rot* und *Blau.* Gegenüber *Rot* liegt *Grün,* bestehend aus *Blau* und *Gelb. Goethe* erwähnte auch *Magenta.* Eine der jüngsten Farben. *Magenta,* die ungesehene Farbe, so bezeichnete er sie. *Magenta* entsteht, wenn man die beiden Enden des Regenbogens zusammenfügen würde und zwar *Rot* und *Violett.* Die Verbindung der Gegensätze.

Goethe versteht in erster Linie Farben „als Bewusstseinsinhalte von sinnlichen Qualitäten" und lenkt seine Analysen in das

Gebiet der Psychologie. Dabei traf er folgende Zuordnungen: *Gelb* wurde mit Wirkung, Licht, Hell, Kraft, Wärme, Nähe, Abstoßen und die Blautöne mit Beraubung, Schatten, Dunkel, Schwäche, Kälte, Ferne, Anziehung in Verbindung gebracht. Darin deutet sich an, dass *Goethe* die Wirkung einer Farbe auf das Gemüt vermitteln wollte. Er definierte im Farbspektrum eine Plus- und eine Minusseite. Zur Plusseite gehörten *Gelb-* und *Rottöne,* zur Minusseite die Fortsetzung der Regenbogenfarben wie *Blau-* und *Violetttönen.* Die Farben der Plusseite stimmen aktiv, lebhaft, strebend, prächtig, edel und machen einen warmen und behaglichen Eindruck. Die Farben der Minusseite stimmen zu einer unruhigen, weichen und sehnenden Empfindung, und das *Blau* selbst gibt uns das Gefühl von Kälte.

Des Weiteren unterteilt *Goethe* die Farben in 3 Kategorien, genannt Kolorit. Die drei Kategorien nannte er das Mächtige, das Sanfte und das Glänzende. Die mächtige Wirkung kommt zustande, wenn *Gelb, Orange* und *Rot* überwiegen, und das Sanfte wird vor allem vom *Blau* und seinen Nachbarn bestimmt. Sind alle Farben im Gleichgewicht, entsteht ein harmonisches Kolorit, das sowohl das Glänzende als auch das Angenehme hervorbringen kann.

Oben konnte ich Ihnen nun verschiedene Wahrheiten der wissenschaftlichen Farbenlehre früherer Generationen vorstellen. Wenn man genau hinsieht sind Gemeinsamkeiten vorhanden, aber auch Widersprüche. Auch hier hat alles mit der Sichtweise und des Standortes (Standpunktes) des Betrachters zu tun.

Sicherlich ist die Forschung was Licht und Farbe angeht noch lange nicht abgeschlossen. Ich denke, je mehr sich die Schwingung auf der Erde verändert und höher wird, desto mehr Farben werden sich uns auftun. Sicherlich alles zu seiner Zeit.

Wirkungsweise von Licht und Farbe

Licht gehört als Träger zur Farbe und bildet daher einen wichtigen Aspekt bei der Wirkung der Farben. Gäbe es kein Licht – wäre also Dunkelheit – so wäre auch keine sichtbare, mit den Augen wahrnehmbare Farbe vorhanden. Licht ist genauso ein Träger der Farbenergie, wie der direkte Kontakt unseres Körpers mit Farbe.

An dieser Stelle möchte ich näher auf die verschiedenen Körper des Menschen eingehen. Der Mensch hat viele feinstoffliche Körper doch ich möchte mich hier auf drei Bedeutende konzentrieren. Wenn Sie sich bereits mit Literatur über die verschiedenen feinstofflichen Körper beschäftigt haben, ist Ihnen sicherlich auch aufgefallen, dass es in der Beschreibung dieser Körper starke Abweichungen gibt. Ich möchte Ihnen eine Version vorstellen, die ich in Bezug auf Farben sehr gut annehmen konnte, doch jeder sollte selbst entscheiden, was für ihn stimmig ist.

Der materielle, physische Körper

Das ist unser greifbarer Körper mit all seinen Organen, Knochen, Geweben, bestehend aus Milliarden von Zellen. Jede dieser Zellen hat unsere DNA gespeichert. Das heißt alle Informationen zum Aufbau unseres grobstofflichen Körpers, alle evolutionsbedingten Ereignisse und Gewohnheiten unserer Vorfahren, Ereignisse aus unserem jetzigen Leben, wie Schocks, Krankheitsbilder, Reaktionsabläufe, alles ist hierin gespeichert. Es würde seitenlange Listen ausmachen, wenn man jetzt alles aufzählen wollte. Für unser menschliches Gehirn ist dieses Wunder fast unfassbar. So hat jede Zelle, jede Zellgruppe, die vielleicht ein Organ, ein Gewebe bildet alles gespeichert. Dennoch schwingen unsere Zellen unterschiedlich. Je nach Thema, was es zu bearbeiten gilt, gibt es die verschiedensten Zuordnung im physischen Körper. Mit Farben ist es möglich die Zellschwingung sanft zu unterstützen, zu harmonisieren oder unter Umständen zu verändern.

Es wäre eine Möglichkeit vielleicht verdrängte Themen wieder in unser Bewusstsein zu holen, um sie zu bearbeiten und somit aus der Welt zu schaffen. Denn Themen, die uns in unseren feinstofflichen Körpern bereits manifest geworden sind, zeigen sich beim Ignorieren dieser spätestens dann im grobstofflichen, physischen Körper. Vielleicht als Unwohlsein, vielleicht als flaues Gefühl, vielleicht als Schmerzen oder vielleicht als wirklich ernst zu nehmende Krankheiten. Stellen Sie sich das Zusammenspiel all unserer Körper vor wie unseren Planeten, die Erde, mit seinen Luftschichten, die ihn umgeben, damit sich das Leben in der Form, wie wir es kennen in Millionen von Jahren entwickeln konnte. Wird nun die aller äußerste Luftschicht durch Schmutz, sei es Strahlung oder auch rein grobstofflicher Müll, so belastet und verunreinigt, dass eventuell Gefahr für unser Leben drohen könnte, so gibt es zwei Möglichkeiten.

Die eine wäre die Ursache der Verschmutzung ausfindig zu machen und zu beseitigen. Ist die Ursache behoben, so kann man an die Entfernung des Unrats in dieser Schicht herangehen und damit diese Schicht wieder säubern und in ihren Urzustand zurückversetzen.

Die zweite Möglichkeit wäre, diese Art Verschmutzung in der äußersten Schicht zu ignorieren. Was hätte das zur Folge? Ganz einfach, die Bedrohung auf unser Leben würde sich in die nächste, erdnähere Schicht fortsetzen. Irgendwann ist der Zeitpunkt erreicht, an dem die äußere Schicht „voll" ist und damit nichts mehr aufnehmen kann. Es beginnt die zweite Schicht zu verschmutzen. Die Bedrohung auf unser Leben wird ernster. Wieder hätten wir zwei Möglichkeiten: Ursache aufdecken, Ursache abstellen, Schicht bereinigen, damit wäre die Bedrohung beseitigt. Oder: Ignorieren? Nur dann geht es weiter. Die dritte Schicht fängt an sich zu verschmutzen. Wieder die üblichen beiden Möglichkeiten. Würde jedes Mal der Verschmutzung mit Ignoranz begegnet werden, hätte der Unrat irgendwann unsere grobstoffliche Erde erreicht und würde unter Umständen das Leben auf dem Erdball zerstören. Die erste Möglichkeit „Schmutz" zu erkennen, Ursache zu orten, Ursache beseitigen und dann den Schmutz in den Griff zu bekommen, wäre die einzig wahre Möglichkeit, Leben zu erhalten. Doch der Mensch neigt eher zur zweiten Möglichkeit und ignoriert sämtliche Hinweise in den anderen, nicht stofflichen Schichten.

Genauso verhält es sich mit unseren feinstofflichen Körpern. Irgendetwas macht sich in unserer äußeren Schicht bemerkbar, vielleicht in der Form, dass wir immer in gleichgeartete Situationen kommen. Wir ignorieren es. Es setzt sich mit einer Art des uns verständlich machen Wollens in die nächste Schicht, den nächsten feinstofflichen Körper fort – immer näher zu unserem grobstofflichen Körper hin. Haben wir alle Hinweise außerhalb unseres materiellen Körpers ignoriert beginnt irgendwann sich unser greifbarer Körper bemerkbar zu machen. Eben in Form von Unwohlsein, sich schlecht fühlen, erkrankte Organe, Bluthochdruck oder was immer sich dann manifestieren mag. Spätestens jetzt fangen wir an, das Symptom zu bekämpfen. Doch was ist mit der Ursache, die bleibt weiterhin unbearbeitet, wenn wir sie nicht gezielt deuten und abstellen.

Der grobstoffliche Körper ist nur das letzte Glied in einer Reihe von Hinweisen und Mitteilungen, der dann reagiert. Ignorieren wir auch diesen Impuls, kann es unter Umständen zur Auslöschung von Leben kommen und unser grobstoffliches Dasein findet ein Ende, zumindest für diese Inkarnation. Genau am physischen Körper ist es sinnvoll mit Farben zu arbeiten. Sie wirken nicht nur auf den physischen Körper, sondern greifen genauso auf die feinstofflichen Körper über. Ein ganz wichtiges System unseres greifbaren Körpers ist unser Drüsensystem. Erfahrungsgemäß reagieren diese „Organe" sehr sensibel auf Farben und lassen sich damit leicht stimulieren. Zum besseren Verständnis hier eine kurze Abhandlung:

Der menschliche Körper ist ein kompliziertes System gegenseitig abhängiger Organe und Gewebe, die, um richtig funktionieren zu können, zusammenarbeiten müssen. Eine Vielzahl physiologischer Prozesse von Wachstum, von der Entwicklung bis zur Verdauung und Fortpflanzung müssen fortlaufend überwacht und gesteuert werden. Dies geschieht unbewusst mit Hilfe des endokrinen Systems, das seine Aufgabe mit einer Vielzahl chemischer Botenstoffe, den Hormonen erfüllt. Die Hormone gelangen über den Blutkreislauf in alle Körperteile, in denen sie bestimmte Reaktionen auslösen. Dabei muss jeder hormonelle Einzeleffekt genauestens überwacht werden, da es sonst zu einer Störung des fein ausgewogenen Gleichgewichts des Körpers kommen kann. Das Geheimnis dieses Kontrollmechanismus ist die Rückkopplung, bei welcher Eingabe und Ergebnis ständig verglichen werden. Drüsen übernehmen hier den Hauptanteil dieses Prozesses.

Zu den wichtigsten Drüsen, die für die Hormonentstehung zuständig sind, zählen die Hirnanhangdrüse/Hypophyse (befindet sich an der Unterseite des Gehirns), die Schilddrüse und die Nebenschilddrüsen (im Halsbereich), die Bauchspeicheldrüse und die Nebennieren (im Bauchraum), sowie die Keimdrüsen. Das Hauptmerkmal der Drüsen ist, dass die von ihnen produzierten Hormone in den Blutkreislauf, oder auch in andere Gewebsflüssigkeiten, entleert und so durch den Körper transportiert werden.

Die Drüsen, Wirkungsweise und Farbzuordnung

Hypophyse: Sie ist den anderen endokrinen Drüsen übergeordnet und steuert deren Funktion.
Farbzuordnung: *Violett*

Zirbeldrüse: Hängt sehr stark mit dem Sehnerv zusammen. Sie reagiert auf Lichtreize.
Farbzuordnung: *Violett*

Schilddrüsen: Die Schilddrüse produziert Hormone, die den Zellstoffwechsel steuern.
Farbzuordnung: *Blau*

Nebenschilddrüsen: Sie steuern den Kalzium- und Phosphathaushalt des Körpers – Substanzen, die für die Gesundheit von Knochen und Zähnen unerlässlich sind.
Farbzuordnung: *Blau*

Nebennieren: Die von ihnen produzierten Hormone regulieren den Flüssigkeits- und Mineralhaushalt im Körper, den Glukosestoffwechsel sowie eine der lebenswichtigen Funktionen – die Reaktion auf Belastung und Gefahr.
Farbzuordnung: *Gelb, Gold, Orange*

Bauchspeicheldrüse: Mit ihrem exokrinen Anteil erzeugt sie eine Reihe von Verdauungsenzymen. Mit ihrem endokrinen Anteil stellt sie die wichtigen Hormone *Insulin* und *Glukagon* her, die den Glukosespiegel im Blut regeln.
Farbzuordnung: *Gelb/Gold*

Keimdrüsen: Hoden beim Mann und die Eierstöcke bei der Frau. Die Geschlechthormone *Östrogen* und *Progesteron, Testosteron* und *Adrosteron* werden sowohl beim Mann als auch bei der Frau produziert. Durch ihr unterschiedliches Verhältnis ist das Ergebnis der Hormonwirkungen beiden Geschlechter völlig verschieden.
Farbzuordnung: *Rot*

Körperliches Wohlbefinden und Ausgewogenheit hängen auch von der ordnungsgemäßen Arbeit der endokrinen Drüsen ab. Die Fehlfunktion nur einer Drüse kann tiefgreifende Auswirkungen auf den ganzen Körper haben.

Der Ätherische Körper

Der ätherische Körper wird oft als das ätherische Doppel des physischen Körpers bezeichnet. Der Ätherkörper hat neben anderen Aufgaben die folgenden Hauptaufgaben: Die Ätherhülle nimmt die der Sonne entströmende Vitalkraft auf und verteilt sie an den physischen Körper. Daher ist der Ätherkörper sehr stark mit der physischen Gesundheit verbunden. Er vermittelt und wirkt als Verbindungskanal zwischen dem grobstofflichen und unseren anderen Körpern, indem er das Bewusstsein physischer Sinnenswahrnehmungen über das „ätherische Gehirn" dem Astralkörper übermittelt und ebenso Bewusstsein aus dem Astralbereich und höheren Ebenen in das grobstoffliche Gehirn und Nervensystem hinunter transformiert. Erinnerungen an Träume hängen meist mit der Aktivität des Ätherkörpers zusammen. Die Verbindung zwischen Ätherkörper und physischem Körper ist so eng, dass z. B. Menschen, die Körperteile durch Amputation verloren haben, noch immer etwas fühlen können, an der Stelle an der vielleicht ein Gliedmaß grobstofflich nicht mehr vorhanden ist. Das liegt daran, dass der ätherische Teil des amputierten grobstofflichen Gliedmaßes nicht mit entfernt wurde. Durch entsprechende Reize können Empfindungen in diesem ätherischen Glied wachgerufen und dem Bewusstsein übermittelt werden. Für hellsichtige Menschen ist dies tatsächlich sichtbar. Der ätherische Körper ragt ein paar Zentimeter über den physischen Körper hinaus. Wenn wir uns in einer ruhigen Minute dem „Aurasehen" hingeben, nehmen wir meist den ätherischen Körper als *weiß-bläulich* schillernde Schicht dicht an unserem grobstofflichen Körper wahr. Wenn wir also mit Farben an oder mit unserem grobstofflichen Körper arbeiten, so geht diese Information gleichermaßen in den Ätherkörper über. Denn der Ätherkörper ist das feinstoffliche Doppel unseres greifbaren Körpers …

Der Emotional-Körper oder Astral-Körper

Von allen Körpern stellt uns der Astral oder Emotionalkörper vor die größten Herausforderungen. Unsere Gefühle sind hier gespeichert, sei es Positive oder auch Negative. Dieser Körper enthüllt stärker als alle anderen, was sich im Moment in uns abspielt, wie wir uns fühlen, welche Einstellungen wir zu unseren Umfeld, anderen Menschen oder Dingen hegen. Dies ist der Speicher für Ärger, Wut, Neid, Eifersucht, Missgunst, Angst – aber auch für Wohlbefinden, Mitgefühl, Mut und Fürsorge – um nur einige Gefühlsneigungen zu nennen.

Der Astralkörper spiegelt den augenblicklichen Bewusstseinszustand des Menschen wieder. Dieser Bewusstseinszustand eines Momentes ist in der Lage sich schnell wieder zu verflüchtigen oder sich aber als festen Charakterzug in diesem Körper fest zu setzen. Die Astralhülle/Emotionalhülle liegt zwischen dem Ätherkörper und dem Mentalkörper und neigt dazu, die gesamte Aura auf Grund der ausgeprägten Gefühlsstruktur zu beherrschen. Die meisten Menschen sind sich dessen nicht bewusst, dass die Emotion eine lebendige und dynamische Substanz darstellt, die ebenso wie der physische Körper, spezieller Fürsorge, Aufmerksamkeit und Pflege bedarf. Der Gefühlskörper ist derjenige, der uns am stärksten herausfordert und sich am schwierigsten beherrschen lässt.

Die Astral- bzw. Emotionalhülle nährt sich von den uns täglich widerfahrenen Geschehnissen. Je nach dem, ob schon Resonanzpunkte in diesem Körper vorhanden sind, werden diese Punkte größer und größer und können uns in unserem täglichen Leben behindern. Und genau hier können Farben wirkungsvoll eingesetzt werden. Denn Farbe wirkt auf all unsere Körper sehr sanft ein, wodurch uns ein bestehendes Chaos bewusst werden kann und wir somit für Abhilfe sorgen können. Das kann einfach durch „inneres Verabschieden" geschehen. Wir können uns von bestimmten emotionalen Regungen befreien, in dem wir genau diese erkennen und aus unserem Körpersystem in Liebe verbannen. Es hört sich jetzt sehr einfach an, Sie können mir glauben, es ist einfach. Ich möchte Ihnen hier kurz an einem Beispiel darstellen, wie das gemeint ist:

Vor kurzer Zeit verstarb mein bester Freund, ziemlich plötzlich und unerwartet ist er von dieser Welt gegangen. Mein Kopf (und Mentalkörper) weiß, dass es genau der Weg ist, den er gehen wollte zu dem Zeitpunkt, den sich die Seele ausgesucht hatte. Doch was war mit meinem Emotional- und Astral Körper geschehen? Was ich verspürte ging weit über eine normale Trauer hinaus. Es ging mir so nahe, dass meine rege Phantasie nahezu verrückt spielte. Ich möchte Ihnen hier Einzelheiten ersparen. Doch ich kam irgendwann zu dem Punkt, an dem mir klar wurde, dass ich hier Dinge in meine Körper habe Einzug halten lassen, die nichts mit mir zu tun haben. Letztendlich war es die Angst vor Vergänglichem, Angst vor Abschied – vor endgültigem Abschied für diese Inkarnation.

Das Schlüsselerlebnis für dieses Thema und den Tod überhaupt hatte ich im Alter von nicht einmal 14 Jahren. Damals sollten wir Briefe austragen, statt zwei Stunden Unterricht zu haben. Natürlich fand das jeder wunderbar.

Ich kam mit meinem letzten Brief zu einem Haus unweit meines Wohnhauses. Doch hier war vorne am Zaun der das Grundstück einzäunte nur ein alter, sehr vergammelter Holzbriefkasten ohne Namen angebracht. Ich dachte mir, das könne wohl nicht der richtige Briefkasten für die Bewohner dieses alten Hauses sein. Um zum Eingang des Hauses zu gelangen, musste ich um das Haus herumlaufen. Ich ging um die letzte Hausecke und stand plötzlich vor einem offenen Sarg mit einem älteren, wohl kürzlich verstorbenen Herrn darin.

Sie können sich vorstellen, wie mir zumute war. Weinende Angehörige standen drum herum. Ich war wie erstarrt. Als mich die Starrheit wieder freiließ ergriff ich im wahrsten Sinne des Wortes die Flucht. Ich entzog mich diesem Anblick von Tod, Vergänglichkeit, Abschied für immer. Doch in meinem Astral- bzw. Emotionalkörper hatte sich dieses Thema eingebrannt. Sie können sich vorstellen, dass mich dieses Bild über Wochen und Monate verfolgte.

Von meinen Eltern wurde es nur mit den Worten abgetan „Das ist der Lauf der Dinge …!“ Und die emotionale Kraft wuchs mit jeder neuen Erfahrung dieser Art. Ich arbeitete mit und an mir. Mit Farben, mit Bachblüten, mit Psychokinesiologie und mit Affirmationen. Mir wurde klar, dass von Kindheit an, ein Feld in meiner Aura entstanden war, dass sich von diesen Themen nährt und sich aufbläht.

Ich erkannte, dass der Ursprung (eben in der Kindheit) nichts mit mir zu tun hatte und ich das für jemanden getragen und es zusätzlich als emotionaler Schock manifestiert hatte. Mit diesem Bewusstsein verbannte ich diese „Geschwulst“ in Liebe aus meinem Energiefeld.

Ich bedankte mich bei ihm für die vielen Erkenntnisse und Eindrücke, die ich ohne es nicht hätte erleben dürfen. Doch jetzt war es für mich nur noch belastend und ich visualisierte, wie dieses „Etwas“ aus meinem Bereich verschwindet. Beim Loswerden dieses „Monstrums“ half mir die Farbe der Heilung, das *Violett.* Die Lücke, die zwangsläufig hier entstand, füllte ich mit *weißem* Licht wieder auf. Denn *Weiß* ist die Farbe, die alle anderen Farben zu gleichen Teilen enthält. Ich eröffnete mir hiermit also ein Spektrum von Möglichkeiten, aus dem ich mich nur zu bedienen brauchte. Somit hat sich die Trauer auf ein normales Maß reduziert und ist lebbar.

So können sich im Laufe der Zeit die verschiedensten emotionalen Begebenheiten manifestieren. Es heißt dann nur: Erkennen, Lokalisieren, Verabschieden, Lücke schließen. Farben sind hierbei eine wertvolle Hilfe. Wenn Sie alleine damit nicht zu recht kommen, gehen Sie zu einem fachkundigen Therapeuten.

Der Mentalkörper

Der Mentalkörper unterscheidet sich vom Astralkörper insofern, als er über ein vielseitiges und weit reichendes Angebot an Talenten und Hilfsmitteln verfügt, auf das er zurückgreifen kann. Hinzu kommt eine größere Objektivität und stärkere Ausgeglichenheit sowie ein ausgeprägter Bereich der Inspiration. Der Inspirationsreichtum ist darauf zurückzuführen, dass der Mentalbereich des Menschen eher Zugang zu Visionen, Intuitionen und Kreativität findet, wohingegen der Äther- und Astralkörper mehr Erdverbundenheit aufweist. Außerdem befindet sich hier auch der Sitz der Intelligenz, das Erinnerungsvermögen und der analytischen Fähigkeiten. Ein großer Teil unseres Fortschritts in unserem Zeitalter hängt von unserer Fähigkeit ab, zu erkennen und Probleme zu lösen, einer Tätigkeit, für die sich der mentale Körper ausgezeichnet eignet.

Auch in diesen Körperbereich lässt sich mit Farben gezielt positiv einwirken. Doch hierzu später mehr in den Übungen.

Was Farben bewirken

Die einzelnen Farben

Kennen Sie die Redensart: „Jetzt musst Du Farbe bekennen!“ Das bedeutet, man soll jemandem seinen Standpunkt klar erläutern und deutlich über ein Vorhaben und Handeln Auskunft geben, möglichst noch mit den zugrunde liegenden Beweggründen. Der Ausspruch ist bereits sehr alt und stammt aus dem Mittelalter. In der Zeit, in der es Zweikämpfe unter den Rittersleuten gab.

Einige verhüllten das farbige Wappen auf der Rüstung, um unerkannt zu bleiben. Aber es war eine Frage der Ehre sein Wappen zu zeigen und damit „Farbe zu bekennen“. Farben ziehen sich in ihrer Symbolik durch die Jahrhunderte (Wappen, Fahnen, Parteifarben ...) bis in unsere heutige Zeit. Wenn man genau hinsieht und diese Farben alle zu deuten im Stande ist, sind sie äußerst aufschlussreich. Zieht man dann noch die Symbolik z. B. auf Staatsfahnen hinzu, so sprechen die Kombinationen aus Farben und Symbolen wahre Bände und geben Auskunft über die verschiedenen Zeiten, Kulturen und Mentalitäten.

Zu jeder einzelnen Farbe möchte ich Ihnen nun einige Bedeutungsrichtlinien geben. Bedenken Sie bitte, dass zu jedem genannten Begriff eine positive und eine negative Interpretation möglich ist, denn alles hat, wie so oft, zwei Seiten. Beispiel: Wenn zum Beispiel unter *Rot* Überaktivität steht, so ist genauso ein absoluter Energiemangel möglich. Wichtig ist, zu erkennen, dass es sich um ein Thema „*Rot*" handelt.

Um frei arbeiten und deuten zu können, ist es ratsam sich die nachfolgenden Schlagworte in etwa einzuprägen, damit das Nachschlagen im Buch während des Arbeitens oder Spielens mit Farben nicht stört. Hier noch ein wichtiger Tipp: Schauen Sie sich im Alltag einfach einmal bewusst die Farben an, die Ihnen begegnen und welche Bedeutung sie haben. Wie zum Beispiel: Eine Ampel, was bedeutet hier die Farbe *Rot?* Stopp! Warnung! *Gelb* wäre dann: mach Dich bereit, gleich geht es weiter oder gleich musst Du anhalten. *Grün* ist die freie Fahrt, der Raum die Freiheit …!

Auf diese Weise kann man in vielen Situationen beobachten, wo und wie Farben eingesetzt werden. Gehen Sie einfach einmal bewusst mit dieser Aufmerksamkeit durch Ihren Alltag. Sie werden sicherlich viele Aha-Erlebnisse haben. Oder analysieren Sie, wenn Sie möchten, einmal den Einsatz von Farbe in der Werbung (Verpackung …), es ist einfach spannend.

Bemerkenswert ist auch die Zusammensetzung der einzelnen Farben. Es gibt nur 3 Grundfarben: *Rot, Gelb* und *Blau,* was bedeutet, dass man aus diesen 3 Farben jede existierende Farbe mischen kann. Zum Beispiel besteht *Violett* aus *Rot* und *Blau.* Also sind auch hier die Eigenschaften von *Rot* und *Blau* versteckt vorhanden. Oder: *Weiß* besteht aus allen Farben zu gleichen Teilen. Bedeutet das nicht, dass man hier alle Möglichkeiten offen hat, dass man sich doch nur zu entscheiden braucht?

Die Farbe Rot

Rot liegt bei einer Schwingungsfrequenz von 390 bis 450 Nanometer in der Sekunde und eine Wellenlänge von 660 Nanometer, welche damit die längste Wellenlänge aller Farben im Farbspektrum aufzeigt. *Rot* ist die Farbe der Kraft und Stärke. Sie macht aktiv, regt die Power in uns an und aktiviert die verschiedenen Körperzonen. Wo zuviel Ruhe vorhanden ist, bringt *Rot* Bewegung hinein. Sie aktiviert. Wenn jedoch zu viel *Rot* vorhanden ist, kann es leicht umschlagen in Aggressivität, in Streben nach Macht und Anerkennung. Wobei hier ein ziemlich rücksichtsloses Streben mit großer Wucht und Kraft die Rede ist.

Rot ist eine Signalfarbe, und heißt auch „Achtung, Stopp" wird das ignoriert, kann es schwere Folgen haben. Schauen wir wieder in den Alltag: Die rote Ampel signalisiert uns „Anhalten, sonst droht Gefahr." Ignorieren wir diese so genannte Botschaft, dann werden wir höchstwahrscheinlich einen Verkehrsunfall herbeiführen und der kann ungeahnte Ausmaße annehmen. Die Redensart „Ich muss erst den *roten* Faden wieder finden ..." ist uns auch sehr geläufig. Das bedeutet, dass wir die komplette Aufmerksamkeit auf einen Teil, nämlich den wichtigsten, lenken um z. B. ein Gespräch zu führen, das etwas herbeiführen soll oder vielleicht eine Erklärung abgibt. Verliert man die Kraft, den *„roten* Faden" im Auge zu behalten, fehlt die aussagekräftige Essenz unseres Redens.

„Rote Zahlen schreiben" genauso ein geläufiger Ausdruck. Warum sind diese Minuszahlen nicht *Grün* oder *Violett?* Die Erklärung ergibt sich von selbst: *Rot* ist eine Signalfarbe. Sie signalisiert in diesem Fall Stopp, das Konto ist im Minus. Das *Rot* lenkt unsere gesamte Aufmerksamkeit auf diesen Zustand und veranlasst uns in der materiellen Welt sofort zu handeln.

Oder der Ausspruch: wenn dies oder jenes geschieht, dann „sehe ich *Rot.*" Wieder ist hier die Signalfarbe aktiviert. *Rot* als Vorsichts- oder Stoppschild. *Rot* als Ausdruck der Gereiztheit, der Wut und des Zorns. Genauso wird beim spanischen Stierkampf ganz bewusst ein Rotes Tuch zum Einsatz gebracht. Es soll beim Stier den Kampftrieb wachrütteln, was auch prächtig gelingt. Der Stier wird wütend und kämpft. *Rot* steht also auch für Kämpfen, den Kampfgeist erwecken, stimulieren oder erhalten. Liegt der Stier, der in den meisten Fällen vergebens um sein Leben kämpft dann am Boden, so fließt Blut. Die Erde färbt sich blutrot. *Rot* die Farbe der Lebensenergie, die Farbe des Lebenselixiers – dem Blut. Es tritt aus dem physischen Körper des Stiers aus und gleichzeitig auch das Leben. *Rot* steht also für das irdische Leben, Überleben.

Wenn wir in das Feuer schauen, in die Glut, dann sind diese rot und heiß. *Rot* steht auch für Hitze und Wärme. Das Feuer ist in der Lage Materie in relativ geringer Zeit zu vernichten. Das *Rot* ist ebenfalls in der Lage Materie, Leben zu vernichten, wenn es in Aggression, Wut, Hass umschlägt. Denn es schlägt nicht selten in den Negativbereich, wenn *Rot* im Überfluss vorhanden ist und kein Ventil zum Ablassen der überschüssigen Rotenergie vorhanden ist.

Das *Rot,* die Kraft des Rots sucht sich einen Weg zum Abreagieren. Je niedriger der Bewusstseinsstand des Individuums, desto eher wird es durch den Überschuss an *Rot* zur Gewalt führen können. Aber wenden wir uns lieber positiveren Dingen zu, denn *Rot* hat durchaus seine Berechtigung. Gäbe es kein *Rot,* so würden wir alle unter ständigem Energiemangel und Antriebslosigkeit zu leiden haben. Ja, ich würde sogar soweit gehen, dass es uns wahrscheinlich gar nicht geben würde, denn *Rot* steht nicht zuletzt auch für die Sexualität und den Urtrieb.

Übrigens: *Rot* regt auch bewegungsarme Spermien an. Wenn vielleicht aus diesem Grund ein stark gehegter Kinderwunsch nicht in Erfüllung geht, wäre es mal ein Versuch wert, hier *Rot* einfließen zu lassen. Es ist immer nur die Frage, wie man das zur Verfügung stehende *Rot* einsetzt, d. h. zu welchen Zwecken es eingesetzt wird. Mit dieser geballten und kraftvollen Energie sollte man verantwortungsbewusst umgehen.

Wenn wir uns den alten Brauch anschauen, den „*roten* Teppich ausrollen." Staatsoberhäupter, Schauspielern oder Prominenz schlechthin wird heute noch der rote Teppich ausgelegt. Das ist ein Zeichen von Pracht und Herrschaft.

Oder woher mag der Ausdruck kommen „das trage ich mir rot im Kalender ein"? Das stammt aus alten Kirchentagen. Ganz früher wurden christliche Feiertage in *Rot* gedruckt, während die normalen Arbeitstage in *Schwarz* gehalten waren. Also ein Hinweis auf einen besonderen Tag, auf ein besonders bemerkenswertes Ereignis. Mit der Kraft der Farbe *Rot* wurde und wird heute noch auf etwas Besonderes aufmerksam gemacht.

In der europäischen Wappenkunde zum Beispiel stand *Rot* für Mut. Wer sich in Wappenkunde auskennt, der kann alleine an den Farben und Symbolen der alten Familienwappen die Einstellung, die Absicht, die Mentalität dieser Familie erkennen, zumindest wie sie war, als das Wappen entstand.

Schauen wir auf die Feuerwehr. Bereits seit ewigen Zeiten wurde hier die Farbe *Rot* gewählt. Als Signalfarbe für Feuer, Gefahr. Die Folge ist: Eile ist geboten. Auch hier wieder ein Hinweis zum einen auf die vernichtende Energie des Feuers zum anderen die Mobilisierung sämtlicher menschlicher Kräfte zum Einsatzort zu gelangen und schnellstens die Gefahr zu bannen. Ähnliches gilt auch für das „Rote Kreuz". Auch hier geht es um Leben und das Überleben.

Die Wurzeln, das Fundament wird von *Rot* ausgedrückt. Geerdet sein, mit beiden Beinen fest im Leben stehen. Fehlt das *Rot,* kann es schwierig sein hier im irdischen Dasein auf dieser Welt leicht zu Recht zu kommen. Nicht selten kann man feststellen, dass bei fehlendem *Rot,* man sehr gerne von der Erde und damit von der täglichen Routine Abstand gewinnen will.

Oft sagt man auch: Komm bitte auf den Boden der Tatsachen zurück und höre auf zu schweben. Lehnt man *Rot* sogar gänzlich ab, so gilt diese Ablehnung (ob bewusst oder unbewusst) auch dem Körper und der Materie. Wenn man sich einmal bewusst umhört, so kann man doch feststellen, dass es einige Menschen gibt, die ihren Körper ablehnen.

Vielleicht ist er zu dick, zu dünn, zu alt, zu, was auch immer. Diese Wertungen sind oftmals bedingt durch die Werbung, mit ihren Schönheitsidealen, die uns tagtäglich durch die Medien vor Augen geführt werden?

Kommt es letztendlich nicht darauf an, wie wir uns tatsächlich in unserem Körper fühlen, wie unser Gesundheitszustand ist? Wir könnten durchaus auch über den Dingen stehen, die andere versuchen uns aufzudrücken.

Unser Körper ist das Zuhause unserer Seele, zumindest für diese Inkarnation. Ich denke, wir sollten ihn so annehmen, wie er ist und dankbar sein, dass er ist. Macht uns zum Beispiel unser Übergewicht gesundheitliche Probleme physischer oder psychischer Art und wir fühlen uns wirklich nicht mehr wohl, dann kann man mit den uns zur Verfügung stehenden Mitteln Abhilfe schaffen. Wir sollten dann eigentlich unserem Körper dankbar sein, dass er uns auf den Missstand aufmerksam macht. Das wäre dann allerdings auf Grund eines Gefühls oder Zustands von innen heraus nicht auf Grund von außen auf uns zukommenden definierten Schönheitsidealen. Wir sollten zu jeder Zeit mit unserem Körper in absoluter Freundschaft leben, ihn anerkennen, ihn hegen und pflegen.

Rot regt den Bewegungsdrang, die Risikofreude, den Mut, die Willensstärke und die Ausdauer an.

Überall, wo gestaute Energie vorherrscht bringt *Rot* die Energie wieder ins fließen. Jedoch aufgepasst: *Rot* gilt es zu meiden, wenn ein Energieüberfluss vorhanden ist. So etwa bei Fieber und Entzündungen. Denn *Rot* würde diese Energie noch mehr verstärken. In diesen Fällen sollte man sich kühlenden oder neutralen Farben zuwenden (wie z. B. *Blau* oder *Grün).* Um den richtigen Platz im irdischen Dasein einzunehmen, wirkt *Rot* stark unterstützend.

Sehen wir uns in der Natur um, so fällt uns natürlich gleich die *rote Rose* auf. *Rot* in diesem Zusammenhang für Sinnlichkeit, Leidenschaft und Liebe.

Rot symbolisiert auch das männliche Prinzip. Meine Erfahrung hat gezeigt, wenn jemand immer wieder *Rot* wählt oder aber auch *Rot* permanent ablehnt, so liegt es sehr nahe ein Thema mit dem männlichen Prinzip oder ein Vaterthema zu haben. Vielleicht war der Vater in der Kindheit körperlich nicht anwesend, wenn er gebraucht wurde. Oder vielleicht hat sich manifestiert, dass man sich Achtung, Liebe und Anerkennung „erkaufen" muss, zum Beispiel mit außerordentlich guten Leistungen, oder … es gibt viele Möglichkeiten. Meistens ist es so, wenn man als Kind bereits ein Vater- oder Rotthema hatte und noch immer hat, dass heute das Thema Mann, Ehe, männliches Prinzip ebenfalls schwierig scheint, oder als Mann, das männliche in sich zu akzeptieren und zu leben. Die Komplementärfarbe von *Rot* ist *Blau.*

Zusammenfassung der Farbe Rot

Schlagworte:	Die Farbe der Kraft, der Stärke, des Überlebens, der Vater, Vorsicht Überaktivität, Erdung, Lebenskraft (Blut), die körperliche Liebe, Sexualität.
Chakra:	Wurzel-/Basischakra
Gedanken:	Die Rote Erde. Feuer, Hitze wird Rot zugeschrieben. Rote Früchte, wie Erdbeeren, Kirschen usw. oder Rote Rosen, verleihen einen Hauch von Erotik. Die Farbe des Wurzelchakras, die Lebensenergie, die Farbe der Wärme und des Triebes.

Die Farbe Orange

Die Namensgebung *Orange* hängt mit den Apfelsinen bzw. Orangen zusammen. *Orange* hat 460 bis 510 Schwingungen pro Sekunde und ca. 620 Nanometer Wellenlänge. *Orange* ist eine Farbmischung aus *Gelb* und *Rot* und das zu gleichen Teilen. So beinhaltet *Orange* auch die Wirkungsweise und Eigenschaften von diesen beiden Farben zusammengenommen. Hinzu kommt, dass *Orange* eine einzigartige Wirkung und spezielle Eigenschaften hat, wie jede andere Farbe auch. Doch um einen kompletten Überblick zu bekommen, sollte man ebenfalls die Erklärungen zu *Rot* und *Gelb* lesen.

Doch schauen wir uns nun die Eigenschaften dieser Farbe genauer an:

Orange steht für Schockzustände. Hier ist nicht nur der körperliche Schock gemeint, den man sich vielleicht vorstellt, wenn jemand einen schweren Unfall erlitten hat. Nein, auch der emotionale Schock wird in dieser Farbe ausgedrückt. Doch was ist damit gemeint?

Es sind Schocks oder Verletzungen gemeint, die zu einem tiefsitzenden Schock führten. Vielleicht aus der Kindheit, vielleicht aus früheren Leben. Kindheitsschocks werden oft verdrängt. Sie werden zugeschüttet ganz tief im Innern. Doch irgendwann stolpert man über den großen Berg an Material, der den eigentlichen Schock verdecken soll. Spätestens dann ist es an der Zeit sich mit diese verdrängten Schockzuständen richtig auseinander zu setzen. Denn bearbeiten wir diese Art Schocks nicht, wenn es an der Zeit ist, so wird immer wieder und wieder gleiches von gleichem angezogen. Das bedeutet, wir gelangen immer wieder in Situationen, die ursprünglich mal zu dieser inneren Verletzung geführt hatten.

Jedes Mal haben wir dann neu einen Hinweis auf den verdeckten Zustand, und die Gelegenheit diesen aufzudecken und zu bereinigen. Hierbei ist ein zuverlässiges Hilfsmittel die Farbe *Orange.* Ein Beispiel möchte ich hierzu geben: Ein kleines Kind bekommt mit, wie die Mama unterdrückt und vielleicht sogar misshandelt wird. Es wird ihm verboten darüber zu reden. Ein ganz normaler Schutzmechanismus setzt sich nun in Gang. Das Kind vergräbt diese Ereignisse ganz tief in sich, denn zum einen ist es verboten darüber zu reden zum anderen schmerzt es fürchterlich. Da bleibt nun der zugeschüttete und gut verdeckte Schock – ungelöst und schwelend, wie ein fast erloschenes Feuer.

Doch irgendwann als erwachsener Mensch, erlebt diese Seele vielleicht das gleiche am eigenen Körper oder muss mit ansehen, wie eine liebe Freundin so behandelt wird. Immer wieder kommt diese Person in solche Situationen, ist entweder aktiv oder passiv betroffen. Jedes Mal zieht hier das Gleiche Gleiches an. Jedes Mal findet das erlebte Resonanz im Innern. Das sind Situationen, die man sicherlich hinterfragen könnte. Warum geschieht das mir? Oder: Weshalb muss ich das mit ansehen? Was will mir das sagen? Jetzt kann der Zugang zu dem tief verwurzelten Schock aus der Kindheit zustande kommen. Und genau da setzt *Orange* ein. Jetzt mit *Orange* arbeiten, um einen besseren, schnelleren und leichteren Zugang zu bekommen und vor allem diesen Schock, der dann wieder in das Bewusstsein kommt endlich und für alle Zeiten zu erlösen. Ist dies geschehen, sucht die Seele nicht mehr nach Resonanz im Außen, denn es ist jetzt erledigt und aufgearbeitet.

Das war jetzt sicherlich ein heftigeres Beispiel. So gibt es sicherlich so einiges, was wir als Kinder, Jugendliche oder sogar Erwachsene verdrängen, ob in diesem oder in früheren Leben.

Das Thema Missbrauch ist ebenfalls *Orange* zugeschrieben. Es ist hier nicht nur der körperliche Missbrauch, wie z. B. sexueller Missbrauch, sondern auch der geistige Missbrauch gemeint. Geistiger Missbrauch kann eine Art Unterdrückung der Ur-Bedürfnisse sein, wobei die Unterdrückung in der Regel aus dem Außen stammt. Handelt es sich um einen sexuellen Missbrauch, dann ist es oft so, dass sexuelle Beziehungen sich im späteren Leben äußerst schwierig gestalten, beziehungsweise fast unmöglich sind. Missbrauch hängt sehr oft auch mit tiefsitzenden Schocks zusammen.

Depressionen hängen sehr stark mit einem Mangel an *Orange* (auch *Gelb)* zusammen. Louise L. Hay sagt, dass der wahrscheinliche Grund für eine Depression folgender ist: „Wut, die zu spüren Du kein Recht zu haben glaubst. Hoffnungslosigkeit." Hoffnungslosigkeit könnte aus einem Mangel an Zielen oder fehlender Lebensfreude hergeleitet werden. Genau hier setzt *Orange* ein. *Orange* steht für die Lebensfreude, für die Freude am Leben.

Aufhören mit Bewertungen jeglicher Art und akzeptieren was und wie es ist. Einfach akzeptieren. *Orange* leistet in diesem

Zusammenhang wahre Wunder. Ein tiefes Gefühl von Lebensfreude zeigt uns die aufgehende oder die versinkende Sonne. Die Sonne verändert dann scheinbar Ihre Farbe von einem strahlenden *Gelb* in ein tiefes, kräftiges *Orange.* Man spricht auch von der Winterdepression. Im Winter wenn die Tage kurz sind und wir mehr und mehr natürliches Sonnenlicht entbehren müssen, ist es empfehlenswert sich mit *Gelb-* und *Orangetönen* zu umgeben. Auch starke Erregung oder Hysterie sind wichtige Orangethemen.

Bei einem fehlenden *Orange* kann die Stimmung schnell in überreizt sein umschlagen. Überreizung ist auch zurückzuführen auf mangelnde Ausdauer. Hier ist genau der Rotanteil im *Orange* gefragt. Es wird Lebensenergie zugeführt und das in Verbindung mit der Lebensfreude des *Orange* – das kann schnelle Abhilfe schaffen.

Lehnen Menschen den Orangeton völlig ab, so kann es bei fortgeschrittenem Anhalten der Ablehnung zu Berührungsängsten kommen. Auch hier kann man sachte mit einer Zufügung von *Orange,* oder wenn das für den Anfang zu heftig ist, mit einem Lachston *(helles, zartes Orange)* beginnen.

Orange birgt in sich auch das Thema Abhängigkeit und Co-Abhängigkeit. Abhängig von Menschen, von Dingen, von Situationen, sogar von Drogen. Abhängigkeiten aller art beinhalten eine Art Flucht aus dem normalen Dasein in sich. Flucht oft aus Mangel an Selbstwertgefühl oder mangelnder Lebensfreude. Auch Unentschiedenheit ist oft eine Ursache von mangelndem *Orange.* In diesem Falle ist dann mehr der Gelbanteil (für mentale Aktivitäten) im *Orange* gefragt.

Menschen mit stark verinnerlichten Orangeanteilen können sehr extrovertiert sein. Immer auf der Suche sich vielleicht etwas mehr in den Vordergrund zu stellen als andere.

Orange ist auch eine wichtige Signalfarbe. Man betrachte sich nur Straßenbauarbeiter. Die Arbeitskleidung ist oft in einem schillernden *Orange* vorhanden. Genauso ist es bei der Müllabfuhr. Sinn dieser Farbwahl ist es, von weitem schon gesehen zu werden, um Gefahren bereits im Vorfeld abzuwenden.

Doch nun haben wir uns genügend die weniger positiven Eigenschaften von *Orange* angesehen, so dass es an der Zeit ist, mal die richtig schönen Aspekte zu beleuchten:

Die körperliche Lebensfreude ist ein wichtiger Aspekt, dass ich es hier noch einmal in aller Deutlichkeit zum Ausdruck bringen möchte. So auch die geistigen Freuden des Lebens. Sexualität wird von vielen Menschen als leidiges Thema abgetan. Doch es ist ein sehr wichtiges Thema. Es befriedigt den Urtrieb von uns Menschen. Es ist ein Stück Lebensfreude für Körper, Geist und Seele. In unserer heutigen westlichen „Stressgesellschaft" schläft der eheliche Verkehr im Laufe einer Beziehung immer mehr ein. Es ist ein Phantom, das sich in allen Bevölkerungsschichten mehr und mehr ausbreitet. Woran mag das liegen?

Werden wir im Alltag dermaßen energetisch ausgesaugt und sind daher in unserer Freizeit so ausgelaugt, dass uns der Sinn, die Muse und die Lust dazu völlig abhanden gekommen sind? Es ist ein Orangethema. Hier kann man mit *Orange* wirksam arbeiten, denn es kommt der Rotanteil stärker zu tragen. Die Sexualität und ihre Auswirkung auf unser Sein, oder besser gesagt die Auswirkung des fehlenden oder unzureichend gelebten Sexuallebens ist ein weites Feld und umfangreiches Thema, das ich an dieser Stelle nicht weiter vertiefen möchte – es würde den Rahmen sprengen. Ich kann Ihnen nur empfehlen diesbezüglich mehr *Orange* in Ihr Leben fließen zu lassen um damit wieder mehr Lebensfreude zu erreichen.

Dann können auch wieder die Stärken des eigenen physischen Körpers neu entdeckt und voller Freude gelebt werden. *Orange* ist ebenfalls sehr hilfreich bei unerfüllt gebliebenem Kinderwunsch.

Menschen mit starkem Orangeanteil sind in der Regel sehr kreative Zeitgenossen. Sie sprudeln vor Ideen, scheuen sich nicht, diese auch umzusetzen. Sie gehen die Dinge mit Leichtigkeit, Schwung und Freude an und sind meist erfolgreich in ihrem Tun. Sie lieben die Unabhängigkeit, Harmonie und die Kunst. Einem wahren Künstler sollte *Orange* nie fehlen.

Diese Farbe ist ebenfalls ein Symbol für Göttlichkeit und Verzicht. Schauen Sie sich nur die buddhistischen Mönchskutten an. In strahlendem *Orange* sind sie gehalten. Ein Zeichen für Lebensfreude, Wonne, Göttlichkeit und Hingabe. Der Glaube.

Beharrlichkeit und Ausdauer sind Eigenschaften, die gerne gelebt werden. Hier bedient man sich dann eher dem *Rotanteil.*

Das Arbeiten mit der Farbe *Orange* kann zu unerwartet tiefen Einsichten führen. Ein Einsehen haben mit Dingen, Menschen – oder mit sich selbst. Einsehen das letztendlich alles so ist wie es ist und feststellt, dass das auch gut so ist. Nicht nur tiefe Einsicht, sondern auch spontane intuitive Weisheit verbirgt sich im *Orange.* Weisheit, die uns hilft, tiefsitzende Traumata oder Schocks zu bewältigen, wie bereits oben erwähnt.

Geselligkeit ist Lebensfreude, Lebensfreude gehört zu *Orange.* Viele Menschen, die stark orangebetont sind, lieben es in Gesellschaft zu sein, lieben es ausgelassen zu feiern und sich der Situation in Freude und Leichtigkeit, auch mal verspielt, hinzugeben. Es fördert die Inspiration und die Kontaktfreudigkeit und ein großes Bedürfnis nach Zugehörigkeit. Genauso verleiht *Orange* Stärke und Furchtlosigkeit.

Bei der Farbzuordnung am menschlichen Körper findet *Orange* am unteren Bauchbereich seinen Platz. Es wirkt harmonisierend und stärkend auf die Eierstöcke, regt den Dickdarm und Dünndarm an. Auch die Milz, Galle und die Gallenblase werden von *Orange* positiv beeinflusst. *Orange* fördert die Nahrungsaufnahme und wirkt stark appetitanregend. Wenn Sie mit Übergewicht zu kämpfen haben, ist es eher sinnvoll *orange* Wände oder Küchentextilien zu meiden. Auch entsprechende Tischdekoration in diesen Farbtönen wäre eher ungeeignet. Wenn Sie oder Ihre Familie jedoch unter Bulimie leiden, so kann man den Appetit hervorragend mit *Orange* stimulieren und anregen. Generell wirkt *Orange* stark imunstärkend. Es stärkt unser ganzes Abwehrsystem auf sanfte Art und Weise. Zudem ist es Nervennahrung. Manchmal sagt man, dass einem doch die Nerven blank liegen. Mit *Orange* Abhilfe schaffen, kein Problem. Nicht zuletzt ist die Farbe *Orange* eine wunderbare und sachte Art die Zellerneuerung zu unterstützen und zu fördern. Dem zu Folge auch sehr ratsam bei Narbenbehandlungen.

Zusammenfassung der Farbe Orange

Schlagworte:	Schock, Lebensfreude, Fortpflanzung, der Glaube, Abhängigkeit, Depression, Missbrauch, immunstärkend
Chakra:	Sakralchakra
Gedanken:	Die Farbe des Sonnenauf- und Sonnenuntergangs. Stimmungsvolle Lebensfreude. Orange verbindet Rot und Gelb miteinander. Eine Signalfarbe für Veränderungen. Man schaue sich hier die Ampel an …!

Die Farbe Gelb

Die Farbe *Gelb* gehört zu den 3 wichtigen Grundfarben im Spektrum. Sie hat eine Schwingungsfrequenz von 520 bis 530 pro Sekunde und die Wellenlänge beträgt 590 Nanometer.

Diese lebensfrohe Farbe wird oft mit Sonnenlicht und auch anderem Licht in Verbindung gebracht. Es strahlt Wärme aus. Wo jedoch viel Licht ist, ist auch viel Schatten, das ist allgemein bekannt. Es birgt in sich die Entscheidungsfähigkeit ein Leben im Licht oder eher dem Schatten zugeneigt zu führen. Entscheidet man sich für die „Sonnenseite" des Lebens, so hat man ein sonniges Gemüt und eine ausgeprägte positive Lebenseinstellung. Aus dem Bauch heraus lachen zu können und Freude, auch für die kleinen Annehmlichkeiten im Leben empfinden zu können, gehört zum *Gelb.* Frohen Mutes, voller Heiterkeit und stets aufgeschlossen für neue Kontakte, wird *Gelb* diese Eigenschaften gezielt fördern. *Gelb* wirkt ebenfalls sehr stark auf unseren Intellekt, auf die mentalen Funktionen, auf das Denken. Es fördert das abstrakte Denken genauso, wie das bildhafte Denken, stärkt unsere Konzentrationsfähigkeit.

Eine ideale Farbe zum Lehren und Lernen. Wenn Sie Ihr Schulkind beim Lernen unterstützen möchten, so halten Sie den Teil des Zimmers in dem der Schreibtisch steht in Gelbtönen. Oder platzieren Sie *gelbe* Dekorationsgegenstände auf dem Schreibtisch. Eine *hellgelbe* Schreibtischunterlage und andere *gelbe* Gegenstände können hier eine sehr starke Wirkung haben. So stehen *Gelbtöne* eher für erworbenes, gelerntes Wissen. Wissen, das wir uns hier in dieser Inkarnation angeeignet haben.

Schauen wir uns zum Beispiel eher goldgefärbte *Gelbtöne* an, so bergen die eher die Weisheit in sich. Die Weisheit, die ganz tief in uns verwurzelt ist. Mitgebrachte Weisheit aus vorangegangenen Leben. Oft ist uns der Zugang zu dieser Weisheit bewusst sehr begrenzt und gar nicht möglich. Gerade mit einem *Gelbgold* ist es möglich, diesen Zugang massiv zu fördern. Hätten wir alle den uneingeschränkten Zugang zu unserer inneren, verborgenen und wohl behüteten Weisheit, so würde die Welt ganz anders aussehen, wie man sich sicherlich leicht vorstellen kann.

Gelb bedeutet Gedankenfreiheit bis hin zur gedanklichen Abenteuerlust, gibt der Vorstellungskraft und dem Ideenreichtum große Kraft. Es stärkt den Willen, Gedachtes in Taten umzusetzen und macht generell ehrgeizig. Die Entscheidungskraft und Entscheidungsfähigkeit werden gleichermaßen unterstützt. Mit *Gelb* ist es möglich, das Erlangen von Erkenntnissen und die dadurch resultierende Klarheit zu unterstützen.

Doch leider hat alles immer zwei Seiten, so auch unser *Gelb.* Schauen wir uns nun die negativere Seite etwas genauer an.

Gelb steht nicht nur wie oben erwähnt für mentale Stärke, sondern auch für mentale Verwirrung bis hin zur Depression. Fehlt das *Gelb* und somit symbolisch gesehen auch das Licht, so kann es eben dazu führen. Vor nicht all zu langer Zeit hatte ich mich mit norwegischen Freunden unterhalten und ihnen erzählt, dass ich es kaum aushalten könnte, wenn im Winter die Sonne kaum aufgeht und stets ein Dämmerlicht vorhanden ist. Andersherum ist es allerdings wunderschön, wenn es in den Sommermonaten nie richtig dunkel wird. Man konnte mir bestätigen, dass in den nordischen Ländern die Depressionshäufigkeit wesentlicher höher ist als in den südlichen Ländern. Man spricht ja auch hier von der Winterdepression, wenn die Tage sehr kurz sind und die Dunkelheit der Nacht sehr früh Einzug hält. Licht und somit die Farbe *Gelb* ist enorm wichtig für unser Wohlbefinden.

Gelb steht auch für heftige Eigenschaften/Emotionen, wie Angst, Feigheit, Nervosität, Eifersucht, Neid, Hass, Ärger und

Pessimismus. Nervosität hat natürlich mit dem „blankliegenden" und völlig überreizten Nervenkostüm zu tun. So ist *Gelb* auch absolut sinnvoll bei Nervengeschichten. *Gelb* beeinflusst unser gesamtes körperliches Verdauungssystem mit allen Organen, die an der Verdauung beteiligt sind. Und nicht nur das körperliche Verdauen von Lebensmitteln ist gemeint, sondern auch das feinstoffliche Verdauen. Aufnahme, Verarbeitung, Abgabe/Loslassen. Wenn wir Nahrung zu uns nehmen, führen wir sie zunächst durch unseren Mund in unser Körperinneres. Danach kommen die Verdauungssysteme zum Zuge und die Nahrung wird verarbeitet, Nährstoffe die wir benötigen werden herausgezogen. Und zu guter letzt wird der unbrauchbare Rest wieder ausgeschieden. Genauso sollte es sich auch im Feinstofflichen verhalten.

Wir sollten Energien, Informationen, Situationen aufnehmen durch unsere Sinne, wir sollten es richtig verarbeiten, also das herausziehen was für uns wichtig und nötig ist, dann den unbrauchbaren Rest wieder loslassen. Viele Menschen haben Probleme mit einem der drei Verdauungsschritte. Manche können zwar gut aufnehmen, eine Verarbeitung ist nicht möglich (vielleicht durch Verdrängung ins Unbewusste) und damit erfolgt der wichtige Schritt „loslassen" nicht. Oder: Man nimmt auf, verarbeitet korrekt aber ist nicht in der Lage wieder loszulassen. Man speichert, lagert ein, was zur Folge hat, dass nicht Losgelassenes irgendwann, irgendwie wieder zum Vorschein kommt und den Menschen auffordert den dritten Verdauungsschritt zu vollziehen.

Oft ist das mit heftigeren Situationen verbunden, als die Situation war, die zur Einlagerung geführt hatte. Ignorieren wir dann wieder diesen Hinweis, so können wir sicher sein, dass wir immer und immer wieder in ähnliche Situationen hineinkommen, oder uns selbst unbewusst hinein manövrieren, bis endlich das Loslassen vollzogen ist.

Feinstofflich unverarbeitetes bleibt solange feinstofflich bis letztendlich der Körper mit Symptomen reagiert. Der Körper ist nun einmal das letzte Glied in dieser Kette. Und wenn der Körper mit Wehwehchen einmal angefangen hat auf sich aufmerksam zu machen, spätestens dann sollte man nach der Ursache forschen und den Verdauungszyklus zu Ende bringen. Das alles sind Gelbthemen. Vergessen Sie nicht unser größtes Verdauungsorgan: Die Haut. Jede Art von Hautproblemen hat mit Gelbthemen zu tun. Sie können mit *Gelb* gelindert werden, so dass die Haut ihren Normalzustand wieder annehmen kann. Aber beachten Sie dabei, die Ursache (eben ein Gelbthema) zu ergründen und zu beseitigen, damit nicht an anderer Stelle erneut Hautprobleme auftauchen können.

Die Partnerschaft wird auch ganz eng mit *Gelb* in Verbindung gebracht. Wobei hier nicht nur die Ehe oder ein eheähnliches Verhältnis gemeint ist, sondern in der Regel Beziehungen. Man hat eine Beziehung zu seinem Kind, zu seinem Arbeitgeber, zu seinem Körper, zu seinem Auto, zu was auch immer. Louise L. Hay schrieb bereits bei Nierenproblemen, dass hier auf die Partnerschaft zu schauen ist. Gerade die Nieren aus zwei Organen bestehend, die ja Teil des Verdauungsapparates sind, stehen für Beziehungen.

Gelb gehört zum dritten Chakra, unserem Nabelchakra oder Solarplexus. Aura-Soma nennt das „die Spaghettikreuzung", denn hier laufen alle Nerven zusammen, wie die Nudeln auf einem Spaghettiteller. Lustig vorzustellender Vergleich, aber wahr. *Gelb* hängt daher sehr stark mit unserem zentralen Nervensystem zusammen. Nicht zuletzt werden Gelbtöne auch unseren Knochen und unserem Lymphatischen System zugeschrieben. *Gelb* hilft bei Entschlackungen und Ausleitungen über die Lymphe. Es regt generell die Lymphtätigkeit und den Stoffwechsel an.

Gelb fördert nicht nur die körperliche Entschlackung über unseren Verdauungstrakt und unser Lymphsystem, sondern auch die Intellektuelle. Was ist eine intellektuelle Entschlackung? Nicht mehr benötigte Abfallprodukte beseitigen, genauso wie im Grobstofflichen.

Zusammenfassung der Farbe Gelb

Schlagworte:	Verdauung, Verdauungsorgane, Haut, Partnerschaft, Wissen, Angst, Neid, Hass, Lehren und Lernen, die Farbe des Erwachens (Frühling). Heiterkeit, Kontaktfreude.
Chakra:	Solarplexus
Gedanken:	Die ersten Blumen des Frühjahrs sind in der Regel Gelb. Sie symbolisieren die zunehmende Kraft der Sonne nach der kühlen Jahreszeit.

Die Farbe Grün

Grün hat eine Schwingungsfrequenz von 540 bis 640 pro Sekunde und eine Wellenlänge von 565 Nanometer. Sicherlich wundern Sie sich bei der Angabe der Schwingungsfrequenz über eine Spanne von 100 Hertz. Das ist so zu erklären, dass sich in der Spannbreite viele verschiedene *Grüntöne* wieder finden.

Wenn man sich die Farbe *Grün* so vorstellt, so stellt man sich automatisch auch etwas in der Natur Befindliches vor. So steht *Grün* für die Natur, sich wohlfühlen können auf der *grünen* Wiese, im Wald oder auch am Meer. Wenn wir uns die Weite des Meeres in unser Gedächtnis und unser Gefühlsleben rufen, so empfinden wir Freiraum. Unendlicher Raum. Auch das *Grün* unserer Wälder und Wiesen gibt Raum, den Raum frei (= Freiraum) und damit die Möglichkeit zur Freiheit. Menschen, die *Grün* sehr mögen oder gar als Lieblingsfarbe definiert haben, leben oft in Harmonie mit der Natur und achten deren Gesetze.

Grün gehört zum Frühling, steht für Wachstum (nicht nur grobstofflicher Art) und führt zum Verständnis und Achtung der Naturwesen. Nicht selten sind grünbetonte Menschen sehr offen, auch für die nicht sichtbaren Dinge auf unserer Erde.

Grün regt die Kreativität in uns an, sowohl die rein intuitive als auch die durch Gedankenkraft entstehende. (durch den *Gelbanteil).*

Gerade von Künstlern wird diese Farbe sehr benötigt. Sie schafft den nötigen Raum um Kreativität ausleben zu können und damit in Ruhe und mit innerer Sicherheit Neues entstehen zu lassen. Die Aspekte der Ruhe und inneren Sicherheit ist durch den hohen Blauanteil gegeben. Durch den Gelbanteil im *Grün* bringt es sozusagen das Gemüt und den Intellekt zum strahlen. So ist *Grün* auch eine ausgezeichnete Unterstützung zum Kreieren von Erfindungen, zielgerichtet Neues in die Welt bringen. Dinge, die für den Fortschritt bestimmt sind. *Grün* wirkt stark unterstützend bei einem Neubeginn, Altes hinter sich lassen und nach Neuem Ausschau halten, für Unabhängigkeit und die Wahrheitsliebe. Schauen wir uns das *Grün* einer Ampel an: Es steht für „freie Bahn", du kannst Gas geben.

Um Ausgeglichenheit zu fördern, sich großzügig geben zu können, jedoch die Urteilsfähigkeit nicht zu verlieren, ist *Grün* die Farbe der Wahl. Genauso verhält es sich, wenn Sie Selbstachtung, Selbstakzeptanz und Verständnis für sich selbst und für andere mehr aktivieren möchten. Ein sehr wichtiger Aspekt dieser Farbe ist der Gerechtigkeitssinn, so wird *Grün* auch von Reformern benötigt und gibt zudem eine erhöhte Ausstrahlung an Sympathie, die für andere leichter wahrnehmbar ist (von Herz zu Herz), preis.

Wussten Sie schon, dass die Farbe *Grün* das Erfüllen von Wünschen unterstützt? Wenn Sie Bestellungen beim Universum aufgeben, so versuchen Sie Ihren ausführlich formulierten Wunsch einmal gedanklich mit *Grün* zu umhüllen und anschließend ins Universum abzuschicken. Ich habe die besten Erfahrungen damit gemacht.

Grün hat sehr stark mit Geben und Nehmen zu tun. Wenn ich zum Beispiel Zuneigung, Hilfsbereitschaft, Rücksicht gebe, werde ich es – vielleicht nicht sofort – irgendwann auch zurückbekommen, das gilt natürlich auch für die eher negativen Dinge, die man geben kann, wie Neid, Aggression, Ignoranz – um nur ein paar zu nennen.

Nun sind wir bereits bei den nicht so positiven, um nicht zu sagen negativen, Eigenschaften angelangt. Typische Grünthemen sind Enge, eingeengt sein, das Fehlen von Raum (Freiraum). Haben Sie ein solches Grünthema zu bewältigen, sollten Sie sich fragen, ob Sie mit dem richtigen Tun, den richtigen Menschen, dem richtigen Umfeld und zur richtigen Zeit beschäftigt sind. Oftmals kann das am Arbeitsplatz so sein, hinterfragen Sie. Wenn Sie dann zu der Erkenntnis kommen, dass Sie eben nicht mit dem richtigen Tun im richtigen Umfeld aktiv sind, dann wird Ihnen *Grün* helfen, den entsprechenden Raum zu schaffen um vielleicht auch eine Veränderung herbeiführen zu können.

Vielleicht haben Sie auch nur Ihren eigenen Raum nicht richtig abgesteckt, nicht richtig definiert? Kommen Ihnen Menschen zu nah an den persönlichen Bereich heran oder bleiben andere aus Ihrem persönlichen Bereich weg, bei denen Sie gerne Nähe und Aufmerksamkeit verspüren würden? Ein Grünthema, das Sie dazu auffordert, Ihre eigenen Grenzen neu zu überdenken, festzulegen und abzustecken. Die Abgrenzungslinie neu festzulegen. Da wir beim Thema „eigener Raum" sind, möchte ich nicht vergessen zu erwähnen, dass auch die Klaustrophobie mit in diesen Bereich gehört. Wenn Menschen nicht in geschlossenen Räumen verweilen können. Hier kann *Grün* nützlich sein, ebenso bei Depression, Neid, Eifersucht.

Ist Ihnen bekannt, dass die Energieschwingung unserer Erde *Grün* ist? *Grün* ist eine sehr neutrale Farbe. Sie besitzt weder wärmende noch kühlende Eigenschaften. Sie hat eher die ausgleichende Wirkung, denn *Grün* ist sozusagen die Mitte. Daher gilt auch: Wenn Sie körperlich, geistig oder seelisch aus Ihrer Mitte geraten sind, kann *Grün* die Ausgeglichenheit wieder zurückbringen.

Grün findet ebenfalls Anwendung für die Bereiche des Herzens, der Atmungsorgane, die Thymusdrüse, bei Augengeschichten und wirkt fördernd auf die Entsäuerungsfähigkeit (während *Gelb* entschlackt). Man sagt nicht umsonst: „Lass mich lieber in Frieden, ich bin sauer!" Auch diese Art der Entsäuerung in den Griff zu bekommen und wieder neutral mit seinem Umfeld umgehen zu können, fördert das raumgebende *Grün.*

Zusammenfassung der Farbe Grün

Schlagworte:	Die Natur, der Wald, die Wiese, der eigene Raum, Abgrenzung, die Atmung, die Atmungsorgane, das Herz, die Weite, Kreativität, Entsäuerung
Chakra:	Herzchakra
Gedanken:	Das Grün der Natur z. B. bei einem Waldspaziergang durch Wälder und deren Bäume mit ihrem satten Grün in Blatt- und Nadelwerk ist eine wohltuende Methode zu sich zu finden und eins zu sein mit der Natur. Man findet Raum und kommt oft auf ungeahnte Hinweise und Gedanken ...!

Die Farbe Rosa

Was ist eigentlich *Rosa?* Das *Rosa* kommt im Regenbogen nicht vor. Und trotzdem ist es für meine Begriffe eine der wichtigsten Farben. Ich bin der Ansicht, dass *Rosa* genauso in den Herzbereich gehört, wie die Farbe *Grün.* Doch die Farben unterscheiden sich durch ihre Eigenschaften. *Rosa* ist eigentlich nichts anderes als ein *„Hellrot".* Was theoretisch zur Folge hat, dass hier die gleichen Eigenschaften wie beim *Rot* zu finden sein müssten, jedoch sehr viel licht- und liebevoller. Nehmen wir zum Beispiel „Sexualität, die ja bei *Rot* zu finden ist. Bei *Rot* ist es die körperliche Sexualität, die mehr dem reinen Lusttrieb folgt. Während bei *Rosa* ebenfalls die Sexualität zu finden ist, aber qualitativ wesentliche Unterschiede aufzuweisen hat. Die *Rosa*-Sexualität beabsichtigt die wirkliche Vereinigung aus Liebe. Eins sein mit dem Menschen, den man liebt.

Rosa hat sehr viel mit Liebe und Zärtlichkeit zu tun. Sich lieben und annehmen, so wie man ist. Manchmal ein Kunststück, wie bestimmt jeder aus eigener Erfahrung weiß. Bedingungslose Liebe, jemanden oder sich oder Umstände, Situationen „unbedingt" lieben zu können und zu dürfen, denn hier geht es um viel Gefühl, das aus dem Herzen kommt. Generell Liebe nehmen und geben zu können. *Rosa* trägt dazu bei, das Herz für die Liebe, Zuneigung auch für das Mitgefühl (nicht Mitleid) öffnen zu können. Menschen, die *Rosa* sehr mögen, sind oft sehr fürsorglich und nicht selten in entsprechenden Berufen zu finden (Altenheim, Krankenhaus …). *Rosa* weckt das Bedürfnis nach Wärme, nach gefühlsbetonter Wärme, es fördert die Intuition und bringt uns in guten Kontakt zu unserer eigenen Gefühlswelt. Man sagt, *Rosa* ist ein wunderbares Gegenmittel bei Angst.

Hat man ein Rosathema zu bewältigen, so kann man hinterfragen, was war mit dem Vater, habe ich ein Problem mit dem männlichen Prinzip? War vielleicht mein Vater in meiner Kindheit nicht da, wenn ich ihn brauchte? Musste ich die Liebe meines Vaters immer erkaufen, in dem ich gute Noten schrieb, immer aus der Masse herausragen musste, damit ich Ansehen bekam? Wenn ein solches Vaterthema vorhanden ist, das oft in der frühen Kindheit seinen Ursprung hatte, bleibt es im unbearbeiteten und unaufgelösten Zustand als Magnet in unserem Inneren zurück, der im Erwachsenenalter das gleiche Muster in partnerschaftlichen Beziehungen anziehen kann. Wie alles, wird uns Unaufgelöstes immer wieder präsentiert, bis wir es erkannt und gelöst haben. *Rosa* kann hier sehr hilfreich sein.

Die Farbe *Rosa* ist eine recht zarte und weiche Farbe. Man könnte sagen, sie assoziiert Schwäche, Hilflosigkeit oder die Weltfremdheit und Flucht vor der Realität all der Menschen, die alles durch eine *„Rosa* Brille" sehen. Das sind jedoch alte Denkmuster über *Rosa*. Sie erinnern sich? *Rosa* ist nichts anderes als ein *Hellrot*. Und *Rot* hat nichts mit Schwäche zu tun. Früher hat man verstärkt Mädchen in *rosa* Kleidchen gesteckt, vielleicht unbewusst als Vorbereitung auf ihre spätere Rolle im Leben, nämlich das zarte, zurückhaltende Wesen zu werden. Das ist wohl der Grund, weshalb *Rosa* so oft Ablehnung findet.

Menschen, die als Lieblingsfarbe *Rosa* wählen (vielleicht nur gerade mal phasenweise), signalisiert damit ein starkes Liebes- und Schutzbedürfnis. Man wünscht sich eine besonders rücksichtsvolle und liebevolle Behandlung durch seine Umwelt. Viel Zuneigung und Liebe wird benötigt, möglichst ohne Leidenschaft. Gibt es im Leben jedoch kaum noch eine andere Farbe als *Rosa* und ist somit ein Übermaß vorhanden, kann es sein, dass diese Menschen wenig Sinn für die Realität des Lebens hatten oder haben möchten und daher quasi alles durch eine *Rosa* getönte Brille sehen.

Gäbe es kein *Rosa* auf unserem Planeten, könnte man, so glaube ich, davon ausgehen, dass mittlerweile alles Leben nicht mehr existent wäre. Sicherlich kann man in einer ruhigen Minute einmal darüber nachdenken.

Zusammenfassung der Farbe Rosa

Schlagworte:	Die Liebe, das Herz mit den darin entwickelten Gefühlen, Herzlichkeit, die weibliche Fürsorge. Liebe nehmen und geben.
Chakra:	Herzchakra
Gedanken:	Rosa, die Farbe des Herzens und der Gefühle. Sich selber annehmen, so wie man ist, mit all seinen Fehlern. So wie eine rosafarbene Rose wunderschön ist mit all ihren Dornen.

Die Farbe Olivgrün

Die Farbe *Olivgrün* besteht aus *Grün* und *Gelb,* wobei *Gelb* eine Grundfarbe ist, im Gegensatz zu *Grün,* hier sind wieder *Gelb* und *Blau* an der Mischung von *Grüntönen* beteiligt. Wir haben es also bei *Olivgrün* eigentlich mit 4 Farben zu tun. *Gelb, Grün, Blau* und *Oliv. Gelb, Grün* und *Blau* sind zwar versteckt vorhanden, das heißt, nicht auf den ersten Blick sichtbar, dennoch sind die Eigenschaften dieser drei Farben ebenfalls stark im *Oliv* vertreten. Sie können also bei *Grün, Gelb* und *Blau* nachlesen um die versteckten, nicht gezeigten Eigenschaften zu erfahren.

Oliv selbst steht dafür Klarheit zusammen mit Weisheit zu schaffen. Weibliche Führungsqualitäten sind hierin enthalten, Qualitäten die mit der Herzensenergie kombiniert sind. Friede und Hoffnung sind Anteile von *Oliv.* Denn als Noah die Sintflut heil überstanden hatte, so flog ihm eine Taube mit einem Olivenzweig im Schnabel zu. Eine Friedenstaube.

Menschen, die sich stark zu *Olivgrün* hingezogen fühlen, haben ausgeprägte Fähigkeiten, Wahrheiten mit spirituellen Inhalten herunter zu transformieren. Was bedeutet, spirituelle Dinge auf der materiellen Ebene verständlich darzustellen mit nicht zu verleugnender Wahrheitsliebe in sich. Diese Menschen sind immer bemüht eine bessere Welt zu erschaffen. Sie haben oft eine klare Ausrichtung und tiefes Verständnis für die Natur und die Muster, die darunter liegen und möchten Harmonie in die Natur und die natürlichen Gesetze bringen.

Olivgrün trägt stark dazu bei lockerer zu sein. Dinge lockerer zu bewältigen und mit Herzensenergie in den Griff zu bekommen, oft auch zum Wohle der Gemeinschaft. Es kann gut eingesetzt werden bei Phobien und versteckten Ängsten, kann beruhigend bei Durchfall, Krämpfen und Nierenfunktionsstörungen wirken.

Schauen wir uns den Olivenbaum an, er symbolisiert Ausdauer und Reichtum. Wie sicherlich bekannt ist, kann die Frucht des Baumes, die Olive, nicht sofort nach der Ernte verzehrt werden. Sie durchläuft mehre Stationen, bevor sie genießbar ist. So auch im weitesten Sinne der olivliebende Mensch?

Beim Erarbeiten dieses Buches, speziell dieses Olivthemas habe ich in meinem Umfeld einmal Menschen befragt, was Ihnen zu *Olivgrün* so alles einfällt. Die Antworten hier in Kurzform, ich fand sie sehr interessant. Natur, wärmende Gedanken, Italien, Reiten, Jäger, im Winter vor dem Ofen liegend kuscheln, wärmend im Bauchbereich, ausgleichend im Herzbereich. Um nur einige Assoziationen zu nennen. Alle haben sie etwas mit *Oliv* zu tun. Näher definieren möchte ich sie an dieser Stelle nicht, aber es ist sicherlich Wert einmal darüber nachzudenken.

Zusammenfassung der Farbe Oliv

Schlagworte:	Mischung aus Gelb und Grün (wiederum Mischung aus Gelb und Blau), weibliche Führungsqualitäten aus dem Herzen, Transformation von Spirituellem auf die physische Ebene, Harmonie zur Natur, Friedensaspekte.
Chakra:	Solarplexus und Herzchakra
Gedanken:	Noahs Friedenstaube mit einem Olivenzweig im Schnabel als Zeichen für den Weltfrieden, ein oft genutztes Symbol. Aus dem Herzen führen zu können, ist eine himmlische Gabe.

Die Farbe Türkis

Die Farbe *Türkis* ist eine Mischung aus *Blau* und *Grün.* Selbstverständlich hat somit *Türkis* auch alle Aspekte von *Grün* und *Blau* in sich, jedoch nicht auf den ersten Blick sichtbar. Das bedeutet, dass es eher im Verborgenen oder im geschützten Raum zu Hause ist.

Das Herz zum Ausdruck bringen ist ein Thema von *Türkis,* die Kommunikation des Herzens – ein liebevolles Sprechen mit und aus dem Herzen. Nicht nur kopfgesteuert, sondern mit Worten von Herz zu Herz zu korrespondieren. Menschen, die sich stark zu *Türkis* hingezogen fühlen, mögen die Herausforderung vor kleine aber auch größere Gruppen zu treten und vielleicht Vorträge oder Seminare zu halten, die ihnen am Herzen liegen. In der Regel sind die Teilnehmer nach solcherart geführten Veranstaltungen begeistert, denn der türkisliebende „Vortragende" wird nicht von einem Podest zum „Volke" reden, sondern stets versuchen jeden Einzelnen in spannendes Geschehen mit einzubeziehen. Dadurch wird das vorgetragene Thema nicht nur zur Kopfnahrung, nein, es kann auch regelrecht erspürt werden, eben von Herz zu Herz. Es fällt solchen Menschen leicht, andere mit dem Herzen im Herzen zu erreichen.

Türkis unterstützt die kreativen Möglichkeiten. Auch wenn jemand nicht unbedingt zu einer Künstlerfamilie gehört und vielleicht nicht so begabt ist, sich der Kunst zu widmen, so wird man doch stets, auch Kleinigkeiten, einen künstlerischen Anstrich zuteil werden lassen.

Sicherlich gehört *Türkis* bei vielen namhaften Künstlern zur Lieblingsfarbe.

Türkis verleiht der Phantasie Flügel. Ob man nun einmal tagträumen möchte oder sich die schönsten Dinge in der Phantasie ausmalt, *Türkis* kann hier starken positiven Einfluss auswirken.

Ich erwähnte zuvor, dass im *Türkis* die Farben *Grün* und *Blau* vereint sind. Und aus dieser Kombination ergibt sich die Freiheit und die Intelligenz die mit dem Gefühl gepaart, ein wunderbares Dasein ermöglichen.

Denken wir zum Beispiel an das Meer in wärmeren Gefilden, so stellen wir es uns in strahlendem *Türkis* vor im warmen Sonnenlicht. Und in diesem Meer leben unter anderem Fischarten, die ganz stark mit *Türkis* assoziiert werden können. Die Delfine. Sie stehen unter anderem für Freiheit, für Intelligenz, für Gemeinschaftssinn, für Familienleben. Sie sind liebenswert und fröhlich. Auch das steckt alles in der Farbe *Türkis.*

Türkis unterstützt auch die Kommunikation in fremder Sprache, die man natürlich auch irgendwann einmal erlernte. Doch wie es mit Fremdsprachen eben so ist, man spricht sie nicht ständig oder täglich, ganz zu schweigen vom Denken in einer fremden Sprache. *Türkis* unterstützt den Ausdruck, das Finden der richtigen Worte und grammatischen Regeln. Wenn Sie eine

Fremdsprache erlernen und den Lernprozess etwas vereinfachen oder beschleunigen möchten, umgeben Sie sich doch einmal neben *Gelb* auch mit der Farbe *Türkis.* Nicht zu vergessen bringt *Türkis* auch eine optimistische Einstellung. Und Optimismus braucht man bisweilen mal beim sturen Vokabeln lernen, oder?

Türkis bringt besseres Verständnis für technische Dinge, für die Technik in unserem Zeitalter überhaupt. Es schafft eine gewisse Elastizität des Geistes und bringt damit Flexibilität zu Tage, auch für Neues.

Türkisliebhabern fällt es eher leicht mit anderen Wesen, die auf anderen Ebenen zu Hause sind, zu kommunizieren. Versuchen Sie einfach einmal mit solchen Wesen in Kontakt zu treten, wie Trollen, Elfen, Naturgeistern – *Türkis* wird Sie dabei unterstützen.

Wie alles, so hat auch das *Türkis* zwei Seiten. Ein paar eher nicht so positive Eigenschaften möchte ich hier nicht unerwähnt lassen. Menschen, die z. B. *Türkis* strikt ablehnen, leiden vielleicht unter Platzängsten bei großen Menschenansammlungen. In diesem Fall kann man raten, sich doch mit *Türkis* einmal richtig auseinander zu setzen. Vielleicht in *Türkis* gekleidet einmal in solch eine Menschenansammlung verweilen. Erscheint Ihnen das zu heftig, tragen Sie im Alltag mal ein türkises Oberteil und steigern es dann langsam, Schritt für Schritt.

Mit *Türkis* wird sehr oft der versunkene Kontinent Atlantis in Verbindung gebracht. Hier war man, laut vielen Erzählungen, in der Technologie und im Bewusstsein sehr weit. Hier wurde Massenkommunikation betrieben, was bedeutet, dass einer zu vielen sprach, und die Vielen hörten. Man sagt, dass die Kultur versank als die Massenkommunikation missbraucht wurde. Schauen wir in der deutschen Geschichte des letzten Jahrhunderts zurück, so finden wir Ähnliches. Doch hierauf möchte ich nicht weiter eingehen. Im *Türkis* ist also auch der Missbrauch der Massenkommunikation verankert – so wie der Missbrauch von altem Wissen. Nicht zu vergessen hegt *Türkis* eine gewisse Sehnsucht nach Atlantis. Vielleicht werden mit *Türkis* alte Erinnerungen an frühere Leben – in Atlantis – hervorgerufen?

Zusammenfassung der Farbe Türkis

Schlagworte:	Mischung aus Grün (wiederum Mischung aus Gelb und Blau) und Blau, die Kommunikation des Herzens, das Herz zum Ausdruck bringen, Kreativität, Massenkommunikation, Künstler, Atlantis.
Chakra:	Herzchakra, Thymusdrüse, Halschakra
Gedanken:	Die Farbe der Kommunikation aus dem Herzen. Lass Dein Herz sprechen. Atlantis, die versunkene Kultur, die Massen-kommunikation und der Missbrauch davon, der schließlich zum Untergang beigetragen hatte.

Die Farbe Blau

Hellblau hat eine Schwingungsfrequenz von ca. 650 p Sekunde und eine Wellenlänge von 470 Nanometer. Während *Königsblau* eine Schwingungsfrequenz von ca. 680–720 p. Sekunde und eine Wellenlänge von ca. 405 Nanometer aufweist.

Bei der Farbe *Blau* sollte man die Wirkungsweise und Eigenschaften zwischen zwei verschiedenen *Blautönen* unterscheiden. Zum einen gibt es das *Hellblau,* das dem Halsbereich und zum anderen das *Königsblau* das dem Stirnchakra zugeordnet wird. Trotzdem haben die beiden *Blauarten* doch so viele Gemeinsamkeiten, dass sie in deren Beschreibung hier nicht trennen möchte. Vorab noch ein klärendes Wort zum *Königsblau.* In vielerlei Literatur über Chakren, Farben oder psychologischen Werken findet man den Ausdruck „*Indigo*" als Zuordnung für das Stirnchakra, bzw. das 3. Auge. Da im echten *Indigo* auch *Schwarz*anteile enthalten sind, konnte ich die Farbwahl und den dazugehörigen Ausdruck „*Königsblau*" für mich viel stimmiger annehmen. Aber wie Sie die Farbe bezeichnen und definieren möchten, bleibt Ihnen überlassen. Für mich ist es, wie erwähnt, so ein stimmiges Gefühl.

Doch lassen Sie uns nun die *blauen Farbtöne* näher anschauen:

Blau steht für Ruhe und Frieden. Menschen, die in die Ruhe und den Frieden lieben, mögen die Farbe *Blau.* Ist man in sich ruhend, so verleiht dieser Zustand eine gewisse Ausgeglichenheit und gibt dadurch wiederum Sicherheit. Der ausgeprägte Glaube und das Vertrauen an sich und die Schöpfung sind im *Blau* verankert. Ist ein Übermaß dieser Energie vorhanden, so kann es ganz leicht in dogmatische Verhaltensmuster entgleiten, was eine enorme Einschränkung der persönlichen Freiheit beinhaltet. Erkennen von Göttlichkeit im Innen und Außen. Schauen Sie sich die Gottesmutter Maria an. Sie trägt in der Regel einen königsblauen Mantel, ein Symbol für Mütterlichkeit, weibliche Fürsorge, das weibliche Prinzip.

Blau steht für die Kommunikation, den verbalen Ausdruck. Aber nicht nur das gesprochene Wort ist hier gemeint, sondern auch die Kommunikation auf allen Ebenen, in alle Ebenen, von allen Ebenen. Damit ist ein ausgeprägter Zugang zu spirituellen Lehren gegeben. Meditationsfähigkeit wird von der Farbe *Blau* unterstützt, denn sie bringt nicht nur den nötigen Frieden und die innere Ruhe dafür, sondern schafft auch Zugang. Die intensive Arbeit mit *Blau* auf medialem Gebiet kann sich durchaus auf telepathische Fähigkeiten auswirken.

Blaubetonte Menschen haben ein diplomatisches Geschick. Sie sind Reformer mit großer Freude und nicht selten Pioniere auf neuem Terrain. Sie haben den übergeordneten Blick, den Durchblick, der anderen vielleicht noch lange verborgen bleibt. Eine ausgeprägte Vorstellungskraft und hochentwickelte Geisteskraft machen das vorhandene kosmische Bewusstsein aus. Sie sind unabhängig von den materiellen Dingen unserer Gesellschaft.

Ein sich eher negativ auswirkendes Thema von *Blau* ist die Erschöpfung, die Unruhe. Man kann davon ausgehen, dass in diesem Fall *Blau* fehlt. Empfehlenswert wäre sich gerade dann mit *Blau* zu beschäftigen, sich mit *Blau* zu konfrontieren und zu umgeben, denn wahrscheinlich wird die Farbe in solchen Zuständen eher abgelehnt, bzw. die Ablehnung hatte bereits vorher stattgefunden um somit den Zustand der Erschöpfung freien Einzug zu gewähren.

Unnachgiebigkeit und Unbeweglichkeit kann Ausdruck eines Blaumangels sein. Im *Blau* ist, wie oben bereits genannt, das Thema des weiblichen Prinzips verankert. Oft ist die Ursache dafür in der Kindheit zu suchen, bei der eigenen Mutter oder den weiblichen Anteilen des Vaters. In früher Kindheit können tiefgreifende Ereignisse rund um die Mutter und das darin verborgene weibliche Prinzip zu heute noch ungelösten innerlichen Konflikten führen.

Mit der Farbe *Blau* ist Ihnen die Möglichkeit gegeben, diese Dinge aus Ihrem Inneren an das Tageslicht zu befördern, zu bearbeiten und damit loszulassen, damit es sie in Ihrem Leben nicht weiter belasten kann. Zum einen ist das „All-Eins-Sein“ gerade im *Königsblau* enthalten, zum anderen aber auch das Gefühl abgetrennt zu sein. Getrennt, isoliert, zurückgezogen von seiner Umwelt.

Nicht selten sind die Folgen dann depressive Stimmungen. *Blau* hilft hier die Dinge wieder sehen zu wollen, so wie sie sind, sie dann als gegeben zu akzeptieren und für sich das Positive daraus erkennen zu können.

Die Farbe *Blau* wird oft in einfach dahin gesagten Sprüchen erwähnt. Wenn Sie die folgenden Redewendungen einmal anschauen, werden sie eine Gemeinsamkeit feststellen: Sie haben alle eine „grenzauflösende, entgrenzende" Botschaft in sich verborgen.

„Blau machen" wenn man einfach mal keine Lust zu irgendwas hat, früher hat man das hier und da einmal gehört, wenn ein Arbeitstag mal ausfallen sollte, so gab es dann auch den *„blauen Montag"*. Ganz zu schweigen vom *„blau sein"*, ein Zustand, der jeden aus seinen normal gesetzten Grenzen reisen lässt.

In diesem Zusammenhang kann man auch das *„blaue Kreuz"* betrachten. Oder wir *„fahren mal ins Blaue"* um einen schönen freien Tag, ohne ein festes Ziel zu haben, genießen zu können.

Na, dann gibt es da noch *„das Blaue vom Himmel lügen"*, was bedeutet grenzenlose, unwahre Dinge zu erzählen, ähnlich wie *„blauen Dunst vormachen"*. Schauen wir kurz eine englische Redewendung an: *„I feel blue"*, bedeutet sich in einer melancholischen oder depressiven Stimmung zu befinden.

Die Anwendungsgebiete von *Blau* sind sehr weitreichend. Es wirkt kühlend und daher zusammenziehend, unterstützt den Schlaf durch kühlende Ruhe. Sehr hilfreich bei entzündlichen Prozessen und Fieber. Hervorragend einsetzbar bei Krämpfen, Infekten, Nackenproblemen oder Sonnenbrand.

Blau beruhigt und wirkt ausgleichend auf das vegetative Nervensystem und den Hormonhaushalt. Beruhigt den Geist. Gerade *Königsblau* wirkt bei seelischer Erschöpfung wahre Wunder. Gerne wird *Königsblau* auch bei gereizten, oder entzündeten Augen angewandt.

Zusammenfassung der Farbe Blau

Schlagworte:	Der Hals, der Ausdruck, Kommunikation, die oberen Atmungsorgane, Ruhe, Frieden, Verständnis, Religiosität, die Mutter. Das 3. Auge, der übergeordnete Blick, die Wahrnehmung, Hell- und Königsblau stehen eng zusammen.
Chakra:	Halschakra (Hellblau) Stirnchakra (Königsblau
Gedanken:	Zu Hellblau: Das zarte Himmelblau weit über uns verleiht eine Art Weite, Ruhe und Freiheit. Sich hineinfallen lassen in die Ruhe und Besinnlichkeit. Zu Dunkelblau: Das tiefe Blau des Kosmos, das uns Frieden, Ruhe und Stille verleiht. Der Madonnenmantel war in diesem Blau als Zeichen der mütterlichen Fürsorglichkeit.

Die Farbe Violett

Sie hat eine Schwingungsfrequenz von 730 bis 770 pro Sekunde und die Wellenlänge beträgt ca. 400 Nanometer. Die Farbe *Violett* bringt zwei Gegensätze zusammen: *Rot* und *Blau!* Was bedeutet, dass die kompletten Eigenschaften und Wirkungsweisen von *Rot* und *Blau* im *Violett* vereint werden. Sie können dazu auch nochmals die Beschreibungen zu *Rot* und *Blau* lesen, denn auch das ist im *Violett* enthalten.

Rot steht ja für alles Irdische und *Blau* für das eher Nichtirdische oder Himmlische. Die Dualität kommt im *Violett* zum Ausdruck, wie das Weibliche *(Blau)* und das Männliche *(Rot)*. Somit bringt *Violett* Extreme zusammen und steht für Transformation und Umwandlung. *Violett* wird oft als die Farbe der ganzheitlichen Heilung bezeichnet für die verschiedensten Bereiche. Es schafft einen klaren Kopf und fördert die spirituellen Sichtweisen. Nicht selten handelt es sich bei Menschen, die sich stark zu *Violett* hingezogen fühlen um spirituelle Lehrer und ausgeprägte Führernaturen. Sie sind sehr sensibel und einfühlsam.

Violett wirkt stark entspannend, stärkt die Gehirntätigkeit und wirkt Stress entgegen. Es regt die phantasievolle Vorstellungskraft und die Inspiration an. Die Reinigung der Gedanken, der Gefühle und Emotionen wird von *Violett* unterstützt. Dadurch auch natürlich das Loslassen von Altem, Vergangenem und von veralteten Vorstellungen und Verhaltensmustern. Wenn violettbetonte Menschen sich mehr zum *Blau* innerhalb dieser Farbe hingezogen fühlen, kann es sein, dass sie nicht hier auf der Erde sein wollen.

Violett als ganzes bringt das Gleichgewicht wieder zurück und auch das Gefühl gerne hier zu sein.

Ich erwähnte oben bereits, das *Violett* für das Männliche und Weibliche gleichermaßen steht. Vater und Mutter stecken also ebenfalls in *Violett,* bzw. das männliche und weibliche Prinzip. Oft deutet *Violett* auf ein Thema mit dem Elternhaus hin, wobei Mutter und Vater gleichermaßen Thema sind, eben das Elternhaus.

Weitere Themen von *Violett* sind unsere weit verbreiteten Loslassprobleme, die nicht selten auch zu Schlafstörungen führen können. Wie oft liegen wir abends im Bett und grübeln und schaufeln gedanklich die Probleme von einer Seite auf die andere. *Violett* kann hier nützliche, ausgleichende Dienste leisten.

Auch das Thema Tod finden wir im *Violett.* Der Wandel vom physischen *Rot* in das jenseitige *Blau.* Das ist ebenfalls eine Art Loslassen. Loslassen des physischen Körpers. Stark *violett* orientierte Menschen können daher ein gestörtes Verhältnis zum Tod haben. Oder lehnen ihren eigenen Körper in seiner Ganzheit als Zuhause unserer Seele für diese Inkarnation völlig ab.

Das kann wiederum zur Folge haben, dass ein Ablehnen aller materiellen Aspekte stattfindet. Hat man jedoch das Thema Tod, vielleicht durch die Auseinandersetzung mit der Farbe *Violett,* bearbeitet und akzeptiert, dann sind gerade diese Personen geradezu prädestiniert Sterbebegleitung zu leisten. Im Übrigen ist das Integrieren der Farbe *Violett* eine wunderbare Art Sterbenden das Loslassen zu erleichtern.

Violett fördert die Fähigkeit Dinge und Situationen zu verinnerlichen und mit Leichtigkeit Einkehr zu halten.

Von meinen Farbberatungen her kenne ich das Phänomen, wenn Menschen sehr viel Hell- oder Dunkelviolett in ihrer Farbauswahl zeigen, dass hier ein Mensch ist, der erstens sehr spirituell veranlagt ist und zweitens ein Wesen, das bestens dazu geeignet ist anderen zu helfen. Oft stelle ich dann durch hinterfragen fest, dass diese Person in einem Heilberuf zu Hause ist. Vielleicht als Krankenschwester, Masseur, Psychotherapeut, Altenpflegerin oder Arzt. Das sind ideale Berufe für sehr *violettbetonte* Menschen, anderen ihre Dienste zur Verfügung stellen und in irgendeiner Form einen heilenden Beitrag leisten können.

Bei allen Symptomen, die sich im Kopfbereich einstellen können, bringt *Violett* oft rasche Linderung und Heilung, wie zum Beispiel bei Kopfschmerzen oder Migräne. Doch behandeln Sie nie nur das Symptom als isolierten Zustand alleine. Mit *Violett* können Sie, wenn Sie wieder einen klaren Kopf haben, auch hervorragend an die Ursachen heran gelangen. Wenn Sie nur den Schmerz selbst behandeln, ohne die wirkliche Ursache erkannt und beseitigt zu haben, wird sich der Schmerz erneut zeigen, sich vielleicht einen neuen Weg bahnen. Das gilt übrigens für alle körperlichen Symptome: Herausfinden der Ursache(n) und diese beseitigen.

Zusammenfassung der Farbe Violett

Schlagworte:	Die Vereinigung von Extremen (Blau und Rot), die Transformation, die Heilung, der „absolute" Draht nach oben, Spiritualität. Elternhaus. Hellviolett hat die Eigenschaften wie Violett, nur sehr viel lichtvoller, absolute spirituelle Weitsicht, Erkennen von allen Zusammenhängen.
Chakra:	Scheitel- oder Kronenchakra.
Gedanken:	Violett, die Farbe der Heilung. Sie bringt Gegensätze zusammen, denn sie besteht aus Rot und Blau.

Die Farbe Weiß

Ist *Weiß* eigentlich eine Farbe? Diese Frage könnte jetzt aufkommen. Für meine Begriffe kann man diese Frage bejahen im Gegensatz zu *Schwarz.* Denn *Weiß* enthält alle Spektralfarben in sich im optimalen Verhältnis vereint. Von *Rot* bis *Violett* finden wir alles in der Farbe *Weiß.* Sicherlich kennen Sie vom früheren Physikunterricht die effekthaschenden Versuche, wie zum Beispiel eine Scheibe, die alle Farben enthält. Dreht man diese Scheibe in einer bestimmten Geschwindigkeit, so verschwinden die Farben für unser Auge und nur noch *Weiß* ist wahrnehmbar. Diese Versuche in der Schule haben uns damals alle fasziniert. Und so ist es wirklich, wir können uns vergegenwärtigen, dass in *Weiß* alles enthalten ist.

Daher ist dies auch die Farbe der Entscheidung. Wenn wir mit *Weiß* arbeiten, so haben wir das komplette Spektrum zur Verfügung. Jetzt liegt es an uns, unserem Organismus, unserem

Charakter, unserer Einstellung, welchen Teil des *Weißes* wir in Anspruch nehmen, sprich benutzen möchten. Das bedeutet, eine Entscheidung ist angesagt. Auf irgendeiner Ebene ist eine Entscheidung gefordert. Daher steht *Weiß* auch für Entscheidungen um in neue, andere Richtungen zu gehen.

Weiß ist eine Lichtfarbe. *Goethe* bezeichnete sie als seine Superfarbe. *Weiß* ist auch besonders gut geeignet um einen energetischen Schutz aufzubauen. Haben Sie Ihren eigenen energetischen Schutzmechanismus? Schutzrituale sollten in den Tagesablauf als fester Bestandteil mit aufgenommen werden, genau wie das tägliche Zähneputzen. Sie können geistig einen wunderbaren weißen Schutzmantel um sich herum visualisieren und parallel dazu um Schutz im weißen Licht bitten.

Um an dieser Stelle nur eine Art eines Schutzrituals oder Schutzmechanismus zu benennen.

Weiß ist anders im Bereich des Schutzes als zum Beispiel *Schwarz*. Wir alle kennen die Farbe *Schwarz* als Schutz- und Abgrenzungsfarbe. *Weiß* hingegen grenzt und schottet nicht ab. *Weiß* schützt und lässt trotzdem noch am Leben teilhaben, man nimmt trotzdem noch wahr, nimmt auf, jedoch ohne es zu tief in sich hinein zu lassen.

Lesen Sie parallel dazu die Schutzeigenschaften weiter unten unter „Die Farbe *Schwarz*“, damit die Unterschiede noch klarer werden können.

Weiß ist auch die Farbe der Reinigung. Sie ist ein Symbol der Reinheit. Man kennt den Spruch „ … sich reinwaschen von …“. In unseren Breiten heiratet man in *Weiß*. Ein Symbol der Unschuld, der Reinheit, der Sauberkeit. Wobei man hierüber streiten könnte, ob in jedem Falle ein weißes Brautkleid angebracht ist. Doch es gehört dazu und ist eine Augenweide für die Hochzeitszeremonie.

Wenn Sie zum Beispiel mit Ihrer Aura arbeiten und verschiedene sich festgesetzte Dinge aus Ihren feinstofflichen Bereichen verbannen, d. h. entfernen, Kraft Ihrer Gedanken, so können Sie die dadurch entstehenden Lücken mit weißem Licht füllen.

Aus diesem reinen *Weiß* kann Neues, Positives entstehen, wenn es denn angesagt sein sollte. Doch hierzu erfahren Sie mehr im Übungsteil zur Farbe *Weiß*.

Weiß wird auch oft benutzt, um sich vor übermäßiger Hitze zu schützen. Man siehe hierzu die südlichen Länder, in denen die Sonne viele Stunden täglich intensivst auf die Erde scheint. Man streicht die Häuser *weiß*, oft verhüllt man sich auch mit *hellen* oder *weißen* Stoffen. Wenn wir uns vorstellen, dass wir an einem wunderschönen südeuropäischen Strand spazieren gehen und in *weiße*, leichte Baumwolltücher gehüllt wären, kommt ein angenehmes Gefühl in uns auf.

Ganz im Gegensatz dazu, wenn man sich nur in unserer Vorstellung an einem weiten, heißen Strand befände und wäre mit *schwarzen* Tüchern völlig eingehüllt. Schon in unserer Vorstellung kommt ein Unwohlsein auf. Man kann sich kaum gedanklich darauf einlassen. Man spürt die krassen Gegensätze von *Schwarz* und *Weiß*.

Wie oft werden weiße Anstriche in Räumen benutzt, in denen Sterilität groß geschrieben wird. Wie zum Beispiel in Krankenhäusern, Arztpraxen in Wartezimmern …!

Weiß ist auch eine wundervolle Farbe um Schmerzen zu bekämpfen, wenn man sich mit anderen Farben nicht ganz so sicher sein sollte. Denn nicht vergessen: *Weiß* enthält alle Farben und unser Organismus wird sich genau an diesem Teil bedienen, den er gerade benötigt um wieder heil zu werden. Es reicht die Visualisierung. Bei depressiven Erkrankungen ist weißes Licht ebenfalls sehr hilfreich.

Viele Menschen fallen in den dunkleren Monaten eines Jahres in die „Winterdepression“, es fehlt an Licht. Therapeutisch werden hier bewusst weiße Lichtquellen eingesetzt. In den nördlichen europäischen Ländern, ist der Zustand der Depression sehr weit verbreitet. Man stelle sich nur einmal vor, dass es fast ein halbes Jahr lang nie richtig hell wird, nur ein Dämmerlicht für wenige Stunden des Tages, der Rest des Tages bleibt es dunkel. Körper, Geist und Seele sehnen sich nach Helligkeit, nach Licht, nach *Weiß.*

Zusammenfassung der Farbe Weiß

Schlagworte:	Die Vereinigung aller Farben, die Entscheidung, die Vollkommenheit, zurück zur Einheit, die Reinigung.
Chakra:	Alle Chakren
Gedanken:	In der kühleren Jahreszeit können wir Weiß wahrnehmen. Weiß die Farbe die alle Farben enthält. Weiß ist die Zeit der Erneuerung, bzw. die Ruhe zur Klärung und Erneuerung, damit im Frühjahr frisches, neues Leben entstehen kann.

Die Farbe Magenta

Magenta spielte in *Goethes* Farbenlehre und in der Druckertechnik eine große Rolle. *Goethe* sagte, es sei die ungesehene Farbe, denn sie kommt im Regenbogen nur versteckt vor. *Magenta* entsteht, wenn man die beiden Enden des Regenbogens zusammenführen würde, also *Rot* und *Violett.* Die Mischfarbe hieraus ist *Magenta.*

Magenta ist die Fürsorge für die Fürsorgenden, für jene, die all ihre Energie für andere gegeben haben und nun selbst Fürsorge und Regeneration benötigen. Es schenkt auf sehr sanfte Weise Energie und führt Liebe von oben in die unser Energiesystem ein. *Magenta* leitet uns zur Selbsterkenntnis und hilft uns, unsere Aufgabe und Bestimmung im Leben festzustellen.

Es hilft uns die goldenen Momente im Leben zu erschaffen. In seiner Kombination von *roten* und *violetten* Energien, wirkt *Magenta* sowohl stärkend und energetisierend als auch zugleich lindernd und beruhigend, also ausgleichend. Es hilft uns, zielgerichtet zu bleiben und weiterhin in den richtigen Aspekt unseres Wesens zu investieren, in dem wir unsere Fürsorge auch auf die kleinen Dinge richten, so dass die großen Angelegenheiten für sich selbst sorgen können. *Magenta* ist zum Beispiel eine Hilfe, wenn eine Familie auseinander bricht. Es bringt die Energie, die wir benötigen, um etwas zu klären oder um in die kleinen Dinge im Leben Ordnung zu bringen, die nur allzu rasch als nebensächlich abgetan werden, weil wir wichtigeren Anliegen den Vorrang geben. *Magenta* hilft, auch die Kleinigkeiten im Alltag mit Liebe, Aufmerksamkeit und Fürsorge zu erfüllen.

Magenta wirkt stark harmonisierend auf Intellekt und Instinkt. Es öffnet uns Qualitäten des Bewusstseins und Verständnis auf allen Ebenen. Es unterstützt, nach einer Depression wieder zu Kräften und Energie zu kommen. Es hilft uns bei der Einstimmung auf die Natur. *Magenta* erleichtert uns den Weg in eine tiefe Meditation und stärkt, wenn es angesagt ist, eine sehr schwierige Erfahrung zu verarbeiten und zu bewältigen.

Magenta ist die höchste Form von *Rosa* bzw. eine Steigerung von *Rosa.* Eine Form von bedingungsloser Liebe geben und nehmen können.

Zusammenfassung der Farbe Magenta

Schlagworte:	Die höchste Form der Liebe, Liebe zu den kleinen Dingen im Leben. Fürsorge und Regeneration, gibt Energie um Dinge im Leben in Liebe in Ordnung zu bringen.
Chakra:	Alle, insbesondere das Herzchakra
Gedanken:	Der Regenbogen beginnt mit Rot und endet mit Violett. Bringt man die beiden Enden zusammen, so entsteht Magenta, Goethes ungesehene Farbe. Rot für Kraft, Stärke, Erdverbundenheit. Violett für Spiritualität und Heilung. Diese Eigenschaften vereint machen Magenta aus.

Die Farbe Beige/Braun

Nun wage ich mich in ein Feld von Mischfarben vor, die man in der allgemeinen Farbtherapie selten, kurz oder gar nicht findet. Trotzdem gibt es diese Mischfarben. Auch diese Farben haben ihre Bedeutung und sind es wert besprochen zu werden. Ich fasse *Beige* und *Braun* zusammen, da ich die Farbe *Beige* als ein *helles* oder besser gesagt *lichtvolleres Braun* bezeichne und damit ähnliche Wirkungen und Bedeutungen zuschreibe.

Braun steht im Zusammenhang mit der Erde, dem Holz der Bäume, mehr oder weniger mit den stabilen und standfesten Elementen. Es ist eine Mischfarbe aus etwas *Rot,* etwas *Schwarz* oder je nach Farbton auch etwas *Gelb* oder *Weiß.* Um bei der Farbdeutung noch genauer und tiefer schauen zu können, kann man die Bedeutung der Farben aus denen *Braun* besteht ebenfalls anwenden.

Braun ist bodenständig und holt uns aus der Welt der Phantasien und Träume wieder zurück auf den Boden der Tatsachen.

Braun ist hilfreich das praktische Denken wieder zu erlernen und auch in die Tat umzusetzen. *Dunkelbraun* ist ein Zeichen von altbewährten Mustern, die tief in unserem Inneren verwurzelt sind, es lässt auf Sicherheitsdenken schließen und das Verbleibenwollen in der Materie. Menschen, die *Braun* bevorzugen, sind oft sehr standhaft, erdverbunden und stehen mit beiden Beinen fest im Leben. Diese Farbe steht auch für Aushalten und Ausdauer.

Es handelt sich in der Regel um einen starken, soliden Menschen mit Durchhaltevermögen, Gewissenhaftigkeit, Pflichtbewusstsein und Zuverlässigkeit. Menschen dieser Art sind oft vorsichtig und können doch einen Hauch konservativ sein. Nicht selten lieben sie die Verantwortung und übernehmen auch Arbeiten, die andere nicht oder nur ungern erledigen möchten. Sie mögen zwar das eine oder andere Mal recht langsam in der Auffassungsgabe sein, erreichen aber dennoch immer am Ende das was sie wollen.

Ein Thema des *Brauns* ist aber auch eine geringe Beweglichkeit und oft die Unfähigkeit sich schnell an neue Situationen anpassen zu können. Anders herum gesehen gilt für Menschen die *Braun/Beige* völlig ablehnen, die fehlende Erdverbundenheit, mangelnde Ausdauer bei Dingen, die erledigt werden möchten. Da ihnen so oft der Boden unter den Füßen fehlt, werden sie nicht selten von Lebens- bzw. Überlebensängsten geplagt.

In diesem Falle ist es ratsam sich langsam an *Brauntöne* heran zu tasten. Vielleicht beginnen Sie dann mit einem *hellen Beige* an und mit sich zu arbeiten um später zu kräftigen und dunklen Braunschattierungen überzugehen. Wenn Sie ein Thema mit *Braun* haben, so gehen Sie behutsam vor und langsam. Einige Übungen können Sie weiter unten entnehmen.

Zusammenfassung der Farbe Braun/Beige

Schlagworte:	Erdverbundenheit, Standhaftigkeit, Ausdauer, Durchhaltevermögen, Pflichtbewusstsein, Zuverlässigkeit, geringe Beweglichkeit
Chakra:	am ehesten ab dem Wurzelchakra abwärts, sonst keine Zuordnung.
Gedanken:	Die Farbe unserer Muttererde ist Braun. In diesem Braun finden die braunen Wurzeln der Bäume starken Halt und Nahrung. Standfestigkeit wie ein Baum im Wald und nicht wie ein Fähnchen im Wind.

Die (Farbe) Schwarz

Sie sehen das Wort „Farbe" in der Überschrift ist in Klammern gesetzt. Der Grund: *Schwarz* ist nun wirklich definitiv keine Farbe. Man sagt auch mit recht, das *Schwarz* das fehlen von Licht ist. Und *Schwarz* absorbiert alle Farben, was bedeutet, dass nicht ein einziger Farbschimmer reflektiert wird. Trotzdem ist das *Schwarz,* das wir wahrnehmen können, wissenschaftlich gesehen kein „wahres *Schwarz*". Denn 5 % wird von einer völlig *schwarzen* Oberfläche immer noch an Licht reflektiert. Zwar keinerlei Farben, dennoch bis zu 5 % Licht. Würden diese 5 % fehlen, so würde es sich um wirkliches *Schwarz* handeln. Aber es scheint, als sei das menschliche Auge nicht dafür konstruiert worden.

Daher erscheint uns *Schwarz* als dunkel und wirklich farblos. Und trotzdem hat *Schwarz* seine Berechtigung, seine Eigenschaften und Bedeutungen. Auch *Schwarz* ist eine wichtige „Farbe" in unserem irdischen Dasein. Würde es kein *Schwarz* geben, so könnten wir *Weiß* nicht als *Weiß* erkennen. Würde es kein

Dunkel geben, wäre die Helligkeit als solche nicht definierbar. Wir leben hier auf der Erde in der Dualität, in der das eine das andere bedingt. Ein merkwürdig klingender Satz, ich *weiß*, aber sehr gehaltvoll über den es sich lohnt einmal nachzudenken.

Tatsache ist auch, dass *Schwarz* uns keinerlei Energie erhalten lässt, wenn wir zum Beispiel *Schwarz* tragen. *Schwarz* verhindert, dass Licht und Farbe durch das textile Gewebe auf unsere Haut und somit auf unseren Organismus treffen kann. Daher kann man sagen, wenn jemand über sehr lange Zeit hinweg ausschließlich schwarze Kleidung trägt, beraubt er sich der Energie, die ihm das Licht zukommen lassen möchte. Eigentlich sehr schade. Auf Dauer kann dieser Energiemangel zu Lust- und Kraftlosigkeit führen.

Im 19. Jahrhundert fingen die Menschen an zu glauben, dass mit dem physischen Tod alles vorbei sei. Diese traurige Vorstellung verstärkte man fortan mit *schwarzer* Kleidung als Trauerkleidung. Man schottete sich nach außen hin ab und zog (oder zieht) sich von der Welt zurück. Vor dieser Zeit herrschte der Glaube vor, dass die Seele wieder auferstehe, man trug damals *weiße* Trauerkleidung. Bis heute hat sich der Brauch, gerade bei älteren Menschen, weitestgehend erhalten. Man trägt *schwarze* Trauerkleidung.

Schwarz ist auch ein Ausdruck von starkem Schutzbedürfnis. Man möchte sich nach einem Todesfall wirklich von der Außenwelt abgrenzen und mit sich alleine sein. Wenn dieser Kleidungszwang aus diesem Grunde aus sich selbst heraus stattfindet ist das für eine gewisse Zeit der intensivsten Trauer nur von Vorteil. Doch wenn man das tut der lieben Nachbarn Willen, dann ist dieses Brauchtum falsch verstanden worden. Man könnte genauso gut mit fröhlichen Farben einen lieben Menschen zu Grabe tragen, wenn man sich danach fühlt. Denn erstens hilft es dem gegangenen Menschen in keinster Weise, wenn die liebe Trauergemeinde völlig farblos in *Schwarz* erscheint und zweitens sollte man nicht vergessen, dass die gegangene Seele sich von ihrem vergänglichen Körper verabschiedet hatte um in der jenseitigen Welt neu geboren zu werden. Und das ist doch eigentlich ein freudiges Ereignis.

Ich möchte dies nur als Gedankenanregung zu verstehen wissen. Jeder muss selbst mit Trauer und der Entscheidung, wie man nach Innen und Außen damit fertig wird und umgeht, selbst treffen. Diese oben geschilderte Weise ist nur meine eigene Einstellung und keine allzeit gültige Regel für Jedermann, bzw. -Frau.

Kombiniert man zum Beispiel *Schwarz* mit kräftigen Farben, so wird die wahrnehmbare Wirkung der jeweiligen Farbe verstärkt. Es hebt praktisch die jeweilige Farbe noch stärker hervor als wenn man zum Beispiel komplett nur eine Farbe in der Kleidung tragen würde. Beispiel: Trägt man als Dame ein rosafarbenes Sommerkleid, so ist das nett anzusehen, wirkt auf Herz- und Gewühlsbereich, Balsam für die Seele. Trägt die gleiche Dame jedoch eine schwarze Sommer-Leinenhose mit einer leichten *Rosa* Sommerbluse darüber. So kann man schon bei der puren Vorstellung spüren, wie das *Rosa* noch mal unterstrichen und verstärkt wird und wirkt.

Tragen Sie zum Beispiel *Schwarz/Gelb,* so stärkt das den Intellekt aber demonstriert auch den intellektuellen Machtanspruch. Und nicht zuletzt verstärkt es die Konzentration ungemein. Das gleiche gilt natürlich nicht nur bei getragener Kleidung, sondern auch entsprechend gestalteten Räumen.

Nehmen wir als Beispiel einmal *Schwarz/Weiß:* Stellen Sie sich einmal ein Wohnzimmer vor, das ausschließlich in *Schwarz-* und *Weißtönen* eingerichtet und dekoriert wurde. Würde man sich wirklich längere Zeit darin wohlfühlen? Für mein Empfinden fehlt hier etwas, hier ist kein wirkliches Leben. Eine solche Kombination gibt oft versteckt den Glaubenssatz wider „... entweder/oder ...“! Nur das wirkliche Leben ist viel mehr „... sowohl als auch ...“

Schwarz zu tragen ist oft in pubertären Stadien eines heranwachsenden Menschen „in“. Eigentlich eine logische Verhaltensweise. Dann es beginnt die Phase des sich Versteckens, des sich neu orientieren im Inneren und nicht zuletzt das langsame und schrittweise Ablösen von zu Hause. In solchen Phasen ist es für viele Jugendliche wichtig *Schwarz* in ihrer Umgebung zu haben. Sei es in der Kleidung, im eigenen Zimmer ...! Es ist in Ordnung, vorausgesetzt der Zustand dauert nicht viele Jahre an. Denn wenn das der Fall ist, könnte man einmal überprüfen, ob nicht ein verstecktes Drogenproblem schleichend seinen Fortgang nimmt. Bitte sehen Sie dass nur als Hinweis, denn ich möchte nicht, dass Sie gleich hinter jedem *Schwarz* gekleideten Menschen einen Drogendealer sehen, so war es nicht gemeint.

Wenn die *Schwarzphase* zu lange anhält (mehrere Jahre), so können Sie diesem Menschen Licht und Farbe Kraft Ihrer Gedanken schicken. Hüllen Sie diesen Menschen in Liebe jeden Tag in eine andere Farbe des Regenbogens. Oder füllen Sie gedanklich das Zimmer mit immer verschiedenen Farben oder vielleicht einen geistig fest installierten immerscheinenden Regenbogen. Was spricht dagegen. Es kann hilfreich sein aus dieser Lebensphase leichter heraus zu kommen. Oder suchen Sie ein nettes, liebevolles Gespräch in einem Raum, den Sie zuvor geistig mit einem wunderschönen, *kräftigen Blau* angereichert haben. Das fördert die Kommunikation. Oder vielleicht auch mit *Türkis,* was wiederum anregend auf die Kommunikation des Herzens wirken kann. Lassen Sie Ihrer Phantasie freien Lauf zum Wohle aller Beteiligten.

Oft wird die „Farbe" *Schwarz* im Volksmund benutzt, um etwas negativ erscheinen zu lassen. Wie „ich ärgere mich noch *schwarz*", „*schwarzhören* und *-sehen* kommt teuer zu stehen", „*schwarzes* Schaf der Familie", „... da sehe ich aber *Schwarz* ... " oder Worte wie *Schwarzarbeit, Schwarzhandel* und sicherlich gibt es noch einige andere mehr.

Es gibt jedoch ein Bereich, in dem *Schwarz* positiv gedeutet wird und oft auch positiv wirkt, wenn man bestimmte Absichten verfolgt. Und zwar in der Erotik. Hier gilt wieder das Prinzip, dass *Schwarz* andere Farben visuell verstärken kann. Wie zum Beispiel die sogenannte Reizwäsche oft in *Schwarz* gehalten ist. Hierin wirkt die Farbe der nackten Haut in Verbindung mit *Schwarz* noch anziehender. Oder schwarze Augen und/oder Haare, werden als feurig und rassig eingestuft. *Schwarz* umrandete Augen gelten als erotisierend (Kajal oder Wimperntusche). Schwarze Bettwäsche soll erotisierend wirken ... und so gibt es in diesem Bereich noch einige andere Dinge, bei denen gezielt *Schwarz* eingesetzt wird. Aber wollen wir es nicht weiter vertiefen.

Sie sehen, *Schwarz* hat seine Berechtigung, obwohl es als das Fehlen von Licht und Farbe definiert wird.

Zusammenfassung der (Farbe) Schwarz

Schlagworte:	Verstärkt visuell andere Farben, Schutz, Trauer, Abgrenzung, vorübergehender Rückzug vom Leben, Erotik, wird oft teilweise zu Unrecht negativ gedeutet.
Chakra:	keine Zuordnung
Gedanken:	Schwarz ist die „Farbe" aus der alles entsteht, der Samen in der dunklen Erde, das Kind im dunklen Mutterleib ...! Aus der Dunkelheit kann unter Zuga-

be von Licht neues Leben entstehen. Die Dunkelheit ist oft nötig um konzentriert und fokussiert Neues entstehen zu lassen, nachdem eine erforderliche Abgrenzung und Zurückgezogenheit stattgefunden hat.

Meditative Übungen mit Farben

Nach so viel Allgemeinwissen zu Farben, deren Eigenschaften und Wirkungsweisen, nun zu einer Rubrik schöner Meditationen und Übungen mit Farben.

Drei Rubriken finden Sie zu jeder Farbe, mit Ausnahme der Farben *Magenta, Beige/Braun* und *Schwarz.* Diese Farben gehören nicht unbedingt zum Regenbogenspektrum, daher belassen wir es hier um jeweils eine Übung um hineinspüren zu können.

Erlebnismeditationen:
Hierzu sei gesagt, dass es sich hier jeweils um eine Phantasiereise handelt. Wenn Sie meditieren, versuchen Sie bitte 20 – 30 Minuten ungestört zu bleiben und sich geistig zu schützen. Während Meditationen sind wir in der Regel sehr offen, daher ist ein geistiger Schutz ratsam. Es gibt viele Möglichkeiten des Schutzes, vielleicht haben Sie Ihre eigene Technik bereits gefunden und wenden diese regelmäßig an, wenn nicht dann habe ich hier ein Beispiel von einem geistigen Schutzmechanismus für Sie.

Es gibt viele Techniken sich zu schützen. Ob man dazu nun eine Essenz, einen Stein anwendet oder eine meditative Übung vollzieht. Es ist im Prinzip egal, wie man einen Schutz um sich aufbaut. Wichtig ist jedoch, dass man es tut. Man sollte eigentlich in unserer Zeit niemals ungeschützt durch die Welt gehen.

Ich möchte zunächst das Wort Schutz klar definieren: Mit Schutz ist nicht gemeint, dass man alles, jedes und jeden von sich abprallen lassen soll. Das wäre fatal. Denn wie möchten Sie weiterkommen, wenn Sie nicht gewisse Situationen zum Lernen geboten bekommen und diese durchleben können? Also Schutz heißt für meine Begriffe, dass man sich soweit schützt, dass es einen nicht trifft und sozusagen umhaut, sondern dass man gefiltert die Botschaft der Situation versteht und auch daran arbeiten kann.

Hier ein „Schutzritual", in dem Sie eine Farbe einsetzen können (Dauer 2 bis 3 Minuten):

Stellen Sie sich bequem hin und schließen die Augen
Konzentrieren Sie sich nur noch auf Ihre Atmung
Atmen Sie tief ein und aus
Spüren und visualisieren Sie wie in Ihrer Körpermitte
durch Ihren Atem eine
blaue Blase entsteht, ganz klein
Und mit jedem Atemzug wächst diese blaue Blase
Lassen Sie die Blase mit jedem Atemzug weiter und weiter
wachsen und ausdehnen
Solange bis diese blaue Blase Ihren Körper ausfüllt
und nun anfängt sich außerhalb
Ihres physischen Körpers auszubreiten
Sie stehen mitten in der Blase
In dieser wunderschönen blauen Blase
Sie sind völlig umhüllt von diesem Blau

In diesem Zustand bitten Sie die blaue Blase und auch andere Wesen
(Engel, Meister, Gott – wen immer Sie möchten) liebevoll um
Schutz für den heutigen Tag,
für die dann folgende Meditation oder Übung
Schutz vor Angriffen
Bitten Sie um Schutz
Halten Sie einen Moment inne und öffnen Sie Ihre Augen
mit einem Ausatmen, das sich für Sie gut anfühlt

Diesen Schutz kann man täglich für sich aufbauen. Eigentlich sollte es dazu übergehen, dass dies genauso selbstverständlich ist, wie das morgendliche Zähneputzen. Möchten Sie vielleicht mehrere Personen schützen, so nehmen Sie diese gedanklich einfach mit hinein in Ihre *blaue Blase.* Leiten Sie vielleicht Meditationsgruppen, so können Sie diese Übung ausführen und alle Teilnehmer mit in die Schutzblase nehmen. Ich würde jedoch darauf hinweisen, dass sich jeder gezielt auch selbst schützt. Wie gesagt, das ist eine Version einen Schutz aufzubauen, der Phantasie sind auch hier keine Grenzen gesetzt. Nur Mut, kreieren Sie Ihren für Sie speziell zugeschnittenen Schutzmechanismus selbst.

Doch nun zurück zu unseren Erlebnismeditationen. Den Text zu einer jeden Meditation können Sie sich entweder von jemandem vorlesen lassen oder sie sprechen ihn auf Band und spielen den Text dann wieder ab, wenn Sie eine für sich angenehme Meditationshaltung eingenommen haben. Bitte beachten Sie, dass die Texte sehr langsam gelesen werden und ggf. auch mal eine Passage wiederholt wird, lassen Sie sich einfach von Ihrem Gefühlt, von Ihrer Intuition leiten. Wunderschöne und sehr einfühlsame Meditationen zu *Rot/Rosa, Orange/Gelb, Grün, Türkis, Blau, Violett* und *Weiß* sind bereits im gleichen Verlag als

CDs mit den unbeschreiblichen Klangkompositionen von Arne Herrmann erschienen. Diese CDs enthalten jeweils auch einen Musikteil ohne Text. Diese Musik können Sie als Hintergrund Musik verwenden und die Texte z. B. in einer Gruppenmeditation selbst vortragen.

Meditative Kurzübung
Hierbei handelt es sich jeweils um eine Übung, die Sie alleine oder in einer Gruppe praktizieren können. Dazu lesen Sie bitte erst den anweisenden Text und führen danach, wenn Sie möchten, die Übung aus.

Anregungen zu Alltagsübungen
Zu jeder Farbe finden Sie einige Anregungen, wie Sie mit Farben so ganz nebenbei im Alltag Übungen durchführen können. Oft nicht genutzte Zeit, z. B. beim Warten im Zahnarzt-Wartezimmer oder während der Fahrt mit der Bahn zur Arbeit oder bei automatisch mechanischen Arbeiten wie dem Bügeln. Sicherlich fallen Ihnen noch viel mehr Situationen ein, um die Zeit mit „Farbe auszufüllen“ und damit spielerisch etwas für Ihren Körper, Ihren Geist und Ihre Seele zu tun. Und nun viel Freude an diesen meditativen Techniken mit Farben.

Noch ein Hinweis: Bitte beachten Sie, dass nicht alle Übungen generell für jeden Menschen „passen“ müssen. Dem einen liegt eher das Visualisieren, dem anderen eher das praktische Tun. Dies sind nur Vorschläge, die ich Ihnen an die Hand geben möchte. Entscheiden Sie selbst, was speziell für Sie geeignet ist oder wandeln Sie die Übungen nach Ihren Bedürfnissen leicht ab.

Meditative Techniken mit Rot

Erlebnismeditation Rot

Thema: Erdung, Wärme und Kraft

Wir schließen die Augen und atmen tief ein und aus
Wir spüren nur noch uns selbst Alle Gedanken lassen wir vorbeiziehen
wir schicken sie weiter – wir sind nur noch bei uns

Gedanklich stehen wir zwischen zwei großen Sanddünen
mitten in der Wüste
Unsere Füße berühren den von der Sonne aufgeheizten Sand
Wir spüren den angenehm warmen Sand mit unseren nackten Füßen
Mit beiden Beinen stehen wir fest auf dem Boden,
dem warmen Sandboden

Wir merken, wie sich unserer Füße ein paar Millimeter
in den Sand schieben
Warm, es ist warm, die Sonne scheint auf unseren Körper
Wir spüren die Hitze der Sonnenstrahlen
Es ist heiß, angenehm heiß

Gedanklich lassen wir aus unseren Füßen Wurzeln wachsen
Aus unseren Füßen wachsen gedanklich Wurzeln,
die sich sachte in den Sand graben
Immer tiefer gehen unsere Wurzeln, tiefer und tiefer
in den warmen Sand hinein
Wir spüren, wie sich diese Wurzeln zu einem immer feiner werdenden
Wurzelwerk ausdehnen. Jede der Hauptwurzeln bekommt
kleine Nebenwurzeln
Immer feiner wird das Geflecht aus unseren Wurzeln
Immer länger werden unsere Wurzeln
Sie schieben sich immer tiefer in die Erde
Mittlerweile haben die Wurzeln die Sandschicht über sich gelassen
und dringen in das Rote Erdreich ein

Es ist noch immer warm, wir spüren unsere Wurzeln
Wir spüren, wie wir fest mit der roten Erde verbunden sind
Wir spüren, wie wir unerschütterlich mit beiden Beinen
fest auf dem Boden,
fest im Leben stehen
Wir sind verwurzelt und haben Halt und Standfestigkeit
Wir spüren die Farbe Rot und die Wärme, die jetzt durch unsere
Wurzeln, unsere Füße, unsere Beine unseren gesamten Körper
von innen durchfluten
Kraft und Stärke breitet sich in uns aus
Kraft und Stärke in jeder Zelle
unseres Seins

Wärme und Kraft durch die Sonnenstrahlen von außen,
Wärme und Kraft der Farbe Rot durch unsere Wurzeln von innen
Wir lassen jetzt dieses Gefühl sich in unserem Körper manifestieren
Mit dem Bewusstsein, stark, voller Kraft und Tatendrang
und mit unserer Standhaftigkeit allen Lebenssituationen
gewachsen zu sein,
lassen wir jetzt unsere Wurzeln wieder schrumpfen

Wir ziehen sie wieder ein in unsere Füße, wir sind aufgetankt
und lösen die Verankerung durch unsere Wurzeln
Wir wissen, dass wir jederzeit wieder gedanklich an diese Stelle
kommen können
um erneut Kraft, Stärke, Halt und Rot zu tanken
Wir atmen tief ein und aus und wir spüren,
wie wir zurück in das Hier und Heute kommen

Das Gefühl der Kraft und Stärke bleiben uns dabei erhalten
Mit unserer gesamten Aufmerksamkeit kommen wir zurück und
öffnen die Augen mit einem Atemzug,
der sich gut anfühlt

Erlebnismeditation Rot/Rosa

Thema: Liebesmeditation der Kraft

Wir schließen die Augen und atmen tief ein und aus
Wir spüren nur noch uns selbst
Alle Gedanken lassen wir vorbeiziehen
wir schicken sie weiter, wir sind nur noch bei uns

Wir sehen uns an einem warmen Sommerabend
an einem Lagerfeuer sitzen
Es ist völlig still, wir hören nur das Flackern des Feuers vor uns
Wir spüren die Wärme, die unseren Körper erreicht
Die Wärme des Feuers

Die Wärme erfüllt unseren Körper
Wir schauen in das lodernde Feuer, in die rote Glut
Dieses Rot, diese Wärme nehmen wir nun in uns auf
Wir nehmen nun dieses Rot, diese Wärme in uns auf
Wir spüren in unserem Wurzelchakra diese Wärme,
wie sie von dort aus den ganzen Körper durchflutet
Wärme, Hitze! Angenehm und wohlig ist uns zumute
Wir fühlen uns wohl

Wir lassen gedanklich die Farbe Rot von unserem Wurzelchakra
aus um unseren physischen Körper gleiten
Rot breitet sich in all unseren feinstofflichen Körpern um uns herum aus
Rot breitet sich aus
Wir spüren nun, wie dieses kräftige Rot langsam lichter wird
Es wird lichter und heller
Es wird heller

Es wird ganz langsam zu einem zarten Rosa
Ein Rosa, das an ein Feld voller blühender Rosen erinnert
Wir sehen jetzt dieses Rosenfeld vor unserem geistigen Auge
Wir lösen uns von der Feuerstelle und laufen
durch dieses strahlende Rosenfeld hindurch

Eine Blüte ist schöner als die andere
Von Knospen bis hin zu vollen Blüten ist hier alles vertreten
Wir nehmen den Duft wahr
Den blumigen Rosenduft

Den unbeschreiblichen Rosenduft
Wir nehmen eine voll in Blüte stehende rosafarbene Rose in die Hand
Mit der linken Hand umfassen wir die Rosa Blüte
Wir spüren die Kraft, die zarte Energie dieser Blume
Wir spüren die Liebe, die Leichtigkeit, die von ihr ausgeht
Diese Schwingung lassen wir durch unsere Hand und unseren linken Arm
in unsere Herzgegend fließen

Wir lassen diese Schwingung jetzt in unsere Herzgegend fließen
Genauso wie den Duft, auch ihn atmen wir zu unserem Herzen hin
Wir spüren in unserem Herzen die Wärme, die Geborgenheit, die Liebe
Wir erfüllen unseren gesamten Herzbereich hiermit
Jetzt ist unser Herz voll und ganz eingetaucht in diese liebevolle Energie
Eine unbeschreibliche Liebe strahlt aus unserem Herzen
Jetzt sind wir in der Lage, Dinge auch mit anderen Augen zu sehen
Und zwar mit den Augen der Liebe

Mit diesem liebevollen Bewusstsein der Farbe Rosa und der Kraft
der Farbe Rot kommen wir zurück
Wir atmen tief ein und aus und wir spüren, wie wir zurück
in das Hier und Heute kommen
Das Gefühl der Liebe und die Kraft und Stärke
bleiben uns dabei erhalten
Mit unserer gesamten Aufmerksamkeit kommen wir zurück
Wir öffnen die Augen mit einem Atemzug,
der sich gut anfühlt

Meditative Kurzübungen mit Rot

Rot: Übung 1

Besorgen Sie sich einen Fotokarton in leuchtendem *Rot,* diesen bekommt man in einem guten Bürofachgeschäft. Setzen Sie sich bequem an einen Tisch und legen den *roten* Karton vor sich. Wenn Sie möchten, können Sie eine meditative oder vielleicht Ihre Lieblings-Klassikmusik auflegen, wobei Sie darauf achten können, dass es sich nicht um eine zu seichte Musik handelt. Eine schöne Trommelmusik wäre angebracht. Vielleicht befindet sich in Ihrer Sammlung die CD von Holst „Die Planeten". Hierauf gibt es das Musikstück „Mars". Das wäre die richtige Musik zu *Rot.* Es ist eine sehr heftige Musik, die sich langsam in ihrer Intensität steigert. Damit regen Sie zusätzlich den Gehörsinn an und die Übung wird dadurch noch sehr viel intensiver. Betrachten Sie vor sich den *roten* Bogen. Lassen Sie sich in dieses *Rot* hineinfallen. Schauen Sie nur noch dieses *Rot* an. Schließen Sie die Augen und achten Sie bitte darauf das rote Bild vor Ihrem geistigen Auge nicht zu verlieren. Verlieren Sie es, so öffnen Sie Ihre Augen wieder und schauen sich das *Rot* an. Die Dauer der Übung sollte nicht länger als 3–5 Minuten betragen. Bringen Sie gedanklich dieses *Rot* in Ihrem Körper zum zirkulieren. Achten Sie darauf, wo sich das *Rot* schneller bewegt, wo es langsamer fließt und wo es vielleicht bleiben möchte. Füllen Sie sich auf mit *Rot* und der Power die dahinter steckt. Nach Beendigung dieser Übung bleiben Sie einen Moment ruhig sitzen und spüren Sie nach.

Wenn Sie die Übung alleine machen, so achten Sie auf Ihre Stimmung. Seien Sie sich dessen bewusst, dass Sie zu jeder Zeit abbrechen können. Wird es Ihnen zu heftig, brechen Sie ab und versuchen es vielleicht zu einem anderen Zeitpunkt erneut.

Wenn Sie diese Übung mit einer Gruppe praktizieren, bzw. diese Gruppe leiten, dann machen Sie diese Übung nicht selbst mit. Achten Sie auf die Gruppe, denn Reaktionen sind möglich. Ich habe da in Meditationsgruppen schon allerlei Reaktionen erlebt, von Wutausbrüchen bis Weinkrämpfe war so einiges vertreten. Das ist natürlich in Ordnung, wir wollen ja mit dieser Übung auch etwas bewirken. Doch Sie als Gruppenleiterin oder Gruppenleiter sollten immer auf alles gefasst sein, damit Sie Teilnehmer ggf. auffangen können. Bitte haben Sie jetzt keine Panik diese Übung durchzuführen, ich möchte jedoch nicht versäumen darauf aufmerksam zu machen, was geschehen kann.

Rot: Übung 2

Besorgen Sie sich eine Blumenschale mit frischer Erde. Erde vielleicht aus Ihrem Garten oder gekaufte Pflanzerde. Sie sollte jedoch relativ frei von Kriechtieren sein. Setzen Sie sich bequem auf einen Stuhl an einen Tisch und stellen die Schale mit der frischen Erde auf den Tisch. Diese Übung sollte 7 – 10 Minuten nicht übersteigen. Wenn Sie möchten können Sie hierzu auch leise Entspannungsmusik hören. Beginnen Sie mit dieser Übung, in dem Sie zunächst die Schale auf dem Tisch anschauen, schauen Sie nun die Erde an. Schauen Sie diese ganz genau an. Ist es eine feine Erde, ist es eine verklumpte Erde? Ist sie feucht oder eher trocken? Sind darin Pflanzen- oder Samenteile zu entdecken. Schauen Sie wie durch eine Lupe die Erde ganz genau an. Fassen Sie dann die Pflanzschale mit Ihren Händen sachte an. Streichen Sie mit der rechten Hand etwa einen cm oberhalb der Erde ganz langsam entlang, spüren Sie etwas? Fahren Sie nun mit der linken Hand einen cm über der Erde entlang. Ist hier etwas zu spüren? Fühlt es sich anders an als mit der rechten Hand? Achten Sie auf die feinen Schwingungen der frischen Erde. Berühren Sie nun mit Ihrer rechten Hand die Oberfläche der Erde. Und nun mit der linken Hand. Beide Hände ruhen jetzt auf der Erde. Spüren Sie die Erde. Wie fühlt sich das an? Gibt es einen Unterschied zwischen beiden Händen? Fühlt es sich vertraut oder eher fremd an? Fahren Sie jetzt zunächst mit der rechten Hand anschließend mit der linken Hand unter die Oberfläche der Erde. Beide Hände sind nun umhüllt von Erde. Spüren Sie die feine Energie, die doch sehr viel irdische Kraft hat? Spielen Sie mit Ihren Händen in der Erde. Nach ein paar Augenblicken nehmen Sie beide Hände wieder aus dem Pflanzgefäß heraus. Bitte spüren Sie jetzt für 1–2 Minuten nach.

Auch diese Übung kann sowohl alleine als auch in Gruppen durchgeführt werden. Sie dient der Bodenständigkeit, der Erdung. Nicht zuletzt macht Sie bewusst, dass wir mit beiden Beinen auf der Erde stehend fast alles in Fülle erreichen können.

Rot: Übung 3

Eine Übung, die 5–10 Minuten dauern kann. Nehmen Sie sich eine rot durchgefärbte Kerze. Stellen Sie diese vor sich auf den Tisch und zünden sie an. Wenn Sie möchten, legen Sie eine Entspannungsmusik auf oder/und zünden ein würziges Räucherstäbchen an. Vielleicht aber auch eine schöne würzige Duftmischung für die Duftlampe, die vielleicht Zimt enthält.

Setzen Sie sich einfach bequem vor die Kerze. Schauen Sie sich die zuckende Flamme an, oder vielleicht ist sie ganz ruhig und harmonisch? Schauen Sie direkt in das Feuer, in die Flamme. Spüren Sie die Kraft und die Wärme, die von dieser kleinen Flamme ausgeht. Welche Farben hat die Flamme? *Rot, Orange, gelblich?* Wärme strahlt sie aus. Versuchen Sie nun einmal Kraft Ihrer Gedanken die Flamme zu verändern. Wenn sie zuckt, dann versuchen Sie die Flamme mal ruhig zu bekommen, ausschließlich mit Ihren Gedanken. Oder versuchen Sie die Flamme einmal sich mehr nach rechts oder mehr nach links bewegen zu lassen. Mit ein wenig Übung und Konzentration ist dies möglich. Nachdem Sie eine Weile mit der Flamme gedanklich „gespielt" haben, konzentrieren Sie sich nur noch auf das innere der Flamme, auf den wärmsten Punkt. Nehmen Sie jetzt gedanklich diese Flamme und zünden Sie damit die Flamme in Ihrem Wurzelchakra an. Sie sieht genauso aus, wie die Flamme vor Ihnen. Spielen Sie jetzt mit der Flamme in Ihrem Wurzelchakra. Mehr nach links, mehr nach rechts, ruhiger oder mehr in Bewegung. Einfach spielerisch damit umgehen. Spüren Sie in Ihre eigene Flamme hinein. Richten Sie Ihre gesamte Aufmerksamkeit auf die Flamme in Ihrem Wurzelchakra. Kraft Ihrer Gedanken lassen Sie diese nun wachsen. Spüren Sie die Wärme und Geborgenheit, die Lust, den Tatendrang. Lassen Sie die Flamme noch weiter anwachsen, solange wie es Ihnen angenehm warm erscheint. Spüren Sie hinein. Danach richten Sie die gesamte Aufmerksamkeit wieder auf die Kerze vor Ihnen auf dem Tisch. Blasen Sie diese aus mit dem Bewusstsein, dass Ihre innere Flamme groß bleibt und Ihnen Kraft, Ausdauer und Wärme gibt.

Auch diese Übung ist für Gruppen geeignet. Sie dient der Harmonisierung des Wurzelchakras, zur Erweckung der Lebensenergie und macht der eigenen tiefen Stärke, Ausdauer und Wärme bewusst.

Anregungen zu Alltagsübungen mit Rot

Rot: Alltagsübung 1

Laufen Sie zum Beispiel zur nächsten Busstation, eine Straße entlang oder gehen mit Ihrem Hund spazieren? Machen Sie vielleicht einen ausgedehnten Spaziergang oder einen Schaufensterbummel? In diesen Situationen, also beim Gehen, können Sie mit dieser Übung die Zeit nutzen, um mit der Farbe *Rot* zu arbeiten. Schauen Sie während des Gehens auf den Boden, schauen Sie sich die Erdoberfläche an, auf der Sie gerade laufen. Ist sie geteert wie ein Bürgersteig, ist es ein Sandweg oder ist es eine *grüne* Wiese? Machen Sie sich einfach den Untergrund unter Ihren Sohlen bewusst. Fühlen Sie gedanklich, wie Sie Ihre Füße jetzt wahrnehmen würden, wenn Sie keine Schuhe anhätten. Versuchen Sie sich dieses Gefühls bewusst zu werden. Dieses Gefühl können Sie dann bis in Ihren Unterbauch gleiten lassen, gedanklich. Sie können merken, wie Sie mit der Erde verbunden sind, wie Sie stark mit beiden Beinen fest auf der Erde laufen können, sich fortbewegen und trotzdem stets eine aufgerichtete Haltung bewahren können. Vermischen Sie dieses Gefühl Kraft Ihrer Gedanken mit einem kräftigen *Rot.* Spüren Sie dieses *Rot* und manifestieren Sie diese Farbe in Ihrem Körper, völlig bodenständig und kraftvoll.

Diese Übung gibt Ihnen Kraft und das Bewusstsein, fest mit der Erde verbunden zu sein. Selbst beim Gehen mit beiden Beinen fest im Leben zu stehen.

Rot: Alltagsübung 2

Diese Übung, kann man im sitzen ausüben. Vielleicht im ärztlichen Wartezimmer, an der U-Bahn-Station, in der Mittagspause im Büro oder wann immer Sie ein wenig Zeit im sitzen verbringen möchten oder müssen.

Schauen Sie sich um, sicherlich finden Sie in Ihrer näheren Umgebung irgendetwas, das eine rote Farbe hat. Vielleicht die Abbildung des Titelbildes einer Zeitschrift beim Frisör oder die Schuhe, der Dame, die Ihnen gegenüber sitzt oder der Nagellack einer Dame die gerade vorbeiläuft. Ein kleines Stückchen *Rot* reicht schon aus. Schauen Sie sich dieses rote Teil genau an. Parallel dazu spüren Sie in Ihr Wurzelchakra. Spüren Sie hinein und schauen dabei das *Rot* an. Wie fühlt sich das *Rot* an, das Sie über Ihre physischen Augen wahrnehmen? Wie fühlt sich das *Rot* an, das Sie in Ihrem Wurzelchakra spüren? Sicherlich sind Unterschiede vorhanden. Versuchen Sie den Unterschied wahrzunehmen, in dem Sie langsam abwechselnd den *roten* Gegenstand anschauen und dann wieder Ihr Wurzelchakra spüren. Je öfter Sie diesen Wechsel vornehmen, desto mehr spüren Sie den Unterschied und können ihn vielleicht sogar definieren. Kraft Ihrer Gedanken versuchen Sie nun das Gefühl in Ihrem Wurzelchakra dem Gefühl des Sehens anzupassen. Gedanklich fügen Sie immer mehr *Rot* in Ihr Wurzelchakra, von dem *Rot,* das Sie mit Ihren Augen sehen können. Trauen Sie sich, es funktioniert. Nach einer Weile werden Sie feststellen, dass nun ein gewisser Gleichstand zwischen den beiden Wahrnehmungspunkten hergestellt ist. Diese Übung können Sie wiederholen, wann immer Sie möchten. Finden Sie jedoch heraus, dass das anvisierte *Rot* sich fast genauso anfühlt wie das Wahrgenommene. Im Inneren, können Sie sicher sein, dass Ihr Wurzelchakra gut stimuliert und aktiv ist. Eine Übung für nicht genutzte Wartezeiten.

Rot: Alltagsübung 3

Dies ist eine Übung, die Sie im Liegen ausführen sollten. Hilfreich ist diese Übung morgens vor dem Aufstehen um sich neue Kraft und neuen Schwung für den bevorstehenden Tag zu aktivieren. Oder vielleicht in der Mittagsstunde. Nur am Abend vor dem Einschlafen würde ich diese Übung nicht empfehlen, denn sie gibt Kraft, Stärke und kann wachmachen. Legen Sie sich bequem hin und legen Sie über Ihren Unterbauch oder/und Ihr Becken ein rotes Tuch, das Sie zuvor von allen Seiten genau anschauen. Wenn kein rotes Tuch vorhanden ist, so haben Sie vielleicht ein rotes Kleidungsstück im Schrank oder eines Ihres Partners? Oder ein *rotes* Handtuch, ganz egal, einfach ein rotes Textilstück. Sie können nun die Augen auf lassen oder Sie schließen, so wie es Ihnen am angenehmsten erscheint. Sie wissen nun, dass Sie über Ihrem Unterbauch/Becken ein kräftig *rotes* Tuch haben auch wenn Sie es im Moment mit Ihren Augen nicht sehen können. Nun richten Sie Ihre gesamte Aufmerksamkeit auf den Bereich auf dem das Tuch liegt und auf das Tuch selbst. Ihre ganze Aufmerksamkeit sollte nur noch in diesem Bereich liegen. Nach einer Weile der Ruhe lassen Sie gedanklich das *Rot* mit Ihrem darunter liegenden Körper verschmelzen. Stellen Sie sich vor, wie alles eins wird. Eine getrennte Wahrnehmung sollte schwerfallen, denn es ist eins, das *Rot* und Ihr Unterbauch/Becken. Halten Sie diesen Zustand für ein paar Minuten aufrecht und genießen Sie das kraftvolle *Rot.* Bitte seien Sie nicht enttäuscht, wenn es beim ersten Mal nicht klappt und beim zweiten Mal auch nur zögerlich. Nur Geduld, manches braucht ein wenig Übung. Nicht aufgeben.

Meditative Techniken mit Orange

Erlebnismeditation Orange – Steinmeditation mit dem Karneol

Thema: tiefe Lebensfreude, Loslassen

(Falls Sie sich in der Steinheilkunde nicht auskennen, hier vorab eine kurze Erläuterung zum Karneol: Der Karneol ist ein orangefarbener Stein, der dem 2. Chakra, dem Sakralchakra zugeordnet wird. Er steht neben anderen Dingen für tiefe Lebensfreude. Falls Sie einen Karneol zu Hause haben, können Sie ihn gerne als Meditationshilfe verwenden.)

Wir schließen die Augen und atmen tief ein und aus
Wir spüren nur noch uns selbst
Alle Gedanken lassen wir vorbeiziehen – wir schicken sie weiter
Wir sind nur noch bei uns

Unsere gesamte Aufmerksamkeit lenken wir auf die Atmung
Wir spüren, wie wir ein- und ausatmen,
ganz von alleine, ohne unser Zutun
Der Atem fließt
Mit unserer Aufmerksamkeit folgen wir dem nächsten Atemzug
Wir merken, wie sich unser Brustkorb anhebt und wieder senkt
Nun atmen wir noch tiefer in unseren Körper
Wir atmen in unseren Bauchraum

Wir lenken jetzt unseren Atem in unseren Bauchrauch und spüren
wie sich mit jedem Atemzug unsere Bauchdecke hebt und senkt
Und wir atmen noch tiefer in unseren Körper hinein,
in unseren Unterbauch
Wir atmen in unseren Unterbauch, ganz ruhig und gleichmäßig
Auf unseren Unterbauch legen wir nun
gedanklich unseren orangefarbenen Karneol

Wir legen ihn jetzt auf unser zweites Chakra
Ein leichtes Pulsieren ist an der Stelle, an der der Karneol liegt,
zu spüren
Die sanfte Energie des Steines wird aktiv und breitet sich aus
Die Energie der puren Lebensfreude breitet sich
auf unserer Bauchdecke aus
Wir erlauben dieser Energie auch in unseren Körper zu fließen
Wir werden durchflutet von dieser warmen und sanften Orangeenergie
des Karneols
Nicht zufällig liegt dieser Stein jetzt auf unserem Körper
Er will uns viele seiner positiven Eigenschaften mit auf den Weg geben
Wir gehen einen Moment in die Stille,
spüren die feinstofflichen Schwingungen
Vielleicht will der Stein uns etwas sagen, wir lauschen!
Nun sind wir vollkommen erfüllt mit der Farbe Orange
und der puren Lebensfreude
Und wir lassen jetzt alles los,

was uns an der Lebensfreude hindert
Alles was uns hindert lebensfroh durch unser Leben zu gehen
hüllen wir jetzt
gedanklich in die Farbe Orange und lassen es los
Wir lassen los

Mit dem Bewusstsein zu diesem Stein und dieser Energie zu kommen
wann immer wir es wünschen, kommen wir zurück
Nun kommen wir langsam wieder zurück in diesen Raum
Wir kommen langsam zurück
Wir atmen tief ein und aus und wir spüren,
wie wir zurück in das Hier und Heute kommen
Mit unserer gesamten Aufmerksamkeit kommen wir zurück und
öffnen die Augen mit einem Atemzug,
der sich gut anfühlt

Erlebnismeditation Orange/Gelb

Thema: Lebensfreude und Weisheit

Wir schließen die Augen und atmen tief ein und aus
Wir spüren nur noch uns selbst
Alle Gedanken lassen wir vorbeiziehen – wir schicken sie weiter
Wir sind nur noch bei uns

Wir spazieren gedanklich an einem Waldrand entlang
Links der tolle Wald mit alten, großen Bäumen, dicht bewachsen
Rechts sehen wir weite Felder, so weit unser Auge reicht
Blühende Blumen, surrende Insekten und fröhlich zwitschernde Vögel nehmen wir wahr
Es ist Abend und wir sehen in der Ferne den orange leuchtenden Sonnenball sich der Erde zuneigen
Die Sonne geht unter

Ganz langsam, ganz langsam
Inzwischen hat sie sich zu einem riesigen orangen Ball verfärbt und ist zum Greifen nahe
Der Himmel ist eingefärbt in das strahlende, kräftige Orange
Wir spüren dieses Orange
Wir spüren die Lebensfreude, die von dieser wunderschönen Farbe ausgeht
Wir spüren, wie uns dieses tiefe Orange berührt
Wir lassen es in uns hinein
Mit jedem Atemzug nehmen wir dieses Orange in uns auf
Wir lassen uns mit diesem Orange aus- und auffüllen – in allen Bereichen
Die Sonne versinkt in der Ferne hinter einem großen Weizenfeld
Nun ist sie verschwunden und das kräftige Orange, das sich in den vielen Wolkenformationen spiegelt, bleibt noch eine ganze Weile

Wir spüren noch immer die Lebensfreude in uns und um uns herum
Die Sonne ging weiter, um auf anderen Teilen der Erde
den Tag erwachen zu lassen
Mit einem unbeschreiblichen Gefühl der Behaglichkeit und des Glücks
spüren wir nun die Gegend um unseren Bauchnabel sehr intensiv
Unsere Aufmerksamkeit leiten wir nun auf den Punkt
etwas oberhalb unseres Nabels, auf unsere Körpermitte

Hier, genau hier an diesem Punkt zünden wir gedanklich eine Kerze an,
um die Abenddämmerung zu durchbrechen
Wir zünden jetzt gedanklich eine Kerze an
Die Flamme der Kerze flackert, zunächst recht klein
Der Schein jedoch reicht weiter
Wir spüren die Wärme in unserem Bauchbereich
Warm und wohlig ist uns zumute

Diese Energie des gelben Lichts dehnen wir jetzt aus
Unser gesamter Bauchraum ist erfüllt von dieser Energie
Wir spüren, wie sich unser Wissen und unsere Weisheit mit Energie lädt
Ängste jeder Art weichen diesem einzigartigen gelben Licht
Und die Energie weitet sich weiter aus
Wie ein Stein, den man ins Wasser wirft, berühren die Wellen des Lichts
unseren gesamten Körper

Immer weiter dehnt sich der Schein aus, und weiter und weiter
Nun sind wir ganz erfüllt von der Energie unserer Kerzenflamme
Doch wir lassen die Energie weiterfließen
Um unseren Körper herum in all unsere feinstofflichen Körper hinein
Wir spüren das Licht jetzt auf allen Ebenen
Wir finden so Zugang zu unserem Wissen
und unserer tiefsitzenden Weisheit
Wir achten nun auf die Gefühle und Gedanken,
die sich uns zeigen möchten
Wir achten nun auf Gefühle und Gedanken,
die sich jetzt zeigen möchten
Wir nehmen sie wahr

Mit diesem Bewusstsein und dem Gefühl, dass wir wissen um die Dinge,
die um uns herum geschehen, kommen wir zurück
Nun kommen wir langsam wieder zurück in diesen Raum
Wir kommen langsam zurück
Wir atmen tief ein und aus und wir spüren,
wie wir zurück in das Hier und Heute kommen
Mit unserer gesamten Aufmerksamkeit kommen wir zurück
und öffnen die Augen
mit einem Atemzug, der sich gut anfühlt

Meditative Kurzübungen mit Orange

Orange: Übung 1

Eine Übung, die Sie öfter wiederholen können. Sie sollte nicht länger als 10 Minuten andauern. Sie bringt Sie ganz intensiv mit der Orangeenergie in Verbindung.

Besorgen Sie sich eine gut gereifte, mittelgroße *Orange.* Setzen Sie sich bitte an einen Tisch und legen nur die eine *Orange* vor sich. Wenn Sie möchten, können sie eine etwas fröhlichere Hintergrundmusik dazu anschalten, jedoch nur leise – als Hintergrundmusik.

Jetzt schauen Sie sich die *Orange* an. Gehen Sie nah heran und schauen die *Orange* sehr genau von außen an. Wie ist die Oberfläche? Sieht sie rau, weich, zart oder sanft aus? Sehen Sie, wie sich Pore an Pore reiht um die innerlich weiche Frucht zu schützen. Schauen Sie sich dann die Farbe an. Tieforange. Ein kräftiges *Orange,* das *Orange* der Lebensfreude. Ist es gleichmäßig *orange* um die Frucht? Gibt es hellere oder dunklere Stellen? Ist noch etwas *Grün* am oberen oder unteren Ende der *Orange? Orange* steht für die pure Lebensfreude, das *Grün* gibt den Raum dazu. Fassen Sie die Frucht jetzt mit beiden Händen an. Ganz sachte. Spüren Sie die Oberfläche mit Ihren Fingerkuppen.

Spüren Sie das *Orange* jetzt mit dem Tastsinn. Schließen Sie kurz die Augen und versuchen Sie die Energie nur durch Ihre Hände zu spüren. Jetzt ist Ihnen das Äußere der Orange wohl vertraut. Beginnen Sie diese jetzt zu schälen. Entfernen Sie die härtere Schutzschicht, ob Sie hierzu ein Messer oder Ihre Finger verwenden, bleibt Ihnen überlassen. Stück für Stück entfernen Sie die Schale, eine nach der anderen bis die Orange ohne Schale ist. Schauen Sie sich nun die weiche, runde Form an. Sie ist in der Sonne lange gereift um jetzt vor Ihnen zu liegen. Teilen Sie die Orange in einzelne mundgerechte Stücke. Nehmen Sie das erste Stück und riechen daran. Riechen Sie die Süße, das Fruchtige. Und nun legen Sie das Stück in den Mund. Bitte noch nicht zubeißen. Einfach nur auf die Zunge in Ihren Mund legen. Schmecken Sie die Süße des Lebens, die Lebensfreude. Mit diesem Bewusstsein, essen Sie langsam Stück für Stück Ihrer Orange auf. Sie fügen sich damit die Farbe *Orange* durch Nahrung zu – also von Außen nach Innen. Wenn Ihnen dabei Emotionen aus dem Unbewussten aufsteigen, lassen Sie diese zu. Hüllen Sie Negativgefühle in die gleiche Farbe, die Ihre Orange hat, in *Orange* – die Farbe der puren Lebensfreude. Ich denke, so bewusst hat man noch nie eine Frucht gegessen und damit der Energie Raum und Zeit gegeben, sich zu entfalten. Ich empfinde es immer wieder als eine tolle Erfahrung viele Sinne in Alltägliches mit einzubringen. Führen Sie diese Übung durch, wann immer Sie es möchten oder das Verlangen danach haben.

Orange: Übung 2

Eine Übung, die man ständig wiederholen kann, wann immer man dazu die Gelegenheit hat.

Beobachten Sie einmal ganz bewusst einen Sonnenuntergang oder einen Sonnenaufgang. Gerade im Frühjahr oder im Herbst ist das besonders beeindruckend. Vielleicht zieht dann noch sachter Morgennebel über die Erdoberfläche. Man denkt ja in der Regel Sonnenauf- oder -Untergänge sind nur an der Küste schön. Auch im Landesinneren ist dieses Naturschauspiel zwei Mal täglich absolut beeindruckend. Natürlich ist es etwas Besonderes einen Sonnenaufgang in den frühen Morgenstunden am Meer zu erleben, wenn die Sonne langsam quasi aus dem Meer aufsteigt und immer kräftiger und heller wird. Gehen Sie einfach einmal hin zu diesem beeindruckenden Schauspiel. Lassen Sie den Sonnenball auf Ihren Körper, Ihren Geist und Ihre Seele wirken. Versuchen Sie dann ganz bewusst die Energie in sich auf zu nehmen. Das tiefe *Orange,* die Lebensfreude, die Kreativität. Spüren Sie wie wundervoll es ist einfach zu sein, ohne Wertung, ohne Aggression, nur in reiner Lebensfreude. Ich habe die Erfahrung gemacht, dass gerade nach dem bewussten Beobachten eines wunderschönen Sonnenaufgangs der Tag fröhlicher, leichter und bewusster verläuft. Das gleiche gilt für die Abendstunden, nach dem Beobachten eines schönen Sonnenuntergangs. Ich kann nur jedem empfehlen nicht nur mit den Augen die Auf- oder Untergänge der Sonne zu beobachten, sondern andere Sinne mit einzuschalten und die Energie in sich aufzunehmen, auf allen Ebenen.

Orange: Übung 3

Schauen Sie einmal in Ihren Kleiderschrank. Bestimmt ist irgendein Kleidungsstück in der Farbe *Orange* vorhanden. Oder vielleicht hat eines orangefarbene Muster in sich. Greifen Sie danach und ziehen es an. Bleiben Sie einen Moment stehen und spüren Sie das *Orange* auf Ihrer Haut. Welches Gefühl können Sie wahrnehmen? Sehen Sie nun in den Spiegel. Welches Gefühl kommt jetzt in Ihnen auf? Sind es weniger positive

Gefühle, hüllen Sie diese Gefühle gedanklich in die Farbe Ihres Kleidungsstücks – in *Orange* – und schicken sie weg. Ist Ihr Kleidungsstück ein Hemd, eine Bluse, ein T-Shirt oder ein Pullover, probieren Sie verschiedene Hosen oder Rücke (in verschiedenen Farben) dazu aus. Egal welche Farbe nun Ihre Hose oder Ihr Rock hat, schauen Sie mal, oder besser gesagt, fühlen Sie mal wie sich nun die Schwingung verändern kann. Fühlt sich das *Orange* des Oberteils noch genauso an wie vorher? Sie können so spielerisch herausfinden, wie Ihre Stimmung durch verschiedene Farbkombination beeinflusst werden kann. Außerdem, wie auf solche Art und Weise das *Orange* (wie auch dessen Lebensfreude) in Ihnen mit anderen Energien vermischt sowie von anderen Farben beeinflusst wird. Die Kunst die Lebensfreude des *Orange* unverändert aufrecht zu erhalten liegt darin, es zu verinnerlichen und zu stärken. So kann sie nicht so leicht durch äußere Einflüsse ins Schwanken geraten oder in schlechte Stimmung, Missmutigkeit oder Depression umschlagen. Dieser Art mit *Orange* zu arbeiten bedarf es mit Sicherheit etwas Übung. Es schult jedoch stark Ihre Wahrnehmungsfähigkeit – nicht nur Farben gegenüber.

Anregungen zu Alltagsübungen mit Orange

Orange: Alltagsübung 1

Eine Übung, die Sie während des Gehens praktizieren können. Eine Möglichkeit, die Zeit zu nutzen während man längere Fußwege hat, die Farbe *Orange* in sich aufzunehmen.

Schauen Sie sich während des Gehens kurz den Himmel an. Ist er bewölkt oder ist es ein wolkenloser Tag. Auch wenn die Sonne nicht zu sehen ist, wissen wir, sie ist da und scheint mit ihren warmen Strahlen direkt auf die Erde. Stellen Sie sich während sie laufen vor, wie ein orangefarbener Strahl direkt auf Sie trifft. Wenn Wolken vorhanden sind, so findet der Strahl ebenfalls zu Ihnen. Der Strahl ist in der Lage durch evtl. vorhandene Wolken zu strahlen. Spüren Sie die Wärme des *Orange,* vielleicht können Sie den Strahl sogar sehen? Spüren Sie, wie der Strahl Sie einhüllt, Ihren Körper, Ihren Geist und Ihre Seele. Wärme, Freude, Tatkraft strömt mit dem *Orange* in Sie hinein. Halten Sie dieses Gefühl. Genießen Sie diesen Zustand in diesem Augenblick. Tanken Sie hiermit auf. Sie können die Übung zu jeder Zeit beenden und Sie können sie zu jeder Zeit wieder neu beginnen, wann immer Sie einmal zu Fuß unterwegs sind und die Zeit sinnvoll nutzen möchten.

Orange: Alltagsübung 2

Kreieren Sie für sich und Ihre Familie mal etwas ganz Besonderes. Decken Sie zu einem festlichen Sonntagsessen den Tisch einmal in *Orange.* Tischtuch, Servietten, Kerzen und vielleicht noch einen orangen Blumenstrauß in der Mitte des Tisches. Wenn Sie das mögen, integrieren Sie Möhren und als Nachspeise Orangeneis oder Obstsalat mit vielen Orangenstücken darin. Lassen Sie die Farben bereits beim Decken des Tisches und natürlich auch während der Mahlzeit auf sich wirken. Und beobachten Sie einmal so ganz nebenbei die Reaktion Ihrer Familie. Aber bitte achten Sie darauf: *Orange* regt den Appetit an. Also nicht zu kleine Portionen einkalkulieren (nur ein Scherz).

Orange: Alltagsübung 3

Vielleicht haben Sie die Möglichkeit einmal zu einem Sonnenblumenfeld zu gehen. Wenn es nicht die richtige Jahreszeit dafür ist, finden Sie eventuell im Handel eine Postkarte mit solch einem blühenden Feld oder, wenn das auch nicht möglich ist, können Sie immer noch Ihre Vorstellungskraft nutzen. Ein herrlich voll in Blüte stehendes Sonnenblumenfeld. Ich kenne Gegenden, in denen extra ein Sonnenblumenfeld hergerichtet wird, um ein kleines Volksfest zu feiern, mit einem Irrgarten, mit Spielen und dergleichen mehr. Als ich ein solches Fest besuchte, merkte ich sofort, wie der „Gute-Laune-Level“ anstieg. Genauso wie ich waren auch die anderen Besucher eingestimmt auf Fröhlichkeit, Heiterkeit und Kontaktfreude. Wenn Sie vor einem Sonnenblumenfeld stehen, sei es in der Realität, mit Hilfe einer Postkarte oder eines Bildes oder in Ihrer Phantasie, dann gehen Sie einfach mal ein paar Schritte hinein und lassen sich umgeben von dieser Blütenpracht. Spüren Sie die gelb/orangefarbene Energie, die Sie hier berühren kann. Lassen Sie dieses Gefühl, das dabei entsteht, sich manifestieren. Das Gefühl der Lebensfreude, der Heiterkeit. Und in Verbindung mit dem *Grün* der Stängel und Blätter verschafft es zusätzlich noch Raum, Raum für diese Lebensfreude. Einfach einmal ausprobieren – es lohnt sich. Ich wünsche Ihnen viel (Lebens-) Freude dabei.

Meditative Techniken mit Gelb

Erlebnismeditation Gelb

Thema: Wissen und Weisheit

Wir schließen die Augen und atmen tief ein und aus
Wir spüren nur noch uns selbst
Alle Gedanken lassen wir vorbeiziehen – wir schicken sie weiter
Wir sind nur noch bei uns
Wir sitzen gedanklich an unserem Lieblingsplatz in der freien Natur
Es ist früher Abend und die untergegangene Sonne hat nur noch
die Abenddämmerung zurückgelassen
Wir fühlen uns wohl und genießen die ruhige Abendstimmung
Mit einem Gefühl der Behaglichkeit spüren wir nun die Gegend
um unseren Bauchnabel sehr intensiv

Unsere Aufmerksamkeit leiten wir nun auf den Punkt
etwas oberhalb unseres Nabels,
auf unsere Körpermitte
Hier, genau hier an diesem Punkt zünden wir gedanklich eine Kerze
an, um die Abenddämmerung zu durchbrechen
Wir zünden jetzt gedanklich eine Kerze an
Die Flamme der Kerze flackert, zunächst recht klein
doch der Schein reicht weit
Wir spüren die Wärme in unserem Bauchbereich
Warm und wohlig ist uns zumute

Diese Energie des gelben Lichts dehnen wir jetzt aus
Unser gesamter Bauchraum ist erfüllt von dieser Energie
Wir spüren, wie sich unser Wissen und unsere Weisheit mit Energie lädt
Ängste, Emotionen jeder Art weichen diesem einzigartigen gelben Licht
Und die Energie weitet sich weiter aus
Wie ein Stein, den man ins Wasser wirft, berühren die Wellen des Lichts
unseren gesamten Körper

Immer weiter dehnt sich der Schein aus, und weiter und weiter
Nun sind wir ganz erfüllt von der Energie unserer Kerzenflamme
Doch wir lassen die Energie weiterfließen
Um unseren Körper herum in all unsere feinstofflichen Körper hinein
Wir spüren das Licht auf allen Ebenen
Wir finden so Zugang zu unserem Wissen
und unserer tiefsitzenden, uralten Weisheit
Wir achten nun auf die Gefühle und Gedanken,
die sich uns zeigen möchten
Wir achten nun auf Gefühle und Gedanken,
die sich jetzt zeigen möchten
Wir nehmen sie wahr

Mit diesem Bewusstsein und dem Gefühl, dass wir wissen um die Dinge,
die um uns herum geschehen, kommen wir zurück
Nun kommen wir langsam wieder zurück in diesen Raum
Wir kommen langsam zurück
Wir atmen tief ein und aus und wir spüren,
wie wir zurück in das Hier und Heute kommen
Mit unserer gesamten Aufmerksamkeit kommen wir zurück und öffnen
die Augen mit einem Atemzug, der sich gut anfühlt

Erlebnismeditation Gelb

Thema: Lichtdurchflutung

Wir schließen die Augen und atmen tief ein und aus
Wir spüren nur noch uns selbst
Alle Gedanken lassen wir vorbeiziehen, wir schicken sie weiter
Wir sind nur noch bei uns
Wir sitzen gedanklich auf einer Parkbank in der Mittagszeit

Es ist ein warmer Sommertag und die Sonne steht hoch am Himmel
Eine alte Eiche mit ihrem dichten Blätterwerk
bietet uns Schatten auf unserer Bank

Es ist ein großer Park mit vielen alten Bäumen
Wir schauen uns die Bäume an
Welche Bäume nehmen wir wahr?
Tannen, Birken, Eichen, Erlen?
Eine Vielzahl verschiedenster Bäume können wir sehen
Auf den großen Wiesenflächen landet gerade ein Schwarm Vögel
auf der Suche nach Essbarem
Unser Park strahlt hell und freundlich in der Mittagssonne
Es ist hell, sehr hell

Auf der Parkbank sitzend nehmen wir nun unseren Kopfbereich wahr
Wir spüren, wie die wohltuende Helligkeit durch unser Scheitelchakra,
unsere Haare, dann die Kopfhaut und den Oberkopf durchflutet
Die Helligkeit fließt wieder durch unsere Nebenhöhlen
den Mund- und Rachenbereich, unser Kinn
Diese wunderbare Helligkeit
wird von jeder einzelnen Zelle jetzt aufgenommen
Helles, klares Licht

Wir durchfluten unseren gesamten Kopf mit diesem Licht
Und wir lassen das Licht weiter strahlen, in unseren Halsbereich,
in den Schulterbereich, in die Oberarme, die Ellenbogen,
in die Unterarme und unsere Hände

Eingehüllt und völlig durchdrungen
von diesem strahlend gelblichen Licht
werden wir aufgefüllt
Das Licht fließt nun durch unseren Brust- und Bauchbereich
Ganz langsam füllen wir auch diesen Bereich auf
mit dem wärmenden Licht
Es strahlt weiter durch unseren Unterbauch, in die Oberschenkel hinein,
in unsere Knie und Waden bis hin zu unseren Füßen
Nun sind wir völlig durchflutet von hellem, gelblichem Licht
Dieses Gefühl der Wärme und Geborgenheit lassen wir nun
eine Weile in der Stille wirken

Wir sind aufgefüllt, unser grobstofflicher Körper ist erfüllt
von dieser Helligkeit
Wir erheben uns. langsam gedanklich von unserer Parkbank
und laufen auf die hinter uns liegende Rasenfläche
Hier steht ein Pavillon aus Licht
Hell ganz hell erscheint uns dieses kleine Kunstwerk aus Licht
Es ist gerade so groß um hineingehen zu können
Wir gehen auf das Lichtgebilde zu und erkennen eine Türe
Wir öffnen die Türe und schauen

Wir sehen Licht,
strahlendes Licht
Wir gehen hinein und lassen nun auch unsere feinstofflichen Körper von
diesem Licht durchfluten
All unsere Körper werden durchflutet und aufgeladen
von diesem unbeschreiblichen weißgelblichen Licht
Wie von einer Dusche lassen wir uns von diesem Licht reinigen
und auffüllen
Unsere Gedanken werden klar und rein,
jede Zelle unseres Seins ist klar und leuchtend
So verlassen wir den Pavillon wieder

Mit dem Bewusstsein, nun mit purem Licht aufgefüllt zu sein
kommen wir wieder zurück
Nun kommen wir langsam wieder zurück in diesen Raum

Wir kommen langsam zurück
Wir atmen tief ein und aus und wir spüren,
wie wir zurück in das Hier und Heute kommen
Mit unserer gesamten Aufmerksamkeit kommen wir zurück
und öffnen die Augen mit einem Atemzug, der sich gut anfühlt

Meditative Kurzübungen mit Gelb

Gelb: Übung 1

Besorgen Sie sich vielleicht für das kommende Wochenende doch einfach einmal einen wunderschönen Blumenstrauß mit *gelben* Blüten. Wenn jetzt vielleicht nicht gerade die „Schnittblumenzeit" ist und gelb blühende Blumen unerschwinglich scheinen, so genügt auch eine einzelne blühende *gelbe* Blume.

Stellen Sie den Strauß vor sich auf den Tisch. Schauen Sie den Blumenstrauß sehr intensiv an. Nicht nur mit den Augen, versuchen Sie ihn auch feinstofflich wahrzunehmen. Seine Ausstrahlung zu erkennen und zu spüren. Drehen Sie die Vase auch ruhig einmal, um seine Schönheit von allen Seiten zu betrachten. Fühlen Sie nun mit Ihrer linken Hand, oder wenn Sie möchten mit beiden Händen, in einem Abstand von ca. 1–3 cm über die Blüten. Berühren Sie die Blüten zunächst nicht. Versuchen Sie einmal, ob Sie die feinschwingende Aura der Blumen erfühlen können. Man kann dabei immer mal wieder die Hand oder die Hände ganz wegnehmen, einmal ausschütteln, und neu versuchen. Bitte gehen Sie ohne inneren Druck an das Erspüren der Aura heran. Jede Art von Erwartungshaltung kann die Wahrnehmung blockieren. Nicht traurig sein, sollte es jetzt nicht funktionieren. Es ist eine Übung, was bedeutet, dass auch das geübt werden kann.

Nehmen Sie anschließend eine voll in Blüte stehende Blume aus der Vase. Fühlen Sie, diesmal mit Berühren des Pflanzenmaterials, die Blume vom Stängel bis hin zu jedem einzelnen Blütenblatt. Achten Sie dabei auf Ihre Gedanken und Gefühle. Danach nehmen Sie die Blume und halten Sie sich direkt vor das Stirnchakra, das 3. Auge. Spüren Sie das Pulsieren? Halten Sie nun die *gelbe* Blüte direkt vor Ihr Nabelchakra, den Solarplexus. Etwa drei Finger breit über dem Bauchnabel. Vielleicht können Sie die Blüte auch auf der nackten Haut spüren. Spüren Sie den Unterschied zwischen der Energie, die das Stirnchakra und der Energie, die das Nabelchakra empfindet? Die Farbe *Gelb* gehört zum Bauchbereich, rein körperlich gesehen. Daher sollte hier die Wahrnehmung noch intensiver sein. Sie können jetzt Ihr Nabelchakra gedanklich noch weiter öffnen und die *gelbe* Energie dieser Blume in sich aufnehmen, solange bis Sie das Gefühl verspüren, dass alles in Ihrem Bauchraum erfüllt ist. Wenn Sie möchten, können Sie die gleiche Übung mit einer *gelben* Knospe oder mit einer fast verwelkten *gelben* Blüte ausprobieren. Versuchen Sie einmal, ob Sie den Unterschied spüren können. Diese Übung schult die Wahrnehmung und nebenbei führen Sie sich das *Gelb* zu. Die Übung kann jederzeit wiederholt werden. Besonders schön ist diese Übung in Gruppen. Danach ist ein Erfahrungsaustausch oft äußerst Interessant.

Gelb: Übung 2

In dieser Übung geht es um das meditative Malen. Besorgen Sie sich 2 – 3 *gelbe* Bundstifte/Wachsstifte/Filzstifte, ein weißes und ein schwarzes Stück Papier oder Pappe (Fotokarton im Bürofachgeschäft oder Bastelzubehörladen). Es ist ratsam dafür zu Sorgen, dass man für die Zeit der Übung ungestört bleibt. Vielleicht das Telefon so lange aushängen und die Türklingel abstellen. Wenn Sie mögen, legen Sie sich eine schöne, ruhige Entspannungs-CD auf. Dann kann es auch schon losgehen.

Legen Sie das weiße Blatt Paper auf die linke und das schwarze Blatt Papier auf die rechte Seite vor sich auf den Tisch, dazu die *gelben* Stifte. Jetzt gehen Sie für ein paar Augenblicke in sich und entscheiden selbst, was Sie gerne jetzt auf das *weiße* Papier nur mit der Farbe *Gelb* malen möchten. Haben Sie das Bild vor

Augen, dann können Sie beginnen zu malen. Es kann abstrakt sein oder realistische Formen enthalten. Ihrer Phantasie sind hier keine Grenzen gesetzt. Malen Sie ruhig drauf los, aber nur auf das *weiße* Blatt und nur mit den *gelben* Stiften.

Wenn Ihr *gelbweißes* Werk vollendet ist, nehmen Sie sich das schwarze Blatt vor, schließen die Augen und gehen erneut für wenige Augenblicke in sich. Kreieren Sie gedanklich das Bild, das Sie auf den *schwarzen* Untergrund malen möchten. Ist es in Ihrer Gedankenkraft vollendet, dann bringen Sie es auf das Papier. Lassen Sie sich Zeit. Auch hier haben Sie nur die *gelben* Stifte zur Verfügung. Ist auch dieses Kunstwerk vollbracht (Kunstwerk bitte nicht wörtlich nehmen), dann legen Sie beide Blätter, das *Weißgelbe* und das *Schwarzgelbe,* nebeneinander vor sich. Schauen Sie sich intensiv im Wechsel die beiden Bilder an. Ich sprach weiter oben von Licht- und Schattenseiten im Leben. Das Bild mit dem *hellen* Hintergrund symbolisiert die *helle* Seite des Lebens, während das Bild mit dem *dunklen* Hintergrund die Schattenseiten des Lebens darstellen. Schauen Sie jetzt genau auf Ihre Motive. Was haben Sie zu Papier gebracht um die Licht-Seite Ihres Lebens zu leben? Und was ist entstanden als Sie sich auf die Schattenseite konzentrierten? Diese Motive können Sie nun tiefgründiger betrachten. Sagt das Motiv auf dem *schwarzen* Papierbogen vielleicht etwas aus über Dinge, die die Schattenseite aufhellen? Hinterfragen Sie für sich ganz alleine die Motive und lassen die Symbolsprache und Ihr ganzheitliches Denken die Antworten finden.

Diese Übung kann man wunderbar mit Gruppen durchführen. In diesem Fall sollten Sie die Bedeutung des *hellen* und des *dunklen* Papiers nicht im Vorfeld erläutern. Erst nach dem alle ihre Bilder vollendet haben. Damit der Verstand nicht die komplette Kontrolle übernehmen kann. Der Verstand ist erst hinterher bei der Deutung wieder gefragt. Das gilt auch für Sie, wenn Sie die Übung alleine durchführen und nach dem Lesen dieses Übungstextes ja nun genau wissen, worauf sie die Untergrundfarben beziehen. Lassen Sie Ihren Verstand so gut es geht beiseite, umso aufschlussreicher werden die Ergebnisse ausfallen.

Gelb: Übung 3

Nehmen Sie einen Wassermalkasten und einen alten *weißen* Teller zur Hand. Ein Glas Wasser und ein Pinsel werden ebenfalls benötigt. Bei dieser Übung geht es darum zu erkennen und zu erspüren, wie sich die Farbe *Gelb* und die Energie der Farbe *Gelb* verändert, wenn andere Farben mit ins Spiel kommen. Auch hier können Sie gerne entspannende Musik einlegen.

Malen Sie mit Ihrem Pinsel etwas *Gelb* auf den Teller. Nachdem Sie den Pinsel im Wasserglas gereinigt haben, tauchen Sie ihn in die Farbe *Blau.* Und mit wenigen Haaren des Pinsels berühren Sie jetzt Ihren Gelbklecks auf dem Teller und beobachten was passiert. Ein helles *Grün* entsteht, von *Blau* und *Gelb* ist an dieser Stelle nichts mehr zu sehen. Hiermit kann man sich verinnerlichen, dass in allen Grüntönen zusätzlich die Farbe *Gelb* enthalten ist, und damit auch die gesamten Eigenschaften von *Gelb,* eben nur nicht mehr sichtbar. Je mehr *Gelb* sie zufügen, desto frischer und leuchtender wird das *Grün.*

Das Gleiche können Sie jetzt mit *Rot* wiederholen: Zunächst tupfen Sie wieder einen Klecks reines *Gelb* auf Ihren Teller. Danach tauchen Sie den gereinigten Pinsel in *Rot.* Und mit nur ein paar Haaren des Pinsels fügen sie *Rot* zu Ihrem Gelbklecks auf dem Teller. Es entsteht ein schönes *Orange.* Je mehr *Gelb* Sie verwenden, desto leuchtender wird das *Orange.* Auch hier ist wieder zu sehen, dass in *Orange* ebenfalls die Eigenschaften von *Gelb* enthalten sind. Wieder nicht sichtbar, sozusagen verdeckt zum Ausdruck gebracht. Malen Sie erneut einen *gelben* Farbtupfer auf Ihren Teller. Sie sehen jetzt drei Farben vor sich: *Gelb* in reinster Form, *Grün* als Gemisch von *Gelb* und *Blau* und *Orange* als Mischung aus *Rot* und *Gelb.* Gehen Sie jetzt in sich und schauen nur noch den *gelben* Fleck auf Ihrem Teller an, versuchen Sie die Energie der Farbe zu spüren. Nach einer Weile schauen Sie sich den *grünen* Teil auf Ihrem Teller an. Spüren Sie wieder in die Energie dieser Farbe. Es ist eine völlig andere als beim reinen *Gelb,* obwohl auch hier sehr viele Gelbanteile vorhanden sind. Genauso verhält es sich beim *Orange.* Spüren Sie in die drei Farben hinein und achten Sie dabei darauf, ob Sie vielleicht irgendwo an oder in Ihrem Körper eine Resonanz verspüren. Viele Menschen können genau zuordnen, welche Entsprechung die Farben zu ihren Körperregionen haben: *Grün* in der Herzgegend, *Gelb* im Solarplexus und den Verdauungsorganen und *Rot* im unteren Körperbereich – im Wurzelchakra.

Eine Übung, die verdeutlicht wie Farben manchmal weniger offensichtlich gezeigt werden und wie die Schwingungen sich sofort verändern. Sie ist wunderbar auch in Gruppenarbeit anzuwenden. Sie schult die Wahrnehmung und macht verstandesmäßig klar, welche Grundfarben wo enthalten sind, und dass bei einer Mischfarbe die Einzelkomponenten ebenfalls einen Einfluss auf ihre Eigenschaften haben.

Anregungen zu Alltagsübungen mit Gelb

Gelb: Alltagsübung 1

Eine Übung, die sich gut beim Laufen ausüben lässt. Nutzen Sie die Zeit um mit *Gelb* zu arbeiten, während sie vielleicht einen längeren Fußmarsch vor sich haben.

Beobachten Sie während des Laufens Ihren Bauchraum. Ist er locker, oder eher angespannt? Plagt Sie ein Völlegefühl, weil Sie gerade vom Mittagstisch kommen oder haben Sie vielleicht Hunger? Fühlen Sie hinein in Ihren Bauchraum. Nehmen Sie Ihren Magen wahr, wo liegt er. Schauen Sie mal ob Sie ihn rein mit Ihrer Aufmerksamkeit erspüren können. Genauso mit dem Darm, die Nieren, die Blase, die Leber, die Milz. Gehen Sie einfach einmal die Organe durch und treten über Ihre Wahrnehmung mit jedem einzelnen in Kontakt. Hüllen Sie gedanklich Ihren gesamten Bauchraum in strahlendes, lichtvolles *Gelb.* Im Körper und um den Körper herum. Füllen Sie Kraft Ihrer Gedanken diesen Bereich auf. Ihr grob- und Ihre feinstofflichen Körper werden sich wohlfühlen.

Gelb: Alltagsübung 2

Eine kurze Übung, die Sie kurz nach dem Wachwerden am frühen Morgen ausführen können, um sich mit Licht aufzutanken für den bevorstehenden Tag.

Stellen Sie sich doch einfach morgen einmal den Wecker 5 Minuten früher, länger brauchen Sie nicht für diese kurze aber wirkungsvolle Übung. Nach Klingeln des Weckers oder aber auch Ihrer inneren Uhr, bleiben Sie noch liegen. Öffnen Sie die Augen und stellen Sie sich vor, wie direkt über Ihnen an der Zimmerdecke eine große, hellstrahlende Sonne manifestiert ist. Räkeln und strecken Sie sich in ihrer vorgestellten Sonne. Versuchen Sie die Strahlen auf Ihrer Haut zu spüren, die von dieser wunderschönen, warmen und *hellen* Sonne ausgeht. Nehmen Sie diese Wärme und dieses schöne, gelbliche Licht in sich auf. Durch die Poren der Haut, durch die Atmung, durch das bloße anschauen. Bringen Sie diese Energie in jede Zelle Ihrer grob- und feinstofflichen Körper. Danach stehen Sie frisch und aufgetankt auf und starten strahlend in den neuen Tag.

Gelb: Alltagsübung 3

Wenn Ihnen Übung 2 nicht so sehr liegt, habe ich hier eine erfrischende Alternative für Sie: Sicherlich haben Sie noch eine Zitrone in der Küche, am besten möglichst ungespritzt aus dem Naturkostladen. Nehmen Sie abends ein Glas und füllen es mit Wasser, ohne Kohlensäure. Dann eine Zitronenscheibe (mit Schale) hineinlegen und das Glas abdecken. Morgens nach dem Aufstehen können Sie folgende Übung machen: Trinken Sie als erstes nach dem Aufstehen dieses Glas Wasser Schluck für Schluck mit folgender Vorstellung: Mit jedem kleinen Schluck stellen Sie sich vor, wie Ihr Magen und der gesamte Verdauungsapparat erfrischt und mit dem *Gelb* der Zitrone aufgefüllt wird. Danach visualisieren Sie, wie das *Gelb* Ihren Kopfbereich erfrischt und Ihre Gedanken für den heutigen Tag klar und rein werden lässt. Füllen Sie sich mit jedem Schluck auf, bis Sie das Glas leer getrunken haben. Es schmeckt nicht nur frisch, sondern Sie bekommen auch Vitamine (wie etwa Vitamin C) mit auf den Ihren Weg durch den Tag.

Meditative Techniken mit Grün

Erlebnismeditation Grün

Thema: Freiheit und Natur

Wir schließen die Augen und atmen tief ein und aus
Wir spüren nur noch uns selbst
Alle Gedanken lassen wir vorbeiziehen, wir schicken sie weiter
Wir sind nur noch bei uns
Wir sitzen auf einer Waldlichtung
Ein kleines Stück Wiese
Rund um uns herum sind Bäume mit dichten Blättern
Unzählige Bäume stehen um uns herum
Wir hören die Bienen summen,
die Vögel zwitschern, es ist warm

Eine einzigartige Atmosphäre
Wir atmen die frische Waldluft ein
Wir atmen jetzt die frische Waldluft ein
Wir erfüllen unseren ganzen Körper mit dieser frischen Waldluft

Gedanklich gehen wir zu dem größten Baum, der sich jetzt uns zeigt
Wir gehen zu dem größten Baum, der sich jetzt uns zeigt
Wir stehen vor ihm
Wir schauen ihn an, groß und mächtig
Die Baumkrone kaum zu sehen, so weit ragt der Baum in den Himmel
Wir berühren ihn sachte mit unserer linken Hand
Wir berühren jetzt unseren Baum sachte mit unserer linken Hand
Die Baumrinde, warm und rau fühlt sie sich an
Wir spüren jetzt die volle Energie des Baumes
Wir öffnen unser Herz

Wir öffnen gedanklich unser Herz wie eine Türe und lassen
die Energie des Baumes hinein fließen
Wir lassen jetzt die Energie unseres Baumes in unser Herz fließen

Wir sind eins mit diesem Baum
Der Baum hat uns etwas zu sagen Jedoch ohne Worte
Doch wir können es spüren, kraft unseres geöffneten Herzchakras
Wir lauschen mit unserem Herzen Der Baum erzählt
Wir konnten die Empfindungen unseres Baumes wahrnehmen
Wir waren eins mit diesem Teil der Natur

Wir bedanken uns bei diesem Baum mit einer herzlichen Umarmung
Wir umarmen unseren Baum und sagen leise „DANKE"
Wir schauen uns weiter um
Mit unseren nackten Füßen spüren wir das Gras auf dem wir stehen
Es ist warm und weich
Wir bücken uns und halten einen einzigen Grashalm in unseren Händen
Mit unserer gesamten Aufmerksamkeit
spüren wir in den Grashalm hinein,
zunächst in das zarte Äußere,
dann tauchen wir durch die äußere Hülle
hinein in unseren Grashalm
In das Innere des Grashalms
Wir tauchen ein in das kleine Grün der Natur
Wir gehen mit unserem gesamten Bewusstsein hinein in diesen Halm
Wir spüren die pulsierende Energie und schauen uns um
wir lauschen mit all unseren Sinnen

Wir verlassen den Grashalm ganz langsam – wir sehen ihn noch einmal
von außen an und lassen diese Energie in unseren Herzbereich fließen
Gedanklich bedanken wir uns für diese Erfahrung bei diesem
kleinen Grashalm
Mit diesem befreienden und weiten Gefühl
in unserem Herzen kommen wir zurück
Nun kommen wir langsam wieder zurück in diesen Raum
Wir kommen langsam zurück
Wir atmen tief ein und aus und wir spüren, wie wir zurück
in das Hier und Heute kommen

Mit unserer gesamten Aufmerksamkeit kommen wir zurück
und öffnen die Augen mit einem Atemzug, der sich gut anfühlt

Erlebnismeditation Grün

Thema: Kontakt zu Naturwesen

Wir schließen die Augen und atmen tief ein und aus
Wir spüren nur noch uns selbst
Alle Gedanken lassen wir vorbeiziehen – wir schicken sie weiter
Wir sind nur noch bei uns
Gedanklich gehen wir nun auf die Reise
in die natürliche Landschaft Irlands

Wir sind in irischen Gefilden
Inmitten einer unglaublich saftig grünen Wiese stehen wir
und sehen uns diese wunderschönen Landschaftsformationen an
Sanfte Hügel nehmen wir wahr, naturbelassene Wiesen und Felder
mit wilden Blumen, die in voller Blüte stehen
Blumen in den schönsten Farben

Einzelne Baumgruppen sehen wir in der Ferne
und auf der anderen Seite
ein dicht bewachsener Wald mit hohen Bäumen
Die Bäume haben kräftig grünes Blattwerk
Wir fühlen uns wohl, uns ist angenehm warm
und wir laufen langsam Richtung Wald

Wir kommen vorbei an einer Schar Wildgänse, die aufgeregt schnattert,
vorbei an einem kleinen Bach mit glasklarem Wasser
Dicht bewachsen ist der Bachlauf mit Wildkräutern und Blumen
Wir genießen diesen Raum gebenden Eindruck, der uns erreicht
Mit jedem Schritt kommen wir dem Wald näher und näher

Wir sind nun am Ende der Wildblumenwiese angelangt
und stehen direkt vor diesem großen und mächtigen Wald
Verschiedene Wege führen hinein in den Wald
Links ein kleiner Pfad durch dichtes Buschwerk,
rechts ein breiterer Weg, der mit kleinen Kieselsteinen belegt ist

Wir spüren in unserem offenen Herzchakra,
dass in diesem wunderbaren Wald Leben zu Hause ist
Leben, das unseren physischen Augen
normalerweise verborgen bleibt

Wir möchten Kontakt zu diesen Lebewesen und sie gerne wahrnehmen
So wählen wir nun einen dieser Wege in unseren Wald
Wir kommen an großen Bäumen vorbei, an einer kleinen Waldlichtung,
an einem kleinen Bach
Und wir gehen weiter in den Wald hinein
Wir sind aufgeschlossen und lauschen mit all unseren Sinnen
auf die Geräusche dieser Natur
Weiter vorne rennt ein Reh über den Weg,
es bleibt stehen und schaut uns an

Wir gehen einfach weiter und es rührt sich nicht vom Fleck
Es ist neugierig und schaut uns tief in die Augen
Wir spüren die Energie des Rehs, wie es sich sachte
mit unserem Herzen verbindet
Sanft, sachte und voller Liebe sind seine Energien
Das Reh läuft weiter und direkt neben uns fliegt ein kleines Wesen
um eine Blüte herum

Eine kleine Blumenelfe
Wie zart und freundlich sie ist
Wir schauen sie an, sie schaut uns an
Mit einem leichten Lächeln in ihrem kleinen Gesicht
schaut sie uns tief in die Augen
Wir spüren deutlich die Energie dieser Elfe
Sie ist aufgeregt, wir schicken ihr aus unserem Herzen
Ruhe und Vertrauen

Wir spüren, wie sie ruhiger wird
Wir spüren mit unserer gesamten Aufmerksamkeit,
dass sie uns etwas sagen möchte!
Wir lauschen und nehmen wahr, was sie uns zu sagen hat
Wir nehmen wahr!

Wir bedanken uns bei der kleinen niedlichen Elfe
und laufen weiter unseres Weges
Da steht vor uns eine riesengroße alte Eiche
Ein Baumstamm so dick, dass man ihn mit drei Menschen
nicht umfassen kann
Ein gewaltiger Eindruck

Doch vor der Eiche sitzt ein Wesen, das wir leicht wahrnehmen können
Wir gehen näher zu ihm hin
Es ist ein kleiner Troll
Als wir näher kommen steht er auf und hüpft um den Baum herum
Wir beobachten ihn
Er beobachtet uns

Voller Neugier und trotzdem ängstlich bleibt er stehen
Er läuft langsam, ganz langsam und zaghaft auf uns zu
Wir haben Blickkontakt zu diesem kleinen Kerl
Vor uns bleibt er stehen und hat etwas in der Hand
Er möchte uns ein kleines Geschenk mit auf den Weg geben
Ein kleiner Glücksbringer aus dem Reich der Erdwesen für uns
Er gibt es uns und wir sehen es mit unserem geistigen Auge
Wir sehen es jetzt
Wir bedanken uns bei dem Troll und gehen weiter unseres Weges

Wir atmen diese frische Waldluft ein und genießen es
Noch wenige Schritte und wir haben den Wald durchquert,
vorne sehen wir einen kleinen Ausschnitt des saftigen Grüns einer Wiese
Wir lassen den Wald hinter uns und laufen auf die weiche Wiese
Gedanklich bedanken wir uns bei dem Wald und all
den Wesen für diese Erfahrungen

Mit dem Gefühl, dass wir immer wieder in diesen Wald gehen können,
um Kontakt mit anderen Wesenheiten zu haben, kommen wir zurück
Nun kommen wir langsam wieder zurück in diesen Raum
Wir kommen langsam zurück

Wir atmen tief ein und aus und wir spüren,
wie wir zurück in das Hier und Heute kommen
Mit unserer gesamten Aufmerksamkeit kommen wir zurück und öffnen
die Augen mit einem Atemzug, der sich gut anfühlt

Meditative Kurzübungen mit Grün

Grün: Übung 1

Bei dieser Übung handelt es sich um eine Atemübung um dem Körper noch mehr Sauerstoff zuzuführen. Diese Übung kann man immer dann anwenden, wenn man unter „Enge" leidet oder man das Gefühl hat, von außen „eingeschnürt" zu sein.

Setzten Sie sich für diese Übung auf einen Stuhl und achten Sie darauf, dass Ihre Wirbelsäule gerade ist. Schließen Sie dann Ihre Augen und atmen ganz normal weiter. Konzentrieren Sie sich auf Ihre Atmung. Richten Sie Ihre gesamte Aufmerksamkeit auf den Fluss Ihres Atems. Schauen Sie sich Ihren Atem an. Ist er schnell, sehr langsam oder nur recht oberflächlich? Verändern Sie zunächst nichts, sondern stellen Sie nur fest.

Nun beginnen Sie langsam einzuatmen und zwar durch Ihre Nase. Ganz bewusst langsam einatmen mit geschlossenem Mund. Bis Ihre Lungen komplett gefüllt sind. Nun zählen Sie bis drei und atmen durch Ihren Mund langsam wieder aus. Wieder bis drei zählen und durch die Nase einatmen, bis drei zählen und durch den Mund wieder ausatmen und bis drei zählen. Atmen Sie mit dieser Technik für zwei bis drei Minuten weiter. Bitte achten Sie dabei stets auf Ihr Wohlbefinden. Ist Ihnen das unangenehm, verkürzen Sie die Übung oder brechen Sie ab. Sie sollen auf diese Art und Weise herausbekommen, welche Atemtechnik für Sie am angenehmsten ist.

Daher wechseln Sie anschließend: Tief einatmen durch den Mund, bis drei zählen, durch den Mund ausatmen, bis drei zählen und wieder von vorne. Stellen Sie danach den Unterschied fest. Was war für Sie angenehmer? Oder war vielleicht beides nicht angenehm?

Dann versuchen Sie es so: Einatmen durch die Nase, bis drei zählen, ausatmen durch die Nase, bis drei zählen und wieder von vorne.

Nach einigen Minuten wechseln Sie wieder ab: Einatmen durch den Mund, bis drei zählen, ausatmen durch den Mund, wieder bis drei zählen. Schauen Sie jetzt erneut, welche Atemtechnik Ihnen am besten zusagt.

Wichtig bei allen Atemtechniken ist es wirklich tief einzuatmen und danach die Lungen beim Ausatmen richtig zu leeren. Spüren Sie dabei, wie Sie die vorhandene Enge „sprengen" können und sich wieder wohl in Ihrem eigenen Raum fühlen. Verschaffen Sie sich Platz über Ihre Atmung. Ist Ihnen das was Sie einengt bewusst, so atmen sie genau das mit heraus. Diese Übung sollte weder zu Schwindel noch zu Unwohlsein führen. Wird Ihnen übel dabei oder schwindelig, dann brechen Sie bitte ab. Nicht jede Technik muss zwingend für jeden gut sein. Finden Sie Ihre eigene Atemtechnik heraus.

Grün: Übung 2

Bestimmt haben Sie die ein oder andere Grünpflanze in Ihrer Wohnung stehen. Halten Sie kurz inne und versuchen Sie einmal Ihre Aufmerksam auf jede einzelne Ihrer Pflanzen zu lenken. Schenken Sie gedanklich jeder einzelnen Pflanze für sich eine Minute Aufmerksamkeit. Sicherlich wissen Sie, dass Sie mit Ihrem Pflanzen kommunizieren können. Es gehört viel Übung dazu, das ist klar. Aber haben Sie es schon einmal versucht. Sie können Pflanzen zum Beispiel nach ihrem Befinden fragen. Natürlich wird eine Antwort nicht durch eine mundähnliche Öffnung mit einer Stimme zu Ihnen dringen. Vielmehr kann man die Antwort fühlen und somit auf feinstofflicher Ebene wahrnehmen.

Nachdem Sie nun gedanklich jeder Ihrer Pflanzen ein wenig Aufmerksamkeit geschenkt haben, gehen Sie zu ihnen hin. Zunächst zu der, die Ihnen am nächsten steht (räumlich gesehen). Schauen Sie diese an, fühlen Sie mit Ihren Händen das *Grün* der Blätter, ganz sachte. Halten Sie mit Ihrer linken Hand Kontakt zu dieser Pflanze und fragen Sie diese mal, nur gedanklich oder mit ausgesprochenen Worten, wie ihr befinden ist. Nun spüren Sie hinein. Bekommen Sie eine Antwort. Vielleicht eine Antwort über das Gefühl? Öffnen Sie all Ihre Sinne um das wahrnehmen zu können. Bedanken Sie sich bei der Pflanze und gehen Sie zur Nächsten. Hier versuchen Sie das Gleiche. Das können Sie nun mit all Ihren Raumpflanzen tun, wenn Sie das möchten.

Ich habe schon des Öfteren festgestellt, wenn man mal eine Pflanze übergossen hat oder man hat aus Versehen vergessen sie zu gießen und sie lässt dadurch alles hängen, will sich für immer verabschieden, dann hilft oft auch mit ihr zu reden. Man könnte sich entschuldigen, man könnte ihr klarmachen, dass man sie gerne um sich hat und dass wir uns freuen, dass sie hier ist. Mit jedem erneuten Gießen ein paar nette Gedanken der Pflanze mitgeben. Sie werden sich wundern, wie schnell sie sich erholen wird. Das mag sich für manche vielleicht nach Spinnerei anhören, denen sei geraten es doch mal zu testen.

Diese Übung können Sie noch verstärken, wenn Sie gedanklich aus Ihrem Herzen heraus einen *grünen* Strahl zu den Pflanzen schicken. Nehmen auch Sie den Strahl, den die Pflanze vielleicht schickt in Ihrem Herzen auf.

In Gruppen kann man diese Übung als wundervolle Grünerfahrung einsetzen. Wichtig und interessant ist es, danach eine Gesprächsrunde zu starten. Es ist erstaunlich welche Empfindungen ein jeder hatte.

Grün: Übung 3

Nehmen Sie sieben kleine Zettel zur Hand. Schreiben Sie auf jeden Zettel einen einzigen Begriff der Ihnen zu der Farbe *Grün* einfällt. Es kann etwas aus der Natur sein, eine Eigenschaft von *Grün* oder was immer Ihnen zu dieser Farbe einfällt. Wenn auf jedem Ihrer sieben Zettel ein Wort steht, falten Sie jeden einzelnen so zusammen, dass Sie das Geschriebene nicht mehr lesen können.

Nun ziehen Sie einen Zettel. Und mit diesem Begriff, der ja zur Farbe *Grün* gehört, beschäftigen Sie sich eine bestimmte Zeit lang, deren Dauer Sie vorher festlegen. Zum Beispiel für die nächsten zwei Stunden und den ganzen morgigen Tag.

Ich möchte Ihnen dazu ein Beispiel geben, wie es bei mir vielleicht ablaufen könnte:

Ich schreibe folgende Begriffe zur Farbe *Grün* jeweils einen auf einen Zettel: Freiheit, Wald, Natur, mein eigener Raum, Neubeginn, Verständnis, Harmonie.

Nun ziehe ich einen meiner gefalteten Zettel und nehme mir vor, mich für die nächsten drei Stunden damit zu beschäftigen. Auf dem Zettel steht Wald. Nun beschäftige ich mich für die nächsten drei Stunden mit dem Wald. Als erstes möchte ich natürlich in einem Wald spazieren gehen. Ein ausgedehnter Spaziergang im Wald gibt mir Frische und ist eine Wohltat für meine Atemwege. Im Wald suche ich mir einen Baum aus mit dem ich eine kurze Zeit meditiere. Danach schaue ich mir den Waldboden an, fühle ihn, sehe den kleinen Bewohner des

Waldes bei ihrer hektischen Arbeit zu – vielleicht den Ameisen. Bei allem was ich tue, blicke ich in mich hinein, achte auf meine Gefühle. Ist es ein unangenehmes Tier (bei mir wäre es vielleicht eine große Spinne in einem Netz, die gerade eine Fliege fing), dann versuche ich Verständnis dafür aufzubringen, diesen Teil des Waldes, der Natur zu akzeptieren. Ist es ein angenehmes Gefühl verinnerliche ich das Bild, das dazu geführt hat, mit dem Bewusstsein, dass ich immer wieder abrufen kann, wenn ich gerade diese angenehme Gefühlsregung benötige. Wieder zu Hause, schaue ich mir vielleicht ein Buch an mit vielen Abbildungen deutscher Waldpflanzen.

So gibt es viele Dinge, die man mit der „Aufforderung“ Wald auf unserem Zettel tun könnte. Der Phantasie sind hier keine Grenzen gesetzt. Eine Übung, bei der Sie die Farbe *Grün* auch durch eine andere Farbe, mit der Sie vielleicht gerade arbeiten, ersetzen können.

Anregungen zu Alltagsübungen mit Grün

Grün: Alltagsübung 1

Wenn Sie wieder einmal zu Fuß unterwegs sind, nehmen Sie sich schon zu Hause vor, diesmal soweit möglich, keine gepflasterten Gehwege zu benutzen. Nur auf Kieswegen oder auf dem *Grün* der Natur zu laufen. Das mag sich als schwierig erweisen, wenn Sie vielleicht mitten in der Großstadt wohnen. Doch es gibt sicherlich einmal Situationen, bei denen Sie die Wahl hätten zwischen Bürgersteig oder dem vielleicht abgelegenen Feldweg oder durch einen Park. Dann nutzen Sie die Gelegenheit und spüren dabei den Unterschied zu dem sonst üblichen Weg, den Sie auf harten Pflaster- oder Teerwegen zurücklegen müssten. Tanken Sie dabei auf. Erfüllen Sie jede Zelle mit dem *Grün,* das Ihnen dabei begegnet.

Grün: Alltagsübung 2

Wenn Sie Ihr nächstes Vollbad nehmen, benutzen Sie vielleicht einmal einen *grünen* Badezusatz, der Ihr Badewasser in ein schönes *Grün* verwandelt. Es gibt im Handel extra Färbesubstanzen, speziell für die Badewanne. Die sind auf natürlicher Basis und enthalten keinerlei Duftstoffe oder chemische Zusätze. Diese Farbpigmente färben das Wasser komplett ein. Entspannen Sie in einem solchen *grünen* Bad. Finden Sie in diesem *Grün* Ihre Ausgeglichenheit wieder. Wenn Sie möchten geben Sie noch 5 Tropfen reines Fichtennadel-Öl hinzu. Doch bitte nicht so in das Wasser träufeln, denn Öl schwimmt immer auf Wasser. Nehmen Sie einen natürlichen Emulgator. Einen Schluck Flüssigsahne in ein Glas geben. Hier die Öltropfen hinzu, kräftig rühren und diese Mischung in das Badewasser. Die Sahne verbindet Ihre Öltropfen mit Wasser, damit eine gleichmäßige Verteilung gewährleistet ist. Falls Sie im Handel das Badewasser-Einfärbemittel nicht bekommen, so können Sie auch nur mit Duftstoffen Ihr Bad anreichern. Schalten Sie ab und tauchen Sie ein in das ausgleichende *Grün* der Natur.

Grün: Alltagsübung 3

Wenn Sie abends zu Bett gehen, sich gemütlich in Ihr warmes, gemütliches Bett kuscheln, nehmen Sie sich doch vor dem Einschlafen einmal fünf Minuten Zeit. Wie immer können Sie Ihre allabendlichen Rituale durchführen, wie den Tag nochmals Revue passieren zulassen, Ihr Gebet sprechen oder was immer Ihr Ritual ist. Danach schließen Sie die Augen und gehen gedanklich spazieren. Stellen Sie sich alles so realistisch es irgend geht vor. Gehen Sie gedanklich zu Ihrem Lieblingsplatz in der Natur. Es ist völlig egal wo er ist, ob im benachbarten Waldstück oder im Serengetipark in Afrika. Gehen Sie gedanklich dort hin, gehen

Sie zu Ihrem Lieblingsplatz. Holen Sie sich das Gefühl mit in Ihren Schlaf, das Ihnen dort so überwältigend vorkam. Wenn Sie während der Übung einschlafen, ist das in Ordnung. Wenn nicht, kommen Sie nach einer Weile gedanklich wieder zurück in Ihr Bett, mit Ihrer gesamten Aufmerksamkeit. Um dann mit einem weiten, und wohligen Gefühl den Tag hinter sich zu lassen, in den Schlaf zu gehen und angenehm zu träumen.

Meditative Techniken mit Rosa

Erlebnismeditation Rosa

Thema: Heilung für die Erde

Wir schließen die Augen und atmen tief ein und aus
Wir spüren nur noch uns selbst
Alle Gedanken lassen wir vorbeiziehen – wir schicken sie weiter
Wir sind nur noch bei uns

Wir stehen gedanklich auf einem freien Hügel
Rund um uns herum haben wir einen einzigartigen Blick auf die Natur
Wir blicken auf Wälder, auf Wiesen, ganz in der Ferne ein kleines Dorf
Wir stehen alleine auf der obersten Spitze unseres Hügels
Wir genießen die Sonnenstrahlen, die unseren Körper umschmeicheln
Ein leichter Wind weht
Es ist schön hier oben

Wir richten nun unsere Aufmerksamkeit auf unseren Herzbereich,
auf unser Herzchakra
Unsere gesamte Aufmerksamkeit richten wir jetzt auf unser Herzchakra
Kraft unserer Gedanken öffnen wir unser Herzchakra
Wir öffnen unser Herz und strecken dabei beide Hände in die Höhe
Wir atmen tief ein und aus
Mit jedem Einatmen wird unser Herzchakra größer und weiter
Nun leiten wir die Energie unseres Herzchakras in unsere linke Hand
Und wir spüren, wie aus unserer linken Handfläche
ein rosafarbener Strahl von reiner Liebe nach oben fließt

Wir schicken den Strahl rund um den Erdball, gedanklich
So dass alle Menschen, Tiere, alle Lebewesen und die Erde selbst,
sich von dieser Rosafarbenen Herzensenergie nehmen können,
so viel sie möchten
Denn ich weiß, mein Depot der absoluten Herzensliebe
kann sich niemals erschöpfen

Der Strahl geht um die Erde, immer weiter und weiter
Bis er wieder zu uns zurückkommt und in unsere rechte Handfläche
und sich der Kreis damit schließt
Wir spüren, wie auch wir Liebe durch den zartrosanen Strahl in
unsere rechte Hand fließen lassen
Denn Geben und Nehmen ist eins
Wir gehen in die Stille und nehmen wahr

Nun lassen wir den rosafarbenen Strahl langsam erblassen
und bringen kraft unserer Gedanken
unser Herzchakra in einen ursprünglichen Zustand
Wir nehmen die Arme herunter
Mit der liebevollen Energie des Gebens und Nehmens in unserem Herzen kommen wir wieder zurück
Wir atmen tief ein und aus und wir spüren, wie wir zurück
in das Hier und Heute kommen
Das Gefühl der Liebe bleibt uns dabei erhalten
Mit unserer gesamten Aufmerksamkeit kommen wir zurück
und öffnen die Augen mit einem Atemzug, der sich gut anfühlt

Erlebnismeditation Rosa

Thema: Die Rose, das Symbol der Liebe

Wir schließen die Augen und atmen tief ein und aus
Wir spüren nur noch uns selbst
Alle Gedanken lassen wir vorbeiziehen – wir schicken sie weiter
Wir sind nur noch bei uns
Wir stehen gedanklich am Rande eines blühenden Rosenfeldes
Ein Meer von Rosa blühenden Rosen sehen wir direkt vor uns
Ein zartes, ganz weiches Rosa
Wir sehen dies Rosenfeld mit unserem geistigen Auge
Wir sehen jetzt dies Rosenfeld mit unserem geistigen Auge
Wir laufen durch dieses strahlende Rosenfeld hindurch
Eine Blüte ist schöner als die Nächste

Von Knospen bis hin zu vollen Blüten ist hier alles vertreten
Wir nehmen den Duft wahr
Den blumigen Rosenduft
Den unbeschreiblichen Rosenduft
Wir nehmen eine voll in Blüte stehende rosafarbene Rose in die Hand
Mit der linken Hand umfassen wir die rosa Blüte
Wir spüren die Kraft, die zarte Energie dieser Blume
Wir spüren die Liebe, die Leichtigkeit, die von ihr ausgeht

Diese Schwingung lassen wir durch unsere Hand und
unseren linken Arm in unsere Herzgegend fließen
Wir lassen diese Schwingung jetzt in unsere Herzgegend fließen
Genauso wie den Duft, auch ihn atmen wir zu unserem Herzen hin
Wir spüren in unserem Herzen die Wärme, die Geborgenheit, die Liebe
Wir erfüllen unseren gesamten Herzbereich hiermit
Jetzt ist unser Herz voll und ganz eingetaucht in diese liebevolle Energie
Eine unbeschreibliche Liebe strahlt aus unserem Herzen
Jetzt sind wir in der Lage, Dinge auch mit anderen Augen zu sehen
Und zwar mit den Augen der Liebe
Mit diesem liebevollen Bewusstsein der Farbe Rosa kommen wir zurück
Wir atmen tief ein und aus und wir spüren,
wie wir zurück
in das Hier und Heute kommen
Das Gefühl der Liebe bleibt uns dabei erhalten
Mit unserer gesamten Aufmerksamkeit kommen wir zurück
und öffnen die Augen mit einem Atemzug, der sich gut anfühlt

Meditative Kurzübungen mit Rosa

Rosa: Übung 1

Eine kurze aber sehr wirkungsvolle Kurzübung mit der die Möglichkeit gegeben ist mit *Rosa* Ärger, Wut und Zorn zu neutralisieren und wegzuschicken.

Nehmen Sie sich ein paar Minuten Zeit und lassen Sie den heutigen Tag, diese Woche noch einmal kurz vor Ihrem inneren Auge vorbeiziehen. Wenn hier Situationen oder Menschen negative Gefühle und Emotionen in Ihnen ausgelöst haben, so hüllen Sie gedanklich diese Situationen oder Personen in eine rosa Wolke ein. Stellen Sie sich vor, wie Sie der „Rosaproduzent" sind und schicken dieses liebevolle *Rosa* in die Situation hinein. Hüllen Sie mitwirkende Menschen und das gesamte Geschehen in zartes *Rosa*, bis sie es klar und deutlich vor Ihrem geistigen Auge wahrnehmen können. Ist alles komplett eingehüllt, schicken Sie es weg, damit sich die negativen Gefühle jetzt auflösen mögen. Falls es nicht beim ersten Mal funktionieren sollte, wiederholen Sie die Übung. Anschließend werden Sie feststellen, wie leicht sich alles anfühlt.

Rosa: Übung 2

Jetzt möchte ich Ihnen gerne eine Übung zeigen, die ich selbst während eines Seminars erfahren durfte. Damals war ich sehr überwältigt davon und ich hoffe, dass Ihnen diese Übung auch so viel bringt, wie mir vor einigen Jahren.

Nehmen Sie sich eine halbe oder ganze Stunde Zeit. Setzen Sie sich bequem an einen Tisch und nehmen das schönste Briefpapier das Sie haben. Jetzt schreiben Sie einen Liebesbrief. Einen Liebesbrief, den Sie vollkommen aus Ihrem Herzen heraus formulieren. Schreiben Sie einen Liebesbrief, wie Sie ihn selbst gerne bekommen würden. Nun fragen Sie sich sicherlich, an wen Sie schreiben sollen. An Sie selbst. Schreiben Sie diesen liebevollen Brief an sich selbst. Schreiben Sie alles auf, was Sie an sich lieben oder liebenswert ist. Bitte hören Sie in Ihr Herz beim Schreiben. Fangen Sie an mit „Liebe (r) …"! Versehen Sie den Brief mit einem Datum. Es ist völlig egal, wie lang dieser

Brief ist. Es können drei Sätze sein oder drei DIN A4-Seiten. Das bleibt Ihnen überlassen. Wenn Sie den Brief zu Ende geschrieben haben, nehmen Sie einen Umschlag und adressieren Sie ihn an sich selbst. Jetzt gibt es zwei Möglichkeiten. Die erste davon wäre: Legen Sie ihn in eine Schublade und holen Sie ihn wieder heraus, wenn es Ihnen einmal nicht so gut geht. Dabei ist es völlig egal, wie lange der Brief da liegt, bis Sie ihn wieder an sich nehmen. Dann lesen Sie diesen Brief und spüren Sie die Herzensenergie, die von den Worten und dem Nichtgeschriebenen zwischen den Zeilen ausgeht. Benutzen Sie dann den Brief um wieder aufzutanken.

Die zweite Möglichkeit wäre, die Zustellung des Briefes dem Zufall (den es nicht gibt) zu überlassen. Dazu stelle ich mich gerne als Zwischenstation zur Verfügung. Wenn Sie sich für die Möglichkeit entscheiden, dann stecken Sie Ihren Brief in einen Umschlag und adressieren diesen an sich selbst. Dann stecken Sie diesen frankierten Umschlag in einen weiteren Umschlag und adressieren ihn an mich (Adresse im Anhang), bitte ausreichend frankieren und ab zur Post. Ich versichere Ihnen, dass der Brief von niemandem gelesen wird und ich den an Sie adressierten Umschlag zu irgendeinem Zeitpunkt auf den Postweg schicken werde. Mal sehen, ob er Sie zur rechten Zeit erreicht, ich bin mir sicher.

Rosa: Übung 3

Haben Sie einen Rosenquarz zu Hause? Wenn nicht besorgen Sie sich doch einen bei nächster Gelegenheit. Die sind nicht teuer und allzu groß braucht er auch nicht zu sein. Wenn Sie dann Ihr nächstes Duschbad nehmen, kann Sie Ihr Rosenquarz gerne begleiten. Duschen Sie erst wie immer und ganz zum Schluss benutzen Sie den Rosenquarz. Benutzen Sie ihn wie ein Stück Seife und reiben Sie sachte Ihren Körper damit ab (bitte nur einen getrommelten Stein verwenden). Spüren Sie beim Abreiben Ihres Körpers in die Energie des Quarzes hinein. Der Rosenquarz kann eine Wohltat sein, bei Stress, Überarbeitung und Müdigkeit. Natürlich ist das auch beim Baden möglich, falls Sie doch eher ein Badewannen-Fan sind. Viel Spaß und tiefe, rosa Empfindungen wünsche ich Ihnen.

Anregungen zu Alltagsübungen mit Rosa

Rosa: Alltagsübung 1

Während Ihrer routinemäßigen Arbeiten, die Sie verrichten oder beim Spazieren gehen oder wann immer Sie möchten. Schauen Sie einmal in Ihr Herz. Gehen Sie mit Ihrer Aufmerksamkeit in die Gefühlswelt Ihres Herzens. Spüren Sie, wer Ihnen ganz besonders am Herzen liegt, wer in Ihrem Herzen wohnt. Der Ehemann, die Ehefrau, die Kinder, ein Freund, eine Freundin, Ihr Haustier. Schauen Sie genau hin, wer Ihnen wirklich am Herzen liegt, Sie spüren es in Ihrem Herzen ganz genau.

Und da Sie sich jetzt dessen bewusst sind, wer alles irgendwann einmal Einzug in Ihr Herz halten durfte, geben Sie der Person, die Sie von diesen Menschen als erstes begegnen, eine herzliche Umarmung und vielleicht einen Kuss auf die Wange. Sie werden dann sicherlich erstaunte Blicke und Verwunderung ernten. Sie könnten dann sagen: „Einfach nur so, weil ich Dich mag!“ Bringen Sie mit dieser Übung bewusst Ihre Aufmerksamkeit in Ihr Herz und bringen Sie es zum Ausdruck. Bitte nicht vergessen: Was man sät, das erntet man auch. Irgendwann, irgendwie und durch irgendwen oder irgendwas.

Rosa: Alltagsübung 2

Auch bei dieser Alltagsübung richten wir unsere gesamte Aufmerksamkeit auf den Herzbereich. Was ist in unserem Herzen los. Ist unsere Gefühlswelt im Herzen ausgeglichen, ist Unruhe vorhanden? Gehen Sie in Ihr Herz hinein, in Ihre wirklichen Herzens-Gefühlsstrukturen. Fällt Ihnen auf, dass etwas nicht da hinein gehört, dann sind Sie jetzt gefordert einmal richtig Ordnung zu schaffen. Ist vielleicht eine alte, frühere aussichtslose Liebe noch darin verankert, die Sie heute noch daran hindert wahre Liebe zu empfinden, dann ist jetzt die Gelegenheit sich dessen bewusst zu werden, diese unerwiderte Liebe in *Rosa* zu hüllen und aus dem Herzen zu verbannen. Stellen Sie sich vor, wie Sie der Person den Ausgang weisen und sie auch an den Herzensausgang bringen. Das gleiche gilt für Situationen, die sich hier manifestiert haben und womöglich in Negativerfahrungen noch immer in Ihrem Herzen zu finden sind. Loslassen ist nun angesagt, in Liebe – ohne Groll und Hass. Verbannen Sie diese Personen, Dinge oder Situationen aus Ihrem Herzen. Sie schaffen damit Platz für Neues. Vielleicht funktioniert es nicht gleich beim ersten Mal 100 %ig. Geben Sie nicht auf, praktizieren Sie diese Übung dann einfach immer wieder, solange bis Sie die Erleichterung spüren.

Rosa: Alltagsübung 3

Auch bei dieser Übung dreht sich natürlich alles um das Herz und die Herzlichkeit. Haben Sie schon einmal versucht, die Liebe und Herzlichkeit aus Ihrem Herzen nach draußen in die Außenwelt zu transformieren? Nein? Dann haben Sie jetzt die Möglichkeit dazu. Wenn Sie Ihre Aufmerksamkeit auf Ihr Herz, auf Ihre Gefühlswelt in Ihrem Herzen richten, werden Sie die Liebe spüren, die in Ihrem Herzen ist – die Ihr Herz erzeugen und speichern kann. Bringen Sie diese Herzlichkeit nach außen in die Welt. Weiten Sie dieses Gefühl aus, damit es in Ihren ganzen Körper strömen kann. Vor allem projizieren Sie dieses Gefühl der Liebe in Ihr Gesicht. Denn Ihr Gesicht kann jeder sehen und somit strahlen Sie diese Wärme, diese Herzlichkeit hinaus in die Welt. Lächeln Sie Menschen an, fremde Menschen auf der Straße. Schauen Sie mal was passiert. In den meisten Fällen erhalten Sie ein herzliches Lächeln zurück (säen und ernten). Oder grüßen Sie die Menschen mit einem freundlichen „Hallo“, in der Regel bekommen Sie ein nettes „Hallo“ zurück. Oder stehen Sie mal wieder im Supermarkt in der langen Schlange an der Kasse? Genau hier ist eine Möglichkeit zu üben, Herzlichkeit zu schenken. Denn gerade hier, in einer Situation, in der einem unfreiwillig Zeit genommen wird, sind die meisten Menschen mit völlig ernstem Gesicht frustriert und gereizt. Genau hier können Sie über den Dingen stehen, akzeptieren, dass man eben wartet, weil es eben so ist. Man hätte ja auch die Möglichkeit wieder zu gehen. Schenken Sie Ihrem „Vordermann“ oder Ihrer „Hinterfrau“ einmal ein Lächeln oder sagen einen netten Satz. Sie werden sehen, dass Sie dies augenblicklich wieder zurückbekommen. Bringen Sie Ihre Herzlichkeit nach außen. Viel Freude an den Erfahrungen, die Ihnen ab jetzt begegnen werden.

Meditative Techniken mit Olivgrün

Erlebnismeditation Oliv

Thema: Stärken der Weiblichkeit

Wir schließen die Augen und atmen tief ein und aus
Wir spüren nur noch uns selbst
Alle Gedanken lassen wir vorbeiziehen – wir schicken sie weiter
Wir sind nur noch bei uns
Wir stehen gedanklich vor einem großen Olivenhain
in einer warmen Region Europas
Vor uns ein riesiges Feld mit teilweise uralten Olivenbäumen

Wir sehen die Stämme der Bäume,
die von dem Alter des Baumes erzählen
Dicke, reife Oliven hängen an allen Bäumen
Olivenbäume soweit unser Auge reicht
Teilweise sind bereits überreife Oliven zu Boden gefallen
Wir gehen hinein in dieses Olivenfeld
Ganz langsam laufen wir hinein,
umgeben von diesen einzigartigen Bäumen
Wir pflücken uns eine der Oliven und schauen sie uns genauer an
Fest ist sie, umgeben von der Farbe Oliv

Wir nehmen das Oliv in unseren Händen wahr,
das von dieser einen Frucht ausgeht
Nicht nur die Frucht selbst ist olivfarben, auch die Aura der Olive
strahlt diese Farbe ab, in die Umgebung, in unsere Hand

Wir spüren diese weibliche und fürsorgliche aber bestimmte Energie
Wir lassen sie in uns hineinfließen
Wir lassen diese Energie in unseren grobstofflichen Körper hineinfließen
Wir schauen mit unserer gesamten Aufmerksamkeit in unseren Körper
Wir spüren, wie das Oliv in unseren Körper fließt
Wir achten darauf, wo eine Resonanz in unserem Körper stattfindet

An welche Stellen unseres grobstofflichen Körpers
wird dieses Olivgrün geleitet

Ist es unser Bauchbereich, unsere Herzgegend,
unser Hals- und Kopfbereich?
Wir spüren den Fluss des Oliv
Das Oliv wird jetzt zu den Stellen fließen,
an denen unsere innere Weiblichkeit noch mehr Unterstützung braucht
Genau dort lassen wir das Oliv hineinfließen

Mit diesem Bewusstsein verlassen wir unseren Olivenhain wieder
und gehen zurück
Wir atmen tief ein und aus und wir spüren,
wie wir zurück in das Hier und Heute kommen
Das Gefühl der genährten Weiblichkeit bleibt uns dabei erhalten
Mit unserer gesamten Aufmerksamkeit kommen wir zurück
und öffnen die Augen mit einem Atemzug, der sich gut anfühlt

Erlebnismeditation Olivgrün

Thema: Ausgleich und Wärme

Wir schließen die Augen und atmen tief ein und aus
Wir spüren nur noch uns selbst
Alle Gedanken lassen wir vorbeiziehen
Wir schicken sie weiter
Wir sind nur noch bei uns

Wir stehen auf einem kleinen Weg inmitten der Natur
Links sehen wir ein dichtbewachsenes Waldstück mit hohen Bäumen
Rechts sehen wir eine Felsformation, groß und schön,
direkt an unserem kleinen Weg beginnend
Gewaltig wirken diese Felsen auf uns
Steil wandert unser Auge nach oben,
vom Ende des Felsens ist nichts zu sehen
Doch wir laufen unseren kleinen, eindrucksvollen Weg entlang

Die Sonne, die strahlend warm auf unseren Weg fällt,
umschmeichelt unseren Körper
Wir sehen eine große Öffnung in der Felsformation,
hell und groß ist sie, eine Höhle?
Wir schauen hinein

Eine hellerleuchtete Höhle mit einem See tut sich uns auf
Ein kleiner plätschernder Bach führt klares Wasser in den See
Das Ufer des kleinen Sees in unserer Höhle ist dicht bewachsen
mit Büschen, Farnen, Schilf
Durch das einzigartige Licht, das in diese Höhle von außen fällt,
wirkt das Wasser olivgrün
Ein tiefes Olivgrün leuchtet uns entgegen
Wir fühlen uns angezogen von dieser Farbe
und gehen in die Höhle hinein
Wir setzen uns auf eine kleine Rasenfläche vor uns und strecken
unsere Füße in dieses olivfarbene Wasser hinein

Warm ist es, unglaublich warm
Diese Wärme aus dem Wasser
nehmen wir durch unsere Füße in uns auf
Wir lassen die Wärme in unsere Waden, unsere Knie,
unsere Oberschenkel,
unser Gesäß bis in unseren gesamten Bauchbereich fließen
Und weiter noch, den ganzen Körper lassen wir von
dieser Wärme durchfließen
Wohlig und warm

Wie die gelbe Sonne am Himmel, so ist der Gelbanteil in diesem Oliv
wärmend und wohltuend Wir genießen
Wir nehmen nun den Grünanteil des oliven Wassers wahr
Wir lassen die Energie des Grüns ebenfalls durch unsere Beine in
unseren Körper steigen, direkt in unseren Herzbereich
Wir spüren die Ausgeglichenheit,
die von diesem Teilaspekt der Farbe ausgeht
Diese Ausgeglichenheit verinnerlichen und manifestieren wir
in unserem Herzbereich

Wir spüren nun, wie die Farbe Gelb aus unserem Bauch
und die Farbe Grün aus unserem Herzen ineinander verschmelzen
und wieder zu einem
wunderbaren Oliv verwandelt werden
Wir gehen kurz in die Stille und genießen diesen Zustand
Nun nehmen wir unsere Füße wieder aus dem olivfarbenen Wasser
und verlassen die Höhle

Wir bedanken uns für diese Erfahrung
und kommen langsam wieder zurück
Mit diesem Bewusstsein verlassen wir unseren Weg wieder
und gehen zurück
Wir atmen tief ein und aus und wir spüren, wie wir zurück
in das Hier und Heute kommen

Das Gefühl der Wärme und Ausgeglichenheit bleibt uns dabei erhalten
Mit unserer gesamten Aufmerksamkeit kommen wir zurück
und öffnen die Augen mit einem Atemzug,
der sich gut anfühlt

Meditative Kurzübungen mit Oliv

Oliv: Übung 1

Haben Sie vielleicht zu Hause einen Olivin-Stein (Peridot)? Wenn nicht, besorgen Sie sich bei Gelegenheit einen, um diese Übung durchführen zu können.

Mit dieser Übung ist es möglich aufgestaute Wut und Ärger zu entladen. Auch eine Stimulierung des Stoffwechsels und das Anregen der Leber und Galle sind möglich. Bevor Sie beginnen, sollten Sie den Stein kurz unter fließendem, kaltem Wasser energetisch reinigen.

Dazu legen Sie, wenn Sie möchten eine schöne Entspannungs-CD auf, legen sich hin, nehmen den Olivin in die linke Hand und schließen die Augen. Gehen Sie mit Ihrer Aufmerksamkeit in Ihre linke Hand und spüren Sie, wie Sie den Olivin darin fest umschlossen halten. Lassen Sie sich ruhig auf die Schwingung des Steins ein, spüren Sie seine Energien, sein Pulsieren. Versuchen Sie (ohne physisch die Augen zu nutzen) den Stein abzutasten und sich zu öffnen. Lassen Sie die Energien in sich hineinfließen. Leiten Sie diese Schwingungen, Kraft Ihrer Gedanken, direkt in Ihren Bauchbereich und fühlen Sie die lösende und stimulierende Wirkung. Verinnerlichen Sie diese Wirkung und manifestieren sie in sich.

Im Übrigen können Sie eine solche Übung mit fast allen Steinen praktizieren. Jedoch sollte man sich dann zuvor ausgiebig mit dem großen Gebiet der Heilsteinkunde vertraut machen. Denn Steine haben eine Wirkung auf Körper, Geist und Seele (siehe Literaturverzeichnis).

Oliv: Übung 2

Diese Übung vermittelt den Zugang zu den einzelnen Bestandteilen von *Oliv,* nämlich *Gelb* und *Grün.* Dazu können Sie sich ebenfalls bequem hinlegen und alle Gedanken vorbeiziehen lassen, ohne ihnen größere Beachtung zu schenken. Werden Sie ruhig und entspannen Sie sich. Ein angenehmer, frischer Duft als ätherisches Öl in der Duftlampe oder als Räucherstäbchen, könnte hilfreich sein.

Schließen Sie die Augen und stellen sich einen *gelben* Strahl vor. Der aus einer großen Quelle stammt, der Sonne. Visualisieren Sie diesen gelben Strahl, der von oben kommt, und führen ihn zu Ihrem Bauchbereich. Danach visualisieren Sie einen *grünen* Strahl, der beispielsweise von einer saftigen *grünen Wiese* her auf Sie zukommt, also eher von unten. Führen Sie diesen *grünen* Strahl direkt in Ihren Herzbereich. Nun sind Sie über den Bauch mit dem *Gelb* verbunden und über Ihre Herzgegend mit dem *Grün.* Nun können Sie diese beiden Farben an ihrer unteren Grenze im Herzbereich *(Grün)* und der oberen Grenze im Bauchbereich *(Gelb)* zu einer Mischung zusammenfügen, Kraft Ihrer Gedanken und Vorstellungskraft. Die Energie folgt, wie immer, den Gedanken. Spüren Sie nun nach, wie eine neue Energie entsteht, das *Oliv.* Stellen Sie rein gefühlsmäßig die Unterschiede fest, zwischen den drei nun vorhandenen Farben. Indem Sie Ihre Aufmerksamkeit abwechselnd in die entsprechenden Bereiche lenken. Spüren Sie hinein und genießen Sie. Bei dieser Gelegenheit können Sie sich aufladen mit diesen drei unterschiedlichen Energiearten.

Oliv: Übung 3

Haben Sie ein olivfarbenes Seidentuch? Oder vielleicht ein Kleidungsstück in dieser Farbe? Es kann ruhig Helloliv oder auch Dunkeloliv sein, das spielt keine tragende Rolle. Es kann auch ein Stück Stoff, eine Decke oder ähnliches sein. Die Übung dient dazu, sich mit der Farbe *Oliv* zu beschäftigen. Die Farbe *Oliv* zu fühlen und zu verstehen, welche Energien sie freisetzt und in Ihnen stimuliert.

Beschäftigen Sie sich mit dem Stück Stoff. Meditativ durch die Hände gleiten lassen und hineinspüren. Wenn es ein dünnes Seidentuch ist, legen Sie es sich sachte über den Kopf, so dass Ihr Blick durch dieses dünne Seidenmaterial fallen kann. Betrachten Sie die Welt dadurch einmal in *Oliv* getaucht. Sie können aber auch den Stoff über Ihren Körper legen und hineinspüren. Stellen Sie sich auf den olivfarbenen Stoff und erkennen dadurch die Energieart, vielleicht nehmen Sie das Stück Stoff aber auch mit in die Badewanne, wenn Sie das nächste Mal ein Bad nehmen. Auch hier wieder hineinspüren, denn durch das Wasser kann die Wirkung noch einmal verstärkt werden, denn Wasser hat die Eigenschaft alles ins Fließen zu bringen. Vielleicht fällt Ihnen selbst noch eine Möglichkeit ein, die Ihnen liegt, um mit diesem Stück *Oliv* intensiv zu arbeiten und es zu erspüren. Seien Sie kreativ, auch das ist eine versteckte Eigenschaft von *Oliv* (im Grünanteil).

Anregungen zu Alltagsübungen mit Oliv

Oliv: Alltagsübung 1

Wenn Sie das nächste Mal wieder ein festliches Mahl zubereiten oder einen Italiener aufsuchen, um dessen typische Speisen zu genießen, ist vielleicht auch etwas mit Oliven garniert. Nehmen Sie eine solche Olive einmal ganz bewusst in Ihren Mund. Tasten Sie die Frucht ab mit Zunge und Gaumen. Spüren Sie die Rundungen. Keine Ecken und Kanten. Runde, ovale Formen stehen für das Weibliche (Eiform). Essen Sie diese Olive dann einmal mit Ihrer gesamten Aufmerksamkeit. Spüren Sie der Energie nach, die von dieser Farbe und der Frucht selbst ausgeht. Das kann zu ganz ungeahnten Erkenntnissen kommen. Versuchen Sie es einmal.

Oliv: Alltagsübung 2

Wenn Sie wieder einmal bewusst spazieren gehen oder einen längeren Fußmarsch hinter sich bringen möchten, so können Sie die Zeit nutzen um sich mit der Farbe *Oliv* auseinander zu setzen. Es gibt die verschiedensten Möglichkeiten während eines Spazierganges. Visualisieren Sie den Untergrund auf dem Sie laufen, in einem *Olivton.* Spüren Sie hinein, welcher Unterschied bei dieser Visualisierung zum Vorschein kommt im Gegensatz zur Farbe die Ihr Weg auf dem Sie laufen vorher hatte. Oder stellen Sie sich bei bewölktem Himmel die Wolken einmal völlig *olivfarben* vor. Was ruft das in Ihnen hervor? Welche Stimmung kommt in Ihnen auf? Ist das Gefühl positiv, nehmen Sie die Farbe gedanklich in sich auf. Ist sie eher nicht so sehr positiv, dann versuchen Sie die Farbgebung etwas zu verändern, oft reichen ein paar Nuancen *heller* oder *dunkler,* transparenter oder dichter und schon ist ein anderes Gefühl vorhanden. Spielen Sie mit Leichtigkeit mit dieser Farbe. Auch die Leichtigkeit ist ein Aspekt von *Oliv.*

Oliv: Alltagsübung 3

Ist Ihnen schon aufgefallen, dass altes, mattes Messingmaterial oft in einem hellen Olivton schimmert? Es erinnert irgendwie an Gold, Geld und somit an Wohlstand und Reichtum. Natürlich ist beim Reichtum nicht nur der äußere, materielle Reichtum gemeint. Auch der, innerlich reich zu sein, an Erfahrung, an Gefühlen, an Gedanken ist hier gemeint. Schauen wir uns mit dieser Übung und der Farbe *Oliv* unseren inneren Reichtum einmal an.

Gehen Sie mit Ihrer Gesamten Aufmerksamkeit in Ihren Herzbereich, werden Sie sich mit jeder Zelle Ihres Seins darüber klar, dass hier unendliches Potential vorhanden ist, an Herzlichkeit, an Gefühl, an Liebe. Machen Sie sich bewusst, das Sie reich im Herzen sind, nicht käuflicher Reichtum ist Ihnen im Übermaß gegeben (grün). Schauen Sie sich anschließend Ihr Wissen an, Ihre Weisheit tief im Inneren Ihres Seins (gelb). Hier ist Reichtum, Sie sind reich an Erfahrungen, an Wissen und uralter Weisheit aus diesen Erfahrungen. Werden Sie sich dessen bewusst. Denn wie innen so außen. Was spricht nun noch dagegen auch im „Außen", auf der materiellen Ebene reich zu sein?

Meditative Techniken mit Türkis

Erlebnismeditation Türkis – Die Delfin Meditation

Thema: Verbinden mit der Kraft des Wandels im ewigen Fließen

Wir schließen die Augen und atmen tief ein und aus
Wir spüren nur noch uns selbst
Alle Gedanken lassen wir vorbeiziehen
Wir schicken sie weiter
Wir sind nur noch bei uns
Wir sitzen an einem weiten, weißen Sandstrand
Wir sitzen jetzt an einem weiten weißen Sandstrand
Die Sonne scheint
Der Sand ist warm und weich

Rechts und links von uns stehen Palmen
Sie biegen sich leicht mit dem warmen Wind,
der uns hier umschmeichelt
Wellen laufen langsam auf dem Sand vor uns aus
Leichter Schaum entsteht, der mit jedem Zurückfließen einer Welle
wieder verschwindet
Die Wellen hinterlassen einzigartige Muster vor uns im Sand
Viele Muscheln liegen hier, kleine, größere, bunte
Vor uns sehen wir die Weite des Ozeans
Wasser so weit unser Auge reicht
Das Wasser strahlt im Sonnenlicht in einem kräftigen Türkis
Dieses einzigartige Türkis berührt unseren Herz- und Halsbereich
Wir spüren den Drang uns mit dem türkisfarbenen Wasser
umgeben zu wollen
Wir geben diesem Bedürfnis nach und gehen langsam auf das Wasser zu
Wir stehen nun mit den Füßen im klaren, türkisfarbenen Wasser
und gehen langsam, ganz langsam weiter hinein
Das türkisfarbene Wasser reicht uns nun bis über die Brust

Es ist warm und gleichzeitig erfrischend
Wir spüren die türkisfarbene Energie,
wie sie unseren Körper umschmeichelt
Jetzt sind wir in der Lage, das Türkis in uns aufzunehmen
Wir sind jetzt in der Lage, das Türkis in uns aufzunehmen
Wir gestatten der Türkisfarbenen Energie in unseren Körper zu fließen

Um uns herum spielen Delfine im Wasser
Einige große und viele kleine Delfine schwimmen um uns herum
Sie beobachten uns mit warmen Blicken
Verspielt und liebevoll „tanzen" sie um uns herum
Wir möchten sie berühre
Wir möchten sie jetzt berühren
Wir berühren einen der Delfine, der sich ganz nah an uns herantraut
Er lässt sich den Rücken streicheln
Er kommt ganz nah zu uns
und streckt seinen Kopf aus dem türkisfarbenen Wasser

Wir streicheln ihn ganz zart am Kopf, er genießt diese Berührung
Wir verbinden uns nun über unser Herz mit diesem Delfin
Mit unserem Herzen verbinden wir uns nun mit diesem Delfin
Wir verbinden uns mit ihm
Er hat eine Botschaft für uns
Wir sind nun in der Lage die Botschaft des Delfins zu verstehen
Wir nehmen die Botschaft wahr
Uraltes Wissen, Liebe, Verspieltheit, all das nehmen wir wahr
Die Leichtigkeit des Seins

Wir verinnerlichen dieses Gefühl, so dass es uns erhalten bleibt
Wir bedanken uns bei dem Delfin
und gehen langsam aus dem Wasser heraus
Ganz langsam gehen wir aus dem Wasser heraus
Auch die Delfine entfernen sich nun langsam immer weiter
und schwimmen wieder auf das offene Meer hinaus

Wir fühlen uns wohl und sind angefüllt mit der Energie
des Türkis und unseres Delfins

Mit diesem liebevollen Bewusstsein kommen wir zurück
Nun kommen wir langsam wieder zurück in diesen Raum
Wir kommen langsam zurück
Wir atmen tief ein und aus und wir spüren, wie wir zurück
in das Hier und Heute kommen
Mit unserer gesamten Aufmerksamkeit kommen wir zurück
und öffnen die Augen mit einem Atemzug, der sich gut anfühlt

Erlebnismeditation Türkis – Atlantismeditation

Thema: Im Fluss vergangener Kultur

Wir schließen die Augen und atmen tief ein und aus
Wir spüren nur noch uns selbst
Alle Gedanken lassen wir vorbeiziehen – wir schicken sie weiter
Wir sind nur noch bei uns

Es ist warm, die letzten Sonnenstrahlen berühren
in der Abenddämmerung unseren Körper
Wir sitzen von Schilf umgeben an einem feinsandigen Strand
Hinter uns Schilf, das sich ganz sachte im Strom
eines warmen Windhauches wiegt
Wir sehen das weite Meer vor uns
So weit unser Auge reicht, sehen wir den Ozean
Ein Gefühl der Ruhe und Ausgeglichenheit breitet sich in uns aus
Wir sehen, wie sich ganz weit draußen auf dem Meer
eine große Welle bricht
Sanft läuft sie aus

Und da, noch eine Welle, hoch ist sie – gewaltig
Doch sie flacht bereits ganz weit draußen auf dem Meer ab
Wunderschön ist es dieses Naturschauspiel zu beobachten
Das Wasser ist grünlich Blau und die Sonnenstrahlen
der untergehenden Sonne lassen es hier und da golden aufblitzen
Hier muss wohl Atlantis gewesen sein, hier an diesem besonderen Ort
Wie sehr wünschen wir uns doch, Atlantis zu sehen und wahrzunehmen

Da wird das Wasser ruhig und glatt
Nicht eine Welle ist zu sehen

Ruhig und glatt wie ein Spiegel liegt der Ozean vor uns
Kein Wind, kein Geräusch dringt zu uns herüber, es ist absolute Stille
Wenige Meter weiter ist ein Felsen, halb im Wasser
halb auf dem weißen Sandstrand ruhend
Gedanklich klettern wir hinauf
Ganz leicht fällt es uns den Felsen empor zu steigen
Wir steigen weiter hinauf
Wir sind auf dem höchsten Punkt des Felsens angelangt
Welch eine Aussicht uns hier erwartet Unbeschreiblich!

Wir sehen von oben unseren Strand, wir sehen das Grün am Strand
und wir sehen das noch immer ruhige und völlig glatte Meer vor uns
Mittlerweile ist es zu einem tiefen Türkis verwandelt
mit einer Oberfläche, glatt wie ein Spiegel
Doch die Oberfläche lässt unsere Blicke hindurch
Wir sehen mehr
Wir sehen viel mehr
Wir können von oben bis tief hinunter in das Türkis schauen
Wir sehen eine Stadt, im Wasser
Atlantis, ja das ist ein Teil von Atlantis

Und was sich uns jetzt offenbart, ist nur für uns bestimmt
Wir nehmen Atlantis wahr, wir spüren die Schwingung von Atlantis,
wir spüren, wir hören, wir sehen – A t l a n t i s
Wir bekommen Informationen aus dem alten, versunkenen Atlantis
Informationen und Botschaften, die nur uns betreffen
Um diese wahrzunehmen und zu verinnerlichen
gehen wir jetzt in die Stille

Langsam beginnt die Wasseroberfläche
sich wieder in Bewegung zu versetzen
Erst kommen kleine Wellen auf und sie werden größer
Unser Blick auf die versunkene Kultur trübt sich
Wir bedanken uns für diese Erfahrung

Nun steigen wir ruhig unseren Felsen wieder hinab
Mit Leichtigkeit gelingt uns der Abstieg von unserem Felsen
Unten angelangt gehen wir zu unserem Ausgangspunkt
und schauen noch einen Moment auf das Tanzen der Wellen
Noch immer berührt vom Kontakt mit Atlantis
kommen wir nun zurück
Nun kommen wir langsam wieder zurück in diesen Raum
Wir kommen langsam zurück
Wir atmen tief ein und aus und wir spüren, wie wir zurück
in das Hier und Heute kommen
Mit unserer gesamten Aufmerksamkeit kommen wir zurück und öffnen
die Augen mit einem Atemzug, der sich gut anfühlt

Meditative Kurzübungen mit Türkis

Türkis: Übung 1

Lassen Sie uns mit dieser Übung noch einmal einen kurzen Abstecher in die Welt von Atlantis machen. Dazu nehmen Sie sich ein weißes Blatt Papier, einen *grünen* Stift, einen *blauen* Stift und wenn Sie haben auch einen Türkisen Stift. Sie können auch einen Malkasten mit Wasserfarben benutzen. Dazu mischen Sie aus den Farben *Blau* und *Grün* genau den türkisen Farbton, der Ihnen am besten gefällt. Sie brauchen auch aus diesem Malkasten nur *Grün, Blau* und *Türkis,* alle anderen Farben lassen Sie einfach unbeachtet.

Legen Sie sich nun eine wunderschöne Entspannungsmusik auf. Wenn Sie möchten zünden Sie ein Räucherstäbchen mit einer frischen Duftnote an oder träufeln ein paar Tropfen eines frischen ätherischen Öls in Ihre Duftlampe. Stellen Sie auch eine Kerze auf den Tisch vor sich. Schaffen Sie sich eine harmonische Atmosphäre.

Schließen Sie für einen kurzen Moment die Augen und stellen sich Atlantis vor. Vielleicht bekommen Sie ein Bild von Atlantis, vielleicht ein Gefühl. Anschließend öffnen Sie Ihre Augen wieder und fangen an zu malen. Malen Sie was immer Sie möchten, was immer Sie spüren wenn Sie das Wort Atlantis hören. Ob Sie nun völlig Abstrakt, naiv oder eine Landschaft oder Stadt malen, spielt weniger eine Rolle. Einfach malen. Und während des Malens achten Sie auf all Ihre Gefühle und Gedanken. Lassen Sie Ihre Gefühle und Gedanken zu. Malen Sie meditativ. Vielleicht kommen Sie mit dieser Übung Atlantis, dieser Kultur, diesem versunkenen Wissen ganz nahe.

Türkis: Übung 2

Haben Sie einen *Türkis* zu Hause? Ich meine einen Halbedelstein *Türkis.* Zu dieser Übung benötigen Sie einen *Türkis.* Dabei ist es nicht wichtig, ob er getrommelt, geschliffen, gebohrt oder vielleicht im Rohzustand ist. Es sollte nur ein *Türkis* sein.

Legen Sie sich zu dieser Übung auf eine Decke, versuchen Sie dabei die Wirbelsäule gerade zu halten. Wenn Sie möchten können Sie sich auch hier wieder eine wunderschöne Atmosphäre mit Hilfe von entspannender Hintergrundmusik und einem Duft, der sich sachte im Raum verteilt. Diese Übung sollte 5–10 Minuten nicht überschreiten.

Legen Sie nun den *Türkis* auf die Mitte Ihres Brustkorbs und legen die Hände wieder neben Ihren Körper. Versuchen Sie dann den Stein auf Ihrem Körper wahrzunehmen. Umkreisen Sie ihn mit Ihrer gesamten Aufmerksamkeit. Fühlen Sie ihn. Fühlen Sie die Energie des Steines, wie sie auf Ihren Herzbereich einwirkt. Lassen Sie die wohltuende türkise Energie dieses Steins in sich hineinfließen. Dabei achten Sie auf Gedanken und Gefühle. Und vielleicht werden Ihnen bei dieser Übung auch Bilder gezeigt. Während der Übung nicht werten oder urteilen, nur wahrnehmen. Nach Beendigung der Übung, können Sie das Erlebte für sich deuten.

Türkis: Übung 3

Eine Übung, die einen ganzen Raum mit türkiser Energie erfüllt und nicht lange dauert. Die Übung durchzuführen ist sinnvoll, wenn Sie sich massiv mit Türkis auseinandersetzen möchten oder wenn Sie vielleicht einer künstlerischen, kreativen Tätigkeit nachgehen möchten. Versuchen Sie einmal Ihr kreatives Vorhaben mit Türkis zu unterstützen und zu fördern. Auch wenn Sie gerade dabei sind eine Fremdsprache zu erlernen, führen Sie vor Ihrer nächsten Lernstunde diese Übung durch.

Stellen Sie sich für diese Übung mitten in den Raum. Drehen Sie sich langsam um die eigene Achse und nehmen Sie die Begrenzungen des Raumes wahr, die Begrenzung durch die an allen vier Seiten befindlichen Wände. Nach dem Sie sich einmal langsam herumgedreht haben, bleiben Sie ruhig stehen und schließen die Augen. Konzentrieren Sie sich dabei auf Ihre Atmung. Spüren Sie wie Ihr Atem fließt, ganz von alleine, ohne Ihr Zutun.

Nun lassen Sie Ihren Atem direkt in den Brustbereich fließen, ganz bewusst. Spüren Sie, wie durch Ihren Atem der gesamte Brustbereich ausgefüllt wird. Visualisieren Sie jetzt eine türkise Lichtkugel in Ihrem Brustbereich. Umkreisen Sie diese türkise Lichtkugel mit Ihrem Atem gedanklich und atmen mit jedem Atemzug die Farbe Türkis in den Raum in dem Sie stehen. Zuerst stellen Sie sich vor, wie Ihr näheres Umfeld durch die türkise Energie, die durch Ihren Atem in die Raumluft freigesetzt wird, erfüllt wird. Dann dehnt sich diese Energie immer weiter und weiter aus, bis der gesamte Raum erfüllt ist. Öffnen Sie danach

Ihre Augen und spüren Sie hinein in diesen türkisenen Raum. Spüren Sie einen Unterschied zu vorher? Gehen Sie nun Ihren Sprach-Lernaufgaben oder Ihrem kreativen oder künstlerischen Vorhaben nach mit dem Bewusstsein, dass Sie voll und ganz von der Farbe Türkis unterstützt werden.

Diese Übung ist auch ideal um in Gruppen anzuwenden. Doch dann seien Sie gewiss, dass die türkise Energie in dem aufgeladenen Raum noch viel stärker sein wird, als wenn Sie alleine diese Übung vornehmen.

Anregungen zu Alltagsübungen mit Türkis

Türkis: Alltagsübung 1

Sie sind auf dem Fußweg zur Arbeit, in die Stadt oder gehen einfach nur spazieren? Nutzen Sie die Zeit, um ein wenig mit *Türkis* zu arbeiten. Stellen Sie sich vor, Sie gehen am Meer spazieren. An einem Meer mit Grünblauem Wasser. Saugen Sie diese Atmosphäre in sich auf und genießen Sie. Lassen Sie sich während des Laufens umschmeicheln von *Türkis,* die Farbe der Kommunikation des Herzens.

Gehen Sie vielleicht gerade zu einem Vorstellungsgespräch oder sonst einer wichtigen Unterredung? Dann führen Sie diese Übung vorher aus. Sie wird Sie dabei unterstützen von Herz zu Herz zu kommunizieren und Sie können sicher sein, dass eine solche Unterredung mehr ankommt als eine rein kopfgesteuerte. Gerade in unserer Zeit brauchen wir die Berührung der Herzen, auch wenn es „nur“ durch das gesprochene Wort stattfinden kann. Oder halten Sie einen Vortrag oder ein Seminar, dann praktizieren Sie diese Übung vorher. Viel Erfolg.

Türkis: Alltagsübung 2

Mit dieser Übung können Sie sich liebevoll Platz verschaffen, wenn es Ihnen bei größeren Menschenansammlungen einmal zu eng werden sollte.

Sind Sie wieder einmal in einer solchen Situation, in der viel zu viele Menschen Ihnen einfach zu dicht kommen. Das kann im Kino sein, bei einem Konzert oder Theaterbesuch in der Pause. Kommt das Gefühl in Ihnen auf, dann stellen Sie sich vor, wie Sie aus jeder Pore Ihres Körpers *Türkis* in Ihr Umfeld fließen lassen. Wie ganz von selbst fließt türkisfarbene Energie in diesen Raum mit diesen vielen Menschen. Spüren Sie jetzt, wie Ihr beengendes Gefühl langsam nachlässt. Spüren Sie, wie Sie fest im Raum stehen und keinerlei Bedrängnis Sie erreichen kann.

Diese Übung ist sehr wirkungsvoll, versuchen Sie es.

Sie können diese Übung auch abwandeln, wenn Sie sich schwer vorstellen können, wie *Türkis* aus jeder Pore Ihres Körpers fließt. Stellen Sie sich stattdessen zum Beispiel vor, wie Sie mit einer gedanklichen Gießkanne *türkise* Energie in Ihr Umfeld ausgießen. Das hat die gleiche Wirkung.

Türkis: Alltagsübung 3

Da im Türkis auch die Fähigkeit liegt mit anderen Wesen Kontakt aufzunehmen bzw. mit ihnen zu kommunizieren, ohne ein Wort zu sprechen, möchte ich Ihnen diese Übung gerne vorstellen. Bedenken Sie bitte, dass nicht jede Übung für jeden geeignet ist. Schauen und entscheiden Sie selbst, ob das der richtige Weg ist mit Naturwesen in Kontakt zu kommen.

Bevor Sie mit dieser Übung starten, sollten Sie die Alltagsübung 1 durchgeführt haben, um in eine türkise „Stimmung“ zu gelangen.

Danach gehen Sie einfach in die Natur, konzentrieren Sie sich während des Laufens auf Ihren Atem, spüren Sie ihn, den Fluss des Lebens.

Kommen Gedanken auf, so schicken Sie diese weiter, ohne ihnen große Beachtung zu schenken.

Gehen Sie dann aufmerksam durch die Natur, achten Sie auf Regungen, auf Hinweise, auf Formationen im Gras, in Baumstämmen, auf dem Weg auf dem Sie laufen. Öffnen Sie Ihr Herzchakra für diese Übung. Stellen Sie sich vor, wie Ihr Herzchakra aufblüht, wie eine Blüte. Haben Sie ein Zeichen in der Natur entdeckt, so lassen Sie türkisfarbene Energie aus Ihrem Herzen dort hinfließen und bitten um Kontaktaufnahme. Vielleicht spüren Sie dann die Zuneigung und Zuwendung eines anderen Wesens, dass in anderen Seinsebenen, Seinsdimensionen zu Hause ist. Gehen Sie darauf ein – über Ihr Herz.

Bewerten oder urteilen Sie nicht während dessen.

Nachdem Sie die Übung beendet haben, ist Zeit zum auswerten der Bedeutung des Erlebten. Vergessen Sie ganz zum Schluss nicht, Ihr Herzchakra wieder in den Normalzustand zu versetzen.

Besonders schön ist es, diese Übung zusammen mit einer Meditationsgruppe in freier Natur durchzuführen. Lassen Sie hinterher einen Austausch stattfinden, was die Einzelnen empfinden konnten und wie der eventuelle Kontakt zu anderen Wesen stattgefunden hat. Das ist äußerst interessant.

Meditative Techniken mit Blau

Erlebnismeditation Blau – Die Friedensmeditation

Thema: die innere friedvolle Welt

Wir schließen die Augen und atmen tief ein und aus
Wir spüren nur noch uns selbst
Alle Gedanken lassen wir vorbeiziehen – wir schicken sie weiter
Wir sind nur noch bei uns

Wir nehmen nun ganz bewusst unseren Halsbereich wahr
Unser Hals, die gesamte Aufmerksamkeit gehört jetzt unserem Hals
Gedanklich tasten wir jetzt unseren Hals ab
Vorne, hinten, seitlich
Unseren Hals, der uns zum Ausdruck verhilft
Ist jetzt das Gefühl des Freihustens vorhanden, dann tun wir es
Wir lassen nun vor unserem Hals eine blaue,
eine hellblaue Blase entstehen
Wir lassen nun vor unserem Hals eine hellblaue Blase entstehen
Ganz klein
Eine hellblaue Blase, die sich jetzt vor unserem Hals befindet

Wir lassen diese Blase jetzt wachsen
Mit jedem Atemzug wird unsere blaue Blase größer und größer
Wir atmen hinein und lassen sie wachsen
Sie wird noch größer und unser gesamter Halsbereich
ist nun mit diesem Hellblau umgeben
Unser gesamter Hals ist nun in das helle Blau getaucht
Und die Blase nimmt an Größe zu, bis sich unser gesamter Körper
in diesem hellen Blau befindet

Wir sind nun umgeben von diesem Blau
Jetzt können wir die Ruhe und den Frieden wahrnehmen

Jetzt können wir die Ruhe und den Frieden wahrnehmen,
der von diesem Blau ausgeht
Das Blau führt uns in einen friedlichen Entspannungszustand
In unserer hellblauen Blase nehmen wir wahr,
wie wir mit beiden Beinen fest auf dem Boden stehen
Gedanklich strecken wir nun unsere Arme weit nach oben
in Richtung Himmel
Wir spüren nun, wie sich das Gewicht unseres Körpers
immer mehr verringert und wir mit unserer blauen Blase
immer leichter und leichter werden
Wir werden mit unserer blauen Blase immer leichter und leichter
Unsere blaue Blase hebt mit uns sachte und ganz langsam
vom Boden ab
Wir schweben

Wir schweben höher und höher
Unter uns unsere Stadt, sie wird kleiner und kleiner, wir schweben
höher und höher
Wir sehen unsere Erde aus der Vogelperspektive,
auch diese wird kleiner und kleiner,
denn wir schweben höher und höher
Wir sind völlig geschützt in unserer blauen Blase

Über uns jetzt das tiefe Blau des Kosmos
Wir fühlen uns sicher und geborgen
Wir befinden uns jetzt im tiefen Blau des Kosmos
Um uns herum Ruhe und Frieden
Ruhe und Frieden
Unendliche Stille
Wie schön es doch hier ist, hier in diesem Blau,
in dieser absoluten geborgenen Stille
Wir lassen diese Atmosphäre auf uns einwirken
und dieses Blau in unser Stirnchakra fließen

Wir lassen die Atmosphäre auf uns einwirken und
dieses Blau in unser Stirnchakra fließen

Nun gleiten wir langsam Richtung Mutter Erde
Wir gleiten langsam Richtung Erde
Unser Erdball wird größer und größer
Langsam ganz langsam nähern wir uns dem Platz,
von dem aus wir gestartet waren
Wir nähern uns dem Platz, von dem aus wir gestartet waren
Wir – in unserer hellblauen Blase – berühren sachte den Boden

Wir stehen wieder auf der Erde
Unser Körpergewicht erreicht wieder seinen Normalzustand und
unsere hellblaue Blase um uns herum wird blasser und löst sich
ganz langsam wieder auf
Völlig aufgetankt mit Ruhe und Frieden kehren wir
in absoluter Entspannung wieder zurück

Nun kommen wir langsam wieder zurück in diesen Raum
Wir kommen langsam zurück
Wir atmen tief ein und aus und wir spüren, wie wir zurück
in das Hier und Heute kommen
Mit unserer gesamten Aufmerksamkeit kommen wir zurück und öffnen
die Augen mit einem Atemzug, der sich gut anfühlt

Erlebnismeditation Blau – Unsere himmlischen Helfer

Thema: Leben der medialen Fähigkeiten

Wir schließen die Augen und atmen tief ein und aus
Wir spüren nur noch uns selbst
Alle Gedanken lassen wir vorbeiziehen – wir schicken sie weiter
Wir sind nur noch bei uns
Gedanklich befinden wir uns in der freien Natur
Wir sind in den Bergen, weitab von jeglicher Zivilisation
Wir stehen auf einem kleinen Hügel und schauen uns die Landschaft an
Große Berggipfel ragen bis zu den Wolkenformationen hinauf

Groß und mächtig ist das Gebirge um uns herum
Wir gehen auf die Spitze des höchsten Berges
Wir gehen jetzt auf die Spitze des höchsten Berges
Auf einem kleinen Pfad entlang besteigen wir mit Leichtigkeit den Berg
Wir kommen vorbei an Wäldern mit großen Bäumen,
vorbei an saftigen Bergwiesen,
rechts ein kleiner Bach mit glasklarem Gebirgswasser
Und wir gehen weiter, wir gehen auf die Spitze des Berges

Wir sind jetzt auf der Spitze des höchsten Berges
Eine kleine Felsplattform mit einem Stein nehmen wir wahr
Wir setzen uns gedanklich auf diesen Stein
und genießen rund um uns herum diese atemberaubende Aussicht
Wir befinden uns über den Wolken
Wir sehen nur noch die Wolken von oben
weiße Wolken, wie Watte, weich und sanft in den schönsten Formationen
Über uns der tiefblaue Himmel
Eine angenehme Kühle berührt unseren Körper,
erfrischend und angenehm
Wir genießen für einen Augenblick diese Atmosphäre der Ruhe,
der Stille und des Friedens hier auf unserem Gipfel

Wir richten nun unser gesamtes Bewusstsein auf die Ebene
unserer himmlischen Helfer und wir bitten um Kontakt zu ihnen
Wir bitten jetzt, hier auf dem Gipfel des Berges, um Kontakt
zu unseren himmlischen Helfern

Wir spüren, wie es um uns herum wärmer wird
Eine Herzenswärme strömt uns aus allen Richtungen entgegen
Wir können diese Herzenswärme klar und deutlich spüren
Und wir schauen uns auf unserer Plattform um Da sind sie
Unglaublich – unsere geistigen Helfer
Wir sehen diese Lichtgestalten vor uns
Sie bestehen aus reinem, weißem Licht
Es müssen viele sein
Sehen wir genauer hin

Ein Wesen kommt direkt auf uns zu
Ein Wesen kommt jetzt direkt auf uns zu
Wir reichen ihm unsere Hände
Er will uns etwas überbringen, eine Botschaft, ein Geschenk, ein Gedanke, ein Gefühl?
Wir öffnen all unsere Sinne für dieses Wesen und nehmen wahr, was es uns geben möchte

Wir bedanken uns bei diesem himmlischen Helfer
Wir danken allen, die sich um uns herum versammelt haben aus tiefstem Herzen
Und wir verabschieden uns wieder von ihnen
Langsam gehen wir den Weg wieder hinunter
Wir verlassen den Berggipfel jetzt und steigen wieder hinab zu unserem Ausgangspunkt

Nun sind wir wieder auf unserem kleinen Hügel
Wir fühlen und wissen noch immer um die Dinge, die uns das Wesen übermittelt hatte

Mit diesem Bewusstsein kommen wir zurück
Nun kommen wir langsam wieder zurück in diesen Raum
Wir kommen langsam zurück
Wir atmen tief ein und aus und wir spüren, wie wir zurück in das Hier und Heute kommen
Mit unserer gesamten Aufmerksamkeit kommen wir zurück und öffnen die Augen mit einem Atemzug, der sich gut anfühlt

Meditative Kurzübungen mit Blau

Blau: Übung 1

Baden Sie gerne? Bei dieser Übung können Sie sich ganz und gar dem Wasser und damit dem *Blau* hingeben. Tauchen Sie für dieses Bad Ihr Badezimmer einmal in eine ganz andere Atmosphäre als sonst. Zünden Sie in paar Kerzen an, wenn

Sie möchten, geben ein paar Tropfen Lavendel-Öl (bitte nur reines ätherisches Öl verwenden) in Ihr Badewasser, legen Ihre schönste Entspannungs-CD auf. Vielleicht haben Sie ein Blaues Seidentuch? Das eignet sich besonders gut, um es mit in das Badewasser zu nehmen. Es schmiegt sich auch in nassem Zustand wunderschön Ihrem Körper an. Sie können damit in Ihrem Badewasser „spielen", sich vom *Blau* berühren lassen. Schalten Sie für 20 Minuten einmal ab, denken Sie möglichst an nichts und genießen Sie die Schwingung des Wassers, des Blaus. Schicken Sie alle aufkommenden Gedanken, die versuchen Sie aus dieser Situation zu entführen, weiter. Die Gedanken können gerne zu einem späteren Zeitpunkt wieder vorbeischauen, doch während des Badens ist Ruhe und Frieden angesagt. Lassen Sie sich das für diese 20 Minuten nicht nehmen und tanken Sie auf. Werden Sie ruhig und ausgeglichen um danach erholt und gelassen Anstehendes zu verrichten.

Blau: Übung 2

Versuchen Sie einmal während dieser Übung Ihr drittes Auge noch weiter zu öffnen und zu schulen. Das 3. Auge, oder Stirnchakra steht ja auch für die Wahrnehmung, für den übergeordneten Blick. Für diese Übung setzen Sie sich bequem auf einen Stuhl, wenn Sie möchten können Sie sich auch gerne legen.

Berühren Sie jetzt mit dem Zeigefinger Ihrer linken Hand den Punkt zwischen Ihren Augenbrauen, der Punkt des 6. Chakras, des Stirnchakras. Bitte nur ganz sacht berühren und den Finger in dieser Position lassen. Sie werden sehen, wie Ihre Aufmerksamkeit nun wie von selbst auf diesen Punkt fällt. Schließen Sie Ihre physischen Augen und spüren Sie nur noch den Punkt zwischen den Brauen. Spüren Sie das Pulsieren, das Leben an diesem Punkt. Nun kreisen Sie Ihren Finger im Uhrzeigersinn ganz langsam um diesen Punkt und denken dabei „Ich aktiviere jetzt mein Stirnchakra“. Tun Sie das für eine Minute und wiederholen immer den Satz dazu. Danach nehmen Sie Ihren Finger wieder von der Stirn. Spüren Sie jetzt wieder hinein in Ihr 3. Auge. Versuchen Sie sich jetzt auf die Wahrnehmung zu konzentrieren. Versuchen Sie zunächst einmal die Farbe *Königsblau* zu visualisieren. Versuchen Sie Bilder zu „empfangen“. Und geben sich dieser Wahrnehmung für die nächsten paar Minuten einfach hin. Bitte beginnen Sie nicht damit, die Bilder oder die Wahrnehmung zu analysieren oder zu bewerten, dazu ist nach der Übung noch Zeit. Wenn Sie nicht auf Anhieb Erfolg haben, so geben Sie nicht auf und versuchen es zu einem anderen Zeitpunkt erneut. Die Ruhe die Sie während der Übung erfahren bleibt Ihnen in jedem Fall.

Blau: Übung 3

Für diese Übung benötigen Sie ein blaues Tuch. Vielleicht ein großes Badetuch, ein Bettlaken, ein Stück Stoff, ein Seidentuch. Schauen Sie mal, was Sie zu Hause haben. Notfalls geht auch ein Kleidungsstück. Diese Übung dauert ca. 10–15 Minuten. Legen Sie sich dazu ganz bequem hin. Legen Sie jetzt das blaue Utensil auf Ihren Körper. Wenn Sie es vertragen können, dann auch über Ihren Kopf, wobei Sie Mund und Nase gerne aussparen können.

Jetzt ist Ihre Wahrnehmung gefragt. Spüren Sie hinein in dieses *Blau.* Spüren Sie, wo das Tuch anfängt, wo es aufhört. Spüren Sie die Farbe *Blau* und schauen Sie in welchen Körperteil die Energie des Blaus hinfließen möchte. Wahrscheinlich in Ihren Hals- und Kopfbereich. Sie wird aber auch zu den Stellen führen, die *Blau* ganz dringend nötig haben, wie zum Beispiel zu einem vielleicht verspannten Nacken, zu Muskelkater in den Beinen oder wo immer diese beruhigende, kühlende Farbe benötigt wird. Lassen Sie die Energie in Ihren Körper fließen, wohin sie möchte. Genießen Sie von diesem *Blau* durchflutet zu werden und werden Sie sich der Ruhe und des Friedens bewusst, die von dieser Farbe ausgehen. Dies ist auch eine Übung, die gut in Gruppen praktiziert werden kann. Lassen Sie dazu die Teilnehmer hinterher die verschiedenen Wahrnehmungen einmal schildern – das ist höchst interessant.

Anregungen zu Alltagsübungen mit Blau

Blau: Alltagsübung 1

Die Farbe *Blau* steht, wie bereits beschrieben, auch für das weibliche Prinzip, für die mütterliche Fürsorge. Um eine solche Fürsorge einmal zu erfahren und den Zusammenhang zu *Blau* zu verstehen, können Sie diese Übung ganz einfach nebenbei im Alltag ausführen. Lassen Sie einem lieben Mitmenschen doch Ihre „mütterliche Fürsorge" einmal zuteil werden. Vielleicht Ihrem Ehemann, Ihrer Ehefrau, einem nahe stehenden Verwandten oder wem immer sie das gerne einmal geben möchten. Verwöhnen Sie diese Person mal einen ganzen Tag lang. Wann immer Ihnen etwas einfällt, was mit fürsorglicher Zuwendung zu tun hat, geben Sie es. Es kann eine Form des Redens sein, vielleicht eine Rückenmassage, das Kochen des Lieblingsessens das an einem *Blau* eingedeckten Tisch mit sanfter Musik im Hintergrund, eingenommen wird. Ihnen fallen bestimmt noch viele Dinge ein, mit denen Sie diese Ihnen nahe stehende Person umsorgen können. Wenn Sie möchten, sprechen Sie nach diesem Tag mit der Person über die Empfindungen, wie es ihr gefallen hat, welches Gefühl das bei diesem Menschen ausgelöst hat. Und schauen Sie sich Ihre Gefühle und Ihren Gemütszustand an. War es ein schönes Gefühl, ganz im Aspekt des Blaus jemandem einen solchen Tag zu bereiten? Was hat es in Ihnen hervorgerufen? Sehnsucht oder Heimweh in die Kindheit? Oft wird einem bei dieser Übung bewusst, was einem wirklich fehlt, die Zuwendung und Zeit für uns und uns nahe stehenden Menschen.

Wenn Sie mit dieser Person über den Tag geredet haben, so können Sie ruhig auch fragen, ob die Rollen für ein paar Stunden oder einen Tag getauscht werden könnten, so dass auch Sie die nehmende Seite und Ihr Gegenüber die Gebende Seite erspüren können, um diese Erfahrung abzurunden. Doch starten Sie nicht die Übung mit dem Hintergedanken, dass Sie das ja alles an einem anderen Tag wieder zurückbekommen, das wäre falsch.

Blau: Alltagsübung 2

Haben Sie *blaue* Bettwäsche in Ihrem Schrank? Wenn nicht, ist es vielleicht beim nächsten Erwerb neuer Bettbezüge eine Überlegung wert. Beziehen Sie das Bett einmal komplett in *Blau. Blau* wird Ihnen tiefe Ruhe und Frieden während des Schlafes verschaffen. Es kann auch das bewusste Träumen anregen und das nächtliche Reisen mit dem Astralkörper unterstützen. Versuchen Sie es einmal. Wenn Sie möchten können Sie die Probe aufs Exempel machen. Zuerst eine knallige vielleicht rotfarbene Bettwäsche und eine Woche später die ruhige *Blaue.* Achten Sie ganz gezielt auf den Unterschied. Wie fühlen Sie sich morgens nach einer Nacht in der *blauen* und wie fühlen Sie sich nach einer Nacht in der *roten* Bettwäsche. In der Regel ist man nach dem Nächtigen im *blauen* Bett ausgeruhter, ausgeglichener.

Blau: Alltagsübung 3

Für diese kurze Alltagsübung benötigen Sie ein Fläschchen 100 % reines ätherisches Lavendel-Öl. Lavendel wird ja von jeher als das blaue Wunder bezeichnet. Es ist unter anderem keimtötend und unterstützt auf sanfte Art und Weise die Atemwege. Der Lavendel wird dem Hals- und/oder Stirnchakra zugeordnet. Es wirkt energetisch ausgleichend auf diese beiden Chakren. Es gibt auch sehr gute Chakra-Ölmischungen auf dem Markt. Wenn Sie hiervon welche haben, können Sie auch diese für die folgende Übung statt des Lavendel-Öls verwenden.

Geben Sie 3 Tropfen des Lavendel-Öls auf Ihre linke Hand, unverdünnt. Verreiben Sie die Essenz in beiden Händen für eine Weile. Der Duft und die Wirkung werden sich somit entfalten und noch verstärken. Nun formen Sie beide Hände zu einer halboffenen Muschel.

Nun riechen Sie daran, atmen Sie diesen Duft durch Ihre Nase drei Mal ein und durch den Mund wieder aus. Danach wechseln Sie: Drei Mal durch den Mund einatmen und durch die Nase wieder aus. Lassen Sie dabei gedanklich das *Blau* des Lavendels in Ihren Hals- und Stirnbereich fließen. Sie können die Übung ca. fünf Minuten wiederholen. Spüren Sie selbst, wie gut diese Atmung tut und entscheiden Sie selbst, wann es genug ist. Jeder reagiert etwas anders.

Gerade bei Erkältungen oder Kopfschmerzen im vorderen Kopf- oder Stirnbereich kann diese Übung sehr wirkungsvoll sein.

Meditative Techniken mit Violett

Erlebnismeditation Violett – Heilungsmeditation

Thema: Transformation von Krankheit in Heilung

Wir schließen die Augen und atmen tief ein und aus
Wir spüren nur noch uns selbst
Alle Gedanken lassen wir vorbeiziehen – wir schicken sie weiter
Wir sind nur noch bei uns
Wir visualisieren einen violetten Strahl,
der direkt aus dem Kosmos auf die Erde scheint
Ein Strahl in wunderschönem Violett

Wir sehen ihn klar und deutlich Er ist direkt vor uns
Der Strahl ist sehr lichtvoll und dehnt sich aus
Wir beobachten dieses Schauspiel des Kosmos
Der Strahl dehnt sich weiter aus, bis er uns erreicht
Die violette Energie berührt uns
Die violette Energie berührt uns
Wir stehen nun in diesem violetten Strahl
Wir spüren seine Energie, seine Schwingung
Wir sind nun vollkommen eingehüllt
All unsere Körper befinden sich nun in diesem Strahl
Wir spüren, wir nehmen wahr
All unsere Zellen werden aufgefüllt mit dieser heilenden Energie
Haben wir eine körperliche Problemzone, so leiten wir jetzt gedanklich
diesen Strahl gebündelt dort hinein
Wir spüren die Erleichterung
Wir nehmen nun den höchsten Punkt unseres Kopfes wahr –
unser Scheitelchakra
Wir nehmen jetzt den höchsten Punkt unseres Kopfes wahr
Mit jedem Einatmen geben wir unserem Scheitelchakra
Aufmerksamkeit und Energie

Mit jedem Ausatmen lassen wir Negatives los
Und wir atmen tief ein und aus
Wir merken, wie unser Scheitelchakra sich öffnet
Wie eine Lotusblüte in zartem Hellviolett
Wie eine Lotusblüte öffnet sich jetzt unser Scheitelchakra
in einem hellen Violett

Zuerst eine Knospe
Die Knospe beginnt sich zu öffnen
Die Blätter trennen sich voneinander
Mit jedem Ausatmen öffnet sich unsere hellviolette Blüte mehr und mehr
Die Blätter unserer Blüte werden größer und größer
Noch wenige Atemzüge
und unsere Lotusblüte ist völlig entfaltet und offen
Ja, selbst den zarten berauschenden Duft unserer Blüte
nehmen wir wahr
Wir spüren, wie sich die hellviolette Energie bis in den Kosmos ausdehnt
und somit zu unserer Antenne wird

Wir lassen diese Energie des Kosmos
durch unsere Blüte in uns hineinfließen
Ein wohlig warmes und fürsorgliches Gefühl
durchströmt all unsere Körper
Wir wissen, dass wir uns kraft unserer Gedanken diesen Strahl
immer wieder holen können

Langsam schließen wir unser Scheitelchakra wieder und
bringen es in den Ausgangszustand
Mit diesem Bewusstsein kommen wir zurück
Nun kommen wir langsam wieder zurück in diesen Raum
Wir kommen langsam zurück
Wir atmen tief ein und aus und wir spüren, wie wir zurück
in das Hier und Heute kommen
Mit unserer gesamten Aufmerksamkeit kommen wir zurück
und öffnen die Augen mit einem Atemzug, der sich gut anfühlt

Erlebnismeditation Violett

Thema: Dank an unsere Eltern

Wir schließen die Augen und atmen tief ein und aus
Wir spüren nur noch uns selbst
Alle Gedanken lassen wir vorbeiziehen – wir schicken sie weiter
Wir sind nur noch bei uns
Vor unserem geistigen Auge sehen wir
unsere Mutter und unseren Vater vor uns
Unser Elternhaus
Wir sehen vor unserem geistigen Auge unsere Eltern,
unsere leiblichen Eltern
Wir wissen, dass wir durch sie auf diese Welt gekommen sind

Wir senden unserer Mutter, Kraft unserer Gedanken, die Farbe Hellblau
Gedanklich hüllen wir unsere Mutter ein in ein zartes Hellblau
Wir können erkennen,
wie sie sich umgeben von dem Hellblau wohlfühlt
Sie nimmt dieses Hellblau in sich auf

Wir senden solange dieses Hellblau zu unserer Mutter,
bis sie uns ein Zeichen gibt
Nun senden wir die Farbe Rosa zu unserem Vater,
gedanklich hüllen wir unseren Vater in ein liebevolles Rosa ein
Wir können erkennen, wie er sich umgeben von diesem zarten Rosa
wohlfühlt und die feinen Schwingungen genießt
Wir senden auch zu ihm solange diese Farbe, bis er uns ein Zeichen gibt
Nun sehen wir vor uns
unsere Mutter umgeben und aufgefüllt mit Hellblau
und unseren Vater umgeben und aufgefüllt mit zartem Rosa

Das Rosa und das Hellblau verbinden sich nun,
die Farben vermischen sich
und es entsteht ein helles Violett
Ein einzigartiges helles, feines Violett

Unsere Eltern sind in die gemeinsame Schwingung Violett eingetaucht
und fühlen sich wohl

Wir gehen gedanklich hin zu unseren Eltern und dem zarten Violett
Auch wir tauchen ein in dieses Hellviolett
Wir sind nun auf höchster Ebene verbunden mit unseren Eltern
Wir sind eins mit unseren Eltern und dem Hellviolett
für diesen Moment
Umgeben von Hellviolett danken wir unseren Eltern, wir danken dafür,
dass sie uns das Leben in dieser Zeit schenkten

Wir danken für all die Erfahrungen,
die für unsere Seele dadurch möglich waren
Unsere Eltern haben immer versucht uns das Beste zu vermitteln
in Form von Erziehung, so wie es alle Eltern tun
Entsprechend ihrem Wissensstand und deren Möglichkeiten
Wir danken dafür

Wir verlassen langsam wieder das hellviolette Zentrum unserer Eltern
und kehren zu uns zurück
Wir nehmen nur noch uns wahr und
kommen langsam wieder zurück in diesen Raum
Wir atmen tief ein und aus und wir spüren, wie wir zurück
in das Hier und Heute kommen
Mit unserer gesamten Aufmerksamkeit kommen wir zurück
und öffnen die Augen mit einem Atemzug,
der sich gut anfühlt

Meditative Kurzübungen mit Violett

Violett: Übung 1

Diese Übung mit der Farbe *Violett* führt das „Oben" und das „Unten" zusammen. Mit anderen Worten: Aus *Rot* und *Blau* lassen wir *Violett* entstehen, die Farbe die Extreme zusammenbringt und daher eine heilende Wirkung auf all unsere Körper haben kann.

Bitte setzen Sie sich bequem hin und sorgen Sie dafür, dass Sie die nächsten 10 Minuten ungestört bleiben.

Schließen Sie die Augen. Visualisieren Sie einen Strahl in der Farbe *Rot,* der direkt aus dem Erboden sachte Ihre Füße, Ihre Beine, Ihren Unterbauch einhüllt. Danach visualisieren Sie einen tiefblauen Strahl der direkt aus dem Kosmos Ihren Kopf einhüllt, Ihren Hals, Ihren Oberkörper bis er auf den *roten* Strahl trifft. Spüren Sie jetzt das Auftreffen dieser beiden extremen Farben. Wo genau treffen die beiden Farben aufeinander? Wie fühlt sich das *Blau* an in Ihrem oberen Körperbereich, wie fühlt sich das *Rot* an in Ihrem unteren Körperbereich? Wie fühlt sich die Stelle an, an der die Farben zusammen treffen. Versuchen Sie Ihre Wahrnehmung zu schulen. Nehmen Sie mehrmals hintereinander die beiden Farben getrennt wahr.

Nun lassen Sie das *Blau* und das kräftige *Rot* ineinander laufen. Beobachten Sie mit Ihrem geistigen Auge, wie diese beiden Grundfarben sich sachte vermischen und zu einem wunderbaren *Violett* transformieren. Nun haben Sie drei Farben: Im oberen Teil das *Blau,* im unteren Teil das *Rot* und an der Schnittstelle ungefähr in der Mitte Ihres Körpers das kräftige *Violett.* Spüren Sie nochmals in alle drei Farben hinein. Spüren Sie die Unterschiede von *Rot* und *Blau* und letztendlich die wohltuende Vereinigung zu *Violett.*

Nun beginnen Sie damit dem *Violett* noch mehr Energie zu geben, so dass es sich ausdehnen kann. *Violett* darf sich nun langsam ausdehnen, nach oben und nach unten. Immer mehr verschwinden die Farben *Blau* und *Rot* und vereinen sich zu *Violett.* Lassen Sie die beiden Farben solange verschmelzen, bis Sie völlig eingehüllt sind von der heilenden Kraft des Violetts und bis Sie kein *Blau* und kein *Rot* mehr wahrnehmen können.

Genießen Sie diesen Zustand und verweilen Sie einige Minuten in *Violett* getaucht.

Zum Abschluss lassen Sie das *Violett* langsam verblassen und öffnen die Augen. Spüren Sie noch einmal kurz nach.

Violett: Übung 2

Diese Übung kann Sie Zusammenhänge erkennen lassen, die Sie im normalen Alltagsgeschehen verständlicherweise nicht wahrnehmen können oder möchten. Legen Sie sich bequem hin und schließen die Augen.

Visualisieren Sie einen *violetten* Strahl, der von oben ganz sachte auf Sie zukommt. Wie ein breiter Kanal wirkt dieser Strahl, der aus den höheren Sphären stammt. Lassen Sie sich komplett von diesem Strahl einhüllen, so dass Sie wie bei einem Wirbelsturm genau in der Mitte im ruhigen Teil des Strahles liegen. Sie schauen dabei nach oben mit Ihrem inneren Auge. Der Kanal ist völlig gerade und verläuft nach oben. Sie erkennen eine Leiter in diesem Kanal, eine Leiter aus *violettem* Licht. Sie sind Kraft Ihrer Gedanken in der Lage diese Leiter empor zu steigen. Stufe für Stufe, so hoch Sie möchten. Hören Sie auf Ihr Inneres und gehen solange Stufe für Stufe nach oben, bis Sie ein inneres Verlangen verspüren auf irgendeiner Sprosse dieser *violetten* Leiter stehen zu bleiben. Sie bleiben stehen, denn dann gibt der violette Strahl den Blick für Sie frei. Den Blick in Ihr Umfeld im täglichen Leben. Sie sehen Ihr zu Hause, evtl. Ihre Familie, vielleicht Ihren Arbeitsplatz. Lassen Sie sich ganz auf diese Bilder ein, die sich aus der erhabenen Position, in der Sie sich gerade befinden, zeigen möchten. Sie haben in dieser Position einen „Rundumblick" über Situationen, Sie sind so in der Lage Zusammenhänge zu erkennen. Eingetaucht im *violetten* Strahl und in einer hohen Position, in der Sie die Übersicht über alles voll und ganz genießen können. Schauen Sie sich genau um. Wenn Sie das Gefühl haben wieder hinab steigen zu möchten, dann tun Sie das. Steigen Sie wieder hinab. Vor ihrem inneren Auge lassen Sie den *violetten* Kanal sich wieder zurückziehen, so wie er gekommen war.

Bleiben Sie einfach nochmals ruhig liegen und spüren Sie nach, bevor Sie dann wann immer Sie möchten, die Augen öffnen.

Danach setzen Sie sich an einen ruhigen Ort und lassen alles bei vollem Bewusstsein nochmals Revue passieren. Hinterfragen Sie nun mit Ihrem analytischen Verstand das Gesehene. Was will es Ihnen sagen, was hat es für Sie zu bedeuten.

Bei dieser Übung bekommt man nicht selten Einsichten, die man sich nie hätte erträumen können. Lassen Sie es einfach zu.

Violett: Übung 3

Diese Kurzübung dient zur Wunscherfüllung mit *Violett.* Sicherlich kennen Sie das ein oder andere Buch über die Erfüllung persönlicher Wünsche. Haben Sie schon einmal versucht, Ihren ganz persönlichen Wunsch in violett zu verpacken und dann an den Kosmos zu senden? Natürlich nur Kraft Ihrer Gedanken. Wenn nicht, dann versuchen Sie es doch einmal.

Formulieren Sie Ihren ganz persönlichen, realistischen Wunsch. Achten Sie auf die exakte Formulierung, denn es könnte wirklich in Erfüllung gehen, also bitte die richtigen Worte wählen. Visualisieren Sie ein Kärtchen vor Ihrem geistigen Auge, ein Kärtchen von hellvioletter Farbe. Auf dieses Kärtchen schreiben Sie gedanklich Ihren Wunsch exakt auf. Natürlich mit dunkelvioletter Tinte. Es hört sich vielleicht jetzt an wie ein Scherz, weit gefehlt. Versuchen Sie es einfach einmal. Nun hüllen Sie dieses Kärtchen nochmals in violette Energie, in violettes Licht und schicken es gedanklich an den Kosmos oder/und an Ihre geistigen Helfer. Sehen Sie vor sich, wie das Kärtchen weit oben am Himmel in den Kosmos verschwindet. Nun heißt es, die Naivität eines Kindes an den Tag zu legen und diesen Wunsch einfach zu vergessen. Sie haben ihr Nötiges zur Erfüllung getan. Hinterfragen Sie nicht, wann der Wunsch endlich in Erfüllung geht, fragen Sie nicht ob das Kärtchen auch in den richtigen Händen ist. Hinterfragen Sie nichts und vergessen Ihren Wunsch für eine Weile. Manchmal geht es schneller als man denkt und die Erfüllung Ihres Wunsches deutet sich an. Und das mit der Kraft der Farbe *Violett,* die Farbe der Umwandlung.

Anregungen zu Alltagsübungen mit Violett

Violett: Alltagsübung 1

Was halten Sie von einem *violetten,* sehr meditativen Entspannungsbad? Es gibt im Handel recht günstig natürliche Badewasser-Färbetabletten zu kaufen, die völlig geruchsneutral sind und das Badewasser in ein schönes *Violett* tauchen. Nehmen Sie einmal ein solches Bad für 20 Minuten und gehen in sich. Lassen Sie die violette Farbe auf Ihren Körper, Ihren Geist und Ihre Seele wirken. Nehmen Sie die Farbe mit allen Sinnen in sich auf. Fühlen Sie mit Ihren Händen, mit Ihren Füßen und mit dem ganzen Körper, wie sich das violette Wasser anfühlt. Schauen Sie mal auf Ihre Gedanken, Ihre Emotionen, Ihren Gefühlszustand. Entspannen Sie dabei. Wenn Ihnen dabei Bilder vor Ihrem geistigen Auge erscheinen, nehmen Sie diese an. Alles hat etwas zu bedeuten. Wenn Sie das Wasser nach dem Baden wieder ablassen, ist es möglich Dinge mit hinein zu geben, gedanklich versteht sich. Dinge, Situationen, Gefühle, was auch immer der Umwandlung bedarf. Bitten Sie dann beim Ablaufen des Wassers um Transformation. Aber bitte sehen Sie dem ablaufenden Wasser nicht hinterher. Wegfließendem Wasser hinterher zu sehen zieht nach Feng-Shui-Richtlinien Energie. Also geben Sie einfach Ihre zu transformierenden Dinge gedanklich hinein und lassen es alleine abfließen. Viel Freude im *violetten* Bad der Transformation.

Violett: Alltagsübung 2

Bringen Sie mit dieser Übung Ihre rechte und linke Gehirnhälfte wieder zusammen, damit die Gefühls- zusammen mit der rationalen Welt wieder zusammen arbeiten kann. Bringen Sie Einklang in Ihre Gefühls- und Gedankenwelt.

Dazu setzen Sie sich einfach bequem hin und richten Ihre Aufmerksamkeit auf Ihren Kopf, auf Ihre rechte und linke Gehirnhälfte. Die rechte Gehirnhälfte hüllen Sie gedanklich in ein strahlendes *Blau,* Ihre linke Gehirnhälfte hüllen Sie in einen *Rotton.* Nur ganz kurz, dann lassen Sie die beiden Farben miteinander verschmelzen und es entsteht vor Ihrem geistigen Auge ein strahlendes *Violett.* Lassen Sie dieses *Violett* Ihren kompletten Kopfbereich aus- und auffüllen. Spüren Sie, wie die beiden Gehirnhälften gemeinsam in das *Violett* gehüllt sind und wieder ungehindert gemeinsam Ihren Dienst tun können.

Violett: Alltagsübung 3

Diese Alltagsübung nimmt nur ein paar Minuten in Anspruch und ist äußerst wirkungsvoll im Schmerzbereiche an sich selbst oder als Therapeut andere zu behandeln und damit einen Schmerzzustand zu lindern.

Setzen Sie sich vor eine Lichtquelle, wie zum Beispiel eine Stehlampe, eine Tischleuchte, eine brennende Kerze. Schauen

Sie nun direkt in die Lichtquelle oder in die Flamme der Kerze. Dieses *weiße* Licht beinhaltet alle Farben in sich. Das ganze Farbspektrum ist in diesem Licht enthalten. Bitten Sie gedanklich das Licht, sich nun in seine einzelnen Farben aufzuspalten. Lassen Sie alle Farben die dadurch entstehen in den Raum strömen. Außer *Violett. Violett* leiten Sie gedanklich direkt an die Stellen, die Ihnen Schmerzen bereiten. Bestrahlen Sie sich mit dem *violetten* Anteil des *weißen* Lichts und füllen dabei ganz nebenbei den Raum mit allen Farben an. Um den Vorgang zu verstärken, bitten Sie um Heilung, um Schmerzfreiheit.

Wenn es Ihnen schwer fällt, gedanklich das Licht aufzuspalten in die einzelnen Farben, so schließen Sie dabei die Augen und lassen diesen Vorgang vor Ihren geschlossenen Augen geschehen. Nur wenige Minuten reichen aus. Erwarten Sie bitte keine Wunder, denn jeder reagiert anders und jeder zu seiner Zeit. Vergessen sollte man auch nicht, dass Krankheit oder Schmerz uns immer etwas zu sagen hat, also seinen Grund bzw. seinen Ursprung hat. Hinterfragen Sie das einmal während Sie diese Übung machen.

Meditative Techniken mit Weiß

Erlebnismeditation Weiß – Schutzengelmeditation

Thema: Begegnung mit dem eigenen Schutzengel

Wir schließen die Augen und atmen tief ein und aus
Wir spüren nur noch uns selbst
Alle Gedanken lassen wir vorbeiziehen – wir schicken sie weiter
Wir sind nur noch bei uns

Es ist sehr früh morgens und wir stehen an einem kleinen See
Es ist warm und die Tautropfen hängen an den Gräsern
an den Blättern und an Blüten
Wir stehen an diesem kleinen See
Die Sonne ist gerade aufgegangen
und die Natur erwacht zu neuem Leben
Lichter, weißer Nebel zieht sich über den Erdboden
Eine leichte Atmosphäre durchdringt hier alles Leben

Wir sitzen auf einem Holzstamm und nehmen
den erwachenden Tag wahr
Wir schauen uns um
Neben den vielen Pflanzen und dem See
können wir Leben erkennen, das auf anderen Ebenen zu Hause ist
Wir schauen hin, wir schauen genau hin
Über dem leichten Nebel über der Wasseroberfläche des Sees
sehen wir weißes Licht

Verschiedene Lichtpunkte tanzen schwerelos auf dem Wasser
Und wir schauen noch genauer hin Elfen, ja es sind Elfen
Sie kommen auf uns zu Kleine, liebe Wesen, sie kommen näher
Sie sind farbenprächtig und von weißem Licht umgeben

Eine Elfe möchte zu uns sprechen
Wir lauschen den Worten dieses liebevollen Wesens
Sie erklärt uns, dass sie uns in das Reich der Engel führen möchte
Gerne folgen wir dieser Aufforderung

Die Elfen fliegen um uns herum
und wir folgen ihnen auf die andere Seite des Sees
Wir setzen uns und nehmen mit all unseren Sinnen wahr
Genau vor uns ist ein weißer Strahl aus Licht
Genau vor uns ist ein weißer Strahl aus Licht
Wieder sehen wir genauer hin

Ein wunderschöner Engel steht in diesem weißen Licht
Er ist ganz nah bei uns
Der Engel ist unser Schutzengel
Er reicht uns die Hand
Wir berühren ihn sachte
Über diese Berührung sind wir in der Lage
Worte und Gefühle auszutauschen
Er hat eine Botschaft für uns
Wir nehmen wahr
Wir nehmen jetzt die Botschaft dieses Engels in uns auf
Der Engel lässt uns wissen, er habe ein Geschenk für uns
Ein Geschenk in Form von weißem Licht
Aus seinem Herzen hüllt er uns in weißes Licht ein,
ein strahlend weißes Licht
Wir sind eingefüllt in weißes Licht
Wir spüren die Klarheit und die Reinheit

Das weiße Licht, in dem alle Farben enthalten sind, spaltet sich nun auf
in Rot, Orange, Gelb, Grün, Blau, Violett und Magenta
Wir sind jetzt in einem Regenbogen von leuchtenden Farben
Wir füllen nun jede Zelle unsere Seins auf mit diesen Farben
Ganz von alleine werden die jeweiligen Farben
zu den entsprechenden Körperzonen geführt

Wir füllen uns auf,
wir füllen uns auf mit den Farben für unser Wohlbefinden
Wir danken unserem Schutzengel für diese wunderbare Erfahrung
und verabschieden uns von ihm
Wir verabschieden uns auch mit einem herzlichen Dankeschön
von unserer Elfe
Der lichte Nebel um uns herum ist mittlerweile verschwunden
Und unser Engel ist ebenfalls jetzt nicht mehr sichtbar
Doch wir fühlen seine Anwesenheit

Mit diesem Bewusstsein kommen wir zurück
Nun kommen wir langsam wieder zurück in diesen Raum
Wir kommen langsam zurück
Wir atmen tief ein und aus und wir spüren, wie wir zurück
in das Hier und Heute kommen
Mit unserer gesamten Aufmerksamkeit
kommen wir zurück und öffnen die Augen mit einem Atemzug,
der sich gut anfühlt

Erlebnismeditation Weiß – Entscheidungsmeditation

Wir schließen die Augen und atmen tief ein und aus
Wir spüren nur noch uns selbst
Alle Gedanken lassen wir vorbeiziehen – wir schicken sie weiter
Wir sind nur noch bei uns

Vor uns liegt ein großer, dichtbewachsener Wald
Viele Bäume stehen dicht aneinander gedrängt
Nadelbäume, Laubbäume, es ist ein Mischwald
Wir schauen uns die Bäume genauer an
Es sind alte, hohe Bäume, dicht bewachsen
Sie fangen die letzten Sonnenstrahlen des Tages mit ihrem dichten Laub
oder mit ihren Nadeln auf
Langsam bricht ein Dämmerlicht herein

Wir laufen den Weg entlang, den Waldweg
Wir sind mitten im Wald
Alleine

Wir hören die Vögel zwitschern
Der Wind rauscht in den Bäumen
Eine wunderbare Stimmungsvolle Atmosphäre breitet sich aus
Eine einzigartige Ruhe nehmen wir war,
um uns herum und in uns selbst
Langsam laufen wir den Waldweg entlang
Wir lauschen auf die Geräusche der Natur
Und wir laufen weiter
Unser Weg gabelt sich

Wir haben nun die Möglichkeit nach rechts zu gehen
oder in die linke Richtung
Gerade aus ist dichtes Buschwerk und kein Weg mehr vorhanden
Wir müssen uns entscheiden
Und wir müssen uns bald entscheiden,
denn die Sonne neigt sich immer weiter
Wir kennen weder den rechten noch den linken Weg
Doch welchen sollen wir gehen?
Wir blicken den rechten Weg entlang
Er geht nur ein paar Meter weit
und am Ende ist eine saftig grüne Wiese zu sehen
Wir blicken nun den linken Weg entlang
Hier ist kein Ende in Sicht

Es scheint als würde er sich endlos lang in den tiefen Wald erstrecken
Sehr düster sieht es auf dem linken Weg aus
Doch wir haben jetzt eine Entscheidung zu treffen
Den rechten oder den linken Weg
Welchen Weg gehen wir nun?
Wir entscheiden uns für den rechten, kurzen,
hellen schnell endenden Weg

Wir gehen ihn bis zu seinem Ende, bis zu der grünen, saftigen Wiese
mit Tausenden von Wiesenblumen in allen Farben
Wie schön es doch hier ist

Wir haben für jetzt und für diese Situation
die richtige Entscheidung getroffen
Wir wissen, dass wir im täglichen Leben
ständig neue Entscheidungen treffen möchten und müssen
Die Entscheidung, die uns im Moment
am meisten auf den Schulten lastet machen wir uns jetzt bewusst

Wir machen uns jetzt die Entscheidung bewusst,
die uns am meisten belastet
Mit diesem Bewusstsein gehen wir zurück in unseren Wald
zu unserer Weggabelung
Wir gehen jetzt zurück zu unserer Weggabelung
Vor unserem geistigen Auge sehen wir unsere eigene Entscheidung,
die wir zu treffen haben und wir sehen zwei Hauptmöglichkeiten
Wir hören jetzt auf unser Gefühl und stellen diese Entscheidungsmög-
lichkeiten jeweils auf einen dieser beiden Wege

Wir hüllen uns, die Entscheidung, die Möglichkeiten in weißes Licht
weißes Licht durchflutet uns und alles um uns herum
Alles ist in weißes Licht getaucht
Weiß die Farbe der Entscheidung
Weiß hält alle Farben und alle Möglichkeiten in sich bereit
Weiß wird uns helfen jetzt die richtige Entscheidung intuitiv zu treffen
Der rechte Lösungsweg oder der linke Lösungsweg
Wir gehen kurz in uns

Wir entscheiden uns jetzt für einen dieser Wege
Und uns wird die Lösung unseres Problems bewusst
Wir fällten eine positive Entscheidung mit Hilfe von weißem Licht

Mit diesem Bewusstsein kommen wir wieder zurück
Wir nehmen nur noch uns wahr und kommen langsam
wieder zurück in diesen Raum

Wir atmen tief ein und aus und wir spüren, wie wir zurück
in das Hier und Heute kommen
Mit unserer gesamten Aufmerksamkeit kommen wir zurück
und öffnen die Augen
mit einem Atemzug, der sich gut anfühlt

Meditative Kurzübungen mit Weiß

Weiß: Übung 1

Weiß ist auch die Farbe der Reinigung. Daher wollen wir diese Übung jetzt der inneren Reinigung widmen. Dazu legen oder setzen Sie sich bequem hin und entspannen Sie sich. Wenn Sie möchten legen Sie eine schöne Entspannungs-Musik auf.

Lassen Sie über sich eine kleine murmelgroße Lichtkugel entstehen. Eine Lichtkugel aus weißem, reinem Licht. Visualisieren sie diese Kugel mit Ihrem inneren Auge. Wenn sie klar und deutlich vor Ihnen zu sehen ist, lassen Sie diese Kugel langsam anwachsen. Stellen Sie sich vor, Sie würden einen Luftballon aufblasen. Genau so lassen sie mit Ihrem Atem diese kleine, *weiße* Lichtkugel wachsen und immer mehr wachsen. Konzentrieren Sie sich dabei auf Ihren Atem. Mit jedem Ausatmen wird die *weiße* Kugel größer und größer. Sie wird heller und heller, sie strahlt als reines weißes Licht. Lassen Sie diese so lange anwachsen, bis die Kugel so groß ist, dass Sie sich in ihr befinden. Sie liegen oder sitzen in dieser *weißen* Lichtkugel mit den Gedanken der energetischen Reinigung. Geben Sie nun gedanklich alles was Sie bedrückt, was sie ganz bewusst bedrückt in dieses *weiße* Licht ab. Solange, bis Ihnen nichts mehr einfällt. Danach bitten Sie darum, dass nun auch alles von Ihnen gerade nicht bemerkte und nicht zu Ihnen gehörende jetzt in das *weiße* Licht gegeben wird. Nun da alles energetisch Belastende in das *weiße* Licht gegeben wurde, bitten Sie um Reinigung. Möge das *weiße* Licht die Lücken, die durch das Abgeben entstanden sind, jetzt auffüllen.

Bleiben Sie noch einen Moment in diesem Zustand und beenden Sie dann die Übung in dem Sie die *weiße* Kugel wieder zu der anfänglichen Murmelgröße schrumpfen lassen. So lange bis sie sich ganz auflöst.

Weiß: Übung 2

Diese Übung macht Ihnen klar, dass im *Weiß* alle Farben zu gleichen Teilen enthalten ist. Dazu benötigen Sie ein paar Hilfsmittel. Nehmen Sie sich ein weißes Blatt Papier und 7 Buntstifte in den Regenbogenfarben. Schalten Sie sich dazu eine schöne Entspannungsmusik an. Nun beginnen Sie auf dem völlig *weißen* Papier einen großen Regenbogen zu malen. Lassen Sie Ihrer Phantasie freien Lauf. Er kann das ganze Blatt ausfüllen oder ein kleinerer Streifen am Horizont sein. Fangen Sie mit *Rot* an, dann *Orange,* dann *Gelb,* dann *Grün,* dann *Blau* von hell nach dunkel, und zuletzt *Violett.* Schauen Sie sich diesen Regenbogen intensiv an. Spüren Sie in jede einzelne Farbe hinein. Dann spüren Sie in den ganzen Regenbogen hinein. Nach einer Weile drehen Sie das Blatt einfach einmal um. Wieder ist vor Ihnen eine *weiße* Fläche. Und doch wissen Sie, dass dieses Blatt Papier die Energien des gesamten Farbspektrums beinhaltet. Nur nicht sichtbar. Hier ist alles enthalten und zwar zu gleichen Teilen. Spüren Sie nun in die Rückseite, also die *weiße* Fläche hinein, mit dem Bewusstsein, dass das gesamte Farbspektrum präsent ist. Spüren Sie den Unterschied zur bunten, direkt sichtbaren, farbigen Vorderseite?

Dies ist eine wunderbare Übung, die Sie auch in Gruppen anwenden können.

Weiß: Übung 3

Dies ist eine Übung um einen Raum zu reinigen. Einen Raum der energetisch verschmutzt ist. Man kennt ja die verschiedensten Reinigungsrituale um Räume zu klären und positiv aufzuladen. Eine sehr wirkungsvolle davon ist das Räuchern von Weihrauch. Hierzu gibt es ein qualitativ sehr hochwertiges Weihrauchharz: Das Goldweihrauch. Sie benötigen weiterhin Räucherkohle und eine feuerfeste Schale. All das ist im Fachhandel erhältlich. Es mag sich jetzt ein wenig kompliziert anhören, ist es aber wirklich nicht. Versuchen Sie es, Sie werden von der Wirkung überrascht sein.

Nehmen Sie die Schale und geben Sie einfachen Sand hinein. Haben Sie keinen Sand aus der Natur zur Hand, so ist wunderbar Vogelsand für ein paar Cent im Supermarkt erhältlich empfehlenswert. Der Sand dient lediglich dazu, die Hitze nicht nach unten zu leiten, damit Sie die Schale festhalten können. Zünden Sie nun eine Kohletablette (extra für Räucherungen) über einer brennenden Kerze an. Die Kohletabletten sind selbstzündend, was bedeutet, dass Sie diese nur an eine Seite über die Kerze halten müssen. Legen Sie die Kohle dann auf den Sand und warten bis die Kohle völlig weiß geglüht ist, dauert etwa 5–10 Minuten. Bitte vorher nichts auf die Kohle legen, Sie würden die Glut ersticken. Ist die Kohle dann weiß und voll durchgeglüht, geben Sie ein paar Krümel Weihrauch-Harz darauf. Es entsteht Qualm, weißer Qualm, der sehr gut riecht. Nun können Sie beginnen.

Schließen Sie alle Fenster und Außentüren. Nun gehen Sie mit Ihrer Räucherschale durch Ihre Wohnung, bzw. Ihr Haus. Gehen Sie in alle Ecken, in alle Nischen der Räume. Wenn Sie ganz intensiv räuchern möchten, können Sie zuvor auch alle Schranktüren öffnen. Während Sie nun mit der Schale herumgehen, halten Sie in etwa folgende Gedanken aufrecht: „Alles war hier nicht hingehört, möge sich jetzt im *weißen* Rauch auflösen“, „Alles möge durch die Reinigung des *weißen* Rauchs jetzt seine Urschwingung wieder annehmen“, „Alles Negative, alle negativen Gedankenformen werden jetzt im *weißen* Rauch gereinigt und entfernt“.

Wenn Sie komplett mit Ihrem Raum, Ihrer Wohnung oder Ihrem Haus fertig sind, füllen Sie kein Weihrauch mehr auf die Kohle sondern öffnen nun alle Fenster und Außentüren. Sorgen sie ein paar Minuten lang für richtigen Durchzug. Wenn der Rauch verzogen ist, so werden Sie mit Sicherheit eine Veränderung spüren. Eine wunderbare Reinheit und Klarheit entfaltet sich in Ihren Räumen. Als Tipp: In Räumen mit viel Publikumsverkehr, wie Läden, Praxen und dergleichen, sollten Sie diese Reinigung einmal pro Woche mindestens vornehmen. Denn denken Sie daran: Gleiches zieht Gleiches an. Wenn irgendwo einmal negative Energien nach einem Streit oder nach Unstimmigkeiten im Raum stehen, so nähren sich diese Gedankenformen mit Gleichem, das heißt sie ziehen Gleiches an.

Anregungen zu Alltagsübungen mit Weiß

Weiß: Alltagsübung 1

Eine einfache Übung für die kühlere Jahreszeit. Zur Farbe *Weiß* gehört für mich auch der Schnee. Wenn es im Winter einmal geschneit hat und alles ist unter dem strahlenden *Weiß* verdeckt, so gehen Sie einfach mal durch die Natur. Vielleicht ein Waldspaziergang, vielleicht ein Spaziergang durch weite Felder.

Spüren Sie dieses *Weiß,* die Reinheit, die Ausgeglichenheit, die Ruhe, die von diesem *Weiß* ausgeht. Nehmen Sie mit jedem Atemzug dieses *Weiß* in sich auf. Atmen Sie *Weiß.* Stellen Sie sich vor, wie mit Ihrem Atem dieses *Weiß* und damit Reinheit, Klarheit, in Sie hineinströmt. Es ist ein wunderbares Gefühl wenn man diese Übung ganz alleine und in völlig ruhiger Umgebung ausführt. Sie werden sehen, wie Sie erfrischt und gestärkt wieder nach Hause gehen können um mit neuem Tatendrang alles Anstehende verrichten zu können.

Weiß: Alltagsübung 2

Nun eine *Weiß*-Übung für den Sommer. Wussten Sie, dass man viele Blüten, Blätter und Pflanzenteile essen kann, die in unseren Gefilden heimisch sind. Leider ist dieses alte Wissen unserer Vorfahren mit der Zeit verloren gegangen. Doch eine Pflanze möchte ich Ihnen nahe bringen. Das Gänseblümchen. Im letzten Sommer saß ich mit meiner Familie im Garten. Die Wiese, die eigentlich nur noch wenig Rasen aufweist, war völlig übersät mit kleinen und größeren Gänseblümchen. Eine Augenweide. Bis mir zu mal wieder zu Ohren kam, dass diese Blumen essbar sind. Zunächst ist es merkwürdig eine Blüte in den Mund zu stecken. Denn wer kennt die Sprüche aus der Kindheit nicht „Diese Pflanze darfst Du nie in den Mund nehmen, die ist giftig.“ Oder: „Die Milch vom Löwenzahn ist giftig, ja nicht die Finger in den Mund nehmen wenn Du damit in Berührung gekommen bist.“ So wurden uns Glaubenssätze „verpasst“, aus Unwissenheit. Aber zurück zu unseren Gänseblümchen und der Farbe *Weiß*. Ich fing im Sommer also an Gänseblümchen zu pflücken. Die Knospen und die jungen, kleinen Blätter um den Stängel seien das Beste, hieß es. Ich habe allerdings auch voll aufgeblühte Blüten genommen. Es ist etwas mühsam, bis man eine Salatschüssel voll hat, damit der Salat für 3 Personen reicht. Doch es lohnt sich. Es ist eine schöne Erfahrung. Sie können den Salat dann zubereiten, wie Sie es gewohnt sind.

Oder nehmen Sie nur wenig Gänseblümchen und geben es zu Ihrem sonst gewohnten Salat einfach dazu. Nun können Sie sich das *Weiß* dieser Blüten zuführen. Nehmen Sie eine Blüte in den Mund, versuchen Sie einmal das *Weiß* der zarten Blütenblätter zu schmecken. Natürlich mit dem Bewusstsein, dass hier alle Farben enthalten sind. Führen Sie dieses strahlende *Weiß* in Ihr Körperinneres und spüren hinein. Wie fühlt es sich an, was macht es mit Ihnen?

Auch eine Übung, die Kinder sehr mögen oder aber auch für Gruppen geeignet ist. Viel Spaß dabei.

Weiß: Alltagsübung 3

Hier eine Übung zum schnellen, mentalen Reinigen eines Raumes.

Füllen Die gedanklich den Raum, die Wohnung, das Haus, das sie reinigen möchten mit der Farbe *Weiß*. Sehr wirkungsvoll ist es, wenn Sie einen *weißen* Strahl aus dem Kosmos visualisieren, der wie ein Kanal weißes Licht in Ihre Räume dringt. Füllen Sie die Räume komplett auf. Wenn Sie das Gefühl haben, der Raum ist ausgefüllt mit der Farbe *Weiß*, so bitten Sie um Reinigung durch dieses *Weiß*. Möge das *Weiß* alles neutralisieren und entfernen, was hier nicht hingehört. Danach lassen Sie das *Weiß* wieder in den Kosmos durch den Kanal zurückfließen. Oder wenn Sie möchten, visualisieren Sie, wie sich das *Weiß* in die vielen Farben aufspaltet, die es beinhaltet. Das hat den Vorteil, dass der Raum nochmals belebt und mit den verschiedensten Energien aufgefüllt wird. Eine Übung, bzw. ein Ritual, das nicht mehr als 5 Minuten in Anspruch nehmen sollte. Gutes Gelingen!

Meditative Techniken mit Magenta

Erlebnismeditation Magenta

Wir schließen die Augen und atmen tief ein und aus
Wir spüren nur noch uns selbst
Alle Gedanken lassen wir vorbeiziehen – wie schicken sie weiter
Wir sind nur noch bei uns

Es ist Sommer, es ist warm
Wir stehen auf einem Hügel in freier Natur
Wo wir auch hinschauen sehen wir saftige Wiesen, Büsche,
sich sanft schlängelnde Spazierwege
Grün, so weit unser Auge reicht
In der Ferne sehen wir Kühe auf einer Weide grasen
Etwas näher bei uns ein Schwarm Vögel am Himmel
Sie ziehen gemeinsam durch die Luft

Rund um uns herum ein atemberaubender Ausblick
Da erleben wir ein besonderes Naturschauspiel
Es entsteht ein kräftiger Regenbogen
Wir können sehen, wo er beginnt und wo er auf der Erde wieder endet
Breit sind die Farbflächen und ganz nah
Prachtvolle, kräftige Farben sehen wir
Wir sehen die Farbe Rot, wie Sie zu einem kräftigen Orange
und dann zu einem Gelb wird

Von Olivgrün bis Grün und von Hell- bis Dunkelblau
setzt sich das Farbenspiel des Regenbogens fort
bis zu einem unbeschreiblichen Violett
Hier endet das Farbenspiel
Rot auf der einen Seite,
Violett auf der anderen Seite des Regenbogens
Wir beobachten den Regenbogen, wie er scheinbar in Bewegung ist
Ja, er ist in Bewegung

Die Rote Schicht und die Violette Schicht bewegen sich langsam,
ganz langsam aufeinander zu

Rot und Violett bewegen sich aufeinander zu,
sie treffen sanft aufeinander und vermischen sich
Das Rot und das Violett unseres Regenbogens vermischen sich jetzt
Ein Magenta entsteht

Magenta, leicht pinkfarben, leicht Rot, leicht Violett, unbeschreiblich
Wir verspüren jetzt den Wunsch in das Magenta hinein zu gehen
Wir gehen auf diesen unbeschreiblichen Farbton zu
Wir kommen näher zu dieser Farbe, näher und noch näher
Je näher wir kommen, desto kräftiger zeigt sich uns Magenta
Zum greifen Nahe, ganz dicht stehen wir vor dem Magenta
Und wir gehen hinein in das Magenta

Wir gehen jetzt hinein in das wunderbare Magenta
Wie eine Dusche von magentafarbener Energie
umhüllt unseren greifbaren Körper
Unsere feinstofflichen Körper werden durchflutet
All unsere Chakren werden mit Magenta umspült
Unser Scheitelchakra, unser Stirnchakra, unser Halschakra,
unser Herzchakra, unser Solarplexus, unser Sakralchakra
und unser Wurzelchakra

Wir spüren die unglaublich liebevolle Energie
ganz besonders in unserem Herzen
Wir genießen einen Moment diesen Zustand
Langsam ziehen wir uns von unserem Regenbogen zurück
Langsam nimmt er wieder seine normale Form an
Magenta trennt sich wieder in Rot und Violett

Wir bedanken uns für diese Erfahrung und kehren aufgefüllt mit
liebevoller, fürsorglicher Magentaenergie zurück in diesen Raum
Wir atmen tief ein und aus und wir spüren, wie wir zurück
in das Hier und Heute kommen
Mit unserer gesamten Aufmerksamkeit
kommen wir zurück und öffnen die Augen
mit einem Atemzug, der sich gut anfühlt

Meditative Kurzübungen mit Magenta

Magenta: Übung

Wenn Sie sich nicht sicher sind, wie *Magenta* denn wirklich aussieht, dann können Sie sich das Logo einer großen Telefongesellschaft zur Hilfe nehmen. Zum Beispiel Telefonzellen sind mit diesem Logo „geschmückt". Hier können Sie einen Eindruck gewinnen, wie *Magenta* wirklich aussieht. Es geht fast ein wenig ins Pink.

Verinnerlichen Sie sich diesen Farbton, in dem Sie auf sanfte Weise Ihr Herzchakra damit einhüllen. Nur mit diesem Farbton.

Spüren Sie hinein und nehmen Sie die Eigenschaften von *Magenta* wahr. Die höchste Form der Liebe, Liebe zu den kleinen Dingen im Leben, Fürsorge und Regeneration.

Anregungen zu Alltagsübungen mit Magenta

Magenta: Alltagsübung

Eine Übung, die aus der Kinesiologie stammt, sie dauert nur etwa eine Minute. Bei dieser Übung werden Meridiane angeregt. Die Punkte, die hier gedrückt werden helfen, die Dimensionen von oben und unten zu integrieren, sich besser zu erden, sich stabiler zu fühlen und sich praktisch orientieren zu können. Visualisieren Sie bei der folgenden Übung die Farbe *Magenta,* umhüllen Sie sich damit, atmen die Farbe zusätzlich ein, wie immer sie möchten. *Magenta* wird diese Übung positiv beeinflussen.

Stellen Sie sich bequem hin und legen Sie eine Hand auf den Punkt etwas oberhalb Ihres Schambeins. Zwei Finger der anderen Hand (Zeige- und Mittelfinger) direkt unterhalb der Unterlippe auf.

Reiben oder drücken Sie den Punkt unterhalb Ihrer Unterlippe für ca. 30 Sekunden, während die andere Hand oberhalb des Schambeins ruhig liegen bleibt. Blicken Sie dabei zusätzlich nur mit Ihren Augen (nicht mit dem gesamten Kopf) für einen Moment nach oben und visualisieren dabei *Violett,* dann schauen sie nach unten und visualisieren die Farbe *Rot.* Und das mehrmals im Wechsel. Das dient dazu die Integration zwischen oben und unten zu unterstützen. Sie können nun für 30 Sekunden die Übung wiederholen und die Hände umgekehrt einsetzen.

Spüren Sie anschließend kurz hinein.

Meditative Techniken mit Beige/Braun

Erlebnismeditation Beige/Braun

Wir schließen die Augen und atmen tief ein und aus
Wir spüren nur noch uns selbst
Alle Gedanken lassen wir vorbeiziehen
Wir schicken sie weiter, wir sind nur noch bei uns

Wir befinden uns in der freien Natur
Mit nackten Füßen stehen wir auf einem frisch gepflügten Acker
Wir nehmen die Erde unter unseren Füßen wahr
Die braune, weiche, leicht feuchte Erde
Wir stehen fest auf dieser braunen Erde
Wir tasten mit unseren Füßen die Erde ab
Sachte und sanft streichen wir über diese warme, weiche Muttererde
Wir spüren die Wärme,
den Halt, der uns dieser Boden unter den Füßen gibt
Etwas weiter vorne steht ein Baum
Eine Eiche
Ganz alleine auf weiter Flur steht hier eine alte, knochige Eiche
Dick und stark ist der Stamm mit seiner rauen Rinde

Wir laufen zu dieser Eiche
Dichtes Blätterwerk ziert die Baumkrone
Wir stellen uns an den Stamm
Wir stellen uns jetzt an den Stamm dieser alten Eiche
Ein prachtvoller Baum, er fühlt sich wohl an dem Ort an dem er
seit vielen Jahrzehnten zu Hause ist
Wir berühren den Stamm mit unseren Händen
Warm und weich ist die Rinde
Wir umarmen diesen Baum

Gedanklich umarmen wir jetzt dieses Lebewesen
In dieser Umarmung verweilen wir

Wir spüren, wir spüren, wie wir eins werden mit dieser Eiche
Das Ende unseres Körpers ist nicht mehr wahrnehmbar
Die Rinde des Baumes ist nicht mehr wahrnehmbar
Wir verschmelzen mit der Eiche
Wir sind eins
Wir sind eins mit diesem Baum Wir sind der Baum

Wir spüren unsere Größe, unsere Baumkrone, wie sie sachte
im warmen Wind hin und her wiegt
Wir spüren die vielen großen und kleinen Äste
Wir spüren unseren Stamm
Stark sind wir
Und wir gehen mit unserer Aufmerksamkeit weiter nach unten
Wir spüren unsere Wurzeln

Die Wurzeln, die sich stark im braunen Erdreich verzweigen
Die Wurzeln, die uns unseren Halt und unsere Standfestigkeit geben
Viele große Wurzelstränge und unzählige kleine Stränge
verteilen sich im Erdreich
Warm und wohlig ist uns zumute
Wir haben halt, wir werden gehalten, wir sind standhaft
Langsam trennen wir uns wieder von unserem Baum, ganz langsam
Ganz langsam spüren wir wieder unseren eigenen Körper, wir nehmen
den Baum als ein starkes Wesen außerhalb von uns wahr
Wir sind wieder wir selbst und die Eiche ist wieder sie selbst

Wir bedanken uns von ganzem Herzen bei diesem Baum
für die wundervolle Erfahrung und verabschieden uns
Wir atmen tief ein und aus und wir spüren, wie wir zurück
in das Hier und Heute kommen
Mit unserer gesamten Aufmerksamkeit kommen wir zurück und
öffnen die Augen mit einem Atemzug, der sich gut anfühlt

Meditative Kurzübungen mit Beige/Braun

Beige/Braun: Übung

Sicherlich haben auch Sie einige Grünpflanzen zu Hause. Wie gerne schiebt man das doch so notwendige alljährliche Umtopfen hinaus. Es gibt Arbeit, Dreck (obwohl das nur Erde = Natur ist). Vielleicht gönnen Sie Ihren Pflanzen jetzt neue Erde und nutzen diesen Vorgang für diese Übung. Ich kann Ihnen versichern, wenn Sie einmal wie folgt an die Sache herangehen, bringt es Freude für Sie und die Pflanzen und vielleicht auch noch die ein oder andere Erfahrung.

Also, nicht wieder aufschieben, fahren Sie in das nächste Fachgeschäft und besorgen sich frische Blumenerde und vielleicht noch den ein oder anderen größeren Topf. Und los geht's …!

Schaffen Sie sich doch diesmal für diesen Vorgang mal ein paar ruhige Minuten oder Stunden, in denen Sie ungestört sind. Richten Sie den Arbeitsplatz schön ein, damit Sie sich wohlfühlen können.

Nun nehmen Sie eine Pflanze und reden mit ihr, gedanklich oder in gesprochenen Worten. Dies bleibt Ihnen überlassen. Erklären Sie ihr, bevor Sie beginnen, was Sie nun vorhaben. Es mag sich merkwürdig anhören, aber glauben Sie mir, die Pflanze versteht und wird sich nicht bedroht fühlen. Dann beginnen Sie die Pflanze sachte aus der alten Erde herauszuheben. Spüren Sie bei jedem Handgriff einmal hinein, in den Vorgang, in die *braune* Erde in das *beige* oder *braune* Wurzelwerk. Schauen Sie, wie stark sich die Wurzeln gemacht haben. Erkennen Sie, dass das nicht nur der Halt der Pflanze ist, sondern auch der Weg zur Nahrungsaufnahme. Fühlen Sie das feuchte *Braun,* versuchen Sie zu fühlen, was diese Pflanze jetzt fühlt. Entwurzelt zu sein, haltlos. Geben Sie dann die Pflanze sachte andrückend in die neue Erde. Und spüren Sie wieder hinein. Wie fühlt sich die Pflanze jetzt, wie fühlen Sie sich jetzt. Das Angießen bitte nicht vergessen.

So können Sie eine Pflanze nach der anderen in meditativen Handgriffen umtopfen. Sicherlich unterscheidet sich diese Art des Umtopfens erheblich vom Umtopfen der vergangenen Jahre. Ich wünsche Ihnen viele schöne Erkenntnisse und einen erlebnisreichen Zugang zu Ihren Mitbewohnern, den Pflanzen.

Anregungen zu Alltagsübungen mit Beige/Braun

Alltagsübung

Um die Wirkung von *Braun/Beige* noch mehr zu verspüren, können Sie ja einmal Ihren Kleiderschrank durchforsten. Vielleicht sind einige Kleidungsstücke in diesen Farbtönen vorhanden. Versuchen Sie sich mal komplett in *Braun-/Beigetönen* zu kleiden, einen ganzen Tag lang. Schauen Sie am Abend, wenn Sie vielleicht im Bett liegen, in einer gedanklichen Tagesrückschau einmal, was an diesem Tag so alles geschehen ist. Ist vielleicht doch einiges anders gelaufen als es sonst im normalen Alltag der Fall ist? Gab es heute mehr Standhaftigkeit oder mehr Durchhaltevermögen? Waren Sie heute vielleicht unflexibel, da das *Braun* zu viel war? Finden Sie es selbst für sich heraus. Mit der Kleidung kann wunderbar Farben erspüren und sie auch ganz gezielt einsetzen.

Meditative Techniken mit Schwarz

Erlebnismeditation und Übungen mit Schwarz

An dieser Stelle sollte eigentlich eine wunderschöne Meditation folgen, die Ihnen *Schwarz* positiv bewusst macht. Und außerdem noch weitere Kurzübungen. Doch mit *Schwarz* zu meditieren ist alles andere als schön, jedenfalls für meine Begriffe. Wir wissen alle, dass *Schwarz* durchaus sinnvoll angewendet werden kann. Um einen Schutz aufzubauen oder Schutzbedürfnis zu signalisieren, um nur eine Möglichkeit zu nennen. Das kann gerne jeder für sich testen. Ich möchte daher auf eine Meditation und Übungen mit *Schwarz* an dieser Stelle verzichten

Farbkombinationen in der Kleidung

Wir wissen alle, dass es keinen wirklichen Zufall gibt. So ist es auch kein Zufall welche Farben unsere Kleidungsstücke haben, die wir morgens aus dem Schrank holen und anziehen. Auch die Farbkombinationen sind nicht rein zufällig. Die Wahl der Kleidungsstücke und deren Farben hat immer etwas mit unserer inneren Verfassung, mit unserem Gemütszustand zu tun. Vorausgesetzt wir suchen Sie rein intuitiv aus, ohne darüber nachzudenken. Und ohne Zwang, weil der rote Pulli vielleicht nicht zur *grün/blau*gestreiften Hose passt.

Stellen Sie sich einmal vor, Sie möchten heute eine schwarze Hose anziehen. Nun ist es Winter, es ist kalt draußen und Sie haben drei absolut gleiche Pullover in Ihrem Schrank. Sie sind identisch im Material, im Muster und in der Machart – nur einen Unterschied haben sie aufzuweisen. Die Farbe. Alle 3 Pullover haben eine unterschiedliche Farbe. Der eine ist *gelb,* der nächste knallrot und der dritte grün. Zu unserer *schwarzen* Hose passen alle drei Farben ausgezeichnet. Es gibt nun kein rationales Argument einen bestimmten Pullover zu wählen. Aber unsere Intuition übernimmt diese Aufgabe. Ganz schnell haben wir einen passenden Pullover gefunden, der heute zu uns passt, so meint es unsere Intuition und diese hat meistens Recht.

Vielleicht ist das intuitive Wissen bereits vorhanden, dass heute wirklich wichtige Gespräche geführt werden müssen, so würde man *Blau* wählen. Oder ist heute ein Tag der uns alle Kraft raubt? Dann wäre das Knallrot die Farbe der Wahl. Ohne viel über Farben zu wissen, wird unsere Intuition genau die richtige Wahl treffen. Doch da wir jetzt ja alle mehr über Farben wissen, können Sie Farben in Ihrer Kleidung ganz bewusst und gezielt einsetzen. Auch Farbkombinationen sind sehr wirkungsvoll und die einzelne Farbe kann die andere vielleicht auch noch unterstützen.

Es gibt also zwei Möglichkeiten mit Farben in der Kleidung zu arbeiten. Die erste wäre, rein intuitiv die Wahl zu treffen (die weitaus bessere Methode) und vielleicht einmal am Ende des Tages interessehalber zu prüfen, welche Berechtigung diese Farben für Sie heute hatten. Die zweite Möglichkeit ist natürlich ganz gezielt Dinge erreichen zu wollen und das mit Farben zu unterstützen. In beiden Fällen wird die folgende kurze Übersicht vielleicht hilfreich sein. Beachten Sie bitte, dass dort lediglich Formen genannt sind, unabhängig davon, ob Sie diese für sich als positiv, negativ oder neutral werten. Sie entscheiden.

Sollten Sie Kleidungsstücke mit Muster und Ornamenten bevorzugen, so haben diese ebenfalls eine Aussage. Bestimmten Formen werden auch Farben zugeordnet:

Rot – Spitze, dreieckige oder pyramidenähnliche Formen.

***Gelb*/Erdtöne** – Langgestreckte Formen, die unser Auge von links nach rechts oder rechts nach links wandern lassen.

Grau/Schwarz/Blau – Formen, die unregelmäßig und nicht weiter zuzuordnen sind.

Grün – Hochgestreckte Formen, die unser Auge von oben nach unten und unten nach oben wandern lassen.

Weiß – Runde oder halbrunde Formen.

Wenn Sie nun ein Oberteil tragen, das grün ist und runde Formen hat, wie Kreise oder Halbmonde, dann können Sie in der Deutung von der Farbe *Grün* ausgehen mit weißem Aspekt. Haben Sie zum Beispiel einen *roten* Pullover an mit langen hochgestreckten Formen, so kann man von *Rot* mit Grünaspekt sprechen. Die Zuordnung stammt aus der Elementenlehre des Feng-Shui. Wenn Sie mehr darüber erfahren möchten, lesen Sie bitte im Kapitel „Farben und Feng-Shui" nach.

Eine etwas witzige Begebenheit möchte ich Ihnen nicht vorenthalten. Mit Farben wirkungsvoll zu arbeiten macht riesigen Spaß und gerade in der Wahl der Kleidung ist so manche Absicht für den Farbkundigen recht offensichtlich.

So begab es sich, dass ich nach Abschluss der Aura-Soma Ausbildung am Londoner Flughafen saß. Da lief eine ältere Dame durch die Halle die einen rosafarbenen Rock und ein blaues Oberteil dazu trug. Ich schaute ihr so in Gedanken nach und meinte zu einem anderen Kursteilnehmer „Schau mal, da läuft die B20" (die B20 ist die Kinder-Notfallflasche im Aura-Soma Flaschen-Set, die ist eben unten *Rosa* und oben *Blau).* Als ich dann aus meinen Gedanken wieder ins Hier und Jetzt kam, hat rund um mich herum alles schallend gelacht. So weit war es dann doch schon gekommen.

In der nachfolgenden Aufstellung gebe ich Ihnen kurze Schlüsselsätze an die Hand, wobei ich zu jeder Farbe eine positive und eine weniger positive Aussage machen werde. Denn alles hat ja immer zwei Seiten. Zu einfarbigen Kleidungskombinationen schauen Sie bitte unter den Ausführungen der entsprechenden Farben weiter vorne nach.

Rot-Kombinationen

Rot* und *Orange – Power und Durchsetzungsvermögen mit viel Lebensfreude wird Sie begleiten. Doch Vorsicht, all zuviel kann auch in Aggression und Machtanspruch übergehen.

Rot* und *Gelb – Kraft und Stärke für den Geist. Wenn das Denken heute im Vordergrund steht, ist das die richtige Kombination. Verlangen nach sexueller Befriedigung. Alles was mit der Verdauung, ob grob- oder feinstofflich, zu tun hat wird unterstützt. Angelegenheiten in der Partnerschaft werden unterstützt. Zu viel dieser Kombination kann dazu führen, dass unser Kopf gar nicht mehr still stehen möchte und dass der Partner oder die Partnerin sich vielleicht überfordert fühlen.

Rot* und *Rosa – Die Liebe bekommt ungeahnte Energien und Kraft. Es dreht sich alles um das Herz und die darin stattfindenden Gefühle. Zu viel davon kann jedoch zu Machtproblemen führen und Liebesangelegenheiten mit Aggression überlagern.

Rot* und *Olivgrün – Die weiblichen Führungsqualitäten bekommen Kraft und neue Energien. Es ist angesagt die spirituellen Fähigkeiten in den Alltag, auf die physische Ebene zu bringen.

Rot* und *Grün – Der Gerechtigkeitssinn spielt eine große Rolle. Mit viel Energie den richtigen Raum finden. Kreativität und Natur. Andererseits kann das Thema auch Einengung sein mit dem Wunsch nach Befreiung, Aus- und Aufbruch.

Rot* und *Türkis –Kommunikation aus tiefstem Herzen regieren heute. Zu viel hiervon könnte den Glauben erwecken, dass das Herz heute auf Ihrer Zunge liegt – wie der Volksmund zu sagen pflegt. In dieser Kombination wird der „Künstler“ mit Wucht aus dem Schlaf gerissen und fängt an tätig zu werden.

Rot **und** ***Blau*** – Einerseits ein Bedürfnis nach Ruhe, andererseits ein sehr starker Tatendrang. Würde man die 2 Farben vermischen, entsteht *Violett,* die Farbe der Heilung (allerdings nur versteckt gezeigt). Mit dieser Kombination ist es ratsam sich an Themen rund um das Elternhaus heran zu wagen. Vorsicht, die Energien sollten in die richtigen Bahnen gelenkt werden, damit sie sich nicht gegenseitig behindern oder aufheben.

Rot **und** ***Violett*** – Möchte man sich von etwas Irdischem trennen oder zurückziehen? Platz schaffen für Neues? Andererseits ist das die richtige Kombination um den heilerischen Fähigkeiten mit Power nachzugehen.

Rot **und** ***Weiß*** – Ausgepowert oder Energie im Überfluss, das ist hier die Frage. Jedenfalls ist diese Kombination ein Hinweis auf eine anstehende Entscheidung auf physischer Ebene. Denken Sie daran, dass Ihnen in der Farbe *Weiß* Ihr ganzes Potential zur Verfügung steht, Sie brauchen sich nur zu entscheiden.

Rot **und** ***Magenta*** – Liebe zu den kleinen Dingen ist heute gefragt. Eine hohe Form der bedingungslosen Liebe mit unglaublich viel Kraft und Macht. Vorsicht, dass ein Übermaß nicht andere erdrückt.

Rot **und** ***Braun/Beige*** – Powervolle Ausdauer, Standhaftigkeit und mit viel Kraft Dinge bewegen können, die sonst starr und fest verharren.

Rot **und** ***Schwarz*** – Jetzt geht die Post ab! Rote Power noch verstärkt durch *Schwarz.* Mit dieser Kombination bekommen Sie viel und das in kürzester Zeit geregelt. Doch Vorsicht, jeder Vorrat an Kraft und Stärke kann auch einmal aufgebraucht sein, dann könnte es in Energiemangel umschlagen.

Orange-Kombinationen

Orange **und** *Rot* – Power und Durchsetzungsvermögen mit viel Lebensfreude wird Sie begleiten. Doch Vorsicht, all zuviel kann auch in Aggression und Machtanspruch übergehen.

Orange **und** *Gelb* – Sonnenschein darf jetzt Einzug halten. *Orange,* die pure Lebensfreude, *Gelb* das Wissen und die Weisheit. Erinnert an den Sonnenauf- oder -untergang. Ein Bedürfnis nach Freude in der Partnerschaft. Ist es zu viel, kann es in stark intellektuell gesteuerter Lebensfreude umschlagen.

Orange **und** *Rosa* – Das Herz schreit nach Zuwendung, nach Freude an der Liebe. Hier werden der Unterbauch und das Herz emotional und gefühlsmäßig stark stimuliert. Diese Kombination wirkt auch heilend auf irgendwann einmal gesetzte Schocks im Herzbereich, wie z. B. enttäuschende Liebesbeziehungen.

Orange **und** *Olivgrün* – Voller Lebensfreude gehen Sie heute mit Ihren gestärkten weiblichen Führungsqualitäten ans Werk. Die beste Kombination Spirituelles hinunter auf die physische Ebene zu transformieren.

Orange **und** *Grün* – Eine Kombination die Freiheit verschafft. Sie gibt Raum und das in der puren Lebensfreude. Wirkt harmonisierend auf den körperlichen Herzbereich und führt vielleicht zu der Erkenntnis, ob man mit dem richtigen Tun, zur richtigen Zeit, am richtigen Ort mit den richtigen Personen beschäftigt ist. Ein Übermaß hiervon kann bewirken, dass man sich eingeengt fühlt, dann nämlich wenn die Erwartungen zu hoch geschraubt wurden.

Orange **und** *Türkis* – Kommunikation des Herzens mit Lebensfreude gepaart. Wunderbar, um mit neuem Elan und Tatendrang an kreative Dinge heranzugehen und sie voller sprudelnder Überzeugungskraft in die Tat umzusetzen. Vorträge in dieser Kombination zu halten, kann sehr erfolgreich sein. Doch *Türkis* birgt auch immer ein wenig die Gefahr von Missbrauch der Massenkommunikation.

Orange* und *Blau – Stärkt den Ausdruck und ganz speziell den Redefluss. Das *Rot* im *Orange* gibt körperliche Kraft und das *Gelb* im *Orange* sorgt für powervolles Denken. *Rot* und *Gelb* ist *Orange* und das wiederum die pure Lebensfreude.

Orange* und *Violett – Diese beiden Farben in ihrer Kombination können eine sehr stark antidepressive Wirkung aufweisen. Es bringt wieder neue Lebensfreude in den Alltag zusammen mit einer ausgewogenen spirituellen Art. Vorsicht jedoch bei all zuviel hiervon. Es könnte in eine weniger positive Euphorie übergehen.

Orange* und *Weiß – Eine tolle Kombination um sich einer anstehenden Entscheidung anzunehmen. Voller Lebensfreude und Kraft kann man hier aus dem Vollen schöpfen. Es fällt leicht alle Möglichkeiten genau abzuwägen, denn das gesamte Potential steht zur Verfügung.

Orange* und *Magenta – Wird wohl zusammen weniger getragen, da die Farben rein optisch gesehen, eher nicht zueinander passen. Was die Wirkungsweise jedoch angeht, so steht dem Tragen dieser Farben nichts im Wege. Liebe zu den kleinen Dingen im Alltag aus purer Lebensfreude.

Orange* und *Braun/Beige – Zwei Farbtöne, die blendend zueinander passen, optisch und auch bezüglich der Wirkungsweise. *Braun/Beige* steht für die Standhaftigkeit, für das Durchsetzungs-

und Durchhaltevermögen während *Orange* ja unter anderem für die Lebensfreude und das Lösen von Schocks steht.

Orange* und *Schwarz – Etwas dunkles, das *Schwarz,* das etwas leuchtendem, dem *Orange,* optisch gesehen noch mehr Kraft gibt. Während die Lebensfreude sprudeln kann wirkt *Schwarz* hingegen zusätzlich schützend.

Gelb-Kombinationen

Gelb* und *Rot – Kraft und Stärke für den Geist. Wenn das Denken heute im Vordergrund steht, ist das die richtige Kombination. Verlangen nach sexueller Befriedigung. Alles was mit der Verdauung, ob grob- oder feinstofflich, zu tun hat wird unterstützt. Partnerschaftliche Angelegenheiten werden unterstützt. Zu viel dieser Kombination kann dazu führen, dass unser Kopf gar nicht mehr still stehen möchte und dass der Partner oder die Partnerin sich vielleicht überfordert fühlen.

Gelb* und *Orange – Sonnenschein darf jetzt Einzug halten. *Orange,* die pure Lebensfreude, *Gelb* das Wissen und die Weisheit. Erinnert an den Sonnenauf- oder Untergang. Ein Bedürfnis nach Freude in der Partnerschaft. Ist es zu viel, kann es in stark intellektuell gesteuerte Lebensfreude umschlagen.

Gelb* und *Rosa – Sie haben die Wahl sich zwischen Ängsten und der Liebe zu entscheiden. Beides ist in dieser Kombination vereint. *Rosa* stimuliert die Gefühle in Ihrem Herzen, während *Gelb* alle Partnerschaftsangelegenheiten bearbeiten kann. Günstig auch bei Verdauungsproblemen, die auf Grund von Liebeskummer entstanden sind.

Gelb* und *Olivgrün – Auch hier ist der Gelbanteil in der Kombination vorherrschend, denn im *Oliv* ist ein großer Anteil *Gelb*. Es dreht sich also viel um partnerschaftliche Dinge und um die Verdauung oder das Verdauen von Informationen und Situationen (aufnehmen, verarbeiten, aber auch wieder abgeben). Diese Kombination unterstützt diese Abläufe ausgezeichnet.

Gelb* und *Grün – Finden Sie Ihren eigenen Raum in Ihrer Partnerschaft. Wobei die Partnerschaft nicht unbedingt die Ehe oder ein eheähnliches Verhältnis darstellen muss. *Grün* schafft Freiraum und regt die Kreativität an. *Gelb* spricht den Verdauungsapparat an im grob- und im feinstofflichen Bereich. Diese Kombination hat einen überwiegenden Gelbanteil, denn im *Grün* ist nochmals *Gelb* enthalten.

Gelb* und *Türkis – Mit viel Wissen können Sie aus dem Herzen kommunizieren. Der Gelbanteil ist vorherrschend, denn *Türkis* besteht aus *Blau* und *Grün, Grün* wiederum aus *Gelb* und *Blau*. Wir haben hier also viel *Gelb* zu Verfügung, um unser Wissen bei unserem Tun vollendet mit einfließen zu lassen. Auch die Angst vor der Massenkommunikation (zum Beispiel dem Halten von Vorträgen) kann hiermit abgeschwächt werden.

Gelb* und *Blau – *Gelb* und *Blau* vermischt ergibt *Grün*. Was bedeutet, dass hier ein verstecktes Bedürfnis nach Freiheit und Freiraum besteht. Vielleicht vorübergehend mal aus einer Beziehung „aussteigen" um Frieden *(Blau)* zu erhalten, denn bei *Gelb* geht es auch um Ängste, um Partnerschaften und Beziehungen. Das *Blau* steht für Ruhe und Frieden im Innen genauso wie im Außen. Diese Kombination ist bestens geeignet um klärende Gespräche in partnerschaftlichen Dingen zu führen. Zu viel hiervon könnte aber auch zum Rückzug führen um rationell Lösungen zu finden.

Gelb **und** *Violett* – Heilung für den Verdauungsapparat grobstofflich gleichermaßen wie feinstofflich. Bei vielen Menschen gibt es Probleme mit der Verdauung auch im feinstofflichen Bereich, so dass eines der drei Bestandteile der Verdauung gestört sein kann. Die drei Bestandteile sind „Aufnahme", „Verarbeitung des Aufgenommenen" und „die Ausscheidung, das Loslassen als Abschluss". Ist eine der drei Tätigkeiten nicht richtig in Funktion, so kann diese Kombination hilfreich sein. Es ist aber genauso gut möglich, dass auf bestehende Ängste eingewirkt werden kann.

Gelb **und** *Weiß* – *Weiß* bedeutet Entscheidung, es beinhaltet alle Farben zu gleichen Teilen. *Gelb* steht für Verdauung, Partnerschaft, Ängste, Emotionen. Mit diesen Farben wird die Entscheidungsfähigkeit zu Themen der *Gelbeigenschaften* unterstützt.

Gelb **und** *Magenta* – Gibt Energie, Dinge im Leben mit Leichtigkeit in Ordnung zu bringen. Lernen die kleinen, scheinbar unwesentlichen Dinge in der Partnerschaft zu lieben.

Gelb **und** *Braun/Beige* – Fest im Leben Stehen mit einem geistig regen Kopf. Durchsetzungsvermögen Kraft der Gedanken. Vorsicht jedoch, dass es nicht nur bei Gedanken bleibt, sondern dass sich auch alles in die Realität umsetzen lässt.

Gelb **und** *Schwarz* – Aufgewertet, optisch gesehen, wird das *Gelb*. Die Kombination für den Denker, für den Lehrer und für den Lernenden. Beinhaltet das Thema Ängste und Partnerschaft. Fördert die intellektuellen Fähigkeiten enorm und wirkt zudem noch schützend.

Rosa-Kombinationen

Rosa* und *Rot – Die Liebe bekommt ungeahnte Energien und Kraft. Es dreht sich alles um das Herz und die darin stattfindenden Gefühle. Zu viel davon kann jedoch zu Machtproblemen führen und Liebesangelegenheiten mit Aggression überlagern.

Rosa* und *Orange – Das Herz schreit nach Zuwendung, nach Freude an der Liebe. Hier werden der Unterbauch und das Herz emotional und gefühlsmäßig stark stimuliert. Diese Kombination wirkt auch heilend auf irgendwann einmal gesetzte Schocks im Herzbereich, wie z. B. enttäuschende Liebesbeziehungen.

Rosa* und *Gelb – Sie haben die Wahl sich zwischen Ängsten und der Liebe zu entscheiden. Beides ist in dieser Kombination vereint. *Rosa* stimuliert die Gefühle in Ihrem Herzen, während *Gelb* alle Partnerschaftsangelegenheiten bearbeiten kann. Günstig auch bei Verdauungsproblemen, die auf Grund von Liebeskummer entstanden sind.

Rosa* und *Olivgrün – Ähnliche Wirkungsweise wie bei *Rosa* und *Grün*. Doch hinzukommt, dass mit dem *Olivgrün* ein wenig mehr Themen aktuell werden, die mit weiblichen Führungsqualitäten zu tun haben. Weibliche Führungsqualitäten gepaart mit liebevoller Herzlichkeit. Doch Vorsicht, das kann von manchen Menschen falsch verstanden werden.

Rosa* und *Grün – *Rosa* und *Grün* vereint, die beiden Farben des Herzens. Während *Rosa* eher auf der Gefühlsebene der Herzens wirkt, ist *Grün* eher für die körperlichen Atmungsorgane und das Herz zuständig. Eine Kombination, die komplett auf den Herzbereich wirkt. Günstig um alle Herzensangelegenheiten wieder zu bereinigen. Wirkt stärkend auf das Herz und auf das davon ausgehende Gefühl. Schafft Raum und ist Balsam für die Seele. Doch Vorsicht, zu viel Herzlichkeit lässt manches Mal den Kopf und damit den klaren Verstand zu kurz kommen. Eine gesunde Mischung aus Herz und Kopf ist erstrebenswert.

Rosa* und *Türkis – *Türkis* steht für die Kommunikation des Herzens und *Rosa* ist die Liebe, die wir im Herzen hegen. Für Dinge, Situationen oder Personen. Das ganze vereint lässt zum Beispiel bei einem Vortrag die Herzen weit werden. Vorsicht vor Missbrauch der Massenkommunikation *(Türkis).*

Rosa* und *Blau – Diese beiden Farben symbolisieren das männliche und das weibliche Prinzip zu gleichen Teilen. Eine Kombination, die ausgleichend auf Defizite in einem dieser Bereiche wirken kann. Nicht zuletzt ist das immer ein Zeichen einmal einen Blick auf das Elternhaus zu werfen. Liegt hier noch etwas im Argen? Sind hier noch Dinge unausgesprochen mit der eigenen Mutter oder dem Vater? Es sind auch ideale Farben für Kinder, die dadurch, natürlich unbewusst, das Gefühl eines behütenden Elternhauses bekommen können.

Rosa* und *Violett – Heilung für das Herz. *Violett* steht bekanntlich für Heilung, es bringt Extreme zusammen. *Rosa* ist ein Hinweis auf das Herz. Ist hier Heilung für den Herzbereich und da wiederum für die Gefühlsebene von Nöten? Doch hier kann auch die Gefahr verborgen sein, dass man sich zuviel um andere kümmert und das eigene Herz und damit das eigene Gefühlsleben zu kurz kommt.

Rosa* und *Weiß – Eine Entscheidung aus dem Herzen? Eine Entscheidung einer Herzensangelegenheit? Eine Entscheidung um Gefühlsschwankungen auszuschalten? All das könnte der intuitive Grund sein, eine solche Farbzusammenstellung zu wählen.

Rosa **und** *Magenta* – Pures Herzensgefühl will sich ausdrücken. *Rosa* eine absolut lebbare Form der Liebe. *Magenta* die höchste Form der Liebe und die Liebe zu den kleinen Dingen im Leben. Wer diese Zusammenstellung gerne trägt signalisiert oft einen Schrei der Seele nach Liebe und Zuneigung. Unangenehm kann es jedoch werden, wenn diese unbewussten Erwartungen unerfüllt bleiben.

Rosa **und** *Braun/Beige* – Ein festgefahrenes Herz, die Gefühlsebene des Herzens ist fest und unbeweglich. Könnte sein, dass das der Grund dieser Farbwahl ist. Positiv kann die Kombination eingesetzt werden, wenn man starke Gefühlsschwankungen hat und sich damit ein wenig Festigkeit und Standhaftigkeit bescheren möchte.

Rosa **und** *Schwarz* – Ein liebevolles *Rosa* zusammen mit einem stark schützenden *Schwarz.* Vielleicht ist hier der Grund dieser Farbenkombination ein verletztes Herz, das ein wenig Schutz benötigt?

Grün-Kombinationen

Grün **und** *Rot* – Der Gerechtigkeitssinn spielt eine große Rolle. Mit viel Energie den richtigen Raum finden. Kreativität und Natur. Andererseits kann das Thema auch Einengung sein mit dem Wunsch nach Befreiung, Aus- und Aufbruch.

Grün **und** *Orange* – Eine Kombination die Freiheit verschafft. Sie gibt Raum und das in der puren Lebensfreude. Wirkt harmonisierend auf den körperlichen Herzbereich und führt vielleicht zu der Erkenntnis, ob man mit dem richtigen Tun, zur richtigen Zeit, am richtigen Ort mit den richtigen Personen beschäftigt ist. Ein Übermaß hiervon kann bewirken, dass man sich eingeengt fühlt, dann nämlich wenn die Erwartungen zu hoch geschraubt wurden.

Grün* und *Gelb – Finden Sie Ihren eigenen Raum in Ihrer Partnerschaft. Wobei die Partnerschaft nicht unbedingt die Ehe oder ein eheähnliches Verhältnis darstellen muss. *Grün* schafft Freiraum und regt die Kreativität an. *Gelb* geht den Verdauungsapparat an im grob- und im feinstofflichen Bereich. Diese Kombination hat einen überwiegenden Gelbanteil, denn im *Grün* ist nochmals *Gelb* enthalten.

Grün* und *Rosa – *Rosa* und *Grün* vereint, die beiden Farben des Herzens. Während *Rosa* eher auf der Gefühlsebene der Herzens wirkt, ist *Grün* eher für die körperlichen Atmungsorgane und das Herz zuständig. Eine Kombination, die komplett auf den Herzbereich wirkt. Günstig um alle Herzensangelegenheiten wieder zu bereinigen. Wirkt stärkend auf das Herz und auf das davon ausgehende Gefühl. Schafft Raum und ist ein wenig Balsam für die Seele. Doch Vorsicht, zu viel Herzlichkeit lässt manches Mal den Kopf und damit den klaren Verstand zu kurz kommen. Eine gesunde Mischung aus Herz und Kopf ist erstrebenswert.

Grün* und *Olivgrün – Herz- und Atmungsorgane werden hier angesprochen. Versteckt ist auch viel *Gelb* enthalten, was bedeutet das hier die Emotions-, Angst-, Partnerschafts- und Verdauungsthemen angegangen werden. Es wirkt sehr stark raumgebend. Es besteht ein Bedürfnis nach eigenem Raum, nach mehr Raum. Doch hat man zu viel davon, kann man sich im zu großen eigenen Raum auch verlieren.

Grün* und *Türkis – Naturverbundenheit wird hier groß geschrieben. Wieder die Massenkommunikation, bzw. die Kommunikation aus dem Herzen. Raumgebend und Grenzen des eigenen Raumes neu definierend. Birgt in sich den starken Hang zur Kreativität, sollte unbedingt ausgelebt werden.

Grün* und *Blau – Im Vordergrund ist hier wieder das Herz angesprochen. Würde man diese beiden Farben vermischen, so würde ein schönes *Türkis* entstehen (siehe auch *Grün* und *Türkis*). Aber auch ein großes Bedürfnis nach Ruhe ist vorhanden. Das *Blau* fördert den Ausdruck, bzw. die Kommunikation und wirkt auf den Halsbereich.

Grün* und *Violett – Heilung für die Kreislauforgane, wie Lungen, Atemwege, Herz. Spiritualität und Heilung stehen im Vordergrund. *Violett* kann auch immer ein Hinweis auf das Elternhaus sein. Wurde man eingeengt? Ist ein großes Bedürfnis nach Freiheit und Frauraum vorhanden?

Grün* und *Weiß – Ein Naturliebhaber. *Grün* wie die Wälder und Felder, *Weiß* wie das grelle Sonnenlicht. Neben einer anstehenden Entscheidung ist hier ein starkes Bedürfnis nach Licht und Natur. Man braucht vielleicht nur seine eigenen, individuellen Grenzen anders abzustecken.

Grün* und *Magenta – Die höchste Form der Liebe aus dem Herzen gelebt. Oder die Seele schreit danach. Bei *Grün* ist auch immer der eigene Raum zu überprüfen und ggf. neu festzulegen. Möchten Sie ein Liebe geben und nehmen könnendes Herz signalisieren, so ist das die richtige Farbkombination.

Grün* und *Braun/Beige – Standhaftigkeit, auf dem eigenen Standpunkt verharrend. Sehr eng gesteckte Grenzen könnten vielleicht vorhanden sein. Vorsicht, die führen eventuell in Unbeweglichkeit. Es könnte aber auch genau das Gegenteil der Fall sein. Die Seele schreit nach Halt. Wo sind die Grenzen, sie sind zu weit abgesteckt oder fehlen gänzlich. Auf jeden Fall ein Thema mit Grenzen, Abgrenzung, Beweglichkeit.

Grün **und** ***Schwarz*** – *Grün* wird wieder unterstützt von *Schwarz* und gleichzeitig wieder das Thema mit den Grenzen. Schutz, vielleicht weil noch offene Wunden im Herzen vorhanden sind? Dringen Menschen oder Situationen in Ihren Raum ein, die sie vielleicht lieber nicht hier haben möchten? Durch Setzen von neuen Abgrenzungen ist es möglich das in Ihr Außen zu verbannen.

Olivgrün-Kombinationen

Olivgrün **und** ***Rot*** – Die weiblichen Führungsqualitäten bekommen Kraft und neue Energien. Es ist angesagt die spirituellen Fähigkeiten jetzt in den Alltag auf die physische Ebene zu bringen.

Olivgrün **und** ***Orange*** – Voller Lebensfreude gehen Sie heute mit Ihren gestärkten weiblichen Führungsqualitäten ans Werk. Dic beste Kombination Spirituelles hinunter auf die physische Ebene zu transformieren.

Olivgrün **und** ***Gelb*** – Auch hier ist der Gelbanteil in der Kombination vorherrschend, denn im *Oliv* ist ein großer Anteil *Gelb.* Es dreht sich also viel um partnerschaftliche Dinge und um die Verdauung oder das Verdauen von Informationen und Situationen (aufnehmen, verarbeiten, aber auch wieder abgeben). Diese Kombination unterstützt diese Abläufe ausgezeichnet.

Olivgrün **und** ***Rosa*** – Ähnliche Wirkungsweise wie bei *Rosa* und *Grün.* Doch hinzukommt, dass mit dem *Olivgrün* ein wenig mehr Themen aktuell werden, die mit weiblichen Führungsqualitäten zu tun haben. Weibliche Führungsqualitäten gepaart mit liebevoller Herzlichkeit. Doch Vorsicht, das kann von manchen Menschen falsch verstanden werden.

Olivgrün **und** ***Grün*** – Herz- und Atmungsorgane werden hier angesprochen. Versteckt ist auch viel *Gelb* enthalten, was bedeutet das hier die Emotions-, Angst-, Partnerschafts- und Verdauungsthemen angegangen werden. Es wirkt sehr stark raumgebend. Es besteht ein Bedürfnis nach eigenem Raum, nach mehr Raum. Doch hat man zu viel davon, kann man sich im zu großen eigenen Raum auch verlieren. Dann wäre eine zu starke Abgrenzung nach Außen vorhanden.

Olivgrün **und** ***Türkis*** – Harmonie zur Natur. Ein starkes Bedürfnis die Natur erleben und mit ihr verbunden sein zu wollen. Das Herz möchte sich gerne über das gesprochene Wort ausdrücken können.

Olivgrün **und** ***Blau*** – Wie wäre es mit einer Meditation in freier Natur. Eventuell einen meditativen Spaziergang durch den Wald oder durch weite grüne Wiesen und Felder, um hier dem Bedürfnis nach Ruhe nachgehen zu können. Die Weiblichkeit in Führungsqualitäten und Fürsorglichkeit will zum Ausdruck gebracht werden.

Olivgrün **und** ***Violett***

Heilung für ein etwas in Unordnung befindliches persönliches Umfeld. Heilung für das Frausein. Spirituelle Weiblichkeit möchte gerne gelebt werden können.

Olivgrün **und** ***Weiß*** – Was möchten Sie gerne entscheiden? Diese Farbkombination drückt aus, dass Sie eine Entscheidung treffen möchten im Bereich Ihrer weiblichen Qualitäten. Es möchte vielleicht etwas von Unordnung zur Ordnung transformiert werden. Im *Weiß* haben Sie die freie Wahl, das ganze Farbspektrum steht Ihnen zur Verfügung, Sie brauchen nur noch zuzugreifen.

Olivgrün **und** ***Magenta*** – Ein Schrei des Herzens nach bedingungsloser Liebe auf allen Ebenen. Man möchte gerne geliebt werden und hat unendlich viel Liebe zu geben. Es muss gar nichts überwältigendes sein, die Liebe kann durchaus auch an die kleinen Dinge im Leben gegeben werden.

Olivgrün **und** ***Braun/Beige*** – Stockt es vielleicht gerade etwas in Sachen „weibliche Führungsmöglichkeiten"? Das *Braun/Beige* bringt Ihnen zwar Standfestigkeit, Durchsetzungskraft und die nötige Ausdauer dazu. Es kann aber auch leicht umschlagen und Sie unbeweglich erscheinen lassen.

Olivgrün **und** ***Schwarz*** – Ein starkes Schutzbedürfnis und ein massiver Hang zur Natur und natürlichen Dingen. Man beugt eventuellen Angriffen auf die innere Weiblichkeit vor. Andererseits werden die Qualitäten des Olivgrüns durch das *Schwarz* noch unterstrichen und mehr hervorgehoben.

Türkis-Kombinationen

Türkis **und** ***Rot*** – Kommunikation aus tiefstem Herzen regieren heute. Zu viel hiervon könnte den Glauben erwecken, dass das Herz heute auf Ihrer Zunge liegt – wie der Volksmund zu sagen pflegt. In dieser Kombination wird der „Künstler" mit Wucht aus dem Schlaf gerissen und fängt an tätig zu werden.

Türkis **und** ***Orange*** – Kommunikation des Herzens mit Lebensfreude gepaart. Wunderbar, um mit neuem Elan und Tatendrang an kreative Dinge heranzugehen und sie voller sprudelnder Überzeugungskraft in die Tat umzusetzen. Vorträge in dieser Kombination zu halten, kann sehr erfolgreich sein. Doch *Türkis* birgt auch immer ein wenig die Gefahr von Missbrauch der Massenkommunikation.

Türkis* und *Gelb – Mit viel Wissen können Sie aus dem Herzen kommunizieren. Der Gelbanteil ist vorherrschend, denn *Türkis* besteht aus *Blau* und *Grün* und *Grün* wiederum aus *Gelb* und *Blau.* Wir haben hier also viel *Gelb* zu Verfügung, um unser Wissen bei unserem Tun vollendet mit einfließen zu lassen. Auch die Angst vor der Massenkommunikation (z. B. Vorträge halten) kann hiermit abgeschwächt und bearbeitet werden.

Türkis* und *Rosa – *Türkis* steht für die Kommunikation des Herzens und *Rosa* ist die Liebe, die wir im Herzen hegen. Für Dinge, Situationen oder Personen. Das ganze vereint lässt zum Beispiel bei einem Vortrag die Herzen weit werden. Vorsicht vor Missbrauch der Massenkommunikation *(Türkis).*

Türkis* und *Olivgrün – Harmonie zur Natur. Ein starkes Bedürfnis die Natur erleben und mit ihr verbunden sein zu wollen. Das Herz möchte sich gerne über das gesprochene Wort ausdrücken können.

Türkis* und *Grün – Naturverbundenheit wird hier groß geschrieben. Wieder die Massenkommunikation, bzw. die Kommunikation aus dem Herzen. Raumgebend und Grenzen des eigenen Raumes neu definierend. Birgt in sich den starken Hang zur Kreativität, sollte unbedingt ausgelebt werden.

Türkis* und *Blau – Diese Kombination erinnert doch stark an *blauen* Himmel und den tiefen Ozean. Hier sind drei Teile *Blau* und ein Teil *Grün* vorhanden. Ein starkes Bedürfnis nach Ruhe im Innen und Außen ist hier zu erkennen. Ein Bedürfnis nach einem Gespräch, das aus dem Herzen geführt wird. Ist man vielleicht völlig ausgepowert oder das Gegenteil, hat man zu viel Ruhe, die nicht richtig kanalisiert wird?

Türkis* und *Violett – Spiritualität gepaart mit den Worten, die direkt aus dem Herzen kommen. Das ist hier das Bedürfnis. Dieses Kombination unterstützt das und ggf. die Heilung für diesen Bereich, wenn hier etwas im Argen liegen sollte. Eine sehr spirituelle Kombination die sehr gut geeignet ist um Vorträge in spirituellen Bereichen zu halten.

Türkis* und *Weiß – Das Herz möchte Kommunizieren über alles was es bedrückt. Es möchte reden über Entscheidungen, die anstehen und vielleicht nicht angegangen werden. Weißes Licht gepaart mit *Türkis* hat viele spirituelle Aspekte, die aus dem Herzen in die Realität kommen möchten.

Türkis* und *Magenta – Bedingungslose Liebe des Magentatons gepaart mit *Türkis* und der Kommunikation des Herzens. Das Herz möchte sich gerne zum Ausdruck bringen und über alle Themen der Liebe reden. Doch zu viel davon könnte Sie Luftschlösser bauen lassen, also gut dosieren und ein wenig den Kopfbereich mit einfließen lassen.

Türkis* und *Braun/Beige – Wo dreht man sich vielleicht im Kreis und kommt nicht von der Stelle, weil sich das eigene Herz nicht ausdrücken darf. Oder drückt sich vielleicht das Herz unentwegt aus und signalisiert damit Standhaftigkeit und vielleicht ein wenig Sturheit?

Türkis* und *Schwarz – *Türkis* wird unterstrichen vom tiefen *Schwarz.* Bei solch einer Kombination sollten Sie noch mehr darauf achten wem oder was Sie Ihr Herz ausschütten. Denn nicht umsonst wurde als zweite Farbe *Schwarz* gewählt, das ja ein gewisses Schutzbedürfnis anzeigt.

Blau-Kombinationen

Blau* und *Rot – Einerseits ein Bedürfnis nach Ruhe, andererseits ein sehr starker Tatendrang. Würde man die zwei Farben vermischen, entsteht *Violett,* die Farbe der Heilung (allerdings nur versteckt gezeigt). Mit dieser Kombination ist es ratsam sich an Themen rund um das Elternhaus heran zu wagen. Vorsicht, die Energien sollten in die richtigen Bahnen kommen, damit sie sich nicht gegenseitig behindern oder aufheben.

Blau* und *Orange – Stärkt den Ausdruck und ganz speziell den Redefluss. Das *Rot* im *Orange* gibt körperliche Kraft und das *Gelb* im *Orange* sorgt für powervolles Denken. *Rot* und *Gelb* ist *Orange* und das wiederum die pure Lebensfreude.

Blau* und *Gelb – *Gelb* und *Blau* vermischt ergibt *Grün.* Was bedeutet, dass hier ein verstecktes Bedürfnis nach Freiheit und Freiraum besteht. Vielleicht vorübergehend mal aus einer Beziehung „aussteigen" um Frieden *(Blau)* zu erhalten, denn bei *Gelb* geht es auch um Ängste, um Partnerschaften und Beziehungen. Das *Blau* steht für Ruhe und Frieden im Innen genauso wie im Außen. Die Kombination ist bestens geeignet um klärende Gespräche in partnerschaftlichen Dingen zu führen. Zu viel hiervon könnte aber auch zum Rückzug führen um rationell Lösungen zu finden.

Blau* und *Rosa – Diese beiden Farben symbolisieren das männliche und das weibliche Prinzip zu gleichen Teilen. Eine Kombination, die ausgleichend auf Defizite in einem dieser

Bereiche wirken kann. Nicht zuletzt ist das immer ein Zeichen einmal einen Blick auf das Elternhaus zu werfen. Liegt hier noch etwas im Argen? Sind hier noch Dinge unausgesprochen mit der eigenen Mutter oder dem Vater? Es sind auch ideale Farben für Kinder, die dadurch, natürlich unbewusst, das Gefühl des behütenden Elternhauses bekommen können.

Blau **und** ***Olivgrün*** – Wie wäre es mit einer Meditation in freier Natur. Eventuell einen meditativen Spaziergang durch den Wald oder durch weite grüne Wiesen und Felder, um hier dem Bedürfnis nach Ruhe nachgehen zu können. Die Weiblichkeit in den Führungsqualitäten und Fürsorglichkeit will zum Ausdruck gebracht werden.

Blau **und** ***Grün*** – Im Vordergrund ist hier wieder das Herz angesprochen. Würde man diese beiden Farben vermischen, so würde ein schönes *Türkis* entstehen (siehe auch *Grün* und *Türkis).* Aber auch ein großes Bedürfnis nach Ruhe ist vorhanden. Das *Blau* fördert den Ausdruck, bzw. die Kommunikation und wirkt auf den Halsbereich.

Blau **und** ***Türkis*** – Diese Kombination erinnert doch stark an *blauen* Himmel und den tiefen Ozean. Hier sind drei Teile *Blau* und ein Teil *Grün* vorhanden. Ein starkes Bedürfnis nach Ruhe im Innen und Außen ist hier zu erkennen. Ein Bedürfnis nach einem Gespräch, das aus dem Herzen geführt wird. Ist man vielleicht völlig ausgepowert oder das Gegenteil, hat man zu viel Ruhe, die nicht richtig kanalisiert wird?

Blau **und** ***Violett*** – Was ist in Unordnung geraten, könnte man hier fragen. Wo gibt es Stress und Hektik die ein starkes Bedürfnis nach Erholung und Ruhe hervorrufen? *Blau* ist immer ein Bedürfnis nach Frieden und das *Blau* steckt massiv auch noch im *Violett,* was bedeutet, dass ein sehr starkes Bedürfnis nach „Abschalten“ und „Entspannung“ vorhanden ist. Der Bereich möchte eine „Heilung“ erfahren, das heißt in einen ausgewogenen Normalzustand transformiert werden. Eine Kombination, die auch viel mit dem Glauben zu tun hat. Ein wenig mehr *Rot* zur Erdung wäre hier angeraten. Nicht zu vergessen ist der Halsbereich, der vielleicht eine Art Heilung benötigt – auch rein körperlich gesehen.

Blau* und *Weiß – Es wird eine ruhige Phase benötigt, um wieder zu sich zu kommen und konkrete Entscheidungen treffen zu können. Auch ein Bedürfnis nach weiblicher Fürsorge.

Blau* und *Magenta – Die Kombination signalisiert, dass man zu sehr im oberen Teil des Körpers verweilt oder verweilen möchte: *Blau* für Ruhe, Kommunikation, das Weibliche und *Magenta* für das Herz und die darin gespeicherte Liebe. Doch was ist mit den anderen Körperteilen unterhalb des Solarplexus?

Blau* und *Braun/Beige – Man möchte gerne ausspannen, an einem Ort, in Harmonie. Sich mal nicht ständig von A nach B bewegen müssen. Man ist müde und braucht eigentlich viele Stunden Schlaf bzw. Ruhe. Das Reden, der Ausdruck spielt ebenfalls eine große Rolle.

Blau* und *Schwarz – Möchte man vielleicht einfach mal flüchten in das tiefe *Blau* des Kosmos um nichts mehr hören und sehen zu müssen? Andererseits ist ein starkes Schutzbedürfnis für den Halsbereich angesagt. Darf man vielleicht nicht das aussprechen was man so gerne einmal sagen möchte?

Violett-Kombinationen

Violett **und** *Rot* – Möchte man sich von irgendetwas Irdischem trennen oder zurückziehen? Platzschaffen für Neues? Andererseits ist das die richtige Kombination um heilerischen Fähigkeiten mit Power und Nachdruck nachzugehen.

Violett **und** *Orange* – Diese beiden Farben in ihrer Kombination können sehr stark antidepressive Wirkung aufweisen. Es bringt wieder neue Lebensfreude in den Alltag zusammen mit einer ausgewogenen spirituellen Art. Vorsicht jedoch bei all zuviel hiervon. Es könnte ihn eine weniger positive Euphorie übergehen.

Violett **und** *Gelb* – Heilung für den Verdauungsapparat grobstofflich gleichermaßen wie feinstofflich. Bei vielen Menschen gibt es Probleme mit der Verdauung auch im feinstofflichen Bereich, so dass eines der 3 Bestandteile der Verdauung gestört sein kann. Die drei Bestandteile sind „Aufnahme“, „Verarbeitung des Aufgenommenen“ und „die Ausscheidung, das Loslassen im Anschluss als Abschluss“. Ist eine der drei Tätigkeiten nicht richtig in Funktion, so kann die Kombination hilfreich sein. Es ist aber genauso gut möglich, dass auf bestehende Ängste eingewirkt werden kann.

Violett **und** *Rosa* – Heilung für das Herz. *Violett* steht bekanntlich für Heilung, es bringt Extreme zusammen. *Rosa* ist ein Hinweis auf das Herz. Ist hier Heilung für den Herzbereich und da wiederum für die Gefühlsebene von Nöten? Doch hier kann auch die Gefahr verborgen sein, dass man sich zu viel um andere kümmert und das eigene Herz und damit das eigene Gefühlsleben zu kurz kommt.

Violett **und** ***Olivgrün*** – Heilung für ein etwas in Unordnung befindliches persönliches Umfeld. Heilung für das Frausein. Spirituelle Weiblichkeit möchte gerne gelebt werden können.

Violett **und** ***Grün*** – Heilung für die Kreislauforgane, wie Lungen, Atemwege, Herz. Spiritualität und Heilung stehen im Vordergrund. *Violett* kann auch immer ein Hinweis auf das Elternhaus sein. Wurde man eingeengt? Ist ein großes Bedürfnis nach Freiheit und Freiraum vorhanden?

Violett **und** ***Türkis*** – Spiritualität gepaart mit den Worten, die direkt aus dem Herzen kommen. Das ist hier das Bedürfnis. Diese Kombination unterstützt das und ggf. die Heilung für diesen Bereich, wenn hier etwas im Argen liegen sollte. Eine sehr spirituelle Kombination die sehr gut geeignet ist um Vorträge in spirituellen Bereichen zu halten.

Violett **und** ***Blau*** – Was ist in Unordnung geraten, könnte man hier fragen. Wo gibt es Stress und Hektik die ein starkes Bedürfnis nach Erholung und Ruhe hervorrufen? *Blau* ist immer ein Bedürfnis nach Frieden und das *Blau* steckt massiv auch noch im *Violett,* was bedeutet, dass ein sehr starkes Bedürfnis nach „Abschalten“ und „Entspannung“ vorhanden ist. Der Bereich möchte eine „Heilung“ erfahren, das heißt in einen ausgewogenen Normalzustand transformiert werden. Eine Kombination, die auch viel mit dem Glauben zu tun hat. Ein wenig mehr *Rot* zur Erdung wäre hier angeraten. Nicht zu vergessen ist der Halsbereich, der vielleicht eine Art Heilung benötigt – auch rein körperlich gesehen.

Violett **und** ***Weiß*** – Würde man diese beiden Farbtöne mischen, so würde sich ein sehr lichtvolles *Violett* ergeben. Eine Farbe die für höchste Spiritualität steht. Wenn Sie meditieren möchten, dann ist das die richtige Auswahl um schnell in andere Ebenen zu gelangen. Beachten Sie jedoch, dass in dieser Kombination keinerlei Erdung enthalten ist. Zusätzlich vielleicht ein paar rote Strümpfe zur besseren Erdung wären ratsam. Sicherlich könnte man in einer tiefen Meditation viele Hinweise zum schnelleren Treffen von anstehenden Entscheidungen gewinnen.

Violett* und *Magenta – Siehe hierzu auch *Violett* und *Rosa,* jedoch eine wesentlich höhere Form der Liebe betreffend. Heilung für eventuell nicht gelebte Liebe?

Violett* und *Braun/Beige – Wer oder was hält Sie davon ab Ihre Spiritualität zu leben? Sie sich selbst? Es könnte sein, dass hier ziemlich festgefahrene Ansichten diesbezüglich in Ihnen selbst gehegt werden oder ganz massiv auf Sie von außen treffen. Schaffen Sie sich mehr Raum durch Erweiterung Ihres Standpunktes.

Violett* und *Schwarz – Heilung für Körper, Geist und Seele ist wohl angesagt. Schutzbedürftigkeit im rationalen Bereich. Wer oder was lässt Sie nicht frei denken und Ihre Spiritualität leben, dass Sie *Schwarz* brauchen um Schutzbedürftigkeit zu signalisieren. Hier könnte man einmal nachforschen, ob gewisse Themen aus dem Elternhaus noch zu klären sind, die damals gesetzt wurden und heute vielleicht in manchen Lebenslagen noch behindern.

Weiß-Kombinationen

Weiß* und *Rot – Ausgepowert oder Energie im Überfluss, das ist hier die Frage. Jedenfalls ist das ein Hinweis auf eine anstehende Entscheidung auf physischer Ebene. Denken Sie daran, dass

Ihnen im *Weiß* Ihr ganzes Potential zur Verfügung steht, Sie brauchen sich nur zu entscheiden.

Weiß **und** ***Orange*** – Eine tolle Kombination um sich einer anstehenden Entscheidung anzunehmen. Voller Lebensfreude und Kraft kann man hier aus dem Vollen schöpfen. Es fällt leicht alle Möglichkeiten genau abzuwägen, denn das gesamte Potential steht zur Verfügung.

Weiß **und** ***Gelb*** – *Weiß* bedeutet Entscheidung, alle Farben zu gleichen Teilen. *Gelb* steht für Verdauung, Partnerschaft, Ängste, Emotionen. Mit diesen Farben wird die Entscheidungsfähigkeit zu Themen der *Gelbeigenschaften* unterstützt.

Weiß **und** ***Rosa*** – Eine Entscheidung aus dem Herzen? Eine Entscheidung einer Herzensangelegenheit? Eine Entscheidung um Gefühlsschwankungen auszuschalten? All das könnte der intuitive Grund sein, eine solche Farbzusammenstellung zu wählen.

Weiß **und** ***Olivgrün*** – Was möchten Sie gerne entscheiden? Diese Farbkombination drückt aus, dass Sie eine Entscheidung treffen möchten im Bereich Ihrer weiblichen Qualitäten. Es möchte vielleicht etwas von Unordnung zur Ordnung transformiert werden. Im *Weiß* haben Sie die freie Wahl, das ganze Farbspektrum steht Ihnen zur Verfügung, Sie brauchen nur noch zuzugreifen.

Weiß **und** ***Grün*** – Ein Naturliebhaber. *Grün* wie die Wälder und Felder, *Weiß* wie das grelle Sonnenlicht. Neben einer anstehenden Entscheidung ist hier ein starkes Bedürfnis nach Licht und Natur. Man braucht vielleicht nur seine eigenen, individuellen Grenzen anders abzustecken.

Weiß **und** *Türkis* – Das Herz möchte Kommunizieren über alles was es bedrückt. Es möchte reden über Entscheidungen, die anstehen und vielleicht nicht angegangen werden. Weißes Licht gepaart mit *Türkis* hat viele spirituelle Aspekte, die aus dem Herzen in die Realität kommen möchten.

Weiß **und** *Blau* – Es wird eine ruhige Phase benötigt, um wieder zu sich zu kommen und konkrete Entscheidungen treffen zu können. Auch ein Bedürfnis nach weiblicher Fürsorge.

Weiß **und** *Violett* – Würde man diese beiden Farbtöne mischen, so würde sich ein sehr lichtvolles *Violett* ergeben. Eine Farbe die für höchste Spiritualität steht. Wenn Sie meditieren möchten, dann ist das die richtige Auswahl um schnell in andere Ebenen zu gelangen. Beachten Sie jedoch, dass in dieser Kombination keinerlei Erdung enthalten ist. Zusätzlich vielleicht ein paar rote Strümpfe zur besseren Erdung wären ratsam. Sicherlich könnte man in einer tiefen Meditation viele Hinweise zum schnelleren Treffen von anstehenden Entscheidungen gewinnen.

Weiß **und** *Magenta* – Hier wird das *Magenta* durch das *Weiß* noch einmal lichtvoller dargestellt. Ein absoluter Schrei der Seele nach unendlicher, bedingungsloser, göttlicher Liebe und Zuwendung. Gefahr hierbei ist, dass man sich zu sehr mit seiner Aufmerksamkeit in den kleinen Dingen verliert und noch mehr die größeren, übergeordneten Zusammenhänge wahrnimmt.

Weiß **und** *Braun/Beige* – *Weiß* ist ja bereits im *Beige* enthalten, denn *Beige* ist ja nichts anderes als ein *helles Braun.* Sehr starke Erd- und Naturverbundenheit wird hier signalisiert. Wer beeinträchtigt Sie in Ihrer Entscheidungsfreiheit? Hält Sie jemand permanent entscheidungsunfähig – oder gar Sie selbst? Vergessen Sie nie, dass Sie bei *Weiß* alle Möglichkeiten offen haben, sie brauchen sich nur zu entscheiden, das ganze Potential der Farben steht Ihnen bei *Weiß* immer zur Verfügung. Halten Sie nicht krampfhaft an einem Standpunkt fest, durchleuchten Sie alle Möglichkeiten – das *Weiß* unterstützt Sie dabei.

Weiß* und *Schwarz – Zwei extreme Gegensätze treffen hier aufeinander. Zum einen ein strahlende *Weiß*, das alle Farben beinhaltet und offen macht, zum anderen das dunkle *Schwarz*, das alle Farben absorbiert und keine mehr frei gibt und damit abschottet und schützt. Das Thema Dualität ist hier gezeigt. Alles hat immer zwei Seiten: Ohne *Schwarz*, kein *Weiß*. Ohne Weiblichkeit, keine Männlichkeit. Ohne Laut, kein Leise … Die Liste lässt sich unendlich fortsetzen mit Beispielen aus unserer Welt. Der Umgang mit der Dualität ist hier gefragt. Diese Kombination kann wunderbar dabei helfen, sich der Dualität auf unserer Seinsebene bewusst zu werden und anzunehmen.

Magenta-Kombinationen

Magenta* und *Rot – Liebe zu den kleinen Dingen ist heute gefragt. Eine hohe Form der bedingungslosen Liebe mit unglaublich viel Kraft und Macht. Vorsicht, dass ein Übermaß nicht andere erdrückt.

Magenta* und *Orange – Wird wohl zusammen weniger getragen, da die Farben rein optisch gesehen, eher nicht zueinander passen. Was die Wirkungsweise jedoch angeht, so steht dem Tragen dieser Farben nichts im Wege. Liebe zu den kleinen Dingen im Alltag aus purer Lebensfreude.

Magenta* und *Gelb – Gibt Energie Dinge im Leben mit Leichtigkeit in Ordnung zu bringen. Lernen die kleinen, scheinbar unwesentlichen Dinge in der Partnerschaft zu lieben.

Magenta* und *Rosa – Pures Herzensgefühl will sich ausdrücken. *Rosa* eine absolut lebbare Form der Liebe. *Magenta* die höchste Form der Liebe und die Liebe zu den kleinen Dingen im Leben. Wer diese Zusammenstellung gerne trägt signalisiert oft einen Schrei der Seele nach Liebe und Zuneigung. Unangenehm kann es jedoch werden, wenn diese unbewussten Erwartungen unerfüllt bleiben.

Magenta* und *Olivgrün – Ein Schrei des Herzens nach bedingungsloser Liebe auf allen Ebenen. Man möchte gerne geliebt werden und hat unendlich viel Liebe zu geben. Es muss gar nichts überwältigendes sein, die Liebe kann durchaus auch an die kleinen Dinge im Leben gegeben werden.

Magenta* und *Grün – Die höchste Form der Liebe, aus dem Herzen gelebt. Oder die Seele schreit danach. Bei *Grün* ist auch immer der eigene Raum ein wenig zu überprüfen und ggf. neu festzulegen. Möchten Sie ein Liebe geben und nehmen könnendes Herz signalisieren, so ist das die richtige Farbkombination.

Magenta* und *Türkis – Bedingungslose Liebe des Magentatons gepaart mit *Türkis* und der Kommunikation des Herzens. Das Herz möchte sich gerne zum Ausdruck bringen und über alle Themen der Liebe reden. Doch bei zu viel, könnten Sie Luftschlösser bauen lassen, also gut dosieren und ein wenig den Kopfbereich mit einfließen lassen.

Magenta* und *Blau – Die Kombination signalisiert, dass man zu sehr im oberen Teil des Körpers verweilt oder verweilen möchte: *Blau* für Ruhe, Kommunikation, das Weibliche und *Magenta* für das Herz und die darin gespeicherte Liebe. Doch was ist mit den anderen Körperteilen unterhalb des Solarplexus?

Magenta **und** *Violett* – Siehe hierzu auch *Violett* und *Rosa,* jedoch eine wesentlich höhere Form der Liebe betreffend. Heilung für eventuell nicht gelebte Liebe?

Magenta **und** *Weiß* – Hier wird das *Magenta* durch das *Weiß* noch einmal lichtvoller dargestellt. Ein absoluter Schrei der Seele nach unendlicher, bedingungsloser, göttlicher Liebe und Zuwendung. Gefahr hierbei ist, dass man sich zu sehr mit seiner Aufmerksamkeit in den kleinen Dingen verliert und noch mehr die größeren, übergeordneten Zusammenhänge wahrnimmt.

Magenta **und** *Braun/Beige* – Ihr Herzbereich und das Gefühl der Liebe, die Sie geben oder nehmen möchten, braucht Standfestigkeit und Halt. Es braucht eine Richtung. Vielleicht ist im Moment in diesem Bereich alles etwas am Schwanken und ohne Halt. Diese Kombination könnte dabei hilfreiche Dienste leisten. Natürlich könnte es auch andersherum sein, dass zu viel Halt und Festgefahrenheit zurzeit vorhanden sind, die befreit werden wollen. Die Kombination ist nur Richtungsgebend, welche Aussage letztendlich zutrifft kann man nur selbst herausfinden.

Magenta **und** *Schwarz* – Schutz ist zurzeit enorm wichtig um nicht völlig im Gefühl zu baden und nichts anderes mehr wahrnehmen zu können. Andererseits ist es auch durchaus möglich, dass Sie schützend die Hände über Situationen oder Personen legen möchten und das mit der ganzen Liebe Ihres weiten Herzens.

Braun/Beige-Kombinationen

Braun/Beige* und *Rot – Powervolle Ausdauer. Standhaftigkeit und mit viel Kraft Dinge bewegen können, die sonst starr und fest verharren.

Braun/Beige* und *Orange – Zwei Farbtöne, die blendend zueinander passen, optisch und auch von der Wirkungsweise. *Braun/ Beige* steht für die Standhaftigkeit, für das Durchsetzungs- und Durchhaltevermögen während *Orange* ja unter anderem für die Lebensfreude und das Lösen von Schocks steht.

Braun/Beige* und *Gelb – Fest im Leben Stehen mit einem geistig regen Kopf. Durchsetzungsvermögen Kraft der Gedanken. Vorsicht jedoch, dass es nicht nur bei Gedanken bleibt, sondern dass sich auch alles in die Realität umsetzen lässt.

Braun/Beige* und *Rosa – Ein festgefahrenes Herz, was bedeutet die Gefühlsebene des Herzens ist fest und unbeweglich. Könnte sein, dass das der Grund dieser Farbwahl ist. Positiv kann die Kombination eingesetzt werden, wenn man starke Gefühlsschwankungen hat und sich damit ein wenig Festigkeit und Standhaftigkeit bescheren möchte.

Braun/Beige* und *Olivgrün – Stockt es vielleicht gerade etwas in Sachen „weibliche Führungsmöglichkeiten“? Das *Braun/Beige* bringt Ihnen zwar Standfestigkeit, Durchsetzungskraft und die nötige Ausdauer dazu. Es kann aber auch leicht umschlagen und Sie unbeweglich erscheinen lassen.

Braun/Beige* und *Grün – Standhaftigkeit auf dem eigenen Standpunkt verharrend. Sehr eng gesteckte Grenzen könnten vielleicht vorhanden sein. Vorsicht, die führen eventuell in Unbeweglichkeit. Es könnte aber auch genau das Gegenteil der

Fall sein. Die Seele schreit nach Halt. Wo sind die Grenzen, sie sind zu weit abgesteckt oder fehlen gänzlich. Auf jeden Fall ein Thema mit Grenzen, Abgrenzung, Beweglichkeit.

Braun/Beige* und *Türkis – Wo dreht man sich vielleicht im Kreis und kommt nicht von der Stelle, weil sich das eigene Herz nicht ausdrücken darf. Oder drückt sich vielleicht das Herz unentwegt aus und signalisiert damit Standhaftigkeit und vielleicht ein wenig Sturheit?

Braun/Beige* und *Blau – Man möchte gerne ausspannen, an einem Ort, in Harmonie. Sich mal nicht ständig von A nach B bewegen müssen. Man ist müde und braucht eigentlich einmal viele Stunden Schlaf bzw. Ruhe. Das Reden, der Ausdruck spielt ebenfalls eine große Rolle.

Braun/Beige* und *Violett – Wer oder was hält Sie davon ab Ihre Spiritualität zu leben? Sie sich selbst? Es könnte sein, dass hier ziemlich festgefahrene Ansichten diesbezüglich in Ihnen selbst gehegt werden oder ganz massiv auf Sie von außen treffen. Schaffen Sie sich mehr Raum durch Erweiterung Ihres Standpunktes.

Braun/Beige* und *Weiß – *Weiß* ist ja bereits im *Beige* enthalten, denn *Beige* ist ja nichts anderes als ein *helles Braun.* Sehr starke Erd- und Naturverbundenheit wird hier signalisiert. Wer beeinträchtigt Sie in Ihrer Entscheidungsfreiheit? Hält Sie jemand permanent entscheidungsunfähig – oder gar Sie selbst? Vergessen Sie nie, dass Sie bei *Weiß* alle Möglichkeiten offen haben, sie brauchen sich nur zu entscheiden, das ganze Potential der Farben steht Ihnen bei *Weiß* immer zur Verfügung. Halten Sie nicht krampfhaft an einem Standpunkt fest, durchleuchten Sie alle Möglichkeiten – das *Weiß* unterstützt Sie dabei.

Braun/Beige **und** *Magenta* – Ihr Herzbereich und das Gefühl der Liebe, die Sie geben oder nehmen möchten, braucht Standfestigkeit und Halt. Es braucht eine Richtung. Vielleicht ist im Moment in diesem Bereich alles etwas am Schwanken und ohne Halt. Diese Kombination könnte dabei hilfreiche Dienste leisten. Natürlich könnte es auch andersherum sein, dass zu viel Halt und Festgefahrenheit zurzeit vorhanden sind, die befreit werden wollen. Die Kombination ist nur Richtungsgebend, welche Aussage letztendlich zutrifft kann man nur selbst herausfinden.

Braun/Beige **und** *Schwarz* – Was ist Ihnen widerfahren, dass Sie wie verwurzelt starr und unbeweglich verharren und nichts anderes mehr an sich heranlassen, könnte eine Version sein, als man sich diese Kombination aussuchte. Doch auch hier gibt es wieder die zweite Seite: Ein Schrei nach Halt und Erdung. Man hat kein Durchsetzungsvermögen, kein Durchhaltevermögen. Darum gibt es ein Schutzbedürfnis, das im eigenen Raum die Möglichkeit gibt, das für sich selbst wieder zu erreichen.

Schwarz-Kombinationen

Schwarz **und** *Rot* – Jetzt geht die Post ab! Rote Power noch verstärkt durch *Schwarz.* Mit dieser Kombination bekommen Sie viel und in kürzester Zeit geregelt. Doch Vorsicht, jeder Vorrat an Kraft und Stärke kann auch einmal aufgebraucht sein, dann könnte es in Energiemangel umschlagen.

Schwarz **und** *Orange* – Etwas dunkles, das *Schwarz,* das etwas leuchtendes, das *Orange,* optisch gesehen noch mehr Kraft gibt. Während die Lebensfreude sprudeln kann wirkt *Schwarz* hingegen zusätzlich schützend.

Schwarz* und *Gelb – Aufgewertet, optisch gesehen, wird das *Gelb.* Die Kombination für den Denker, für den Lehrer und für den Lernenden. Beinhaltet das Thema Ängste und Partnerschaft. Fördert die Intellektuellen Fähigkeiten enorm und wirkt zu dem noch schützend.

Schwarz* und *Rosa – Ein liebevolles *Rosa* zusammen mit einem stark schützenden *Schwarz.* Vielleicht ist hier der Grund dieser Farbenkombination ein verletztes Herz, das ein wenig Schutz benötigt?

Schwarz* und *Olivgrün – Ein starkes Schutzbedürfnis und ein massiver Hang zur Natur und den natürlichen Dingen. Man beugt eventuellen Angriffen auf die innere Weiblichkeit vor. Andererseits werden die Qualitäten des Olivgrüns durch das *Schwarz* noch unterstrichen und mehr hervorgehoben.

Schwarz* und *Grün – *Grün* wird wieder unterstützt von *Schwarz* und gleichzeitig wieder das Thema mit den Grenzen. Schutz, vielleicht weil noch offene Wunden im Herzen vorhanden sind? Dringen Menschen oder Situationen in Ihren Raum ein, die sie vielleicht lieber nicht hier haben möchten? Durch Setzen von neuen Abgrenzungen ist es möglich das in Ihr Außen zu verbannen.

Schwarz* und *Türkis – *Türkis* wird unterstrichen vom tiefen *Schwarz.* Bei solch einer Kombination sollten Sie noch mehr darauf achten wem oder was Sie Ihr Herz ausschütten. Denn nicht umsonst wurde als zweite Farbe *Schwarz* gewählt, das ja ein gewisses Schutzbedürfnis anzeigt.

Schwarz* und *Blau – Möchte man vielleicht einfach mal flüchten in das tiefe *Blau* des Kosmos um nichts mehr hören und sehen zu müssen? Andererseits ist ein starkes Schutzbedürfnis für den

Halsbereich angesagt. Darf man vielleicht nicht das aussprechen was man so gerne einmal sagen möchte?

Schwarz **und** *Violett* – Heilung für Körper, Geist und Seele ist wohl angesagt. Schutzbedürftigkeit im rationalen Bereich. Wer oder was lässt Sie nicht frei denken und Ihre Spiritualität leben, dass Sie *Schwarz* brauchen um Schutzbedürftigkeit zu signalisieren. Hier könnte man einmal nachforschen, ob gewisse Themen aus dem Elternhaus noch zu klären sind, die damals gesetzt wurden und heute vielleicht in manchen Lebenslagen noch behindern.

Schwarz **und** *Weiß* – Zwei extreme Gegensätze treffen hier aufeinander. Zum einen ein strahlendes *Weiß,* das alle Farben beinhaltet und offen macht, zum anderen das dunkle *Schwarz,* das alle Farben absorbiert und keine mehr frei gibt und damit abschottet und schützt. Das Thema Dualität ist hier gezeigt. Alles hat immer zwei Seiten: Ohne *Schwarz,* kein *Weiß.* Ohne Weiblichkeit, keine Männlichkeit. Ohne Laut, kein Leise … Die Liste lässt sich unendlich fortsetzen mit unendlich vielen Beispielen aus unserer Welt. Der Umgang mit der Dualität ist hier gefragt. Diese Kombination kann wunderbar dabei helfen, sich der Dualität auf unserer Seinsebene bewusst zu werden und anzunehmen.

Schwarz **und** *Magenta* – Schutz ist zurzeit enorm wichtig um nicht völlig im Gefühl zu baden und nichts anderes mehr wahrnehmen zu können. Andererseits ist es auch durchaus möglich, dass Sie schützend die Hände über Situationen oder Personen legen möchten und das mit der ganzen Liebe Ihres weiten Herzens.

Schwarz **und** *Braun/Beige* – Was ist Ihnen widerfahren, dass Sie wie verwurzelt starr und unbeweglich verharren und nichts anderes mehr an sich heranlassen, könnte eine Version sein, dass man sich diese Kombination aussuchte. Doch auch hier gibt es wieder die zweite Seite: Ein Schrei nach Halt und Erdung. Man hat kein Durchsetzungsvermögen, kein Durchhaltevermögen. Darum gibt es ein Schutzbedürfnis, das im eigenen Raum die Möglichkeit gibt, das für sich selbst wieder zu erreichen.

Aura-Soma

Aura-Soma entwickelt sich wohl langsam zum Klassiker, genauso wie es die Bachblüten taten. Da sich bei Aura-Soma alles um Farben dreht, bin ich der Meinung, dass es in diesem Buch nicht fehlen sollte.

Dieses Kapitel kann jedoch nur eine kurze Einführung bzw. einen Überblick über das große Gebiet Aura-Soma verschaffen. Ich möchte Ihnen zunächst gerne schildern, wie ich zu Aura-Soma kam:

Irgendwann Anfang der Neunzigerjahre war ich in einem Fachgeschäft in Frankfurt und blieb wie festgenagelt vor den Aura-Soma-Flaschen stehen, die mich magisch anzogen. „Meine Güte“, dachte ich, „Was ist das denn?“ Bis sich eine nette Verkäuferin meiner annahm und mir ein wenig über die Geschichte und die Wirkungsweise von Aura-Soma erzählte. Das war spannend und wahnsinnig interessant. Ich wollte mehr wissen. Ganz zufällig (!) fand am kommenden Wochenende ein Einführungsseminar statt. Sofort meldete ich mich an. An diesem Wochenende hat sich eine Welt und eine Sichtweise für mich geändert. Wir konnten Pomander anwenden (näheres dazu später) und die Wirkung fühlen. Noch interessanter war natürlich auch mitzubekommen, wie andere reagierten. Da hat man so einiges erlebt. Ab diesem Zeitpunkt befasste ich mich noch intensiver mit Farben. Ich beschloss für mich, die Aura-Soma-Ausbildung zu absolvieren. Da hatte ich mir Großes vorgenommen. Doch bis heute war es nur eine Bereicherung für mich. Da ich immer versuche, die Herkunft eines Produktes zu erforschen, bzw. den Hersteller kennen zu lernen um für mich festzustellen, ob ich in wirklich seriösen Händen bin. So absolvierte ich den letzten Ausbildungskurs direkt in England, Dev Aura! Und meine Erwartungen wurden noch übertroffen. Das ist nun schon viele Jahre her und noch immer sind die Aura-Soma Produkte wirkungsvoll und sehr ansprechend.

Kurz zur Geschichte von Aura-Soma

Vicky Wall, eine Engländerin, entwickelte Anfang der Achtzigerjahre die ersten Aura-Soma Flaschen. Sie ließ sich nachts während eines meditativen Zustandes die Hände führen ohne genau zu wissen, was dieser ganze Aufwand bewirken soll. Morgens hatte sie dann einige Equilibrium-Flaschen (die meist zweifarbigen Öl-Wasser-Gemisch-Flaschen) fertig. Ihre Freundin Margaret Cockbain fragte sie, was sie denn die ganze Nacht getan hatte. Sie zeigte die Flaschen und sagte sie gehe davon aus, dass es sich um Schönheitswässerchen handeln müsse. Eines Tages fand eine Messe statt, auf der Vicky Wall Ihre Apotheker-Cremes ausstellen wollte, denn Sie war Apothekenhelferin und hatte eigene Cremes hergestellt. Nun fehlte es aber an einem vernünftigen Ständer um die Cremes optimal zu präsentieren. Kurz entschlossen nahm sie die bis zu diesem Zeitpunkt fertig gestellten Flaschen, stellte sie seitlich hin und legte eine Glasplatte drüber und auf die Glasplatte die nächsten Flaschen, die wieder mit einer Glasplatte abgedeckt wurden. Und schon war ihr Ständer fertig. Die Messe begann und die Besucher kamen an Vickys Stand. Doch kaum einer wollte ihre Cremes, die Menschen suchten sich eine Flasche aus. Schweren Herzens verkaufte Vicky die ersten Flaschen. Da sie hellsichtig und aurasichtig war, konnte sie immer sehen, weshalb sich jemand eine bestimmte Farbkombination aussuchte und keine andere. Es hat immer etwas mit dem aussuchenden Menschen zu tun. Ab diesem Moment begannen dann die Rückmeldungen bei Vicky Wall einzutreffen, was mit den Flaschen und den Menschen, die sie benutzten, geschehen war. Es war erstaunlich. Sie wirkten gleichermaßen auf Körper, Geist und Seele. Wenn Sie noch mehr hierüber wissen möchten, empfehle ich Ihnen ein Aura-Soma-Buch zu studieren, siehe Literaturverzeichnis.

Das Aura-Soma-System umfasst drei Hauptproduktgruppen, die sinnvoll in der Arbeit an sich und mit sich eingesetzt werden können. Es gibt die Equilibrium-Flaschen, die Pomander und die Meister-Quintessenzen. Richten wir unser Augenmerk erst einmal auf die Equilibrium-Flaschen, das Kernstück des Systems.

Die Equilibrium-Flaschen

Mittlerweile gibt es über 100 verschiedene Flaschen. Sie bestehen im oberen Teil aus Öl und im unteren Teil aus Wasser. Daher kommt auch die Trennung in der Flasche. Doch was ist da scheinbar geheimnisvolles enthalten, das eine solche Wirkung hervorrufen kann? Im Ölteil sind enthalten: Traubenkernöl als Basis, Farbe, ätherische Öle, Kristall-Energien und andere Dinge. Im Wasserteil findet man: Quellwasser, Wässrige Pflanzenauszüge, Farbe, Kristall-Energien und andere Dinge. Hier sind also einige Bereiche vereint: die Aroma-Therapie, die Farb-Therapie, die Heilstein-Therapie. All diese Formen vereinen sich in Aura-

Soma. Mit einem gravierenden Unterschied: Bei Aura-Soma gibt es keinen Therapeuten: Jeder der möchte, wendet die Produkte für sich eigenverantwortlich und nach Intuition an.

Nun gibt es, wie gesagt, über 100 verschiedene Flaschen. Es erscheinen weiterhin Neue, wenn die Zeitqualität Hinweise dafür gibt. Doch wie geht man nun damit um und wie findet man seine richtige Flasche. Es gibt zwei Möglichkeiten: Sie buchen bei einem ausgebildeten Aura-Soma-Berater ein Reading, eine „Lesung“. Bei solch einem Reading werden intuitiv i. d. R. vier Flaschen aus dem Set ausgewählt. Mit diesen vier gewählten Flaschen, stellen Sie Ihre momentane Situation für den Kundigen sichtbar vor sich. Denn jede Flasche hat eine bestimmte Bedeutung, genauso wie jede Position an der eine Flasche in einer vierer Auswahl steht eine Aussage hat. Ich sage immer: „Ein Aura-Soma-Reading ist ein Gespräch zu Dritt: Zwischen Ihnen, den Flaschen und mir.“ Denn hierbei kann man wirklich in die tiefsten Tiefen gehen und Dinge erkennbar machen, und das für Körper, Geist und Seele. Nach dieser Beratung kann man sich, wenn man möchte, für eine oder auch zwei Flaschen entscheiden, mit denen man gerne an sich, eigenverantwortlich arbeiten möchte.

Die zweite Möglichkeit ist die, dass man sich vor diese vielen Flaschen stellt, seinen Kopf zunächst ausschaltet und intuitiv die Schönste auswählt. Sie können in den zahlreichen Büchern nachlesen, was diese Flasche bedeutet. In der Regel passt genau diese Flasche zu Ihrer momentanen Lebenssituation.

Wenn man mit Flaschen arbeiten möchte, so gibt es wiederum die verschiedensten Möglichkeiten:

Sie schütteln Sie mit der linken Hand. Schon beim Schütteln gehen Informationen der Flasche auf Sie und Ihre Schwingung auf die Flasche über. Damit wird die Flasche zur „persönlichen Flasche“, die bitte dann auch kein anderer mehr anfassen sollte. Denn sonst würden auch die Energien oder Themen anderer auf die Flasche übergehen, was natürlich nicht gewollt ist, denn man hat ja mit seinen Dingen genug zu tun.

Nach dem Schütteln können Sie die Flüssigkeit auf Ihren Körper auftragen. Dabei können Sie sich nach den Chakra-Farben richten oder sie einfach dort auftragen, wo Sie meinen, dass es Ihnen gut tut. Eine Ausnahme gibt es da: Alle Rotkombinationen sollte man nur unterhalb der Gürtellinie auftragen und möglichst nicht abends, denn *Rot* macht wach und gibt Kraft.

Sie können aber auch ein paar Spritzer in ein Vollbad geben und ein meditatives Bad nehmen. Oder legen Sie die Flasche einfach mal nachts unter Ihr Kopfkissen, das Träumen wird angeregt und oft bekommen wir über den Traum wertvolle Hinweise.

Wenn Sie gerne meditieren, versuchen Sie doch mal mit Ihrer Flasche, die Sie in der linken Hand halten können, zu meditieren.

Es gibt noch andere Möglichkeiten mit Equilibrium-Flaschen zu arbeiten. Das würde jedoch den Rahmen des Kurzüberblicks an dieser Stelle sprengen. Schauen Sie einfach in der entsprechenden Fachliteratur nach.

Egal wie Sie mit den Flaschen an und mit sich arbeiten, wichtig ist, dass Sie auf alles achten, was mit Ihnen und der Flasche geschieht. Bedenken Sie, dass die Flaschen das gleiche mitmachen, was Sie mitmachen. Oft drückt es sich in Schlieren aus oder in nicht weggehenden Bläschen in den Flüssigkeiten. Oder es verschwindet eine Farbe völlig. Oder eine Farbe verändert sich zu einem anderen Farbton. Bei Aura-Soma ist nichts unmöglich. Hinterfragen Sie dann immer, was das mit Ihnen zu tun hat. Als kleine Hilfestellung kann man davon ausgehen, dass die obere Hälfte in der Regel für das Bewusstsein und die untere Hälfte für das Unterbewusstsein steht. Es gibt auch keine Regel wie lange Sie eine Flasche benutzen sollten und wie oft. Jeder entscheidet intuitiv selbst. Zehn Mal am Tag kann genau so richtig sein wie einmal in zehn Tagen. Hören Sie auf Ihr Gefühl.

Damit Sie einen Überblick über die derzeit erhältlichen Flaschen bekommen, hier eine Aufstellung mit jeweils einem Grundthema. Wenn Sie unsicher sind, konsultieren Sie einen Berater oder eine Beraterin Ihres Vertrauens.

Aura-Soma-Farbkombinationen

Nr.	*Bezeichnung*	*Farbkombination (oben/unten)*	*Grundthema:*
B0	*Notfallöl Spirituelles Fühlen*	*Königsblau* *Tiefmagenta*	*Bringt Klarheit in das Sehen und Fühlen im körperlichen Leben.*
B1	*Körperliches Notfallöl*	*Blau* *Tiefmagenta*	*Friedvolle Kommunikation mit dem Inneren Wesen*
B2	*Friedensflasche*	*Blau* *Blau*	*Friedvolle Kommunikation*
B3	*Herzflasche*	*Blau* *Grün*	*Die nährende Kommunikation des Herzens*
B4	*Sonnenflasche*	*Gelb* *Gold*	*Wissen und Weisheit, der Denker, der Student, der Lehrer*
B5	*Sonnenauf-/Untergang*	*Gelb* *Rot*	*Der weise Umgang mit den Energien die einem zur Verfügung stehen.*
B6	*Energieflasche*	*Rot* *Rot*	*Bringt neue Energie und die Grundenergie der Liebe*

B7	*Garten von Gethsemanie*	*Gelb* *Grün*	*Die Weisheit, dem Lebensprozess zu vertrauen*
B8	*Anubis*	*Gelb* *Blau*	*Weisheit durch Kommunikation mit dem Inneren*
B9	*Das Herz im Herzen*	*Türkis* *Grün*	*Das transzendente Herz*
B10	*Geh, umarme einen Baum*	*Grün* *Grün*	*Ein neuer Ort – ein neuer Raum*
B11	*1. Essener Flasche*	*Klar* *Pink*	*Klarheit im Bewusstsein, um die Seele Im inneren Lieben zu können.*
B12	*Frieden in der Neuen Zeit*	*Klar* *Blau*	*Das Licht scheinen lassen, auf das Nährende. Die Kreativität und die fruchtbare Fülle*
B13	*Veränderung in der neuen Zeit*	*Klar* *Grün*	*Erleuchtung des Herzens*
B14	*Weisheit in der neuen Zeit*	*Klar* *Gold*	*Ein Schmetterling. Klarheit des Denkens.*
B15	*Heilung im neuen Zeitalter*	*Klar* *Violett*	*Die Seele erheben, reinigen und heilen*

Nr.	Bezeichnung	Farbkombination (oben/unten)	Grundthema:
B16	Das violette Gewand	Violett Violett	Wach werden für sein wahres Selbst und seine Lebensaufgabe
B17	1. Troubadourflasche	Grün Violett	Ein Neubeginn für Spiritualität
B18	1. Ägypter Flasche	Gelb Violett	Ein spiritueller Lehrer. Die Weisheit, Heilung im inneren zu finden.
B19	in der materiellen Welt leben	Rot Rotviolett	Regeneration. Wir erneuern unseren Körper, wenn wir unsere Geisteshaltung erneuern
B20	Sternenkind	Blau Pink	Intuitive Liebe. Sich verströmende Liebe, die keine Bedingungen stellt
B21	Neubeginn für die Liebe	Grün Pink	Neuer Raum für eine neue Richtung
B22	Flasche der Rebirther	Gelb Pink	Eine neue Perspektive, neu geboren zu werden.
B23	Licht und Liebe	Rosenpink Pink	Weisheit und Verständnis, um die Liebe

B24	*Neue Botschaft*	*Violett* *Türkis*	***Die Kommunikation des Geistes durch das Herz.***
B25	*Rekonvaleszenz - Fl.*	*Rotviolett* *Magenta*	***Pioniergeist: Die Suche nach Spirituellem Wissen***
B26	*Schockflasche*	*Orange* *Orange*	***die einzelnen Teile wieder zusammensetzen, das Auffangen von Schocks***
B27	*Robin Hood*	*Rot* *Grün*	***Ein ansteckender Enthusiasmus für das Leben***
B28	*Maid Marion*	*Grün* *Rot*	***Energie, um den eigenen Raum zu finden***
B29	*Steh auf und wandle*	*Rot* *Blau*	***Angemessene Aktivität wird zu Harmonie und Frieden führen***
B30	*Den Himmel auf die Erde bringen*	*Blau* *Rot*	***Der Himmel auf Erden. Lebensqualität***
B31	*Die Fontäne*	*Grün* *Gold*	***Selbsterkenntnis, durch das Finden des eigenen Raumes.***
B32	*Sophia*	*Königsblau* *Gold*	***Eine Nachricht von guten Dingen, die kommen werden.***

Nr.	*Bezeichnung*	*Farbkombination (oben/unten)*	*Grundthema:*
B33	*Delphin*	*Königsblau* *Türkis*	*Intuition – die innere Lehre. Die Kommunikation des Herzens*
B34	*Geburt der Venus*	*Pink* *Türkis*	*Zugang zu den verborgenen Geheimnissen des Lebens und der Liebe*
B35	*Freundlichkeit*	*Pink* *Violett*	*Dienen mit einer Liebe, die keine Bedingungen stellt*
B36	*Nächstenliebe*	*Violett* *Pink*	*Dienende Nächstenliebe, Mitgefühl und Verständnis*
B37	*Der Schutzengel kommt auf die Erde*	*Violett* *Blau*	*Nähren und schützen. Ausgewogene Kommunikationsfähigkeiten*
B38	*2. Troubadour - Fl.*	*Violett* *Grün*	*Bewusstes und Unbewusstes im Gleichgewicht halten*
B39	*2. Ägypterflasche*	*Violett* *Gold*	*Wissen und Dienst mit Mitgefühl und Verständnis*
B40	*„Ich bin“*	*Rot* *Gold*	*Energie, um Selbsterkenntnis zu finden. Aktivitäten, die zu Wachstum führen*

B41	*Weisheitsflasche*	*Gold* *Gold*	***Der Kelch fließt über. Die Quintessenz der Weisheit auf allen Ebenen.***
B42	*Ernte*	*Gelb* *Gelb*	***Freude, Weisheit, Glück, Verzückung, Erwachen.***
B43	*Kreativität*	*Türkis* *Türkis*	***Kommunikation des Herzens. Sich auf die eigene Seele verlassen können***
B44	*Der Schutzengel*	*Hellviolett* *Hellblau*	***Die lila Flamme der Transmutation, das Blau des perfekten Schutzes***
B45	*Atem der Liebe*	*Türkis* *Magenta*	***Das Bedürfnis und die Gabe, Liebe zu bekommen und zu geben.***
B46	*Der Wanderer*	*Grün* *Magenta*	***Das Entdecken der inneren Stärke und Liebe.***
B47	*Alte Seele*	*Königsblau* *Zitronengelb*	***Eine Zeit, die dazu geeignet ist, neue Ziele zu formulieren.***
B48	*Flügel der Heilung*	*Violett* *Klar*	***Spirituelle Reinigung. Eine Zeit, die dafür geeignet ist, nach innen zu schauen***
B49	*Der neue Bote*	*Türkis* *Violett*	***Geistige Beweglichkeit durch Meditation***

Nr.	Bezeichnung	Farbkombination (oben/unten)	Grundthema:
B50	El Morya	Hellblau Hellblau	Die Kraft hinter dem Thron des Bewusstseins
B51	Kuthumi	Hellgelb Hellgelb	Kommunikation in beide Richtungen. Wie oben, so unten.
B52	Lady Nada	Hellpink Hellpink	Spirituelles Wachstum durch die Fähigkeit zu lieben.
B53	Hilarion	Hellgrün Hellgrün	Das reine Herz. Regeneration
B54	Serapis Bey	Klar Klar	Die Kraft des Lichtes. Das sich ausweitende Bewusstsein.
B55	Der Christus	Klar Rot	Licht und Inspiration fließen in die Welt des stofflichen ein.
B56	St. Germain	Hellviolett Hellviolett	Auf den Pfaden der höchsten Ordnung
B57	Pallas Athene und Aeolus	Hellpink Hellblau	Lass los und vertraue! Persönliche Unabhängigkeit

B58	***Orion und Angelika***	*Hellblau* *Hellpink*	***Mutterliebe, Vaterliebe, spirituelle Liebe***
B59	***Lady Portia***	*Hellgelb* *Hellpink*	***Gelegenheit zu großer Freude und tiefem Glück***
B60	***Lao Tse und Kwan Yin***	*Blau* *Klar*	***Sei still und „wisse“, wer Du bist.***
B61	***Sanat Kumara und Lady Venus Kumara***	*Hellpink* *Hellgelb*	***Wie oben so unten***
B62	***Maha Chohan***	*Helltürkis* *Helltürkis*	***Das Meer des reinen, universellen Bewusstseins***
B63	***Djwal Khul und Hilarion***	*Smaragdgrün* *Hellgrün*	***Neubeginn bringt Gleichgewicht und Gerechtigkeit.***
B64	***Djwal Khul***	*Smaragdgrün* *Klar*	***Ich bin der Weg … höre zu und folge nach***
B65	***Kopf im Himmel Füße auf dem Boden***	*Violett* *Rot*	***Das „Ich bin“ kommt auf die Welt. Transformation***
B66	***Die Schauspielerin***	*Hellviolett* *Hellpink*	***Liebe, die keine Bedingungen stellt im dienen für die Anderen***

Nr.	*Bezeichnung*	*Farbkombination (oben/unten)*	*Grundthema:*
B67	*Göttliche Liebe*	*Magenta* *Magenta*	*Göttliche Liebe verschmolzen mit dem Dienen*
B68	*Gabriel*	*Blau* *Violett*	*Friede und Erfüllung. Unterscheidungsvermögen im Spirituellen*
B69	*Klingende Glocke*	*Magenta* *Klar*	*Gereinigte Begierden. Die Antriebskraft der Liebe*
B70	*Vision der Pracht*	*Gelb* *Klar*	*Licht in den astralen Nebel hineinscheinen lassen*
B71	*2. Essener Flasche*	*Pink* *Klar*	*Erweiterung des Bewusstseins durch die grenzenlose Kraft der Liebe*
B72	*Der Clown*	*Blau* *Orange*	*Die inneren emotionalen Bedürfnisse mitteilen und nähren.*
B73	*Chang Tsu*	*Gold* *Klar*	*Weisheit aus der Tiefe des Selbst*
B74	*Triumph*	*Hellgelb* *Hellgrün*	*Gerechtigkeit durch Gleichgewicht*

B75	***Mit dem Fluss gehen***	*Magenta* *Türkis*	***Eine Veränderung der Betrachtungsweise. Eine Gelegenheit dazu, Dinge anders zu sehen***
B76	***Vertrauen***	*Pink* *Gold*	***Weisheit aus der Vergangenheit, ausgedrückt durch die Liebe, die keine Bedingung stellt.***
B77	***Der Kelch***	*Klar* *Magenta*	***Liebe und Licht werden Manifest Vollendung im Stofflichen Kronen-Chakra***
B78	***Notfallöl***	*Violett* *Tiefmagenta*	***Friedliebend und verlässlich***
B79	***Vogel-Strauß-Flasche***	*Orange* *Violett*	***Eine tiefe innere Heilung für eine Schocksituation***
B80	***Artemis***	*Rot* *Pink*	***Energie zum Leben und zum Auflösen. Eine Flasche zum Loslassen.***
B81	***Liebe, die keine Bedingungen stellt***	*Pink* *Pink*	***Mitgefühl und Verständnis. Das Bedürfnis nach Liebe***
B82	***Calypso***	*Grün* *Orange*	***Den Raum zu haben, um sich mit der inneren Einsicht verbinden zu können. Tiefe Glückseligkeit des Herzens.***

Nr.	Bezeichnung	Farbkombination (oben/unten)	Grundthema:
B83	Sesam öffne Dich	Türkis Gold	Die Weisheit des Herzens
B84	Kerze im Wind	Pink Rot	Verständnis für die eigene, im Inneren liegende Leidenschaftlichkeit. Der tiefe Wunsch, sich um andere zu kümmern.
B85	Titania	Türkis Klar	Kommunikation in der neuen Zeit. Erleuchtung.
B86	Oberon	Klar Türkis	Ein Kanal für die kreative Kommunikation des Herzens
B87	Liebe/Weisheit	Koralle Koralle	Weisheit auf allen Ebenen. Unerwiderte Liebe. Vernetztheit
B88	Jadeherrscher	Grün Blau	Die Kommunikation von Frieden durch Gefühle
B89	Energienotfallöl	Rot Tiefmagenta	Die Zeitenwende

B90	***Weisheitsnotfallöl***	*Gold* *Tiefmagenta*	***Tiefe Heilung in Bezug auf die alte Weisheit***
B91	***Weibliche Führungskraft***	*Olivgrün* *Olivgrün*	***Die Lektionen des Herzens***
B92	***Gretel***	*Koralle* *Olivgrün*	***Unabhängigkeit des Weiblichen. Kooperation statt Konkurrenz***
B93	***Hänsel***	*Koralle* *Türkis*	***Kollektive Kommunikation der Liebe und Weisheit***
B94	***Erzengel Michael***	*Hellblau* *Hellgelb*	***Der höhere Wille begegnet dem persönlichen Willen***
B95	***Erzengel Gabriel***	*Magenta* *Gold*	***Liebe aus lichten Sphären***
B96	***Erzengel Raphael***	*Königsblau Königsblau*	***Die höheren geistigen Funktionen. Aufbauende Kräfte.***
B97	***Erzengel Uriel***	*Gold* *Königsblau*	***Der Inkarnationsstern verbindet sich mit den höheren geistigen Funktionen***
B98	***Erzengel Sandaphon***	*Hellviolett* *Koralle*	***Umwandlung von Negativität auf allen Ebenen***

Nr.	*Bezeichnung*	*Farbkombination (oben/unten)*	*Grundthema:*
B99	*Erzengel Zadkiel*	*Hellolivgrün* *Pink*	***Ein Schritt hinein in den Strom des Lebens***
B100	*Metatron*	*Klar* *Tiefmagenta*	***Das Licht in der Dunkelheit erhellt den Schatten***
B101	*Erzengel Jophiel*	*Hellblau* *Hellolivgrün*	***Der Wille Gottes nimmt Einkehr ins Herz. Eine neue Wesensebene öffnet sich.***
B102	*Erzengel Samael*	*Dunkeloliv* *Tiefmagenta*	***Liebe! Die Hoffnung schöpft neue Kraft im Angesicht von Schwierigkeiten.*** ***Nicht verdrängen, was man nicht sehen möchte***
B103	*Erzengel Haniel*	*Opalisierendes Hellblau* *Tiefmagenta*	***Bewusstsein für Frieden, Vertrauen und Kommunikation***
B104	*Erzengel Chamael*	*Irisierendes Pink* *Magenta*	***„Es ist, wie es ist."***

Im Laufe der Zeit entstehen weitere, neue Flaschen (je nach Zeitqualität). Zum Zeitpunkt der Drucklegung dieses Buches endete das Set mit der Flasche B104.

Aura-Soma-Pomander

Die nächste wichtige Produktgruppe sind die Pomander. Vicky Wall nannte sie ihre Babys. Die Pomander sind auf Alkoholbasis und beinhalten 7 x 7, also 49 verschiedene Kräuter- und Pflanzenauszüge. Und doch ist jeder einzelne der 15 verschiedenen Pomander unterschiedlich in Farbe, Duft und Wirkung. Denn die Kräuter- und Pflanzenauszüge, die die Farbe bestimmen, sind vorherrschend in den verschiedenen Pomandern. Nun, was macht man damit und wofür sind sie letztendlich gut.

Pomander wirken schützend. Sie werden in einem bestimmten Ritual in die Aura eingefächelt und bilden somit einen Schutz. Wobei der Schutz nicht so zu verstehen ist, dass er eine Mauer um uns herum aufbaut und wir dadurch nicht mehr wahrnehmen können, bzw. nicht mehr wahrgenommen werden. Vielmehr setzt er Ventile, die dafür sorgen, dass unsere Wahrnehmung nicht getrübt wird wir aber trotzdem nicht mehr alles in vollem Maße abbekommen und uns damit belasten.

Aura-Soma England sagt, dass eine Pomander-Anwendung für ca. 3–4 Stunden Schutz aufbaut. Ich dagegen habe andere Erfahrungen gemacht. Hier ein Beispiel. Ich wendete morgens früh den wunderschönen pinkfarbenen Pomander an, ich genoss den wohlriechenden Duft der Farbe *Rosa*. Tagsüber ging ich meiner Beschäftigung nach, wie jeden Tag und gegen Abend kam ich in eine Situation, in der ich emotionalen Angriffen ausgesetzt werden sollte. In diesem Moment roch ich den rosafarbenen Pomander plötzlich wieder. Mir war sofort klar, dass er sich wieder aktivierte in meinem feinstofflichen Feld. Die emotionalen Angriffe, die auf mich gestartet wurden, verfehlten ihr Ziel. Ich blieb ruhig und konnte gezielt handeln. Wäre ich ungeschützt gewesen, so hätten mich diese verbalen Angriffe sicherlich zu

Boden geschmettert und handlungsunfähig gemacht. Zudem wirken Pomander reinigend auf das elektromagnetische Feld und kräftigen die Aura.

Sie fragen sich vielleicht, weshalb es denn 15 verschiedene Pomander gibt, wenn sie doch alle gleichermaßen eine schützende Wirkung aufweisen. Das ist eben der zweite Aspekt der Pomander, der zum tragen kommt. Die Farbe unterstützt ebenfalls noch Prozesse, in denen wir uns vielleicht befinden. Möchte man vielleicht gezielt seinen Halsbereich harmonisierend unterstützen, so würde man den saphirblauen oder königsblauen Pomander wählen. Fehlt es uns an Kraft und Stärke, so könnten wir uns nicht nur schützende Energien, sondern auch Kraft und Stärke durch die Farbe *Rot* zuführen. Wenn man nicht genau weiß, welcher Pomander der derzeit passendste für uns ist, so schauen wir uns das Equilibrium-Flaschen-Set an und finden heraus, welche der Flaschen uns am allerbesten gefällt. Die Farbe im unteren Teil dieser Flasche, ist ein Hinweis, welche Farben wir bei den Zusatzprodukten am besten benötigen können. Beispiel: Gefällt uns die Flasche 27 *(Rot* über *Grün)* am besten momentan, so ist der für uns heute sinnvollste und unterstützendste Pomander der *Smaragdgrüne.*

Die Anwendung der Pomander

Bei Pomander ist es durchaus möglich, dass mehrere Personen die gleiche Flasche benutzen, denn hier gehen Energien der Menschen nicht in die Flaschen über. Die Flaschen bleiben neutral, so kann sich jeder bedienen. Besonders schön ist es, wenn man das Anwendungsritual morgens zusammen mit der Familie anwendet. Übrigens: Kinder mögen die Pomander und wählen in der Regel immer den richtigen für sich und den entsprechenden Tag aus.

1. Nehmen Sie drei Tropfen auf die linke Handoberfläche. Noch nicht daran schnuppern, sonst bekommen Sie hauptsächlich Alkohol in die Nase. Legen sie die rechte Hand darüber und verreiben die Flüssigkeit in den Handflächen.

2. Nun stellen Sie sich bequem hin und halten beide Arme nach oben, etwas gespreizt. Stellen Sie sich vor, wie aus Ihrer linken Hand ein Strahl entspringt, in der Farbe des angewendeten Pomanders. Diesen Strahl führen Sie gedanklich um die gesamte Erde herum, bis er auf die rechte Handinnenfläche trifft.

3. Fangen Sie an einzufächeln. Über dem Kopf. Sachte und langsam sind die Bewegungen.

   Über den Schläfen, die Zentren unserer Wahrnehmung.

4. Über dem Hals, dem Zentrum unserer Kommunikation.

5. Und weiter über dem Herzen. Hier machen wir einen kleinen Moment Pause und schicken der Person oder Situation, die uns am meisten am Herzen liegt, gedanklich von dieser Energie.

   Und wir fächeln weiter über dem Bauchbereich, über dem Unterbauch, über die Beine bis zu den Füßen.

6. Wir gehen in die Hocke und halten beide Handflächen Richtung Erde. Gedanklich geben wir unserer Erde von dieser Energie, in dem wir aus jeder Handfläche kommend einen Strahl visualisieren (wieder in der Farbe des angewandten Pomanders), der tief in die Erde führt.

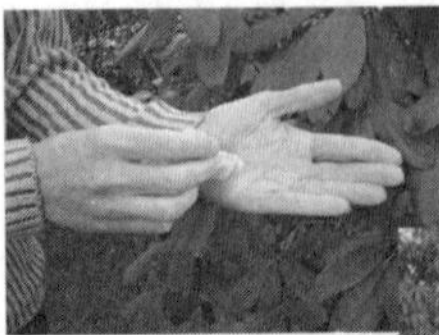

1.

2.

3.

Die Pomander-Anwendung

4.

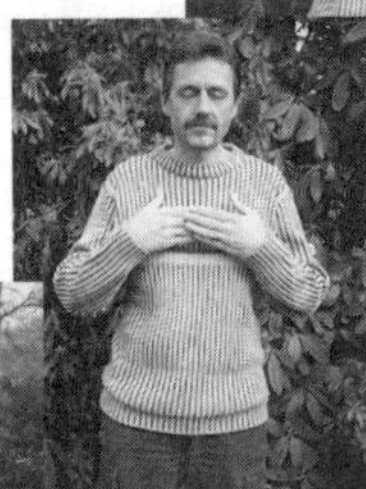

5.

6.

7.

7. Danach stellen wir uns wieder aufrecht hin und riechen drei Mal an unseren Handinnenflächen.

Das ist die offiziell gelehrte Anwendungsweise eines Pomanders. Dieses kurze Ritual dauert nicht länger als zwei Minuten. Es wirkt außerdem entspannend und wohltuend. Ganz zu schweigen von der Wohltat der Düfte, die sich bei der Anwendung wahrnehmen lassen.

Hier eine kurze Aufstellung der einzelnen Pomander:	
Weiß	Bringt Licht, Erneuerung und eine klare Wahrnehmung
Pink	Wärme und Fürsorge, Liebe zu uns selbst
Rubinrot	Erdet, schützt vor Erdenergien, vermittelt am stärksten neue Energie
Rot	Erdet, schützt im täglichen Leben, revitalisiert
Koralle	Feine Liebe und Fürsorge auf eine neue Weise
Orange	Regression und „Stoßdämpfer", bringt Einsicht
Gold	Lösung von irrationalen Ängsten, Rückverbindung mit der inneren Weisheit
Gelb	Bei Nervosität und negativen Gedanken, bringt das Licht zurück
Olivgrün	Reinigt und erfrischt unseren Raum
Smaragdgrün	Zur Findung des eigenen Raums
Türkis	Kreative Kommunikation des Herzens von der fühlenden Seite unseres Wesens
Saphirblau	Kommunikation und Transformation
Königsblau	Innerer Frieden, inneres Sehen
Violett	Beruhigend und heilend, wunderschön vor der Meditation
Magenta	Verstärktes Mitgefühl, tiefe Fürsorge

Die Meister-Quintessenzen

Die dritte wichtige Gruppe sind die Meister Quintessenzen. Auch hiervon gibt es 15 Verschiedene. Sie sind ebenfalls auf Alkoholbasis und haben ähnliche Inhaltsstoffe wie die Pomander, nur dass sie eine wesentlich höher schwingende Wirkung haben. Von daher sind sie auch in der Regel im Farbton wesentlich lichtvoller und heller.

Die Quintessenzen führen eine subtilere Energie in das Aura-Soma-Farbsystem ein. Sie wirken über die astralen und ätherischen Ebenen, um den Strom der Energien von den inneren Ebenen zu erleichtern. Ihre Funktion ist also eine anrufende. Wenn wir eine Quintessenz gebrauchen, laden wir die positivsten Energien von den mit ihr verbundenen Farbstrahlen in das Aurafeld ein. Damit rufen wir unsere eigenen Qualitäten tief aus unserem Inneren in die Manifestation. Die Quintessenzen helfen uns, unsere eigene, innere Schönheit zu akzeptieren und zu erkennen.

Als Meisterflaschen bezeichnet man auch die Reihe der Meisteressenzen innerhalb der Equilibrium-Serie, also die Flaschen B50 bis B64. Jede Meisterschwingung bringt bestimmte Qualitäten, bestimmte Erfahrungen mit sich. Wir können die Quintessenzen verwenden, wenn wir willens und offen sind, diese Erfahrungen in unser Leben einzuladen.

Die Quintessenzen können Ihnen bei Meditation, Gebet und Kontemplation helfen, indem sie Sie an einen Ort der Stille führen und mit der Quelle der Universellen Energie verbinden.

Wenn Sie sich auch hier nicht zu einer bestimmten Quintessenz hingezogen fühlen, die Sie gerne benutzen möchten, können Sie, genauso wie bei allen Zusatzprodukten, wieder schauen, welche Equilibrium-Flasche Ihnen zur Zeit am besten gefällt.

Der untere Teil dieser Flasche zeigt Ihnen, welche Quintessenz jetzt die richtige sein kann.

Die Anwendung der Meister-Quintessenzen

Die Anwendung dieser Essenzen ist fast mit der Pomander-Anwendung identisch, nur folgende Unterschiede unterscheidet die Anwendung:

Drei Tropfen werden auf das linke Handgelenk, den Puls gegeben und mit dem rechten Handgelenk/Puls verrieben. Das Einfächeln hat den gleichen Ablauf, nur dass die Fächelbewegungen viel weiter, viel ausladender sind.

Zum Schluss beim Hochgehen von der Erde wickelt man die Energie auf mit den Händen. Die Hände und Unterarme kreisen beim Hochgehen umeinander.

Zum Schluss drei Mal an den Gelenken riechen und tief ein- und ausatmen, kurz nachspüren.

Hier eine kurze Aufstellung der einzelnen Quintessenzen:

El Morya	*Hellblau*	***Dein Wille geschehe durch mich***
Kuthumi	*Hellgold*	***Liebe und Weisheit; fördert die Kommunikation zwischen Engeln, Menschen und Devas***
Lady Nada	*Hellrosa*	***Bedingungslose Liebe***
Hilarion	*Hellgrün*	***Ein Raum für das Neue***
Serapis Bey	*Klar*	***Reinigung und Neubeginn***
Der Christus	*Rot*	***Schenkt neue Energie, Schutz und Fürsorge***
Saint Germain	*Hellviolett*	***Heilung, Meditation, Transformation***
Pallas Athene	*Rosenpink*	***Schöpferischer Ausdruck von Liebe und Schönheit***
Orion und Angelik	*Hellrosa*	***Für neue Anfänge, Anschlüsse und für Reisen***
Lady Portia	*Gold*	***„Richtet nicht …“, klares Sehen führt zu rechtem Handeln***
Lao Tse/Kwan Yin	*Hellorange*	***Die Vergangenheit loslassen, Mitgefühl einbringen***
Sanat Kumara und LadyVenusKumara	*Hellkoralle*	***Bringt das Göttliche ins Alltägliche, achtet auf die Tiefen der Dinge***
Maha Chohan	*Helltürkis*	***Macht uns vom Gefühlsaspekt unseres Wesens her bewusst, was wir sagen sollten***
Djwal Khul	*Smaragdgrün*	***Wahrheitssuche***
Heiliger Gral	*Helloliv*	***Sei empfänglich und lausche aufmerksam***

Weitere Aura-Soma-Produkte

Oben habe ich Ihnen kurz und knapp die drei wichtigsten Gruppen des Aura-Soma-Farbsystems vorgestellt. Es gibt noch weitere Zusatzprodukte, auf die ich an dieser Stelle nicht ausführlich eingehen möchte. Darüber wurde genügend bereits in vielen Fachbüchern geschrieben (siehe Literaturverzeichnis).

Pomander-Raumsprays: Zum Energetisieren, schützen und Harmonisieren von Räumen.

Quintessenzen-Raumsprays: Um Räume ganz gezielt in eine bestimmte Schwingung zu tauchen.

Flower-Shower: Ein Body- and Hairshampoo, wie es Aura-Soma England nennt. Eine Wohltat für Körper, Geist und Seele.

Arch-Angeloi-Sprays: Die jüngste Produktgruppe des Systems. Es sind Sprays passend zu den Erzengel Equilibrium-Flaschen Nr. B94 bis B103. Sie werden über jede Schulter und über den Kopfbereich gesprüht.

Neben Cremes, Badezusätzen und Haut-Tonics gibt es noch farbige Body-Lotions. Das System wird ständig erweitert. Möchten Sie hierzu nähere Informationen, haben Sie auch die Möglichkeit sich während einer persönlichen Beratung oder im Fachhandel kundig zu machen. Ich kann Ihnen empfehlen, sich auch einmal diesem System bei Ihrer Arbeit mit Farben zuzuwenden. Für mich kann ich nur sagen, dass mir Aura-Soma in meiner langjährigen Erfahrung bereits oft zu Erkenntnissen und Einsichten verholfen hat, um ganz tief im Innern Dinge bereinigen zu können, die mich schon lange bewusst oder auch unbewusst belasteten und mein tägliches Leben behinderten.

Numerologie und Farben

Eine ganz besondere Art mit Farben zu arbeiten ist die Zuhilfenahme der Numerologie. Es ist möglich jedes geschriebene Wort, jeden Namen, jeden Satz auf eine Ziffer zu reduzieren. Und jeder einstelligen Ziffer ist eine Farbe zugeordnet. Es ist wirklich ganz einfach und simpel, denn die Lösung steckt bereits in der Frage oder im geschriebenen Wort. Ich möchte mich an dieser Stelle gar nicht zu lange mit trockener Theorie aufhalten, sondern Ihnen viel mehr an Beispielen zeigen, was alles möglich ist. Dazu benötigen wir zwei Schlüssel:

Das Alphabet

Jeder Buchstabe wird einer Ziffer zugeordnet. Wobei bei Worten mit Umlauten (ü, ö, ä) die komplette Schreibweise angewandt wird, wie Ü = UE, Ä = AE, Ö = OE und ein „ß“ ist ein „ss“. Damit bekommen Sie alle Buchstaben in folgende Tabelle:

1	2	3	4	5	6	7	8	9
A	B	C	D	E	F	G	H	I
J	K	L	M	N	O	P	Q	R
S	T	U	V	W	X	Y	Z	

Die Farbzuordnung

Jeder Ziffer ist eine Farbe zugeordnet. Es gibt in der Literatur verschiedene Zuordnungsmöglichkeiten, ich jedoch habe mich für dieses System, für nachfolgende Aufschlüsselung entschieden:

1 = *Rot*

2 = *Orange*

3 = *Gelb*

4 = *Grün*

5 = *Blau*

6 = *Königsblau*

7 = *Violett*

8 = *Weiß*

9 = *Magenta*

Die Möglichkeiten

So gibt es jetzt verschiedene „Daten“, die es heißt auf eine Ziffer zu reduzieren um die verschiedensten Themenbereiche zu enthüllen. Dazu bedienen wir uns des Pyramidensystems.

Das Lebensthema

Um heraus zu bekommen welches Haupt-Lebensthema Sie für die jetzige Inkarnation haben schreiben Sie bitte Ihren vollständigen Geburtsnahmen auf, mit allen Vornamen, die Ihnen gegeben wurden. Dahinter notieren Sie Ihr Geburtsdatum achtstellig. Beispiel:

K A R L	J U E R G E N	D E I R Y	0 2. 0 7. 1 9 6 0
2 1 9 3	1 3 5 9 7 5 5	4 5 9 9 7	2 7 1 9 6 0
3 1 3	4 8 5 7 3 1	9 5 9 7	9 8 1 6
4 4	3 4 3 1 4	5 5 7	8 9 7
8	7 7 4 5	1 3	8 7
	5 2 9	4	6
	7 2		
	9		
8	9	4	6
	8	4	1
		3	5
			8

Zuerst suchen Sie im Alphabet die Ziffer zu jedem Buchstaben heraus und schreiben Sie unter den Buchstaben:

K	A	R	L
2	1	9	3

Anschließend addieren Sie die einzelnen Ziffern solange bis nur eine Ziffer übrig bleibt:

2 + 1 = 3

1 + 9 = 10 = 1

9 + 3 = 12 = 1 + 2 = 3

Das ergibt die 2. Zahlenreihe:

K A R L

2 1 9 3

3 1 3

Addieren Sie nun weiter um die 3. Zahlenreihe zu erhalten:

3 + 1 = 4

1 + 3 = 4

Das ergibt die 3. Zahlenreihe:

K	A	R	L
2	1	9	3
	3	1	3
		4	4

Und nun noch die beiden letzten Ziffern 4+4=8 um die letzte Reihe zu erhalten. So gehen Sie mit jedem Wort vor, bis für jedes Wort nur noch eine Ziffer bleibt.

K	A	R	L	
2	1	9	3	
	3	1	3	
		4	4	= 8

Aus dieser Berechnung können wir jetzt die verschiedensten Dinge herauslesen. Schauen wir von unten nach oben:

Die Summe aus allen Ziffern an der unteren Spitze der Pyramide ist die 8. Die Summe aus allen Vornamen, dem Geburtsnamen und dem Geburtsdatum geben Aufschluss über das Lebensthema, das in diesem Falle die 8 ausweist. Die 8 hat die Farbzuordnung *Weiß*. *Weiß* steht ja für die Vereinigung aller Farben. Alle Farben sind zu gleichen Teilen im *Weiß* enthalten. Das bedeutet, diese Person kann aus dem Vollen schöpfen. Sein Leben wird jedoch ständig das Thema „Entscheidungen treffen" begleiten. Ein Mensch, der die Vollkommenheit liebt und dessen Seele zurück zur Einheit strebt. Die Reinigung nicht zu vergessen. Diese Person kommt wahrscheinlich öfter einmal in Situationen, in denen es gilt Dinge zu bereinigen, Unrecht aufzudecken und durch Recht zu ersetzen. Ein Reformer und Pionier. Lesen Sie hier auch weiter vorne die Erklärungen zur Farbe *Weiß*.

Geburtsenergien

Schauen wir uns nun die Summe des Geburtsdatums alleine an, so gibt diese Aufschluss über die Energien, die diese Person bei der Geburt mitbekommen hat. In unserem Beispiel die Ziffer 6 und damit die Farbe *Königsblau.* Ein Mensch, der immer den Überblick behält oder behalten möchte, fühlt sich stets sehr hingezogen zum fürsorglichen Weiblichen. Eine Stärke ist der Ausdruck, die Kommunikation. Ein großes Bedürfnis nach Geborgenheit und Frieden.

Hinweis auf Familienkarma

Um einen Hinweis zum Familienkarma zu bekommen, benötigen Sie noch den Geburtsnamen Ihrer Mutter, bzw. die beiden Namen der Ursprungsfamilie Ihrer Eltern. Beispiel:

(Geburtsname der Mutter)	(„Geburtsname“ des Vaters)
G O E B E L	D E I R Y
7 6 5 2 5 3	4 5 9 9 7
4 2 7 7 8	9 5 9 7
6 9 5 6	5 5 7
6 5 2	1 3
2 7	4
9	
9 +	4 = 13 = 1 + 3 = 4

Die 4 ist also ein Hinweis auf das Familienkarma. Die 4 gehört zur Farbe *Grün.* Und *Grün* hat was mit dem Herzen zu tun, mit Neubeginn, mit dem Freiraum, bzw. das Abstecken von Grenzen. Die Natur …!

Vornamen-Qualitäten

Wenn Sie sich zum Beispiel nur die Summe ansehen, die sich aus allen Vornamen ergeben, können Sie einen Hinweis erhalten, welche Qualitäten Ihre Eltern bewusst oder unbewusst in Form eines Namens mit auf den Lebensweg geben wollten. In unserem Fall: Karl = 8, Jürgen = 9, 8 + 9 = 17, 1 + 7 = 8. Und die 8 steht für die Farbe *Weiß*. Die „rein zufällig" noch mit dem Lebensthema übereinstimmt.

Beziehungsvergleiche

Wenn Sie möchten können Sie auch einen Partnerschaftsvergleich errechnen. Nehmen Sie einfach die Daten Ihres Partner oder Ihrer Partnerin und stellen die gleiche Rechnung an. Nehmen wir an, es käme bei Ihrem Partner/Partnerin oder einer Person mit der Sie diese Rechnung vornehmen wollen, die Zahl 6 heraus. Dann addieren Sie die 6 zu der 8, Sie erhalten die 14, die Sie dann wieder zu einer Ziffer addieren = 5. Ihr gemeinschaftliches Thema für diese Beziehung ist die 5, die wiederum für die Farbe *Blau* steht. *Blau* steht unter anderem für Ruhe und Frieden, für die Kommunikation, für die Fürsorge und vieles mehr (schauen Sie unter *Blau* im Kapitel weiter vorne nach). All das wird in dieser Beziehung groß geschrieben und stellt ein gemeinsames Thema für diese Partnerschaft da. Sie können das Gemeinschaftsthema auch für andere „Beziehungen" einsetzen: Mutter + Kind, Angestellter + Vorgesetzter, Nachbarin und Vermieter oder, oder …

Fragen stellen

Wenn Sie möchten können Sie auch Fragen stellen. Sie erhalten nach abgeschlossener Berechnungen, wieder eine einzige Ziffer, die wiederum einer Farbe angehört. Diese Farbe gibt manches

Mal klare Antworten und manchmal auch nur Hinweise. Die Hinweise sagen oft etwas aus, auf was Sie in der gefragten Situation achten sollten und Ihr Hauptaugenmerk lenken können. Stellen Sie keine Fragen, die mit Ja oder Nein beantwortet werden können. Denn in der Farbenlehre gibt es kein klares Ja oder Nein. Fangen Sie am besten die Fragen an mit „Was kann ich beachten bei …“ oder „Was soll ich aus der und der Situation lernen“ oder „Was mache ich falsch dass ich immer wieder …“! Lassen Sie mich das an nachfolgendem Beispiel erklären:

Frage: Auf was soll ich beim morgigen Gespräch mit Herrn Mueller achten?

Zunächst zählen Sie die Worte des Fragesatzes, hier wären es 11 (1 + 1 = 2) Worte. Bitte notieren Sie die Zahl.
Dann gehen Sie so vor wie bei unserem Namensbeispiel:

```
A U F   W A S   S O L L   I C H   B E I M
1 3 6   5 1 1   1 6 3 3   9 3 8   2 5 9 4
  4 9     6 2     7 9 6     3 2     7 5 4
    4       8       7 6       5       3 9
                      4                 3
```

```
M O R G I G E N   G E S P R A E C H
4 6 9 7 9 7 5 5   7 5 1 7 9 1 5 3 8
  1 6 7 7 7 3 1     3 6 8 7 1 6 8 2
    7 4 5 5 1 4       9 5 6 8 7 5 1
      2 9 1 6 5         5 2 5 6 3 6
        2 1 7 2           7 7 2 9 9
          3 8 9             5 9 2 9
            2 8               5 2 2
              1                 7 4
                                  2
```

```
M I T   H E R R N   M U E L L E R
4 9 2   8 5 9 9 5   4 3 5 3 3 5 9
  4 2     4 5 9 5     7 8 8 6 8 5
    6       9 5 5       6 7 5 5 4
              5 1         4 3 1 9
                6           7 4 1
                              2 5
                                7
```

```
A C H T E N
1 3 8 2 5 5
  4 2 1 7 1
    6 3 8 8
      9 2 7
        2 9
          2
```

Folgende Einzelziffern ergeben sich nun aus den Worten 4 + 8 + 4 + 5 + 3 + 1 + 2 + 6 + 6 + 7 + 2 = 48 plus die Anzahl der Worte (+ 11) = 59, 5 + 9 = 14, 1 + 4 = 5.

Damit bekommen Sie das Ergebnis „5 / *Blau*“ auf Ihre Frage. Es ist dann so zu interpretieren, dass es um Kommunikation, den Glauben an sich, ruhig und friedlich bleiben geht, auf das Sie achten sollten. Mit diesem Wissen können Sie nun am nächsten Tag ins Gespräch gehen. Bitte sehen Sie das ganze nicht ganz so verbissen, sondern lassen Sie sich spielerischen Freiraum. Sie können natürlich die erhaltenen, vielleicht wertvollen, Hinweise beachten – aber bitte bleiben Sie in jedem Fall Sie selbst.

So können Sie die verschiedensten Fragen stellen und Hinweise erhalten. Bitte überprüfen Sie immer Ihr Rechenergebnis. All zu leicht schleichen sich Fehler ein, die das ganze Ergebnis beeinflussen können. Achten Sie auch darauf, dass Ihre Fragen zwar präzise, jedoch kurz und knapp gehalten werden. Und nun viel Freude dabei.

Tagesqualitäten

Auf einfache Art und Weise können Sie die Tagesqualität berechnen. Wenn Sie vielleicht wissen möchten, welche Qualitäten der Tag 21.11.2006 hat, dann gehen Sie folgendermaßen vor:

```
2 1 1 1 2 0 0 6
  3 2 2 3 2 0 6
    5 4 5 5 2 6
      9 9 1 7 8
        9 1 8 6
          1 9 5
            1 5
              6
```

Die „6" ist das Ergebnis und damit die Farbzuordnung *Königsblau* mit den Themen: Ruhe, Glauben, Frieden, Kommunikation …! Das sind die Eigenschaften, die an diesem Tage großgeschrieben werden. Natürlich wird sich dieser Tag nicht nur auf diese Themen beschränken, doch sind diese Eigenschaften ein wichtiger Bestandteil der Tagesqualitäten. Genauso können Sie an Hand Ihres Geburtsdatums ausrechnen, welche Eigenschaften das erste Erblicken des Erdenlichtes für diese Inkarnation Ihr Sein geprägt hat.

Ich möchte noch einmal betonen, gehen Sie spielerisch mit der Numerologie und Farben um. Lassen Sie Ihrer Deutungsphantasie freien Lauf. Es ist ein Spiel, jedoch mit sehr viel Gehalt und einem umfangreichen Potential zum Nachdenken.

Farben und Zeit

Unter Heranziehung der traditionellen, chinesischen Medizin, der Astrologie und dem eigenen Empfinden sind die nachfolgenden Zuordnungen entstanden. Die Einteilung der Farben auf die Tageszeit, die Wochentage und die Monate. Vielleicht haben Sie schon von anderen Zuordnungen gehört oder sie gesehen. Für meine Begriffe und für mich sind diese hier gezeigten stimmig. Bitte verstehen Sie das als Vorschlag und nicht als feste Regel. Fühlen Sie selbst hinein und entscheiden, ob Sie das annehmen wollen und können.

Die Monatsuhr

Das Jahr beginnt mit *Blau* im Januar und Februar. Diese beiden Monate sind die Monate der Entspannung, der Ruhe und des Friedens. Es ist kalt und man hält sich eher in geschlossenen Räumlichkeiten auf als stundenlang im Freien. Es ist die Zeit der Erneuerung. Die Natur hält tiefen Schlaf um im Frühjahr wieder mit neuen Farben und neuem Leben zu erwachen. Oft ist in diesen beiden ersten Monaten des Jahres Schneefall üblich. Der Schnee ist kalt, wie das *Blau* für diese beiden Monate.

Doch schnell vergehen die kalten Abschnitte und schon ist März. *Gelb* ist dem März zugeordnet. Die ersten Frühlingsboten in Blumenform erfreuen uns mit ihrer *gelben* Blütenpracht. *Gelb* steht für Sonne, Licht – die Tage werden merklich länger, unser Körper und unsere Seele bekommen wieder mehr Sonnenlicht. Was sich natürlich auch auf unser Gemüt auswirkt. Es kehrt wieder mehr Fröhlichkeit ein. Der März ist ideal um neuen Ideen nachzugehen, zu lehren – zu lernen. Im März fällt es uns besonders leicht. Es kommen Frühlingsgefühle auf, die Partnerschaft erwacht zu neuem Leben. Der März lässt uns düstere Wintergedanken ersetzen durch Neues und Interessantes.

Was sich im April, einem „orangen" Monat noch verstärken lässt. Wir bekommen wieder neue Power. Zum *Gelb* des März kommt jetzt etwas *Rot* hinzu, um zu einem strahlenden *Orange* der Lebensfreude zu werden. Vom Wetter her gesehen, macht dem Volksmund nach, der April ja was er will. So geht es auch mit dem *Orange* und unseren Gefühlen. Der Kontakt mit tiefsitzenden Verletzungen fällt uns ebenso leicht, wie das Leben der puren Freude. Man geht wieder mehr nach draußen. Das *Grün* der Natur.

In das *Grün* des Monats Mai. Im Mai ist die Natur voll und ganz erwacht. Der etwas wechselhafte Monat April ist vorüber. Das Wetter zeigt sich stabiler und bleibt von den Graden eher im Plusbereich. Uns zieht es noch mehr raus in die Natur, ins Grüne. Wir folgen dem Bedürfnis nach Raum und Freiheit. *Grün* die Farbe des Neubeginns. Wir gehen wieder in die Gärten, wir arbeiten wieder in der Natur. Es zieht uns hinaus. Fenster und Türen müssen wieder öfter offen stehen. Jeder Sonnenstrahl lockt uns noch mehr ins Grüne.

Bis im Juni wieder ein *Orange*-Monat folgt. Doch der Juni hat noch etwas andere Energien als der April, obwohl er zur gleichen Farbe gehört, *Orange.* Es ist ein *Orange,* das noch mehr ins rötliche geht. Das bedeutet noch mehr Kraft und Ausdauer wird in uns geweckt. Tatendrang, das Umsetzen von lang gehegten Ideen und das in purer Lebensfreude. Selbst sexuelle Aktivitäten werden in den Frühlings- und Sommermonaten gesteigert.

Im Juli und August, den heißesten Monaten des Jahres, ist die Farbe *Rot* zu Hause. *Rot* steht für Hitze, für Energie, für Standhaftigkeit, für Ausdauer. Es sei denn die Hitze steigert sich fast ins Unerträgliche, dann ist Ruhe angesagt *(Blau)* um die Hitze emotional abzuschwächen. Wir gehen zum Baden, in das kühle Wasser. Auch das ist ein *Blauaspekt,* der das *Rot* abschwächt und erträglicher werden lässt. Wir gehen, gerade im Juli und August, vielen Aktivitäten nach. Bis dann im September die Powerenergie des Rots wieder abgeschwächt wird durch *Gelb.* Dadurch

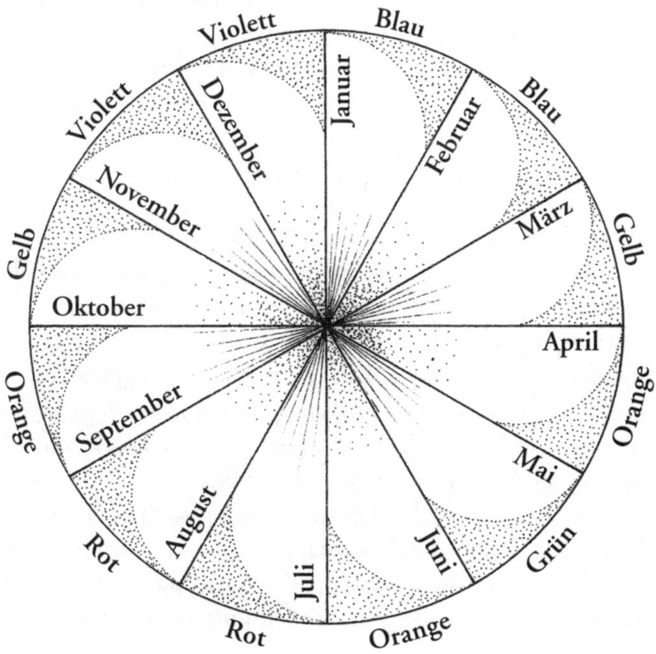

entsteht wieder ein schönes *Orange,* die Farbe des Septembers. Es könnte wieder ein rötliches *Orange* sein, wenn wir einen schönen Spätsommer haben. Hält jedoch der kühle Herbst schon massiv Einzug, so geht das *Orange* eher in *Gelb* über. Und *Gelb* ist die Farbe des Monats Oktober. Die Natur bereitet sich wieder auf den Winter, die kalte Jahreszeit vor. Die Tage werden merklich kürzer. Die Ernte wird eingefahren.

Im November beginnt dann die violette Zeit. Eine Zeit der Transformation. Eine Zeit, in der unsere Energien wieder heruntergefahren werden. Eine Zeit der Innenschau. Man bleibt wieder mehr zu Hause. Meditationen werden häufiger durchgeführt. Die Zeit wird besinnlicher und man geht mehr und mehr in eine spirituelle Richtung, die Ende Dezember ihre Hochphase hat. Und im Januar geht es wieder mehr in die innere Ruhe, zu dem *Blau.* Und der Kreislauf beginnt von vorne.

Die Tages- und Wochenuhr

Violette Energien gehören zum Montag. Langsam wird man von der Ruhe des Wochenendes *(Blau)* wieder in den stressbeladenen Wochenalltag *(Rot)* geführt, wodurch ein *Violett* entsteht. Es ist ein Tag, der einem so manches Mal doch schwerer fällt als andere Tage. Hier kommen eben geballte Energien zusammen. Transformation und Heilung gehören zum Montag. Am Dienstag verschwindet der Blauanteil aus dem *Violett* und wir haben pures *Rot. Rot* für die Kraft, die Stärke, die Erdverbundenheit. Dienstag ist der Tag der Taten. Wie der Name auch schon sagt, „Dienst" tun. Dienstags sind wir am tatfreudigsten, unsere Power und Ausdauer ist auf dem Höhepunkt. Mittwochs geht es dann eher in die geistige Richtung. Neues aufnehmen, neues weitergeben, das sind die Hauptenergien. Also Lehren und Lernen. Wie man am Tagesnamen ablesen kann, ist das die Mitte der Woche. Schauen wir unsere Körpermitte an, so sind wir im Solarplexusbereich, zu dem ebenfalls die Farbe *Gelb* gehört. Hier findet die Verdauung statt auf allen Ebenen. Heute ist ein guter Tag um „Verdauungsvorgänge" einzuleiten. Verdauung besteht immer aus: Aufnahme, Verarbeitung, Abgabe. Dabei ist es völlig egal, ob es sich im grobstofflichen Sinne um Nahrung für unseren Körper handelt oder um Informationen, Emotionen oder Gedankengut.

Am Donnerstag wechseln die Energien in ein *helles Blau.* Hellblau steht für unseren Halsbereich, für die Kommunikation, den Ausdruck schlechthin. Wurden Dinge bis zu diesem Tag nicht ausgesprochen, so ist genau da der richtige Zeitpunkt. Auch ein guter Tag um Besprechungen einzuberufen, bei denen es mittels des gesprochenen Wortes um Klärung geht. Wobei es sich genau so gut um den Familienrat handeln kann wie auch um die nächste Vorstandssitzung am Arbeitsplatz. Für den verbalen Austausch ist der Donnerstag besonders günstig.

Freitags gelangen wir dann in einen Grünbereich. *Grün* für Freiheit, für die Natur, für den Raum. Freitag ist in der Regel der letzte Arbeitstag der Woche und man wird nach Feierabend „entlassen" in seinen eigenen Raum. Jeder kennt das Gefühl des Freitag nachmittags. Das ganze Wochenende liegt vor uns, ohne fremdbestimmte Zwänge, ohne Arbeit die uns von außen aufgetragen wird. Wir können unseren Freiraum wieder weitestgehend selbst bestimmen. Es ist wieder Raum für die eigene Kreativität aus unserem Inneren.

Vom raumschaffenden *Grün* des freitags gehen wir in den ruhigeren Samstag, in das *Blau* über. Samstag ist ein Tag voller ruhiger und friedvoller Energien. Ein dunkles, tiefes *Blau* gehört zum Samstag. Dieser *Blauton* gehört zu unserem Stirnchakra. Samstags fällt es uns leicht wieder einen übergeordneten Blick über Geschehnisse, Menschen und Situationen zu erhalten. Sie kennen das Gefühl des Samstag nachmittags. Die Einkäufe für das Wochenende sind erledigt und wir finden Ruhe. Für mich gibt es nichts schöneres, als an einem Samstagnachmittag ein Mittagsschläfchen zu halten. Es hat völlig andere Energien, als zum Beispiel ein Schläfchen an einem Mittwochnachmittag.

Vom blaubetonten Samstag geht es dann in die orangen Energien des Sonntag. Oft ist der Sonntag ein Familientag. Lebensfreude, schöne gemeinsame Unternehmungen, gemeinsam lachen und Spaß haben werden am Sonntag begünstigt. Ohne Druck und ohne Zwang darf heute die pure Lebensfreude gemeinsam zelebriert werden, bevor der Kreislauf der Woche mit der *violetten* Energie am Montag von vorne beginnt.

Die Stundenuhr

Der neue Tag beginnt um 0 : 00 Uhr mit einer *violetten* Energie. Eine Phase der Regeneration, der Heilung. In der Regel erholen wir uns während des Schlafes am besten. Wenn wir zum Beispiel eine Erkältung haben ist das die Zeitphase, in der wir uns am besten regenerieren und damit heilen können. Es ist aber auch eine wunderbare Zeit um zu meditieren. Haben Sie schon mal spät abends ab 23 : 00 Uhr meditiert? Es hat eine völlig andere Qualität als vielleicht am Nachmittag in eine schöne Meditation zu gehen. Gerade diese Stunden in der Nacht sind ruhig. Kaum ablenkende Energien sind in unserer Umgebung. Versuchen Sie es mal.

Von 3 : 00 bis 5 : 00 Uhr bekommen wir grüne Energien. Das heißt unser Herz-Kreislauf-System wird unterstützt. Wir bekommen Raum in unserer Tiefschlafphase. Das ist auch die Zeit in der das meiste geträumt wird. Der eigene Raum weitet sich aus und unsere geistige Kreativität darf sich ausleben und über den Traum doch das eine oder andere noch verarbeiten. Ab 5 : 00 Uhr am frühen Morgen bekommen wir *gelbe* Energien.

Unser Geist erwacht so langsam, wobei das bei jedem etwas anders sein kann. Die geistigen Fähigkeiten steigern sich stetig bis ca. 11 : 00 Uhr. In diesem Zeitraum lassen sich besonders Dinge gut regeln, die mit Verdauung zu tun haben. Nicht nur die körperliche Verdauung ist hier gemeint, auch das geistige „Verdauen". Also, nicht vergessen: Aufnehmen, Verarbeiten und nicht vergessen es auch wieder los zu lassen. Gegen 11 : 00 Uhr

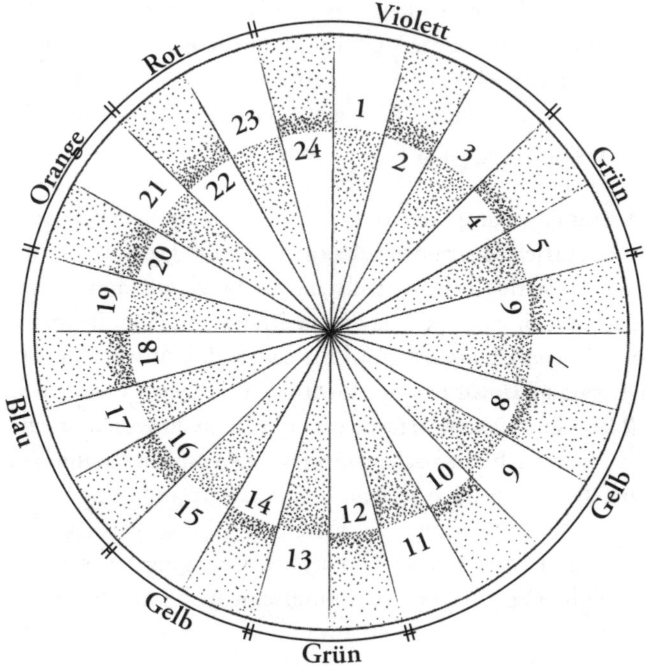

bekommen die bis dahin reinen *Gelbenergien* ein wenig *Blau* dazu. Da verlangen unser Körper und unser Geist ein wenig Ruhe. Durch das Hinzukommen von *Blau* wird aus unserem *Gelb* ein Grünton, was bedeutet, dass ein wenig Ruhe einkehren sollte um im eigenen Raum kreativ tätig werden zu können. Von 13 : 00 bis 14 : 00 Uhr bekommen wir wieder eine Gelbphase, die wiederum auf eine geistige Hochphase schließen lassen kann.

Das bedeutet, wir sind wieder mit ganzer Aufmerksamkeit bei unserer Tätigkeit. Ein Knick entsteht gegen 15 : 00 Uhr. Ab da werden die Energien so nach und nach wieder herunter gefahren. Ein starkes Ruhebedürfnis bahnt sich langsam an, was so gegen 18 : 00 bis 19 : 00 Uhr seinen Gipfel erreicht hat. Von 19 : 00 bis 21 : 00 Uhr fällt unser Alltag langsam von uns ab und wir dürfen in abendlicher Stimmung die pure Lebensfreude genießen. Genau die Zeit einmal aus zu gehen oder einen gemütlichen Abend mit Familie oder Freunden zu Hause zu verbringen. Das ganze bekommt zwischen 21 : 00 und 23 : 00 Uhr nochmals einen starken energetischen Schub in Form von *Rot.* Hier könnte noch einmal richtig losgelegt werden, denn genügend Energie steht normalerweise zur Verfügung. Auch *Orange* und *Rot* sind im Unterbauch- bzw. Wurzelchakra-Bereich zu Hause. Hier ist auch der Sitz der Sexualität. Auch dieser Bereich bekommt nochmals zusätzlich Energie. Bis nach 23:00 Uhr zum *Powerrot* langsam ein *Blau,* also ein gewisses Ruhebedürfnis Einzug hält. Ab 23:00 Uhr bekommen wir wieder violette Energien bis weit nach Mitternacht und unser farblicher Tagesablauf beginnt von vorne.

Bitte beachten Sie, dass die Zeitangaben Circa-Angaben sind und von Mensch zu Mensch leicht unterschiedlich sein können.

Mandalas malen und deuten

Eine überaus eindrucksvolle Arbeit mit Farben ist das Ausmalen von Mandalas. Sie können sehr spielerisch mit Mandalas umgehen, ohne viel darüber nachzudenken die kleinen oder größeren Felder eines Mandalas ausmalen. Am besten dafür geeignet sind normale, handelsübliche Buntstifte. Hiermit haben Sie nicht nur eine Vielzahl von verschiedenen Farben zur Verfügung, Sie können auch jede einzelne Farben in verschiedenen Stärken darstellen. Je sachter Sie aufdrücken, desto heller erscheint der Farbton.

Wenn Sie Muse, Lust und Laune haben, so zeichnen Sie Ihre eigenen Mandala-Vorlagen. Mandalas sind rund und in der Regel in sich harmonisch aufgeteilt. Ihre Phantasie ist hier gefragt, wenn Sie selbst gestalten möchten. Nur Mut, denn es macht nicht nur riesigen Spaß, sondern bietet auch wunderbare Deutungsmöglichkeiten. Für den Fall, dass Sie nicht selbst in der Gestaltung tätig werden möchten, stelle ich Ihnen auf Seite 277 sieben verschiedene Mandalas vor. Damit Sie Ihr Buch nicht bemalen müssen, stehen diese Vorlagen im Internet zum Herunterladen bereit (siehe Fußnote S. 279). Sie können diese für sich selbst verwenden oder aber auch in Gruppen auswählen und ausmalen lassen, um vielleicht hinterher das Ergebnis gemeinsam zu besprechen.

Ganz besonders beliebt ist das Mandalamalen bei Kindern. Sie gehen wirklich intuitiv an die Sache heran, ohne viel darüber nachzudenken. Es macht ihnen auf ihre spielerische Art und Weise einfach Spaß, etwas harmonisch Rundes, wie ein Mandala, auszumalen.

Mandalas ausmalen ist eine Art Meditation. Man ist mit allen Sinnen bei der Sache und gibt seiner Intuition freien Raum. Wenn Sie das noch nie gemacht haben, so kann ich es Ihnen nur wärmstens empfehlen. Manches Mal entsteht ein richtiges Kunstwerk, das es verdient in einem schönen Rahmen eine freie Wand, einen Therapieraum oder Ihr Meditationseck (falls vorhanden) zu zieren.

Das Mandalamalen hat sich teilweise zu einer richtigen Therapieform entwickelt, wobei ich Ihnen hier meine eigene Art und Weise vorstellen möchte. Es geht hier nicht nur um Farben, sondern auch darum, wie und wo auf dem Bild Sie die Farben einsetzen. Und jetzt fängt es an spannend zu werden. Wenn Sie völlig unvoreingenommen Ihr erstes Mandalabild kolorieren möchten, dann empfehle ich Ihnen jetzt erst einmal nicht weiter zu lesen und mit dem Malen eines Mandalas zu beginnen. Wählen Sie einfach eine der 7 Vorlagen auf Seite 277 (oder ein anderes, Ihnen vorliegendes Mandala) aus und beginnen Sie zu malen (siehe dazu Fußnote Seite 279). Vielleicht möchten Sie noch eine schöne Entspannungs-CD auflegen, eine Kerze oder ein Räucherstäbchen anzünden oder Ihre Duftlampe mit einer schönen Mischung füllen? Schön wäre es, wenn Sie genügend Zeit und Raum hätten, um das Bild in einem Zug ausmalen zu können. Na dann, los geht's. Nach dem Ausmalen können Sie ruhig weiterlesen, denn jetzt geht es um die Deutung.

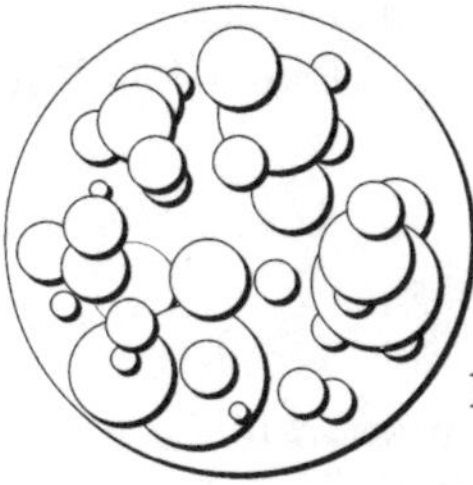

1.

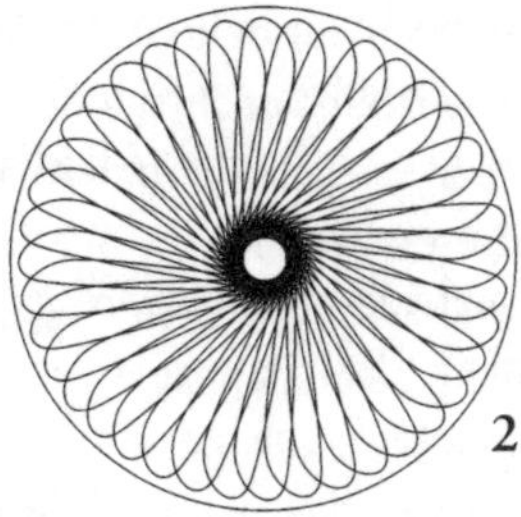

2.

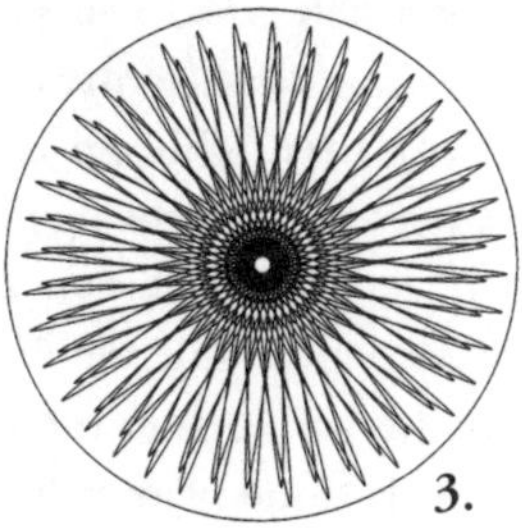

3.

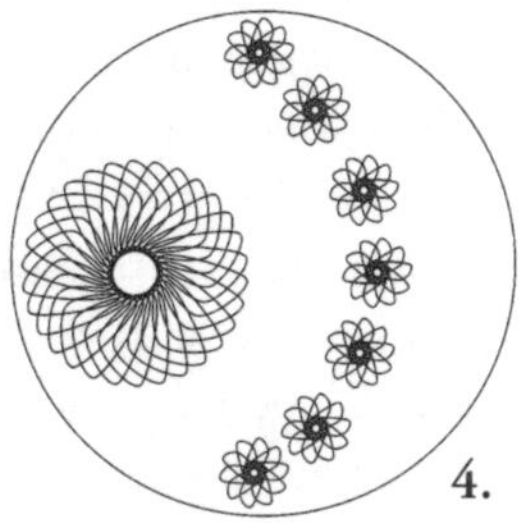

4.

5.

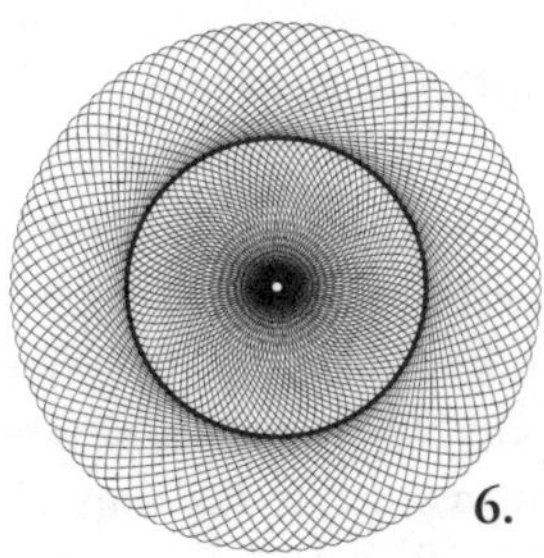

6.

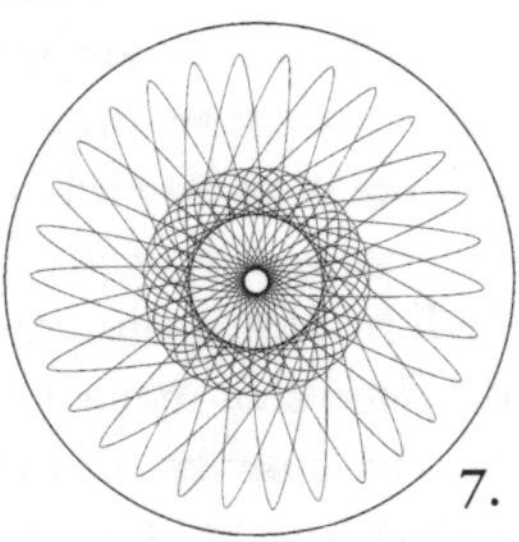

7.

Es gibt ja wirklich keinen Zufall, das wissen wir alle. So ist es auch kein Zufall mit welchen Farben an welchen Stellen Ihres Bildes Sie gemalt haben. Als Regel gilt:

Teilen Sie gedanklich Ihr rundes Mandalabild in vier gleichgroße Teile: Oben, unten, rechts und links.

Der obere Teil zeigt uns das Bewusstsein.

Der untere Teil zeigt uns das Unterbewusstsein.

Der rechte Teil zeigt uns die rationale Seite (linke Gehirnhälfte).

Der linke Teil zeigt uns die intuitive Seite (rechte Gehirnhälfte).

Das ist eigentlich schon der ganze Schlüssel zur Deutung. Wenn Sie jetzt die Eigenschaften und Bedeutung der einzelnen Farben wissen, ist es möglich den momentanen Zustand des „Künstlers" zu erkennen. Die Bedeutung der einzelnen Farben können Sie aus den Kapiteln weiter vorn entnehmen. Doch bitte, seien Sie ehrlich zu sich selbst und wählen Sie die Farben intuitiv. Überlegen Sie bei der Auswahl der Farben nicht, was sie wohl an dieser oder einer anderen Stelle des Mandalas bedeuten könnten. Wenn es Ihnen absolut schwer fällt, den Kopf bei der Auswahl der Farben auszuschalten, so ziehen Sie einfach mal einen Buntstift blind und benutzen ihn für den Bereich, den Sie gerade ausmalen wollten. Immer daran denken: „Es gibt keine Zufälle". Die richtige Farbe wird sich an der richtigen Stelle platzieren, solange Ihr Kopf nicht dazwischenfunkt.

Die abgedruckten Mandalas können alle zur Deutung nach dem Schema oben/unten/rechts/links verwendet werden. Eine Ausnahme ist das Mandala mit der Nummer 4. Hier geht es um die sieben Hauptchakren.

Damit Ihnen die Deutung Ihres ausgemalten Bildes leichter fällt, lesen Sie nachfolgend die Beispieldeutungen zu Mandala 1 und Mandala 4. Versuchen Sie die Deutungsaussagen anhand der verwendeten Farben nachzuvollziehen. Es ist noch kein Meister vom Himmel gefallen, daher müssen Sie nicht gleich beim ersten Deutungsversuch perfekt sein. Oft ist es angeraten die Deutung mit einer anderen Person vorzunehmen, denn es gibt Dinge, die man selbst einfach nicht sehen will. Hervorragend geeignet ist diese Methode in Gruppen. Man deutet dann gemeinsam.

Beispieldeutung Mandala 1*

Als einfaches Hilfsmittel nehmen Sie zwei Stifte und legen einen davon waagrecht über die Mitte des Mandalas und den anderen senkrecht. Am Anfang kann man so besser oben von unten und rechts von links trennen. Denn jetzt geht es um oben = Bewusstsein, unten = Unterbewusstsein, rechts = Ratio, links = Intuition.

Doch zuvor betrachten wir unser Beispiel-Mandala als Ganzes. Ist hier etwas auffällig? Ist es von der Farbgebung her harmonisch, ist es ziemlich bunt? Ist eine Linie zu erkennen?

Beim ersten Hinsehen wirkt es wirklich recht bunt und unstrukturiert. Doch wenn wir uns die obere Hälfte anschauen, dann finden wir die Farben *Rot, Grün* und *Orange* in verschiedenen Helligkeitsgraden. *Grün* und *Orange* zeigen sich flächenmäßig ungefähr gleich. Was bedeutet keine der beiden Farben dominiert die andere. Wohingegen *Rot* eher als Rahmen oder Hintergrund zu sehen ist. Nun, was will uns diese Farbzusammenstellung sagen? Normalerweise würde diese „Entschlüsselung" in einem Gespräch mit dem Künstler stattfinden. Man würde sofort entsprechende Rückmeldungen erhalten und könnte noch tiefer in die vorherrschenden Themen einsteigen.

* Sämtliche Mandalas zum Ausmalen und die farbigen Beispiele finden Sie unter www.windpferd.de zum Download. Geben Sie unter „Suchen" den Titel des Buches ein.

Hier kann ich daher nur an der Oberfläche bleiben, was jedoch ausreicht, um Ihnen die Möglichkeiten aufzuzeigen. Wir haben hier eine Person, die ganz bewusst ein Bedürfnis nach Raum, Kreativität *(Grün)* zeigt. Genauso wie der Wunsch nach mehr Lebensfreude gehegt wird *(Orange)*. Das leicht verdecke *Rot* verrät uns, dass hier ein wenig Energiemangel vorliegt. Man möchte wieder mehr in die Natur *(Grün)* und sehnt sich nach der wärmeren Jahreszeit *(Orange und Rot)*.

Schauen wir uns jetzt die untere Hälfte unseres Mandalas an: Ein massives *Rot* im Vordergrund ist auffällig. Man steht mit

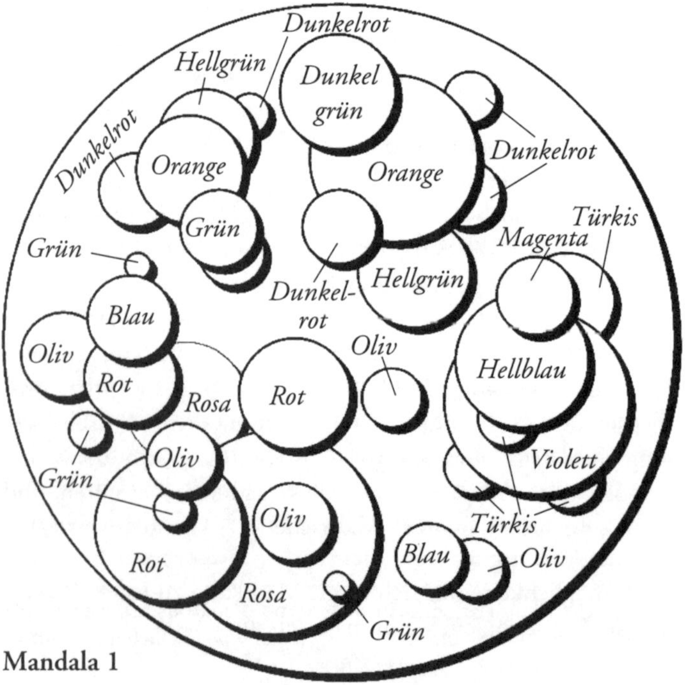

Mandala 1

beiden Beinen fest im Leben. Ein Thema mit Sexualität, Überleben, Finanzen *(Rot)* könnte sich im Unbewussten manifestiert haben. Das *Grün* gibt Aufschluss über den unbewussten Drang nach mehr Raum, Freiraum, was jedoch mehr die intuitive Seite betrifft (links). Weiterhin kommt als neue Farbe *„Blau“* ins Bild. *Blau* steht für Ruhe, Frieden, für den Ausdruck, für weibliche Fürsorge. Das Unterbewusstsein sehnt sich danach. Es wird allerdings nicht großzügig gezeigt, sondern eher mit halb verdeckten Kreisen angedeutet.

Legen wir nun unsere Aufmerksamkeit auf die linke Seite des Mandalas, der Intuition. Die Intuition neigt dazu gerne Dinge zu verändern und in die Tat umzusetzen *(Rot),* während das *Grün* nach mehr Raum schreit.

Rechts hingegen, auf der rationellen Seite des Mandalas sehen wir weniger *Grün.* Was bedeutet, das analytische Denken benötigt keinen zusätzlichen Raum. Die Gedanken sind bereits frei. *Blau* und *Rot* und *Violett* sind hier dominant. Das lässt auf einen stark spirituellen Menschen schließen *(Violett).* Jedoch spielen die Gedanken manches Mal verrückt. *Rot* und *Blau* zwei Gegensätze geben das zum Ausdruck. Denkt man vielleicht in die falsche Richtung? Benötigt die rationelle Seite unseres Seins vielleicht Heilung in Form von positivem Denken? Dieser Person würde ich versuchen klar zu machen, dass Kraft der Gedanken alles möglich ist. Die nötige Kraft und Ausdauer, sowie die Ruhe und die Klarheit sind vorhanden um es umzusetzen.

Auffällig an dem gesamten Mandala ist, dass der Hintergrund nicht koloriert ist. Er ist weiß. *Weiß* steht für Klarheit, Reinheit und die Vereinigung von allen Farben, was wieder Entscheidungsmöglichkeiten in sich birgt. Man kann zu jeder Zeit aus dem Vollen schöpfen, wenn man sich nur entscheidet.

Beispieldeutung Mandala 4

Ein speziell entwickeltes Mandala, um die Chakren darzustellen. Wenn Sie es selbst ausmalen, versuchen Sie nicht daran zu denken, was jedes Chakra bedeutet und welche Farbe jetzt eine bestimmte Aussage haben kann. Gehen Sie spielerisch an das Ausmalen. Oder wenn Sie es ausmalen lassen, weil Sie vielleicht therapeutisch arbeiten und das ausgemalte Bild als Gesprächsgrundlage verwenden wollen, so sagen Sie am besten dem Künstler vorher nicht, um was es sich hier handelt. Begrenzen Sie die Farbauswahl je „Blume" auf zwei Stück. Die Deutung kann dann gezielter geschehen.

Wir sehen hier sieben kleinere, blumenähnliche Gebilde. Das ist die Darstellung der sieben Hauptchakren. Die große Blüte links, im intuitiven Bereich zeigt uns ein übergeordnetes Thema.

Nun zu unserem Beispiel:
Von unten nach oben finden wir die Chakren 1 – 7.

1. Chakra-Wurzelchakra

Zum Wurzelchakra (ganz unten) ist zu sagen, dass die Farbe, die zu diesem Chakra gehört auch gezeichnet wurde. Daraus kann man schließen, dass dieses Energiefeld in Harmonie steht und entfaltet ist. Energie ist ausreichend vorhanden um mit beiden Beinen fest im Leben zu stehen. Körperliche Sexualität wird gelebt, mit allem Materiellen in unserer Welt kann gut umgegangen werden.

2. Chakra – Sakralchakra

Das Sakral-Chakra (zweites von unten) zeigt uns die Farbe *Rot* und *Blau.* Eigentlich gehört hier die Farbe *Orange* hin, die wir nur in der Mitte als kleinen Punkt sehen. Wenn wir *Rot* und *Blau* mischen würden, so bekämen wir ein kräftiges *Violett. Violett* steht für Transformation und Heilung. Was möchte in diesem Bereich geheilt werden? Das Sakralchakra steht unter anderem für sexuelle Aktivitäten auch der Fortpflanzung willen. Es steht für die Lebensfreude. Man könnte hinterfragen, wo und wann die Lebensfreude auf der Strecke geblieben ist. Hier kommen zwei Extreme zusammen: Zum einen das powergeladene *Rot* das Aktion ausleben möchten. Zum anderen das *Blau,* ein Schrei

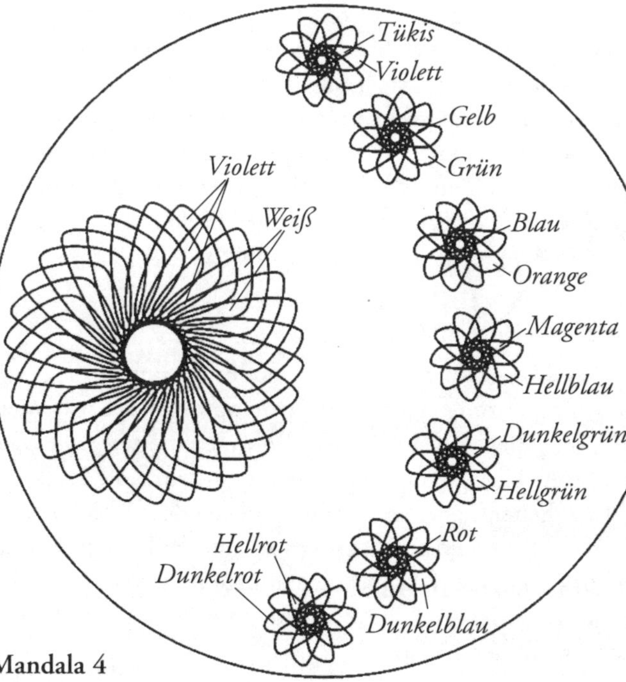

Mandala 4

nach Ruhe und Frieden. Hier heißt es die beiden Extreme zu kanalisieren, d. h. in die richtigen Bahnen zum richtigen Zeitpunkt zu lenken oder zu gleichen Teilen in Heilung umzuwandeln.

3. Chakra – Solarplexus

Der Solarplexus (drittes von unten) ist der Sitz der Emotionen, die Mitte unseres Körpers. Hier ist die Farbe *Gelb* zu Hause. Unser Künstler zeigt uns *Gelb* nur versteckt in den beiden verschiedenen *Grüntönen. Grün* steht für den eigenen Raum, für Abgrenzung, Grenzen im Allgemeinen, und auch für die Natur und die Kreativität. Man könnte fragen wer oder was den eigenen Raum eingrenzt, so dass ein emotionales Engegefühl entsteht. Aus dem Bauch heraus möchte Kreativität gelebt werden, wer oder was hindert an der Umsetzung? *Grün* gehört zum Herzchakra und wird im Solarplexus gezeigt. Gibt es Herzensangelegenheiten, die uns erdrücken und die zu starken Emotionen führen? All das könnten Fragen sein, die wir uns oder unserem Gegenüber stellen könnten. Nicht selten berührt man ganz tief versteckte Punkte, die dadurch hochsteigen.

4. Chakra – Herzchakra

Das Herzchakra (in der Mitte) symbolisiert unseren eigenen Raum, Abgrenzung, Herz- und Atmungsorgane, Kreativität, die Natur. Hier wird uns *Violett* im inneren Kreis und *Blau* im äußeren Kreis gezeigt. Das Herz und damit die Herzensangelegenheiten haben ein starkes Ruhebedürfnis *(Blau)* und möchten geheilt werden *(Violett).* Es möchte das Herz gerne zum Ausdruck kommen. Die Spiritualität tief im Herzen will gelebt werden. Das Herz möchte Aufmerksamkeit und fürsorgliche Beachtung finden *(Blau).*

5. Chakra – Halschakra

Das Halschakra (drittes von oben) zeigt uns die Farben *Türkis* und *Orange.* Noch einmal ein Hinweis auf die Kommunikation des Herzens *(Türkis).* Man möchte gerne aus dem Herzen Kommunizieren und tut es nicht oder man spricht nur aus dem Herzen und der Kopf kommt zu kurz. Auch das kann möglich sein. Es ist auf jeden Fall ein Thema rund um die Herzenskommunikation. Außen wird uns *Orange* gezeigt, das für pure Lebensfreude steht und/oder ein Hinweis sein kann, einen noch vorhandenen Schock in diesem Bereich zu lösen. Mussten wir vielleicht als Kind oft den Mund halten und durften nicht zum Ausdruck bringen, was uns auf dem Herzen (auf der Seele) liegt? Die Lebensfreude darf jetzt gelebt und auch zum Ausdruck gebracht werden.

6. Chakra – Stirnchakra

Das Stirnchakra (zweites von oben) steht für die Wahrnehmung und den übergeordneten Blick, unser drittes Auge. Die Farbe die hier normalerweise zu Hause ist, ist *Königsblau.* Gezeigt wird uns *Grün* und *Orange.* Ein Hinweis darauf, dass wir unserer Wahrnehmung mehr Freiraum gestatten sollten *(Grün)* und mehr Aufmerksamkeit schenken dürfen. Das *Orange* im inneren Kreis ist entweder die Andeutung auf pulsierende Lebensfreude oder ein Hinweis auf ein tiefer sitzendes traumatisches Erlebnis.

7. Chakra – Kronenchakra

Das Kronen- oder Scheitelchakra (das erste oben) steht für die Verbundenheit nach oben, für die Spiritualität, für das Göttliche. Die Farbe *Violett* wird diesem Chakra zugeordnet. Hier sehen wir auf unserem Mandala auch die Farbe *Violett* zusammen mit der Farbe *Blau.* Ein ganz spirituelles Wesen. Die Spiritualität darf ruhig gelebt werden *(Violett).* Man möchte sich austauschen über spirituelle, oft nicht ganz greifbare Dinge. Das Reden hierüber ist äußerst wichtig und fördert die Weiterentwicklung in diesem Bereich. Ein Mensch, der sehr gut meditieren könnte, wenn er es will und zulässt.

Die große Blume

Nun kommen wir zum linken, großen Objekt in unserem Mandala. Dieses Bild symbolisiert uns das übergeordnete Thema, das momentan aktuell ist. Wir sehen hier ein *Violett,* das fast schon in den Magentabereich geht zusammen mit *Weiß.* Es geht hier um die Spiritualität, um die Verbindung nach oben, zum Göttlichen *(Violett).* Die Liebe zu den kleinen Dingen im Leben könnte Thema sein *(Magenta).* Wir wissen bereits, was *Weiß* alles beinhaltet: Alle Farben zu gleichen Teilen. Das volle Spektrum steht dem Künstler zur Verfügung. Sicherlich ist zuvor noch die richtige Entscheidung zu treffen. Sie können aus dem Vollen schöpfen.

Mandalamalen mit Fragestellung

Wenn Sie eine Frage sehr bewegt, weil Sie keine Antwort finden können, oder weil eine Entscheidung ansteht, können Sie dazu ein Mandala ausmalen. Dazu formulieren Sie Ihre Frage äußerst präzise. Die Frage sollte nicht mit Ja oder Nein zu beantworten sein. Ein Beispiel für eine Frage wäre: „Auf was soll ich mein Augenmerk richten, um meine Partnerschaftsprobleme besser lösen zu können?“ Oder: „Wo liegt der Grund für meine panische Angst im Dunkeln?“

Sie verstehen, worauf es bei der Fragestellung ankommt? Sie ist immer auf Sie selbst bezogen. Was kann ich tun, um …; Was sollte ich beachten bei …; Was ist gut für meine …; usw.!

Schreiben Sie sich Ihre Frage auf ein Stück Papier und legen es neben das Mandala, das Sie jetzt ausmalen möchten. Das dient lediglich als Gedächtnisstütze. Nun prägen Sie sich Ihre Frage ein und bleiben mit Ihren Gedanken, Ihren Gefühlen, Ihren inneren Bildern bei dieser Frage. Dabei malen Sie ein Mandala aus. Sie können auch hier gerne wieder eines von den im Buch befindlichen Vorlagen benutzen (außer Mandala Nr. 4). Geben Sie sich Zeit für das Ausmalen. Überlegen Sie nicht bei der Farbwahl. Halten Sie Ihren Kopf mit Ihrer Frage beschäftigt, so dass sich kein anderer Gedanke dazwischen drängen kann. Diesen Zustand halten Sie während des gesamten Malvorganges aufrecht. Natürlich können Sie sich zusätzlich eine schöne Entspannungs-Musik auflegen.

Ist Ihr Mandala fertig ausgemalt, machen Sie erst einmal Pause, bevor Sie an die Deutung gehen. Tun Sie einfach zwischendurch für ein paar Minuten etwas anderes, damit Sie ein wenig Abstand von der Thematik bekommen.

Dann kehren Sie zurück zu Ihrem Malplatz, schauen sich Ihre auf dem Zettel stehende Frage noch einmal an und beginnen mit der Deutung. Dazu benötigen Sie wieder 2 Stifte, um das Mandala in ein Oben, Unten, Rechts und Links zu unterteilen. Beginnen Sie mit der Deutung nach dem obigen Beispiel. Wenn Sie die ausführliche Bedeutung der einzelnen Farben nicht mehr so genau wissen, schauen Sie ruhig in den vorderen Kapiteln noch einmal nach. Hier eine Kurzzusammenfassung der Farben auf einen Blick, wobei sich die Eigenschaften sowohl positiv, als auch negativ deuten lassen. Jedenfalls stellt es ein Thema dar:

Mandala-Farben – eine Kurzzusammenfassung:

Rot:	*Die Farbe der Kraft, der Stärke, des Überlebens, der Vater, Vorsicht, Überaktivität, Erdung, Lebenskraft (Blut), die körperliche Liebe, Sexualität.*
Orange:	*Schock, Lebensfreude, Fortpflanzung, der Glaube, Abhängigkeit, Depression, Missbrauch; immunstärkend.*
Gelb:	*Verdauung, Verdauungsorgane, Haut, Partnerschaft, Wissen, Angst, Neid Hass, Lehren und Lernen, die Farbe des Erwachens (Frühling). Heiterkeit, Kontaktfreude.*
Grün:	*Die Natur, der Wald, die Wiese, der eigene Raum, Abgrenzung, die Atmung, die Atmungsorgane, das Herz, die Weite, Kreativität, Entsäuerung.*
Rosa:	*Die Liebe, das Herz mit den darin entwickelten Gefühlen, Herzlichkeit, die weibliche Fürsorge. Liebe nehmen und geben.*
Olivgrün:	*Mischung aus Gelb und Grün (wiederum Mischung aus Gelb und Blau), weibliche Führungsqualitäten aus dem Herzen, Transformation von Spirituellem auf die physische Ebene, Harmonie zur Natur, Friedensaspekte.*
Türkis:	*Mischung aus Grün (wiederum Mischung aus Gelb und Blau) und Blau, die Kommunikation des Herzens, das Herz zum Ausdruck bringen, Kreativität, Massenkommunikation, Künstler, Atlantis.*
Blau:	*Der Hals, der Ausdruck, Kommunikation, die oberen Atmungsorgane, Ruhe, Frieden, Verständnis, Religiosität, die Mutter. Das 3. Auge, der übergeordnete Blick, die Wahrnehmung, Hell- und Königsblau stehen eng zusammen.*
Violett:	*Die Vereinigung von Extremen (Blau und Rot), die Transformation, die Heilung, der „absolute“ Draht nach oben, Spiritualität. Elternhaus. Hellviolett hat die Eigenschaften*

	wie Violett, nur sehr viel lichtvoller, absolute spirituelle Weitsicht Erkennen von allen Zusammenhängen.
Weiß:	*Die Vereinigung aller Farben, die Entscheidung, die Vollkommenheit, zurück zur Einheit, die Reinigung.*
Magenta:	*Die höchste Form der Liebe, Liebe zu den kleinen Dingen im Leben. Fürsorge und Regeneration, gibt Energie um Dinge im Leben in Liebe in Ordnung zu bringen.*
Beige/Braun:	*Erdverbundenheit, Standhaftigkeit, Ausdauer, Durchhaltevermögen, Pflichtbewusstsein, Zuverlässigkeit, geringe Beweglichkeit.*
Schwarz:	*Verstärkt visuell andere Farben, Schutz, Trauer, Abgrenzung, vorübergehender Rückzug vom Leben, Erotik, wird oft teilweise zu Unrecht negativ gedeutet.*

Farben und Steine

Es grenzt nahezu an ein Wunder, wenn man bedenkt, dass das innere unserer Erde, in der die Dunkelheit herrscht, solch farbprächtige Dinge wie Mineralien und Edelsteine hervorbringen kann. Man könnte sie sogar mit Blüten von wunderschönen Pflanzen vergleichen, wobei es doch einen gravierenden Unterschied gibt. Die Blütenpracht einer Pflanze vergeht über kurz oder lang, während die Farbe eines Steines (meistens) bleibt. Wie Michael Gienger (siehe Literaturverzeichnis) so schön erklärte, wurden früher die unerklärlichen Formen der Kristalle so auch die Farbe als unmittelbar göttliche Erscheinungsform betrachtet. Viele mythologische Betrachtungen, Zuordnungen zu den Elementen und Kräften, so mannigfache Wirkungen wurden den Farben zugeschrieben.

Unsere moderne Zeit zerstörte auch diesen Märchenschleier. Heute gelten diese Farben als spezifische Spektren des Lichts und sind definiert als Strahlung in einer bestimmten Frequenz und Wellenlänge. Sie werden analysiert in Farbton, Sättigung und Helligkeit, eingeteilt in das Farbsystem irgendeiner DIN-Norm, können sie jederzeit in jeder Variante produziert werden und sind einfach nichts besonderes mehr. Oder vielleicht doch? Wenn im Frühjahr die ersten Blüten ihre Farbenpracht zeigen, dann ist das nicht nur ein Farbton, sondern ein Erlebnis! Wenn wir ein Gemälde in schönen Farben betrachten, so nehmen wir das nicht nur als verschiedene Farben wahr, sondern es wird zu einem Erlebnis. In diesem Sinne können auch die Farben der verschiedenen Steine zu einem Erlebnis werden.

Bitte denken Sie daran, dass die Heilsteinkunde nicht nur auf der Farbe eines Minerals beruht, sondern auch auf der Entstehung, der Kristallstruktur und der chemischen Zusammensetzung beruht. Die Farbe ist nur ein Teil, der vier Faktoren, allerdings auch sehr wirkungsvoll und für den Laien sehr gut anwendbar.

Wenn Sie bereits mit Steinen arbeiten, so kennen Sie sicherlich die eine oder andere Anwendungsmöglichkeit dieses großen Gebiets: Sie können Sie einfach bei sich tragen, wobei man davon ausgehen kann, dass die Wirkung intensiver ist, je mehr Hautkontakt hergestellt wird. Man kann Steine mit Heftpflaster ganz gezielt für kurze Zeit auf einem bestimmten Punkt befestigen, auf dem gezielt eingewirkt werden soll. Die Wirkung ist dann punktuell gerichtet. Wenn Sie einen Stein nur so bei sich tragen, zum Beispiel in der Hosentasche, als Kettenanhänger, als Armband, so wird die Farbe im Laufe der Zeit über die Haut, unserem größten Organ, in den Körper hineingeleitet.

Eine andere, wunderbare Art mit Steinen zu arbeiten, ist sich Steinwasser herzustellen. Mittlerweile sehr stark verbreitet ist das Beleben von Trinkwasser. Dazu kann man in einen Glaskrug einen Bergkristall, einen Rosenquarz und einen Amethyst hineingeben. Das Wasser über Nacht stehen lassen. Während dieser Zeit geht die Information dieser Steine in das Wasser über. Am nächsten Tag kann man das belebte und neu strukturierte Wasser trinken. Versuchen Sie es, es ist schmeckbar. Und so können Sie auch jeden anderen Stein in ein Glas Wasser geben und über Nacht (abgedeckt) stehen lassen, um es dann zu trinken. Sie führen die Energie des Steines auf dem direkten Wege Ihrem Körper zu.

Eine weitere Möglichkeit Steine, bzw. die Farbe der Steine anzuwenden, ist die Meditation. Setzen Sie sich dazu für ein paar Minuten ruhig hin und halten einen Stein in der linken Hand. Versuchen Sie mit Ihrer gesamten Aufmerksamkeit in völliger Stille den Stein wahr zu nehmen und die Energie zu spüren. Manchmal bedarf es etwas Übung.

Wenn Sie mehrere Steine einer Sorte, bzw. einer Farbe haben, so können Sie sich einen Steinkreis legen. Dazu setzen Sie sich auf ein Kissen auf den Fußboden und platzieren diese Steine in gleichmäßigen Abständen um sich herum. Schließen Sie die Augen und spüren hinein in dieses Energiefeld, das sich anfängt aufzubauen.

Rote/Rosa Steine

Rote Steine wirken stark anregend, erhitzend und beschleunigend. Sie stimulieren den Kreislauf, die Blutgefäße und das Blut selbst. *Dunkles Rot* ist in der Lage die Herztätigkeit anzuregen, *helles Rot* hingegen (wie *Rosa)* harmonisiert unser Herz. *Rot* und rotbraune Steine stimulieren den Dünndarm und verbessern so die Aufnahmefähigkeit unserer Nahrung, von Vitaminen und Mineralstoffen. Dadurch kann sich merklich auch die Blutqualität verbessern. Entsprechend intensiviert sich auch das seelische Erleben: Die innere Bilderwelt wird gestärkt und Gefühle treten deutlicher hervor. Vor allem elementare Emotionen wie Liebe oder Hass werden verstärkt. Gerade die *roten* Mineralien machen impulsiver und extrovertierter, denn sie stärken den Willen und das Durchhaltevermögen. Bei *Hellrot* = *Rosa* spielt der große *Weißanteil* auch eine wichtige Rolle. Daher wirken rosa Steine eher friedlicher, machen empfindsamer und manchmal sogar auch etwas empfindlicher.

Rot regt das innere Feuer an. Es fördert alle Lernprozesse, die geistige Verarbeitung von Lebenssituationen und beschleunigt auf diese Weise auch unser geistiges Wachstum. *Rot* weckt die Bereitschaft zur Hilfeleistung als Grundvoraussetzung für das Zusammenleben aller Lebewesen. *Rosa* Steine wirken eher auf die Gefühlsebene ein und fördern das Mitgefühl.

Orange/Braune Steine

Orange Steine wirken belebend und vitalisierend. Sie regen oft den Kreislauf an, stärken die Blutgefäße und fördern eine gleichmäßige Energieverteilung im ganzen Körper. Die Funktion und Empfindsamkeit der Geschlechtsorgane kann verbessert werden. *Dunkleres Orange* und *Braun* fördern das Körperempfinden und regulieren Stoffwechsel und Gewebewachstum. Der ganze Organismus wird somit gestärkt und geschützt.

Auf der seelischen Ebene fördert *Orange* die Lebensqualität und stimmt heiter und lebensfroh. Raum für Sinnlichkeit und Spontaneität entsteht, *Orange* Steine helfen oft aus apathischen Zuständen und können die Kreativität fördern. *Braun* und *dunkleres Orange* führen zum Gefühl der inneren Sammlung, Geborgenheit, Ruhe, Erholung und einem bodenständigen Realismus.

Orange bringt Lebensfreude, wie schon hinreichend erwähnt, und die Gewissheit, im Einklang mit der höheren Ordnung zu sein. *Orange* Steine helfen, die Harmonie und Balance zu finden und fördern den Sinn für Gerechtigkeit.

Gelbe Steine

Gelbe und Goldfarbene Steine wirken aufmunternd und lebensbejahend. Sie regen die Verdauung an und stimulieren die Tätigkeit von Magen, Milz und Bauchspeicheldrüse. *Gelb* verbessert die Aufbereitung der Nahrung und die Versorgung des Körpers mit Energie. Das vegetative Nervensystem wird in seiner Funktion unterstützt, ebenso das Immunsystem.

Gelb ist in der Lage, Glück, Sorglosigkeit und Tatkraft zu schenken. Es macht unsere Bedürfnisse und auch Wünsche bewusst. *Gelbe* Steine wirken antidepressiv und schenken mehr Selbstbewusstsein, Vertrauen und den Glauben an den eigenen Erfolg.

Auf geistiger Ebene fördert *Gelb* die geistige Verdauung: Informationen aufnehmen, verarbeiten aber auch wieder abgeben, bzw. loslassen. Daraus erwächst die Sicherheit, das eigene Leben selbst besser gestalten zu können, also die Fähigkeit, Verantwortung zu übernehmen. *Gelbe* Steine können helfen, den Sinn im eigenen Dasein zu entdecken und führen dadurch zu geistiger Reife.

Grüne Steine

Grüne Steine wirken harmonisierend und neutralisierend. Sie stimulieren Leber und Galle und fördern so die Entgiftung und Regeneration des Körpers.

Grün befreit die Gefühle und intensiviert insbesondere die Emotionen Wut und Zorn, führt durch dessen Entladung und Abbau langfristig gesehen zu innerem Frieden. Grüne Steine steigern die Schnelligkeit und Reaktionsfähigkeit und können Interesse und Begeisterung wecken. Sie regen die innere Bilderwelt an, klären das Traumerleben und fördern die Phantasie.

Grün bringt Initiative und Lebenswillen. Es fördert unter anderem die Sinne und die Wahrnehmungsfähigkeit und lenkt die Aufmerksamkeit auf die physische Welt. *Grün* fördert einen gesunden Optimismus.

Blaue Steine

Blaue Steine wirken kühlend und beruhigend. Sie sind in der Lage die Tätigkeit von Niere und Blase und damit den Flüssigkeits-, Hormon-, Säure/Basen- und Mineralstoffhaushalt positiv zu beeinflussen. *Blau* aktiviert die Ausscheidung und hält die Körperflüssigkeiten in Bewegung.

Auf seelischer Ebene fördert *Blau* Entspannung, Offenheit und Ehrlichkeit, beschleunigt instinktive Reaktionen.

Blau bringt in Fluss, indem es hilft, Verhaftungen und äußere Beeinflussungen zu erkennen und loszulassen. *Blaue* Steine helfen, Stärke und inneres Gleichgewicht zu entwickeln. Sie fördern das Streben nach Erkenntnis und die Wahrheitssuche.

Violette Steine

Violette Steine wirken reinigend und befreiend. Sie fördern die Tätigkeit des Gehirns, der sensiblen und motorischen Nerven, der Haut und der Lunge mit den Atemwegen. Im Dickdarm stimuliert *Violett* die Wasserresorption und Ausscheidung.

Violette Steine bringen Erleichterung bei Trauer und helfen, Traumata aufzulösen. Sie fördern Erinnerung, Ideenreichtum und Bewusstheit. Sie fördern ebenso das Verständnis für die Probleme anderer. *Violett* ist in der Lage uns vor energetischen und geistigen Fremdeinwirkungen zu schützen.

Violett bringt geistige Freiheit. Es erweckt unser Urwissen, fördert die Informationsaufnahme und hilft, Nützliches von Schädlichem zu unterscheiden. Violette Steine fördern geistige Ruhe und Gelassenheit, damit wir unser wahres Sein erkennen können.

Klare und weiße Steine

Zu diesen Steinen ist zu sagen, dass sie alle kein Licht und keine Farbe annehmen, sondern das ganze Lichtspektrum reflektieren.

Sie sind also neutral und führen uns das Licht zu, das alle Möglichkeiten enthält. Damit unterstützen und verstärken wir das, was bereits in uns vorhanden ist. Weiße und klare Steine sind in der Lage Energie bei Mangelerscheinungen zuzuführen und die Wirkung anderer Mineralien zu verstärken.

Auf der seelischen Ebene fördern diese Steine genau die Eigenschaften, die man in ihnen sieht: Klare Steine fördern Klarheit und Reinheit, weiße Steine hingegen Neutralität.

Geistig repräsentieren *Klar* und *Weiß* Reinheit und Schöpferkraft, die alle Möglichkeiten besitzen und alles verwirklichen kann. Sie bringen Fülle und Vollkommenheit.

Schwarze Steine

Schwarze Steine absorbieren jegliches Licht und sind daher geeignet, Energieüberschüsse abzuleiten, bzw. abzuziehen. Besonders deutlich wird diese Wirkung bei Schmerzen, denn Schmerz entsteht, energetisch betrachtet, immer dort, wo eine Blockade und damit ein Energiestau vorliegt. Schwarze Steine, wie der Rauchobsidian, der Rauchquarz oder der schwarze Turmalin nehmen diesen Energie-Überschuss nun auf, worauf der Schmerz verschwinden kann und Entspannung eintritt. Bedenken Sie jedoch bitte, dass man damit nicht immer die Ursache des Schmerzes beseitigen kann. Doch Schmerzfreiheit ist die beste Voraussetzung dafür, der Ursache in Ruhe auf den Grund gehen zu können.

Schwarz spricht daher kein Organ direkt an, sondern bewirkt Entspannung im ganzen Organismus. Man kann davon ausgehen, dass auch das seelische Erleben entsprechend ist: Auch hier werden Spannungen abgebaut, was uns widerstandsfähiger, ausdauernder und belastbarer machen kann. Nicht zuletzt geben schwarze Steine Sicherheit und Stabilität.

Im geistigen Bereich hält *Schwarz* Ablenkungen fern und konzentriert die Aufmerksamkeit auf das Wesentliche. *Schwarz* ist in der Lage verborgene Dinge hervor zu bringen, angenehme genauso wie unangenehme, und kann dazu führen, dass wir, aufgrund der Abwesenheit äußeren Lichts, unser eigenes Licht neu entdecken.

Farben der Aura

Wer kennt sie nicht, die klassische Aura-Fotografie! Seit vielen Jahren findet man auf esoterischen Fachmessen oder in esoterischen Buchhandlungen die Möglichkeit seine Aura fotografieren zu lassen. Eine speziell entwickelte Kamera mit angeschlossenen Sensoren, die auf die Hände gelegt werden. Die Kamera wandelt die Impulse der Kontaktfläche in die Farben um, die wir dann auf unserem Aura-Foto sehen können. Doch erlauben Sie mir kurz meine eigene Meinung hierzu. Man muss sich dessen bewusst sein, dass es sich bei einem solchen Foto um eine Momentaufnahme handelt. Es zeigt einen Bruchteil der Aura für einen Bruchteil einer Sekunde. Im nächsten Moment kann die Aura wieder anders aussehen, denn unsere Aura befindet sich in ständiger Bewegung und im ständigen Farbenwechsel. Doch es ist nicht weg zu diskutieren, dass sich grundlegende Themen auf einem Aura-Foto immer zeigen werden. Zur Deutung bedarf es allerdings, wie bei allen Dingen, etwas Übung. Dazu ist es wichtig, dass Sie die verschiedenen Zonen eines Aurafotos kennen, in denen dann die Eigenschaften zu erkennen sind. Zusätzlich benötigen Sie die Bedeutung der Farben. Die Kombination von der Zone des Bildes und der Farbbedeutungen lassen es zu, eine Deutung vor zu nehmen. Wichtig bei einer Deutung ist außerdem das gesprochene Wort. Wenn Sie ein Foto für jemand anderen deuten, ist es von Vorteil immer mit Ihrem Gegenüber im Gespräch zu bleiben. Zum einen erhalten Sie eine Rückmeldung, zum anderen *wissen die* Betreffenden immer den Stand der Dinge. Bevor Sie jedoch an die Deutung von fremden Fotos herangehen, versuchen Sie es bei Ihren Eigenen. Versuchen Sie nachzuvollziehen, was der Aura-Fotograf Ihnen zu Ihrem Foto alles erzählt hatte. Es ist sehr spannend, trauen Sie sich.

Bei der Deutung oder Interpretation eines Aura-Fotos ist ebenfalls wichtig, die Farben in Helle und Dunkle zu unterscheiden. Hier zunächst die Übersicht der Farben, die in einem Aura-Foto enthalten sein können. Jede Farbe ist unterteilt in den helleren und in den dunkleren Ton:

Rot – *Lebenskraft, Vitalität und Gefühle*

Helleres Rot:	*mutig, spontan, verständnisvoll, temperamentvoll, liebevoll, erotisch, kraftvoll, körperlich heil, feurig, leidenschaftliche, schöne und sinnliche physische Liebe.*
Dunkleres Rot:	*Wut, Stress, Frust, Gewalt, Rebellion, Tyrannei, Ungeduld, Verwirrung, Zerstörung, Überaktivität, Ärger, Powerübermaß.*

Orange – *Organisation und Koordination, Lebensfreude*

Helleres Orange:	*Lebensfreude, Leichtigkeit im Denken, Optimismus, Selbstsicherheit, Selbstvertrauen, Wohlbefinden, kollektives Handeln, Fröhlichkeit, Glücksgefühle, Selbstmotivation, Organisationskunst.*
Dunkleres Orange:	*Aggressivität, Gereiztheit, geistige Starre, ausgepowert, Unsicherheit, Unzufriedenheit, Verständigungsprobleme, Ignoranz, Konkurrenzdenken.*

Gelb (und bräunlich) – *Charisma und Intellekt*

Helleres Gelb:	*Ehrlichkeit, logisches Denkvermögen, starke Persönlichkeit, zielgerichtet sein, Disziplin, geistige Fröhlichkeit, Lernbegierig mit starker Lernfähigkeit, lehren.*
Dunkleres Gelb/ bräunlich:	*Ignoranz, Hang zur Herrschsucht, geistige Überbelastung, Sturheit, Unklarheit, Intoleranz, Egoismus.*

Grün – *Der Ausgleich, die Veränderung*

Helleres Grün:	*innere Ausgeglichenheit, Lebensbejahung, Herzlichkeit, Wachstum, Naturverbundenheit, Sympathie, heilende Energien, Harmonie.*
Dunkleres Grün:	*Disharmonie, Antipathie, Existenzängste, mangelndes Selbstvertrauen, Unsicherheit, Hartherzigkeit, abgetrennt von der Natur.*

Blau – *Vertrauen und Gerechtigkeit*

Helleres Blau:	*Hingabe, ausgeprägter Gerechtigkeitssinn, Ruhe, sensitiv, Uhrvertrauen, Zentriertheit, Sicherheit, Stille, Höflichkeit, Geduld.*
Dunkleres Blau:	*Gefühlskälte, Isolation, Misstrauen, Selbstmitleid, Traurigkeit, Unzufriedenheit, Ungerechtigkeit, Zurückgezogenheit, Distanz suchend.*

Königsblau – *Intuition, der übergeordnete Blick*

Helleres Königsblau:	*Geistheiler, Aurasichtig, geistige Stille, geistige Aufgeschlossenheit, Hellsichtigkeit, Gottvertrauen, intuitives Handeln.*

Dunkleres Königsblau:	*innere Zerrissenheit, religiöser Missbrauch, Zersplitterung, Zurückhaltung, Arroganz, Zurückgezogenheit.*

Violett – *Erleuchtung und Spiritualität*

Helleres Violett:	*stimmiger Umgang mit Lichtenergie, Hingabe, Idealismus, Medialität, meditative Lebenseinstellung, Transformation, übersinnliche Fähigkeiten.*
Dunkleres Violett:	*Besessenheit, falscher Umgang mit Energien, schwarze Magie, fehlender Gerechtigkeitssinn, Erschöpfung.*

Schwarz

Chronische Lebensängste, Gier, Krankheitsgefahr, Machtmissbrauch, Mangel an Licht, Unreinheit, Unklarheit, Unglück, Schmerz.

Weiß

Bedingungslose Liebe, Dankbarkeit, Einheitsbewusstsein, die allumfassende göttliche Kraft, Einklang mit dem Göttlichen, Erleuchtung, Lichtarbeiter, Weisheit, grenzenloses Gottvertrauen, Klarheit, Reinheit, Überwindungsmöglichkeit der Polarität.

Eine Übersicht der verschiedenen Aurabild-Zonen finden Sie auf der folgenden Seite.

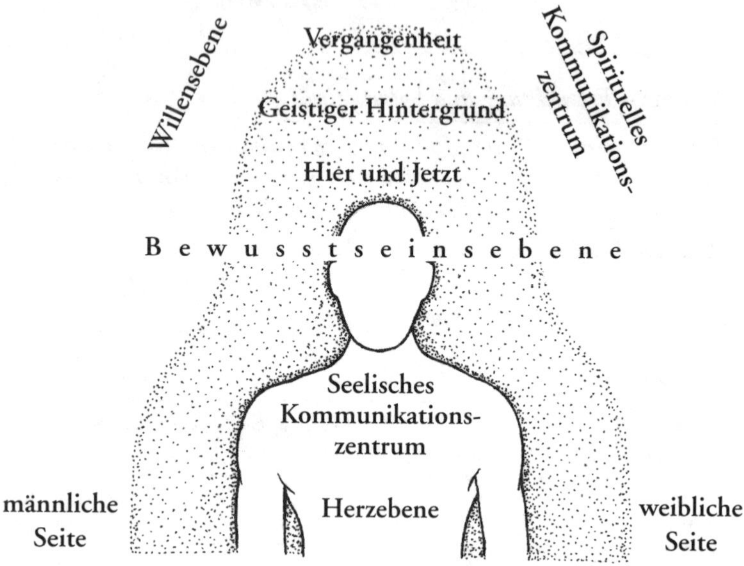

Die Analyse

Nun haben Sie das Handwerkszeug eine Aura-Foto-Analyse durchzuführen. Bitte beachten Sie, dass noch kein Meister vom Himmel gefallen ist und dass zur richtigen, seriösen Interpretation eines Aura-Bildes sehr viel Übung und nicht weniger Intuition gehört. An einem Beispiel möchte ich Ihnen gerne zeigen, wie eine Analyse aussehen kann:

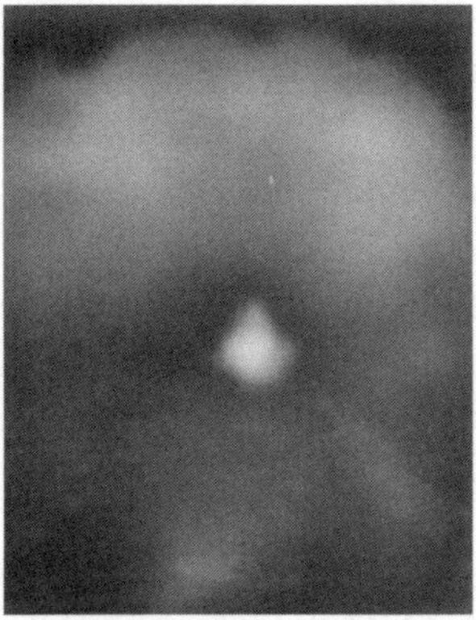

Eine Kinderaura

Betrachten wir uns das Aurabild als Ganzes. Es ist eine Kinderaura (das Gesicht wurde verwischt). Eine farbige Darstellung finden Sie auf der Umschlagrückseite, links. Die Aura von Kindern ist in der Regel kunterbunt. Hier sehen wir ein *kräftiges, helles Orange* in den Bereichen Vergangenheit, geistiger Hintergrund und im „Hier und Jetzt". Dieses Kind bringt aus der Vergangenheit pure Lebensfreude mit. Auch der geistige Hintergrund des im „Hier und Jetzt" ist die Lebensfreude, die Leichtigkeit im Denken, das Wohlbefinden, der Optimismus, die Selbstsicherheit und auch die Fröhlichkeit. Ein *helles Rot* lässt das ganze noch in bedingungslose Liebe eintauchen. Wir haben hier ein liebevolles, selbstsicheres und absolut fröhliches Mädchen vor uns sitzen. Sie ist liebevoll, verständnisvoll und bringt eine große Portion Mut mit in Ihr Leben.

Im Bereich der Willensebene sehen wir auch wieder ein *helles Rot,* das sich leicht mit dem *hellen Orange* vermischt. Auch hier ist ihr wieder liebevolles Handeln gegeben, voller Freude und Fröhlichkeit.

Der Herzbereich ist voll und ganz geöffnet. Ein kräftiges *Hellrot* ist dort zu sehen. Pure Liebe. Am unteren Rand des Herzbereichs sehen wir ein *helles Grün,* das auf Heilung aus dem Herzen schließen lässt. Sie hat ein natürliches Maß an Naturverbundenheit, ist in Harmonie und innerlich ausgeglichen. Ganz tief im Herzen sind heilende Energien verborgen, die sicherlich irgendwann einmal entdeckt und ausgelebt werden können. Dieses Mädchen trägt buchstäblich Ihr Herz auf der Zunge. Der Halsbereich und damit das seelische Kommunikationszentrum ist ebenfalls in ein *helles Rot* getaucht.

In der Bewusstseinebene sehen wir ein *dunkleres Grün.* Das lässt darauf schließen, dass sie sich gerade jetzt mit Unsicherheit umgeben fühlt. Für sie ist etwas in Disharmonie geraten was ihr starkes Selbstvertrauen etwas erschüttert. Genaueres würde man im Gespräch mit ihr oder den Eltern herausfinden können.

Auf der männlichen Seite sehen wir einen royalblauen bis violettfarbenen Ton, was auf sehr ausgeprägte kraftvolle Medialität schließen lässt. Auch auf der anderen Seite, der weiblichen Seite, ist dieser Farbton erkennbar, zusammen mit *Grün.* Eine künftige Heilerin? Gepaart mit der Medialität, den richtigen Umgang mit Lichtenergien zum Zwecke der Heilung von sich und anderen. Ein *Indigo-Kind.* Den Eltern ist hier nur zu raten diese Fähigkeiten zu unterstützen und zu fördern. Außerdem ist ein wenig darauf zu achten, dass das Mädchen nicht alle Energien ungeschützt in sich hineinlässt (großer, hellroter Herzbereich), damit es keinen unnötigen Verletzungen ausgesetzt wird.

Eine Erwachsenenaura

Schauen wir uns noch ein Deutungsbeispiel an, das völlig anders aussieht. Die Aura stammt von einem Mann. Eine farbige Darstellung finden Sie auf der Umschlagrückseite, rechts.

Beim oberflächlichen Hinsehen wirkt die Aura ziemlich einfarbig, nur *Gelb-* und *Grüntöne.* Doch sehen wir einmal genauer hin.

Wir sehen im „Hier und Jetzt", im geistigen Hindergrund und in der Vergangenheit ein *helles Gelb* zusammen mit einem *hellen Grün,* das sich leicht vermischt. Man kann davon ausgehen, dass es sich hier um aus der Vergangenheit in das Heute transportierte Stärken handelt. Nämlich: Eine starke und ehrliche Persönlichkeit, die zielgerichtet mit klarem Verstand und Disziplin seine Vorstellungen verwirklicht. Eine naturverbundene, sympathische Seele voller Herzlichkeit und Harmonie in sich selbst. Ein Mensch mit heilenden Energien. Ein Mensch, der über das gesprochene Wort Heilung geben kann (siehe *Blau-Violett-*Anteile im Halsbereich). Das ergab sich auch aus dem persönlichen Gespräch während der Beratung. Er ist psychologisch beratend tätig. Durch den Ausdruck, das gesprochene Wort, fließt sehr viel Wissen und der *göttliche Funke* mit hinein, der bei den Menschen ankommt. Dieser *Violettton* zieht sich vom Hals her, hin bis zum Herzbereich. Was bedeutet, dass das Herz, die Herzlichkeit, das Einfühlungsvermögen mit in beratende Gespräche hineinfließt.

Auf der männlichen Seite sehen wie ebenfalls das helle *Grün,* das die Berufung zum Heilen darstellen kann.

Doch ein bräunlichoranger Schleier zieht sich von der Bewusstseinsebene über die Willensebene bis hin zum geistigen Hintergrund. Das sind Eintrübungen, die ganz bewusst wahrgenommen werden. Es könnte vielleicht auf eine sich im Anflug befindliche Erkältung hindeuten. Genauso könnte es eine momentane Energieschwäche bedeuten, die mit Unzufriedenheit und leichten Aggressionen und damit mit einseitigem Denken einhergeht. Ein momentaner Zustand, bei dem es heißt im Beratungsgespräch auf den Grund zu gehen.

Auch ein leichtes *helles Rot (Rosa)* ist im Halsbereich und damit im seelischen Kommunikationszentrum sichtbar. Wieder ein Hinweis auf die Kommunikation aus dem Herzen. Empfehlen könnte man dem Klienten, mit *Rot* zu arbeiten, damit der vorübergehende Energiemangel ausgeglichen werden kann. Weiterhin empfehlenswert wäre, die eigenen Grenzen festzulegen und evtl. neu abzustecken (das Übermaß an *Grün).*

Zusammenfassende Hinweise zur Deutung

Bitte beachten Sie, dass das oben dargestellte „Handwerkszeug", sprich Zonenaufteilung des Aurabildes und die Bedeutung der einzelnen Farben lediglich dazu dienen, die Aussagen Ihres eigenen Aurafotos nachvollziehen zu können.

Bei einer professionellen Deutung für andere gehört sehr viel Übung, praktische Erfahrung im Umgang mit Farben, Kombinationsgabe und Einfühlungsvermögen dazu. Die Farben können auf einem Foto auch einmal vermischt sein oder vom einen in den anderen Bereich übergehen. Dann kann eine Deutung schon wieder ganz anders aussehen. Es gehört also wirklich Erfahrung dazu. Denn das gesprochene Wort bei einer Deutung für andere, will wohl gewählt und überlegt sein, denn ist es einmal ausgesprochen, ist es auch im Kopf Ihres Gegenübers manifestiert.

Ich möchte Ihnen an dieser Stelle keine Angst einflößen, ganz im Gegenteil. Trauen Sie sich Ihre eigenen Fotos zu interpretieren. Es ist eine aufschlussreiche und wunderschöne Möglichkeit in das Farbenspiel der Aura, wenn auch nur für einen kurzen Moment, zu blicken.

Chakrenarbeit mit Farben

Was sind Chakren

Man könnte die Chakren auch als Bewusstseinszentren bezeichnen. Es sind Energiezentren, die keine materiellen oder anatomischen Formen aufzeigen. Sie entspringen dem feinstofflichen Energiesystem des Menschen, strahlen jedoch, entsprechend ihrer Lage, auch durch unseren physischen Körper hindurch.

Die Chakren sind in der Lage unsere Zellen, unsere Organe und das ganze Hormonsystem zu beeinflussen. Ebenso haben sie eine Auswirkung auf unsere Psyche, Gefühle und Gedanken.

Der Begriff Chakra stammt aus dem Sanskrit, der altindischen Gelehrtensprache, und bedeutet „Rad“ oder „Wirbel“. Unsere Chakren sind in ständiger Bewegung, einer so genannten Drehbewegung. Durch diese ununterbrochene Drehbewegung, werden Energien aus dem Außen über unseren feinstofflichen und unseren physischen Körper angezogen. Über unsere Chakren nehmen wir die Energien unserer Umgebung auf. Wir sind daher nicht nur in der Lage Energien aufzunehmen, sondern geben über unsere Chakren ebenfalls Energien ab.

In alten Schriften ist zu lesen, dass es viele zehntausend Chakren am menschlichen Körper geben soll. Doch wir möchten uns hier mit den sieben Hauptchakren beschäftigen: Wurzelchakra, Sakralchakra, Solarplexus, Herzchakra, Halschakra, Stirnchakra und dem Kronen- oder Scheitelchakra. Diese Chakren sind Knotenpunkte der verschiedensten Energiebahnen unseres Körpers, was bedeutet, dass mit Hilfe der gezielten Chakrenarbeit auch die Energiebahnen positiv stimuliert werden können.

Die Arbeit mit unseren Chakren ist eine Arbeit für Körper, Geist und Seele und somit kann diese Arbeit als eine Art ganzheitliche Heilmethode angesehen werden. Durch die Arbeit mit den Chakren ist es möglich, eine positive Wandlung in allen Lebensbereichen herbeizuführen.

Das Erwecken und stärken Ihrer Chakren kann körperliche Gesundheit stabilisieren und das spirituelle Bewusstsein fördern.

Hier eine Kurzübersicht der Chakren und was es bewirken kann, wenn man sie erweckt und stärkt:

Wurzelchakra:
Lernen Sie „Ja" zum Leben zu sagen und kehren Sie zurück zu Ihrer geballten Ur-Lebensenergie.

Sakralchakra:
Lernen Sie Ihre sexuellen Kräfte zu bejahen, mehr Sinnlichkeit zu leben und die wahre Lebensfreude neu erblühen zu lassen.

Solarplexus:
Stärken Sie Ihre Kräfte zum Erreichen Ihrer Vorstellungen und Ziele. Geben Sie Ihren Emotionen Gelegenheit Ihnen Hinweise zu geben.

Herzchakra:
Lernen Sie „Ja" zu sagen zur Liebe. Erleben Sie die Liebe, die bedingungslose Liebe im Nehmen und Geben.

Halschakra:
Lernen Sie Ihre Kommunikation, Ihren Ausdruck zu stärken und zu verbessern.

Stirnchakra:
Stärken Sie Ihr intuitives Wahrnehmungsvermögen und lernen sie aus einer übergeordneten Position zu sehen und zu verstehen.

Kronenchakra:
Lernen Sie wahren Kontakt zum Göttlichen aufzunehmen. Leben Sie Ihre Spiritualität in vollem Umfang.

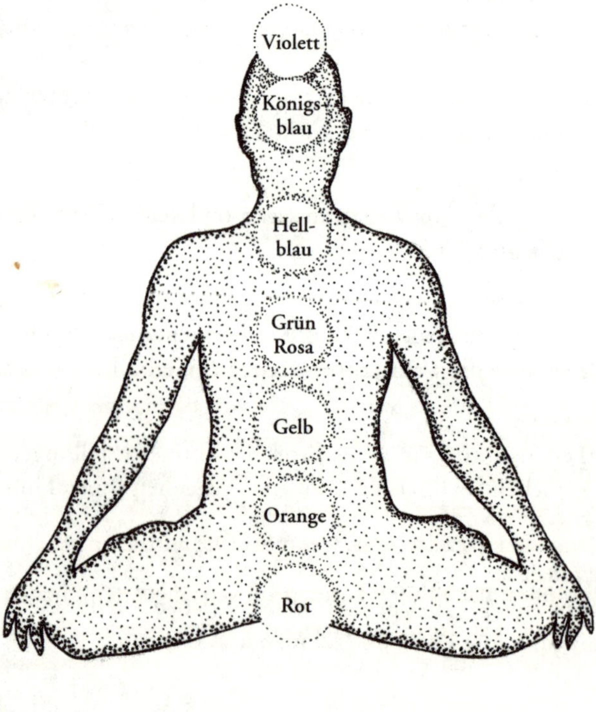

Die einzelnen Chakren

Hier möchte ich Ihnen eine Kurzübersicht über jedes der sieben Hauptchakren geben. Diese Übersicht hat keinen Anspruch vollständig zu sein. Doch die wichtigsten Punkte können Sie hier in verständlicher Form entnehmen. In den Übungen zu den einzelnen Chakren geht es immer um die entsprechenden Farben. Wenn Sie sich nicht nur auf die Farben in der Chakrenarbeit konzentrieren möchten, so empfehle ich Ihnen weiterführende Literatur (siehe Literaturverzeichnis am Ende des Buches). Doch hier ein paar kleine Tipps außerhalb der Farbthematik:

Edelsteine: Wenn Sie mit Edelsteinen Ihre Chakren aktivieren oder/und harmonisieren möchten, so können Sie einen oder mehrere der angegebenen Steine auswählen und z. B. mit ihnen meditieren. Sie können Sie auch auflegen, auf den entsprechenden Chakrabereich.

Ätherische Öle: Die Angabe der Öle ist eine Auswahl, die Sie einzeln oder als Mischung mit sehr geringer Dosierung (1 – 2 Tropfen) in eine Duftlampe geben können. Denken Sie daran, je weniger man riecht, desto feinstofflicher ist die Wirkung. Generell lassen sich auch leicht Massageöle herstellen, dazu ist allerdings ein entsprechendes Basisöl zu verwenden, zum Beispiel Jojoba-Öl. Die Zugabe von ätherischen Ölen in ein neutrales Basisöl, bedarf allerdings einer gewissen Fachkenntnis. Denn nicht alle Öle sind gut hautverträglich und nicht jedes Öl ist für jeden geeignet. Holen Sie sich auch hier Rat in der entsprechenden Fachliteratur, wenn Sie Öle auftragen möchten.

Bachblüten: Bachblüten können auf verschiedenen Ebenen unterstützend bei der Chakrenarbeit wirken. Hierzu können Sie sich in der Apotheke eine entsprechende Mischung zubereiten lassen. Sie können sich für eine der aufgeführten Bachblüten entscheiden oder sich alle Angegebenen mischen lassen. Wie viele Tropfen Sie hineinmischen lassen sollen? Als Richtlinie 2–3 Tropfen je Blüte. Doch wenn Sie des Pendelns mächtig sind, so erpendeln Sie die richtige Tropfenzahl, die Sie in der Bachblütenmischung benötigen.

Wurzelchakra – Rot

Das Wurzelchakra:	
Sanskrit Name:	*Muladhara*
Sonstige Namen:	*1. Chakra, Basischakra*
Lage:	*Zwischen Steiß und Damm*
Farbe:	*Rot*
Element:	*Erde*
Planet:	*Merkur*
Klang:	*LAM*
Symbol:	*Quadrat (Würfel)*
Sinne:	*Riechen*
Edelsteine:	*Rubin, Granat, Roter Jaspis*
Ätherische Öle:	*Angelikawurzel, Narde, Vetyver, Zimt*
Bachblüten:	*Clematis, Rock Rose, Sweet Chestnut*

Themenbereiche:

Seelisch:	*Lebenswille, Überleben, Sicherheit, Erdung, Kraft und Stärke, Durchsetzungsvermögen, körperliche Liebe*
Körperlich:	*Darm, Knochen, Steiß, Beine, Füße*

Hinweise auf Mängel:

Seelisch:	*Überlebensangst, Kraft- und Mutlosigkeit, Orientierungslosigkeit, Haltlosigkeit, Erschöpfungszustände, Trägheit, nicht fest im Leben stehend.*
Körperlich:	*Darmerkrankungen, Ischias, Verstopfung, Hämorrhoiden, Kreuzschmerzen, Krampfadern, Prostataleiden, Blutkrankheiten.*

Übung: Farbvisualisierung

Dazu legen Sie sich bequem hin und schaffen sich einen Raum, in dem Sie für 15–20 Minuten ungestört sein können. Schließen Sie die Augen und bleiben Sie mit Ihrer gesamten Aufmerksamkeit im Bereich Ihres Wurzelchakras. Sehen Sie mit Ihrem geistigen Auge diesen Bereich, tasten sie ihn mit Ihren geistigen Blicken ab. Lassen Sie sich von nichts und niemandem ablenken. Visualisieren Sie einen *roten* Strahl, der direkt aus der Erde kommt.

Feuerrot ist seine Farbe. Visualisieren Sie, wie dieser Strahl Ihr Wurzelchakra einhüllt und völlig durchdringt. Lassen Sie von Ihrem Wurzelchakra die Farbe *Rot* komplett aufsaugen. Und spüren Sie, wie dieses *Rot* Ihnen neue Kräfte verleiht. Danach kommen Sie wieder zurück mit Ihrer Aufmerksamkeit und nehmen Ihren kompletten Körper wahr. Spüren Sie nochmals kurz nach und beenden die Übung um mit gestärktem Wurzelchakra und ausreichender Kraft neue Taten zu vollbringen.

Übung: Farbatmen

Schließen Sie die Augen für ein paar Minuten und stellen Sie sich die Farbe *Rot* vor Ihrem geistigen Auge vor. Ein kräftiges *Rot.* Konzentrieren Sie sich auf Ihre Atmung. Merken Sie, wie Ihre Atmung ganz von alleine geschieht, ohne Ihr zutun. Nun atmen Sie die Farbe *Rot* mit jedem Atemzug ein. Jeder Atemzug bringt *Rot* in Ihren Körper. Atmen Sie dann diese Farbe in Ihren Wurzelchakra-Bereich. Setzen Sie die Übung so lange fort, solange sie sich gut anfühlt oder das *Rot* langsam verblasst. Dann öffnen Sie die Augen mit dem Bewusstsein, dass Ihr Wurzelchakra stimuliert und gestärkt ist.

Übung: Farbaffirmation

Mein Wurzelchakra bekommt stets genügend *Rot* damit ich mit beiden Beinen fest auf der Erde und im Leben stehe. Mit Leichtigkeit und angefüllt mit der Kraft der Farbe *Rot* meistere ich meine täglichen Aufgaben.

Übung: Mit farbigen Tüchern

Legen oder setzen Sie sich hierzu bequem hin. Nehmen Sie ein rotes Seidentuch (oder ein anderes, großes Stück Stoff in *Rot)* und spielen Sie damit. Lassen Sie den *roten* Stoff durch Ihre Finger gleiten. Spüren Sie in dieses kraftvolle *Rot* hinein. Legen Sie das *rote* Tuch dann über Ihren Wurzelchakra-Bereich und lassen gedanklich dieses *Rot* auf diese Ebene übergehen. Fühlen Sie, wie das *Rot* Ihr Wurzelchakra stärkt und Sie zu neuem Leben und Tatendrang erweckt. Achten Sie dabei auf Ihre innere Stimme und Ihre Gefühle. Kommen in Ihnen Bilder hoch, sehen Sie Situationen vor Ihrem geistigen Auge, die mit all den Rotthemen zu tun haben? Jetzt ist die Gelegenheit sich diese Dinge erneut und voller Kraft anzusehen. Sind es unangenehme Dinge, so verabschieden Sie sich in Dankbarkeit von Ihnen. Sind es angenehme Dinge, so danken Sie für diese Erfahrungen.

Sakralchakra – Orange

Das Sakralchakra:

Sanskrit Name:	*Svadhisthana*
Sonstige Namen:	*2. Chakra, Milzchakra, Geschlechtschakra*
Lage:	*Unterbauchbereich, Oberhalb der Geschlechtsorgane*
Farbe:	*Orange*
Element:	*Wasser*
Planet:	*Venus*
Klang:	*VAM*
Symbol:	*Mondsichel*
Sinne:	*Schmecken*
Edelsteine:	*Sonnenstein, Goldtopas, Feueropal*
Ätherische Öle:	*Patchouli, Orange, Ylang-Ylang*
Bachblüten:	*Oak, Olive, Pine*

Themenbereiche:

Seelisch:	*Zeugungskraft, Leidenschaft, Lebensfreude, Vitalität*
Körperlich:	*Keimdrüsen, Unterleibsorgane, Körperflüssigkeiten, Gebärmutter*

Hinweise auf Mängel:

Seelisch:	*sexuelle Unlust, depressive Verstimmungen, Sucht, Aggressivität, Zerstörungswut, Verlust der Lebensfreude, Schuldgefühle, Eifersucht*

Körperlich:	*Menstruationsbeschwerden, Impotenz, Frigidität, Prostatabeschwerden, Nieren- oder Blasenbeschwerden, Harnwegserkrankungen*

Übung: Farbvisualisierung

Dazu legen Sie sich bequem hin und schaffen sich einen Raum, in dem Sie für 15–20 Minuten ungestört sein können. Schließen Sie die Augen und bleiben Sie mit Ihrer gesamten Aufmerksamkeit im Bereich Ihres Sakralchakras. Sehen Sie mit Ihrem geistigen Auge diesen Bereich, tasten sie ihn mit Ihren geistigen Blicken ab. Lassen Sie sich von nichts und niemandem ablenken. Visualisieren Sie einen orangen Strahl, leuchtend *Orange* ist seine Farbe. Visualisieren Sie, wie dieser Strahl Ihr Sakralchakra, Ihren Unterbauchbereich einhüllt und völlig durchdringt. Lassen Sie von Ihrem Sakralchakra die Farbe *Orange* komplett aufsaugen. Und spüren Sie, wie dieses *Orange* Ihnen neue Lebensfreude verleihen kann. Danach kommen Sie wieder zurück mit Ihrer Aufmerksamkeit und nehmen Ihren kompletten Körper wahr. Spüren Sie nochmals kurz nach und beenden die Übung um mit gestärktem Sakralchakra und ausreichender Lebensfreude neue Taten zu vollbringen.

Übung: Farbatmen

Schließen Sie die Augen für ein paar Minuten und stellen Sie sich die Farbe *Orange* vor Ihrem geistigen Auge vor. Ein kräftiges *Orange.* Konzentrieren Sie sich auf Ihre Atmung. Spüren Sie, wie Ihre Atmung ganz von alleine geschieht, ohne Ihr zutun. Nun atmen Sie die Farbe *Orange* mit jedem Atemzug ein. Jeder Atemzug bringt *Orange* in Ihren Körper. Atmen Sie dann diese Farbe in Ihren Sakralchakra-Bereich. Setzen Sie die Übung so lange fort, solange sie sich gut anfühlt oder das *Orange* langsam verblasst. Dann öffnen Sie die Augen mit dem Bewusstsein, dass Ihr Sakralchakra stimuliert und gestärkt ist.

Übung: Farbaffirmation

Mein Sakralchakra bekommt stets genügend *Orange* für ein Leben voller Freude. Mit Leichtigkeit und angefüllt mit der Lebensfreude der Farbe *Orange* meistere ich meine täglichen Aufgaben.

Übung: Mit farbigen Tüchern

Legen oder setzen Sie sich hierzu bequem hin. Nehmen Sie ein *orangefarbenes* Seidentuch (oder ein anderes, großes Stück Stoff in *Orange)* und spielen Sie damit. Lassen Sie den orangen Stoff durch Ihre Finger gleiten. Spüren Sie in dieses sinnliche *Orange* hinein. Legen Sie das *orange* Tuch dann über Ihren Sakralchakra-Bereich und lassen gedanklich dieses *Orange* auf diese Ebene übergehen. Fühlen Sie, wie das *Orange* Ihr Sakralchakra stärkt und zu neuem Leben in Lebensfreude erweckt. Achten Sie dabei auf Ihre innere Stimme und Ihre Gefühle. Kommen in Ihnen Bilder hoch, sehen Sie Situationen vor Ihrem geistigen Auge, die mit all den Orangethemen zu tun haben? Jetzt ist die Gelegenheit sich diese Dinge erneut mit einer gewissen Leichtigkeit anzusehen. Sind es unangenehme Dinge, so verabschieden Sie sich in Dankbarkeit von Ihnen. Sind es angenehme Dinge, so danken Sie für diese Erfahrungen.

Nabelchakra – Gelb

Der Solarplexus:

Sanskrit Name: *Manipura*
Sonstige Namen: *3. Chakra, Nabelchakra*
Lage: *etwas oberhalb des Nabels, im Magenbereich*
Farbe: *Gelb*
Element: *Feuer*
Planet: *Mars*
Klang: *RAM*
Symbol: *Dreieck*
Sinne: *Sehen*
Edelsteine: *Citrin (der echte), Bernstein (ungebrannt), Tigerauge*
Ätherische Öle: *Bohnenkraut, Kardamom, Myrrhe, Zitrone*
Bachblüten: *Impatients, Scleranthus, Hornbeam*

Themenbereiche:

Seelisch: *Emotionen, Sensibilität, Sehnsucht, Spontaneität, Sentimentalität, Aggressivität, Selbstwertgefühl, Partnerschaftsangelegenheiten*
Körperlich: *Bauchspeicheldrüse, Magen, Galle, Leber, Milz, Dünndarm, Bauchhöhle, Nervensystem, Haut*

Hinweise auf Mängel:

Seelisch: *Wut, Gereiztheit, Ängste, schlechte Träume, unruhiger Schlaf, mangelnde Selbstachtung, depressiv, emotionale Ausbrüche*

Körperlich:	*Störungen im Verdauungsapparat, Rückenprobleme im Lendenwirbelbereich, Nervenerkrankungen, Diabetes, Übergewicht, Magersucht*

Übung: Farbvisualisierung

Dazu legen Sie sich bequem hin und schaffen sich einen Raum, in dem Sie für 15–20 Minuten ungestört sein können. Schließen Sie die Augen und bleiben Sie mit Ihrer gesamten Aufmerksamkeit im Bereich Ihres Solarplexus. Sehen Sie mit Ihrem geistigen Auge diesen Bereich, tasten sie ihn mit Ihren geistigen Blicken ab. Lassen Sie sich von nichts und niemandem ablenken. Visualisieren Sie einen *gelben* Strahl, der direkt aus der Sonne kommt, strahlend *Gelb* ist seine Farbe. Visualisieren Sie, wie dieser Strahl Ihren Solarplexus, Ihren Magenbereich einhüllt und völlig durchdringt. Lassen Sie von Ihrem Solarplexus die Farbe *Gelb* komplett aufsaugen. Und spüren Sie, wie dieses *Gelb* Ihnen neue Lebensfreude verleihen kann. Danach kommen Sie wieder zurück mit Ihrer Aufmerksamkeit und nehmen Ihren kompletten Körper wahr. Spüren Sie nochmals kurz nach und beenden die Übung um mit gestärktem Solarplexus neue Taten zu vollbringen.

Übung: Farbatmen

Schließen Sie die Augen für ein paar Minuten und stellen Sie sich die Farbe *Gelb* vor Ihrem geistigen Auge vor. Ein strahlendes, reines *Gelb.* Konzentrieren Sie sich auf Ihre Atmung. Merken Sie, wie Ihre Atmung ganz von alleine geschieht, ohne Ihr zutun. Nun atmen Sie die Farbe *Gelb* mit jedem Atemzug ein. Jeder Atemzug bringt *Gelb* in Ihren Körper. Atmen Sie dann diese Farbe in Ihren Solarplexus-Bereich. Setzen Sie die Übung so lange fort, solange sie sich gut anfühlt oder das *Gelb* langsam verblasst. Dann öffnen Sie die Augen mit dem Bewusstsein, dass Ihr Solarplexus stimuliert und gestärkt ist.

Übung: Farbaffirmation

Mein Solarplexus bekommt stets genügend *Gelb,* damit meine körperliche und geistige Verdauung reibungslos funktioniert. Mit Leichtigkeit und angefüllt mit der Willenskraft der Farbe *Gelb* meistere ich meine täglichen Aufgaben.

Übung: Mit farbigen Tüchern

Legen oder setzen Sie sich hierzu bequem hin. Nehmen Sie ein gelbes Seidentuch (oder ein anderes, großes Stück Stoff in *Gelb)* und spielen Sie damit. Lassen Sie den *gelben* Stoff durch Ihre Finger gleiten. Spüren Sie in dieses lichtbringende *Gelb* hinein. Legen Sie das *gelbe* Tuch dann über Ihren Solarplexus-Bereich und lassen gedanklich dieses *Gelb* auf diese Ebene übergehen. Fühlen Sie, wie das *Gelb* Ihren Solarplexus stärkt und zu neuem Leben erweckt. Achten Sie dabei auf Ihre innere Stimme und Ihre Gefühle. Kommen in Ihnen Bilder hoch, sehen Sie Situationen vor Ihrem geistigen Auge, die mit all den Gelbthemen zu tun haben? Jetzt ist die Gelegenheit sich diese Dinge erneut mit einer gewissen Leichtigkeit anzusehen. Sind es unangenehme Dinge, so verabschieden Sie sich in Dankbarkeit von Ihnen. Sind es angenehme Dinge, so danken Sie für diese Erfahrungen.

Herzchakra – Grün (Rosa)

Das Herzchakra:	
Sanskrit Name:	*Anahata*
Sonstige Namen:	*4. Chakra, Brustzentrum*
Lage:	*auf Herzhöhe in der Brustmitte*
Farbe:	*Grün (Rosa)*
Element:	*Luft*
Planet:	*Jupiter*
Klang:	*YAM*
Symbol:	*Davidstern*
Sinne:	*Tasten*
Edelsteine.	*Smaragd, Grüner Turmalin, Rosenquarz*
Ätherische Öle:	*Geranium, Magnolie, Melisse, Mimose, Neroli, Rose*
Bachblüten:	*Red Chestnut, Chicory, Willow*

Themenbereiche:

Seelisch:	*Liebe, Mitgefühl, Fürsorge, Geborgenheit, Herzlichkeit, Zuneigung, Freiheit, Freiraum, Abgrenzung, Kreativität*
Körperlich:	*Herz, Lunge, Atmungsorgane, Brustkorb, Bronchien*

Hinweise auf Mängel:

Seelisch:	*Gefühlskälte, Härte, Isolation, Abgrenzungsprobleme, Verbitterung, Lieblosigkeit, Überheblichkeit, Kontaktarmut*

Körperlich:	*Beschwerden im Brustbereich, Blutdruckprobleme, Lungenerkrankungen, Herzbeschwerden, Atembeschwerden*

Übung: Farbvisualisierung

Dazu legen Sie sich bequem hin und schaffen sich einen Raum, in dem Sie für 15–20 Minuten ungestört sein können. Schließen Sie die Augen und bleiben Sie mit Ihrer gesamten Aufmerksamkeit im Bereich Ihres Herzchakras. Sehen Sie mit Ihrem geistigen Auge diesen Bereich, tasten sie ihn mit Ihren geistigen Blicken ab. Lassen Sie sich von nichts und niemandem ablenken. Visualisieren Sie einen *grünen* Strahl, saftig *Grün* ist seine Farbe. Visualisieren Sie, wie dieser Strahl Ihr Herzchakra, Ihren Herzbereich einhüllt und völlig durchdringt. Lassen Sie von Ihrem Herzchakra die Farbe *Grün* komplett aufsaugen. Und spüren Sie, wie dieses *Grün* Ihnen neue Lebensfreude verleihen kann. Danach kommen Sie wieder zurück mit Ihrer Aufmerksamkeit und nehmen Ihren kompletten Körper wahr. Spüren Sie nochmals kurz nach und beenden die Übung um mit gestärktem Herzzentrum neue Taten zu vollbringen.

Übung: Farbatmen

Schließen Sie die Augen für ein paar Minuten und stellen Sie sich die Farbe *Grün* vor Ihrem geistigen Auge vor. Ein saftiges *Grün.* Konzentrieren Sie sich auf Ihre Atmung. Merken Sie, wie Ihre Atmung ganz von alleine geschieht, ohne Ihr zutun. Nun atmen Sie die Farbe *Grün* mit jedem Atemzug ein. Jeder Atemzug bringt *Grün* in Ihren Körper. Atmen Sie dann diese Farbe in Ihren Herzchakra-Bereich. Setzen Sie die Übung so lange fort, solange sie sich gut anfühlt oder das *Grün* langsam verblasst. Dann öffnen Sie die Augen mit dem Bewusstsein, dass Ihr Herzchakra stimuliert und gestärkt ist.

Übung: Farbaffirmation

Mein Herzzentrum bekommt stets genügend *Grün,* damit mein eigener Raum voller Liebe und Einfühlungsvermögen angefüllt ist. Mit Leichtigkeit und angefüllt mit der Herzlichkeit der Farbe *Grün* meistere ich meine täglichen Aufgaben.

Übung: Mit farbigen Tüchern

Legen oder setzen Sie sich hierzu bequem hin. Nehmen Sie ein *grünes* Seidentuch (oder ein anderes, großes Stück Stoff in *grün)* und spielen Sie damit. Lassen Sie den *grünen* Stoff durch Ihre Finger gleiten. Spüren Sie in dieses raumbringende *Grün* hinein. Legen Sie das grüne Tuch dann über Ihren Herzchakra-Bereich und lassen gedanklich dieses *Grün* auf diese Ebene übergehen. Fühlen Sie, wie das *Grün* Ihr Herzchakra stärkt und zu neuem Leben erweckt. Achten Sie dabei auf Ihre innere Stimme und Ihre Gefühle. Kommen in Ihnen Bilder hoch, sehen Sie Situationen vor Ihrem geistigen Auge, die mit all den Grünthemen zu tun haben? Jetzt ist die Gelegenheit sich diese Dinge erneut mit einer gewissen Leichtigkeit anzusehen. Sind es unangenehme Dinge, so verabschieden Sie sich in Dankbarkeit von Ihnen. Sind es angenehme Dinge, so danken Sie für diese Erfahrungen.

Alle *Grün*-Übungen sind auch mit der Farbe *Rosa* durchführbar. Denn auch *Rosa* gehört in den Herzbereich.

Halschakra – Hellblau

Das Halschakra:	
Sanskrit Name:	*Vishuddha*
Sonstige Namen:	*5. Chakra, Kehlkopfchakra, Kommunikationszentrum*
Lage:	*im Kehlkopfbereich*
Farbe:	*Hellblau*
Element:	*Äther*
Planet:	*Saturn*
Klang:	*HAM*
Symbol:	*Kreis*
Sinne:	*Hören*
Edelsteine.	*Aquamarin, Chalcedon, Lapislazuli*
Ätherische Öle:	*Bergamotte, Cajeput, Fenchel, Grapefruit, Lavendel, Salbei*
Bachblüten:	*Mimulus, Agrimony, Cerato*

Themenbereiche:

Seelisch:	*Kommunikation, Sicherheit in Sprache und Ton, Ausdruck, Glaube, Vertrauen, Ruhe und Frieden*
Körperlich:	*Hals, Kiefer, Kehlkopf, obere Atmungsorgane, Stimme, Halswirbelsäule, Nacken, Schultern, Gehör*

Hinweise auf Mängel:

Seelisch:	*Schüchternheit, Hemmungen, Ängste vor dem Alleinsein, Probleme im Ausdruck, Sprachstörungen, Unruhe*

Körperlich:	*Halsschmerzen, Halsentzündungen, Beschwerden im Bereich der Halswirbelsäule, Nackenschmerzen, Schilddrüsenprobleme, Sprach- und Ohrenprobleme*

Übung: Farbvisualisierung

Dazu legen Sie sich bequem hin und schaffen sich einen Raum, in dem Sie für 15–20 Minuten ungestört sein können. Schließen Sie die Augen und bleiben Sie mit Ihrer gesamten Aufmerksamkeit im Bereich Ihres Halschakras. Sehen Sie mit Ihrem geistigen Auge diesen Bereich, tasten sie ihn mit Ihren geistigen Blicken ab. Lassen Sie sich von nichts und niemandem ablenken. Visualisieren Sie einen *hellblauen* Strahl. Visualisieren Sie, wie dieser Strahl Ihr Halschakra, Ihren Halsbereich einhüllt und völlig durchdringt. Lassen Sie von Ihrem Halschakra die Farbe *Hellblau* komplett aufsaugen. Und spüren Sie, wie dieses *Hellblau* Ihnen innere Ruhe verleihen kann. Danach kommen Sie wieder zurück mit Ihrer Aufmerksamkeit und nehmen Ihren kompletten Körper wahr. Spüren Sie nochmals kurz nach und beenden die Übung um mit gestärktem Halszentrum neue Taten zu vollbringen.

Übung: Farbatmen

Schließen Sie die Augen für ein paar Minuten und stellen Sie sich die Farbe *Hellblau* vor Ihrem geistigen Auge vor. Ein sanftes *Hellblau.* Konzentrieren Sie sich auf Ihre Atmung. Merken Sie, wie Ihre Atmung ganz von alleine geschieht, ohne Ihr zutun. Nun atmen Sie die Farbe *Hellblau* mit jedem Atemzug ein. Jeder Atemzug bringt *Hellblau* in Ihren Körper. Atmen Sie dann diese Farbe in Ihren Halschakra-Bereich. Setzen Sie die Übung so lange fort, solange sie sich gut anfühlt oder das *Hellblau* langsam verblasst. Dann öffnen Sie die Augen mit dem Bewusstsein, dass Ihr Halschakra stimuliert und gestärkt ist.

Übung: Farb-Affirmationen

Mein Halszentrum bekommt stets genügend *Hellblau,* damit ich mich zu jeder Zeit klar und deutlich ausdrücke. Mit Leichtigkeit und angefüllt mit der inneren Ruhe und Geborgenheit der Farbe *Hellblau* meistere ich meine täglichen Aufgaben.

Übung: Mit farbigen Tüchern

Legen oder setzen Sie sich hierzu bequem hin. Nehmen Sie ein *hellblaues* Seidentuch (oder ein anderes, großes Stück Stoff in *hellblau)* und spielen Sie damit. Lassen Sie den *hellblauen* Stoff durch Ihre Finger gleiten. Spüren Sie in dieses *Hellblau* hinein. Legen Sie das *hellblaue* Tuch dann über Ihren Halschakra-Bereich und lassen gedanklich dieses *Hellblau* auf diese Ebene übergehen. Fühlen Sie, wie das *Hellblau* Ihr Halschakra stärkt und zu neuem Leben erweckt. Achten Sie dabei auf Ihre innere Stimme und Ihre Gefühle. Kommen in Ihnen Bilder hoch, sehen Sie Situationen vor Ihrem geistigen Auge, die mit all den Hellblauthemen zu tun haben? Jetzt ist die Gelegenheit sich diese Dinge erneut mit einer gewissen Leichtigkeit anzusehen. Sind es unangenehme Dinge, so verabschieden Sie sich in Dankbarkeit von Ihnen. Sind es angenehme Dinge, so danken Sie für diese Erfahrungen.

Stirnchakra – Königsblau

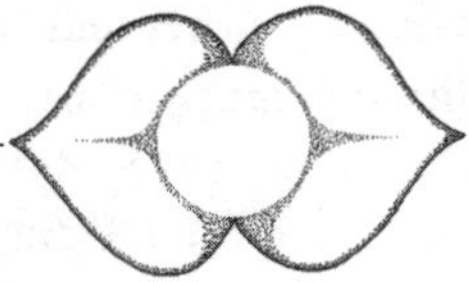

Das Stirnchakra:	
Sanskrit Name:	*Ajna*
Sonstige Namen:	*6. Chakra, 3. Auge*
Lage:	*auf der Stirn zwischen den Augenbrauen*
Farbe:	*Königsblau*
Element:	*keine Zuordnung*
Planet:	*Uranus*
Klang:	*OM*
Symbol:	*Kreis mit zwei Flügeln*
Sinne:	*übersinnliche Wahrnehmung (der 7. Sinn)*
Edelsteine.	*Saphir, blauer Turmalin, Sodalith, Lapislazuli*
Ätherische Öle:	*Eukalyptus, Kamille, Limette, Muskatellersalbei,*
Bachblüten:	*Crap Apple, Walnut, Vine*

Themenbereiche:

Seelisch:	*Phantasie, Wahrnehmung, Intuition, Schöpferenergien, Vorstellungskraft, Ideenoffenheit, Vertrauen, Glauben*
Körperlich:	*Kleinhirn, Gesicht, Augen, Ohren, Nase, Nebenhöhlen, Hormonsystem*

Hinweise auf Mängel:

Seelisch:	*Selbstsucht, Konzentrationsschwäche, geistige Verwirrung, Richtungslosigkeit, Wahrnehmungsschwierigkeiten*
Körperlich:	*Kopfschmerzen, Gehirnerkrankungen, Augenprobleme, Sehschwäche, Nebenhöhlenempfindlichkeit*

Übung: Farbvisualisierung

Dazu legen Sie sich bequem hin und schaffen sich einen Raum, in dem Sie für 15–20 Minuten ungestört sein können. Schließen Sie die Augen und bleiben Sie mit Ihrer gesamten Aufmerksamkeit im Bereich Ihres Stirnchakras. Sehen Sie mit Ihrem geistigen Auge diesen Bereich, tasten sie ihn mit Ihren geistigen Blicken ab. Lassen Sie sich von nichts und niemandem ablenken. Visualisieren Sie einen *königsblauen* Strahl, der direkt aus dem Universum kommt. Visualisieren Sie, wie dieser Strahl Ihr Stirnchakra, Ihren Stirnbereich einhüllt und völlig durchdringt. Lassen Sie von Ihrem Stirnchakra die Farbe *Königsblau* komplett aufsaugen. Und spüren Sie, wie dieses *Königsblau* Ihnen innere Ruhe und klare Sicht verleihen kann. Danach kommen Sie wieder zurück mit Ihrer Aufmerksamkeit und nehmen Ihren kompletten Körper wahr. Spüren Sie nochmals kurz nach und beenden die Übung um mit gestärktem Stirnzentrum neue Taten zu vollbringen.

Übung: Farbatmen

Schließen Sie die Augen für ein paar Minuten und stellen Sie sich die Farbe *Königsblau* vor Ihrem geistigen Auge vor. Ein kräftiges *Königsblau.* Konzentrieren Sie sich auf Ihre Atmung. Merken Sie, wie Ihre Atmung ganz von alleine geschieht, ohne Ihr zutun. Nun atmen Sie die Farbe *Königsblau* mit jedem Atemzug ein. Jeder Atemzug bringt *Königsblau* in Ihren Körper. Atmen Sie dann diese Farbe in Ihren Stirnchakra-Bereich. Setzen Sie die Übung so lange fort, solange sie sich gut anfühlt oder das *Königsblau* langsam verblasst. Dann öffnen Sie die Augen mit dem Bewusstsein, dass Ihr Stirnchakra stimuliert und gestärkt ist.

Übung: Farb-Affirmationen

Mein Stirnzentrum bekommt stets genügend *Königsblau,* damit ich zu jeder Zeit mein Umfeld klar und deutlich wahrnehme. Mit Leichtigkeit und angefüllt mit der inneren Ruhe der Farbe *Königsblau* bringe ich mehr Phantasie und Intuition in meine täglichen Aufgaben.

Übung: mit farbigen Tüchern

Legen oder setzen Sie sich hierzu bequem hin. Nehmen Sie ein *königsblaues* Seidentuch (oder ein anderes, großes Stück Stoff in *königsblau)* und spielen Sie damit. Lassen Sie den *königsblauen* Stoff durch Ihre Finger gleiten. Spüren Sie in dieses *Königsblau* hinein. Legen Sie das königsblaue Tuch dann über Ihren Stirnchakra-Bereich und lassen gedanklich dieses *Königsblau* auf diese Ebene übergehen. Fühlen Sie, wie das *Königsblau* Ihr Stirnchakra stärkt und zu neuem Leben erweckt. Achten Sie dabei auf Ihre innere Stimme und Ihre Gefühle. Kommen in Ihnen Bilder hoch, sehen Sie Situationen vor Ihrem geistigen Auge, die mit all den *Königsblauthemen* zu tun haben? Jetzt ist die Gelegenheit sich diese Dinge erneut mit einer gewissen Leichtigkeit anzusehen. Sind es unangenehme Dinge, so verabschieden Sie sich in Dankbarkeit von Ihnen. Sind es angenehme Dinge, so danken Sie für diese Erfahrungen.

Scheitelchakra – Violett

Das Scheitelchakra:	
Sanskrit Name:	*Sahasrara*
Sonstige Namen:	*7. Chakra, Kronenchakra, Kronenzentrum, Scheitelzentrum*
Lage:	*am höchsten Punkt (Scheitelpunkt) des Kopfes*
Farbe:	*Violett*
Element:	*keine Zuordnung*
Planet:	*Neptun*
Klang:	*OM*
Symbol:	*Lotus*
Sinne:	*kosmisches Bewusstsein, fernab aller Sinne*
Edelsteine.	*Diamant, Amethyst, Bergkristall*
Ätherische Öle:	*Jasmin, Kampfer, Weihrauch, Pfefferminze*
Bachblüten:	*Wild Rose, White Chestnut, Clematis*

Themenbereiche:

Seelisch:	*Spiritualität, kosmische Begegnungen, Selbstverwirklichung, Erleuchtung, geistige Kräfte, Religiosität, Verbundenheit mit dem Universum, Heilerfähigkeiten*
Körperlich:	*Gehirn, Augen, gesamter Organismus*

Hinweise auf Mängel:

Seelisch:	*Desinteresse an weltlichen Dingen, Aberglaube, schwarze Magie, Zurückgezogenheit, Realitätsflucht, geistige Erschöpfung, Depression, Verwirrung*

Körperlich:	*Kopfschmerzen, Immunschwäche, geistige Verwirrung, Gehirnkrankheiten, Lähmungen, Schlaganfall*

Übung: Farbvisualisierung

Dazu legen Sie sich bequem hin und schaffen sich einen Raum, in dem Sie für 15–20 Minuten ungestört sein können. Schließen Sie die Augen und bleiben Sie mit Ihrer gesamten Aufmerksamkeit im Bereich Ihres Scheitelchakras. Sehen Sie mit Ihrem geistigen Auge diesen Bereich, tasten sie ihn mit Ihren geistigen Blicken ab. Lassen Sie sich von nichts und niemandem ablenken. Visualisieren Sie einen *violetten* Strahl, der direkt aus dem Kosmos kommt. Visualisieren Sie, wie dieser Strahl Ihr Scheitelchakra, Ihren Kopfbereich einhüllt und völlig durchdringt. Lassen Sie von Ihrem Scheitelchakra die Farbe *Violett* komplett aufsaugen. Und spüren Sie, wie dieses *Violett* Ihnen innere Ruhe und einen klaren Kopf verleihen kann. Danach kommen Sie wieder zurück mit Ihrer Aufmerksamkeit und nehmen Ihren kompletten Körper wahr. Spüren Sie nochmals kurz nach und beenden die Übung um mit gestärktem Scheitelzentrum neue Taten zu vollbringen.

Übung: Farbatmen

Schließen Sie die Augen für ein paar Minuten und stellen Sie sich die Farbe *Violett* vor Ihrem geistigen Auge vor. Ein kräftiges *Violett.* Konzentrieren Sie sich auf Ihre Atmung. Merken Sie, wie Ihre Atmung ganz von alleine geschieht, ohne Ihr zutun. Nun atmen Sie die Farbe *Violett* mit jedem Atemzug ein. Jeder Atemzug bringt *Violett* in Ihren Körper. Atmen Sie dann diese Farbe in Ihren Scheitelchakra-Bereich. Setzen Sie die Übung so lange fort, solange sie sich gut anfühlt oder das *Violett* langsam verblasst. Dann öffnen Sie die Augen mit dem Bewusstsein, dass Ihr Scheitelchakra stimuliert und gestärkt ist.

Übung: Farbaffirmation

Mein Scheitelzentrum bekommt stets genügend *Violett,* damit ich zu jeder Zeit meine Spiritualität in mein tägliches Leben einfließen lassen kann. Mit Leichtigkeit und angefüllt mit *Violett,* der Farbe des Glaubens und des Vertrauens in mich und an die Welt, gebe ich der göttlichen Führung Raum, um meine täglichen Aufgaben mit Leichtigkeit zu erfüllen.

Übung: Mit farbigen Tüchern

Legen oder setzen Sie sich hierzu bequem hin. Nehmen Sie ein *violettes* Seidentuch (oder ein anderes, großes Stück Stoff in *violett)* und spielen Sie damit. Lassen Sie den *violetten* Stoff durch Ihre Finger gleiten. Spüren Sie in dieses *Violett* hinein. Legen Sie das *violette* Tuch dann über Ihren Kopf und lassen gedanklich dieses *Violett* auf diese Ebene übergehen. Fühlen Sie, wie das *Violett* Ihr Scheitelchakra stärkt und zu neuem Leben erweckt. Achten Sie dabei auf Ihre innere Stimme und Ihre Gefühle. Kommen in Ihnen Bilder hoch, sehen Sie Situationen vor Ihrem geistigen Auge, die mit all den Violettthemen zu tun haben? Jetzt ist die Gelegenheit sich diese Dinge erneut mit einer gewissen Leichtigkeit anzusehen. Sind es unangenehme Dinge, so verabschieden Sie sich in Dankbarkeit von Ihnen. Sind es angenehme Dinge, so danken Sie für diese Erfahrungen.

Chakra-Farb-Massage über die Reflexzonen

Eine wunderbare Methode die Chakren zu stimulieren, zu aktivieren und harmonisieren, ist die Chakra-Farb-Massage über die Chakra-Reflexzonen an den Füßen. Eine Arbeit, die Sie leicht an sich selbst durchführen können oder aber auch bei anderen. Es ist eine sanfte Verwöhnmassage. Diese Massagetechnik unter Einfluss von Farben stimuliert den gesamten grob- und feinstofflichen Körper.

Dazu gehen Sie folgendermaßen vor:
Schaffen Sie sich eine wunderschöne Raumatmosphäre, beduften den Raum mittels Duftlampe, legen eine schöne Entspannungs-CD oder Ihre Lieblings-Klassic-CD auf. Nun gehen Sie kurz in sich. Machen Sie sich kurz klar, dass diese Massage Ihrem Wohlbefinden dient und nicht zum Aufarbeiten von alten Dingen, die vielleicht noch in oder an Ihnen hängen. Möchten Sie Altes auflösen, so ist es immer ratsam einen ausgebildeten Therapeuten zu konsultieren, denn meist benötigt man in solchen Situationen Hilfe von außen. Das ist auch völlig in Ordnung so. Also, betrachten Sie diese Massage-Technik als Stimulation, Harmonisierung und Erwecken der Chakras. Geben Sie Ihrem Chakra-System dadurch neue Energie.

Nehmen sie eine Creme zur Hand, nicht sparsam sein, und cremen Sie Ihre Füße sachte ein. Visualisieren Sie hierbei einen farbenprächtigen Regenbogen. Alleine das ist bereits eine Wohltat. Wie selten man doch die eigenen Füße angreift. Es tut einfach gut. Danach beginnen Sie mit der Massage („Chakra-Energie-Massage“ nach Marianne Uhl) in folgender Reihenfolge:

1. Beginnen Sie mit der Reflexzone Ihres Herzchakras (siehe Abb. „Linker Fuß"). In sanften, kreisenden Bewegungen verharren Sie auf diesem Punkt für ca. drei Minuten. Visualisieren Sie hierbei die Farbe *Grün.* Wenn Sie sich eher zu *Rosa* hingezogen fühlen, können Sie auch gerne *Rosa* visualisieren, oder wenn Sie möchten, beide Farben im Wechsel.
2. Gehen Sie über zum Solarplexus-Punkt am linken Fuß und beginnen sachte zu kreisen, mit sanftem Druck. Nach drei Minuten wechseln Sie zum Solarplexuspunkt des rechten Fußes. Auch hier wieder drei Minuten sanfte Massage. Visualisieren Sie stets beim Massieren des Solarplexus-Punktes die Farbe *Gelb.*

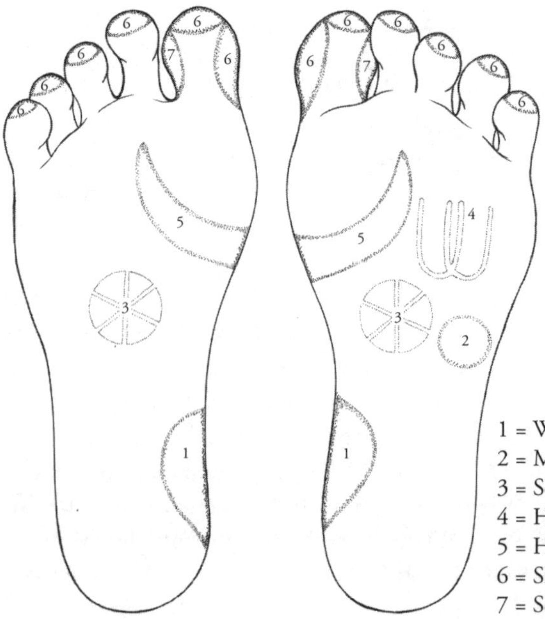

1 = Wurzelchakra
2 = Milzchakra
3 = Solarplexus-Chakra
4 = Herzchakra
5 = Halschakra
6 = Sitrnchakra
7 = Scheitelchakra

rechter Fuß **linker Fuß**

3. Gehen Sie zum Halschakra-Punkt des rechten Fußes. Für drei Minuten stimulieren Sie diesen Punkt. Danach wechseln Sie zum linken Fuß und geben auch hier dem Halschakra-Punkt für weitere drei Minuten leichte, kreisende Druckbewegungen. Hierbei bitte immer die Farbe *Hellblau* visualisieren.

4. Wechseln Sie nun zum Sakralchakra-Punkt am linken Fuß. Drei Minuten massieren. Die Farbe *Orange* lassen Sie gedanklich mit einfließen.

5. Wechseln Sie nun zu den Stirnchakra-Punkten. Hiervon gibt es an jedem Fuß mehrere Punkte. Schauen Sie sich die Skizzen an. Massieren Sie zunächst drei Minuten lang die Punkte am linken Fuß und anschließend die Stirnchakra-Punkte am rechten Fuß. Dabei immer die Farbe *Königsblau* visualisieren.

6. Bleiben Sie zunächst am rechten Fuß und wechseln zum Wurzelchakra-Punkt. Dieser Punkt geht noch ein wenig seitlich am Fuß hinauf, Richtung Knöchel, ebenfalls drei Minuten. Anschließend wechseln Sie zum linken Fuß und massieren auch hier drei Minuten lang den Wurzelchakra-Punkt. Die Farbe *Rot* bitte dazu visualisieren.

7. Nun massieren Sie, wieder für jeweils drei Minuten, zuerst den Scheitelchakra-Punkt am linken Fuß und anschließend am rechten Fuß. Visualisieren Sie hierzu die Farbe *Violett.*

Die gesamte Massage sollte nicht länger als 35–40 Minuten dauern. Legen Sie sich anschließend noch für wenige Minuten hin und entspannen Sie. Spüren Sie nach und versuchen Sie die Farben in Ihren Chakren zu erfühlen.

Farben und Sternzeichen

Die Sternzeichen sind seit vielen Tausend Jahren aktuell. Schon immer haben Menschen die Sterne befragt und ihre Handlungen danach ausgerichtet. Unter welchem Sternzeichen (Sonnenzeichen) wir geboren sind und welchem Aszendent wir dadurch zugeordnet sind, lässt eine nicht zu übersehende Charakterdeutung zu. Man darf natürlich nicht außer Acht lassen, dass zu einem persönlichen Horoskop wesentlich mehr gehört als „nur“ das Sternzeichen und der Aszendent. Wie zum Beispiel die 12 Häuser, wie die Planeten zueinander stehen, die Transite, um nur einiges zu nennen. Doch in diesem Kapitel möchte ich die doch sehr umfangreiche Astrologie nur in Bezug auf die Sternzeichen und die Farben durchleuchten.

Das Sonnenzeichen (eigentliche Sternzeichen) manifestiert die grundlegenden Eigenschaften Ihres Seins. Während der Aszendent in der Regel zeigt, wie Sie von der Außenwelt wahrgenommen werden. Man sollte daher immer beide Zeichen bei einer Deutung oder einer Farbauswahl mit einbeziehen, denn sie können sich gegenseitig beeinflussen, ergänzen oder manchmal auch im Widerspruch zueinander stehen.

Aus nachfolgender Übersicht ersehen Sie die Grundeigenschaften eines jeden Sternzeichens mit allem was dazu gehört. Die Datumsangabe unter der das jeweilige Sternzeichen fällt, kann nicht ganz genau sein. Denn es ist möglich, dass das von Jahr zu Jahr um Stunden, manchmal sogar wenige Tage abweicht. Genau werden Sie es durch die Berechnungen eines ausgeklügelten Astrologieprogramms oder durch eine seriöse astrologische Beratung erfahren, ob Sie genau an den Grenztagen geboren sind.

Die einzelnen Sternzeichen

Widder – Rot

Der Widder (Aries) – 21. März bis 20 April – ♈	
Element:	*Feuer: steht für Willenskraft, Ehrgeiz, Dynamik und Mut*
Herrscherplanet:	*Mars*
Qualitäten:	*kardinal, impulsgebend, eigeninitiativ, streben nach Führung*
Geschlecht:	*männlich, bewusst, gestaltend, geist- und willensbetont, extrovertiert*
Temperament:	*manchmal cholerisch*
Jahreszeit:	*Frühlingsbeginn, Zeit des Keimens, Aufbruch der Kräfte, Osten, Licht*
Körperzonen:	*Kopf und Stirn, das Blut, Arterien, Muskeln*
Edelsteine:	*Rubin, Roter Jaspis, Granat*
Wochentag:	*Dienstag*
Tiere:	*Widder, Wolf, Raubvögel*
Beruf und Interessen:	*Technik, Sport, Fitness, Medizin*
Farbe:	*Rot*

Kurzdeutung: Der Widder ist oft ein Wegbereiter und Impulsgeber für Mitmenschen. Er hat das Grundbedürfnis seinen eigenen Willen durchzusetzen, schöpferisch aktiv zu sein um neue Dinge zu entwickeln. Er handelt dabei offen, selbstbewusst, unbekümmert, überzeugend und engagiert mit großem Optimismus. Die Denkeigenschaften kann man als subjektiv, sprunghaft, intuitiv, kreativ und recht eigenwillig bezeichnen. Während das Gefühlsleben und die Liebe eher spontan, direkt, fordernd, heftig und leidenschaftlich sein kann. In der Partnerschaft müssen Abwechslung, Spannung und Lebendigkeit vorhanden sein, wobei das Gefühl von Freiheit und Unabhängigkeit nicht verloren gehen darf. Als Konfliktbereiche kennzeichnet den Widder Übermut, Übertreibungen und Unzufriedenheit, unreflektierte Aggressionen und geringe Frustrationstoleranz. Oft sucht er aus Angst vor Abhängigkeit neue Aktivitätsbereiche. Körperliche Störungen gehen oft einher mit: Kopfschmerz, Neuralgien, Infekte und Entzündungen, Ohrensausen, Infektionskrankheiten, Muskelverspannungen, Zahnprobleme.

Unterstützung durch Farben: Die verschiedensten Möglichkeiten gibt es mit Farben zu arbeiten. Sie können die Farbe visualisieren, damit meditieren, Ihre Kleidung bewusst wählen, Ihr Umfeld entsprechend gestalten (Räume kolorieren), die Farben einatmen.

Rot: Wenn Sie als Widder mit *Rot* arbeiten möchten, so konfrontieren Sie sich mit der puren Rotenergie, d. h. mit Kraft, Ausdauer, Stärke, Durchsetzungskraft, Machtbewusstsein, Standhaftigkeit. Das sind Eigenschaften, die der Widder in der Regel bereits besitzt. Es könnte natürlich möglich sein, dass diese Energien nicht richtig kanalisiert sind, so ist *Rot* sinnvoll, um hilfreich zu sein, die Energien wieder in die richtigen Bahnen zu lenken.

Grün: Sie können auch mit der Komplementärfarbe arbeiten. Denn *Grün* schafft Harmonie beim stark *rotbetonten* Widder. *Grün* lenkt die Aufmerksamkeit mehr auf den Herzbereich und ist in der Lage dem oft eingeengten Widder freien und neuen Raum zu schaffen.

Blau: Sind Sie völlig im Stress und wissen abends nicht mehr wo Ihnen der Kopf steht? Wenn Ihr Körper, Ihr Geist und Ihre Seele nach Ruhe schreien, so ist die Farbe *Blau* die Farbe der Wahl. Sie bringt Ruhe und Frieden und stärkt das Selbstvertrauen und den Glauben.

Stier – Grün, Rot und Erdtöne

Der Stier (Taurus) – 21. April bis 20. Mai – ♉	
Element:	*Erde: steht für Stabilität, Festigkeit, Ruhe, Sachlichkeit, realistisch, praktisch, materiell*
Herrscherplanet:	*Venus*
Qualitäten:	*fix, Impulse aufnehmen, Kraft und Ausdauer, Beharrlichkeit und Stetigkeit, Widerstandsfähigkeit*
Geschlecht:	*weiblich, hingabefähig, eindrucksstark, empfangend, fruchtbar*
Temperament:	*manchmal melancholisch*
Jahreszeit:	*Zeit der Belebung, Kräftigung und Fruchtbarkeit*
Körperzonen:	*Mund, Hals, Nacken, Venen, Stimmbänder*
Edelsteine:	*Smaragd, Koralle, Saphir*
Wochentag:	*Freitag*
Tiere:	*Kuh, Hund, Taube*
Beruf u. Interessen:	*Kunst, Naturwissenschaft, Mode, Landwirtschaft*
Farbe:	*Grün, Rot und Erdtöne*

Kurzdeutung: Der Stier liebt die Sicherheit, hat ein starkes Besitzdenken, hat Geduld und kann dadurch gut ausharren, er mag den Frieden und die Heiterkeit. Der Stier hat das Thema die eigenen Kräfte sinnvoll einzusetzen und Erfahrungen aus der Vergangenheit zu verwerten, mit sich und seiner Umwelt in Harmonie zu leben und seine Begierden und Instinkte gut zu kanalisieren. Sein Grundbedürfnis ist produktiv zu sein, ein Ziel zu erreichen und es dann zu festigen, um danach das Ergebnis genießen zu können. Er handelt generell ruhig, gelassen, ausdauernd, sehr kraftvoll, beharrlich und ist fleißig. Er denkt realistisch, praktisch, konsequent und manchmal auch etwas langsam. In der Liebe zeigt er sich zärtlich, beständig, sinnlich, herzlich, hingebungs- und liebevoll. Die Beziehungen sollten beständig und stabil sein. Sie sind wichtig und äußerst notwendig für die harmonische Entwicklung der Persönlichkeit und für die emotionale Sicherheit. Als etwas negativ könnte man seine Eifersucht, Jähzorn, Affekthandlungen, übertriebenes Besitzdenken, das Ausweichen vor Veränderungen und Festhalten an Altem, bezeichnen. Körperliche Störungen gehen oft einher mit Bronchitis, Halsentzündungen, Schilddrüsenproblemen, Stoffwechselproblemen, Verspannungen im Schulterbereich, Ohrenkrankheiten.

Unterstützung durch Farben: Die verschiedensten Möglichkeiten gibt es mit Farben zu arbeiten. Sie können die Farbe visualisieren, damit meditieren, Ihre Kleidung bewusst wählen, Ihr Umfeld entsprechend gestalten (Räume kolorieren), die Farbe einatmen.

Grün: Wenn Sie mit dieser Farbe arbeiten möchten, so wird die Aufmerksamkeit auf die Herzgegend gelenkt. Es wird die Liebe zur Natur gefördert und steckt die persönlichen Grenzen neu, bzw. etwas weiter fest. *Grün* unterstützt die Kreativität und schafft etwas Raum um die Flexibilität zu fördern.

Rot: Gehört zum Stier genau wie das *Grün*. Möchten Sie mit *Rot* arbeiten, so wird es Ihnen helfen Ihre Power zu regulieren und in die richtigen Bahnen zu lenken. Besonders sinnvoll, wenn Sie völligen Energieverlust erlitten haben, um sich wieder neu aufzutanken.

Erdige Töne: Da der Stier manchmal auf alten, vielleicht längst überholten Standpunkten beharrt und sich kein Stückchen in eine neue, zunächst etwas unbekannte Richtung bewegen möchte, bringen erdige Töne genau dieses Verhaltensmuster in sein Bewusstsein.

Zwillinge – Gelb

Zwillinge (Gemini) – 21. Mai bis 20. Juni – ♊	
Element:	*Luft: steht für geistig, intellektuell, theoretisch, objektiv, neugierig, kontaktfreudig, sammeln und weitergeben von Wissen*
Herrscherplanet:	*Merkur*
Qualitäten:	*beweglich, ausgleichend, anpassungsfähig*
Geschlecht:	*männlich, bewusst, fordernd, aktiv, handelnd*
Temperament:	*fordernd*
Jahreszeit:	*Zeit der Entfaltung*
Körperzonen:	*Schultern, Arme, Hände, Nervensystem, Atmungsorgane, Extremitäten*
Edelsteine:	*Goldtopas, Moosachat*
Wochentag:	*Mittwoch*
Tiere:	*Insekten, Bienen, Affen*
Beruf u. Interessen:	*Journalismus, Medien, Reisen, Werbung, Schriftstellerei, Handel, Sprachen*
Farbe:	*Gelb*

Kurzdeutung: Zwillinge haben stets das Bedürfnis sich mitzuteilen, sie sind immer auf der Suche nach neuen Gedankengängen, nach geistigem Austausch, nach Abwechslung, Anregungen und sehr viel Wissen. Sie handeln clever, wohl überlegt, zwar kritisch jedoch taktisch geschickt, sind wendig und anpassungsfähig. Im Gefühlsleben und in der Liebe sind sie eher unbeschwert, charmant und freundschaftlich, oft unverbindlich und unbekümmert. Auch in der Partnerschaft hegen sie das Bedürfnis nach geistigem Austausch, nach Unabhängigkeit und Selbständigkeit. Sie fühlen sich manchmal durch zu große Gefühlsduselei schnell in die Enge getrieben. Innere Konflikte können ständige Unruhe bedeuten und man fühlt sich nirgends zu Hause und muss immer unterwegs sein. Depression und Unwohlsein könnten auftreten, wenn das unverbindliche Austauschen nicht mehr möglich ist und Verbindliches eingefordert wird. Körperliche Störungen gehen oft einher mit Erkrankungen der Luftwege, Asthma, schwaches Nervenkostüm, Nervosität und Konzentrationsprobleme.

Unterstützung durch Farben: Die verschiedensten Möglichkeiten gibt es mit Farben zu arbeiten. Sie können die Farbe visualisieren, damit meditieren, Ihre Kleidung bewusst wählen, Ihr Umfeld entsprechend gestalten (Räume kolorieren), die Farbe einatmen.

***Gelb*:** Durch Arbeiten mit der Farbe, welche dem Zwilling zugeordnet ist, können Sie Ihre geistige Tätigkeit noch unterstützen. Es ist die Farbe des Lernens und des Lehrens. *Gelb* führt auch dazu partnerschaftliche Zusammenhänge besser zu verstehen und zu harmonisieren. Ängste und übermäßige Emotionen können gelindert werden, in dem Sie mit *Gelb* die Angelegenheit bewusst verarbeiten.

Violett: Sie könnten aber auch mit der Komplementärfarbe von *Gelb,* nämlich *Violett,* arbeiten. Geben Sie hiermit Ihrem gesamten Kopfbereich Heilung. Lassen Sie Ruhe in Ihren Geist einkehren, um dann wieder aus dem Vollen schöpfen zu können. *Violett* bringt noch mehr spirituelle Energien in Ihr sein und schafft damit eine Verbindung zu anderen Ebenen.

Krebs – Silber, Rosa

Krebs (Cancer) – 21. Juni bis 21. Juli – ♋	
Element:	*Wasser: steht für Unbewusstes, Gefühle, Emotionen, Instinkte, Ausdruck von Gefühlen und seelisches Feingefühl*
Herrscherplanet:	*Mond*
Qualitäten:	*Kardinal, Aktivität, Energie, Produktivität und Ehrgeiz sind je nach Stimmungslage vom Gefühl abhängig*
Geschlecht:	*weiblich, vergangenheitsorientiert, beeinflussbar, fruchtbar*
Temperament:	*manchmal phlegmatisch*
Jahreszeit:	*Hochsommer*
Körperzonen:	*der Wasserhaushalt im Körper, Lymphe, Brust, Magen*
Edelsteine:	*Perle, Mondstein, Opal, Bernstein*
Wochentag:	*Montag*
Tiere:	*Krebse, Muscheln, Kuh, Hase*
Beruf u. Interessen:	*medizinische, therapeutische und soziale Berufe, Geschichte, Ernährungsberater, Nahrungsmittelbranche*
Farbe:	*Silber, Rosa*

Kurzdeutung: Krebse haben bekanntlich ein ausgeprägtes Einfühlungsvermögen, eine blühende Phantasie, Intuition, sind fürsorglich und feinfühlig. Sie möchten ihre eigene, innere Stabilität und Sicherheit immer weiter entfalten. Sie tun sich nicht gerade leicht mit den Themen Loslassen und Abschied nehmen, Ängste überwinden, zupacken und festhalten. Der Krebs hat das Bedürfnis die Probleme anderer zu erkennen und den Menschen Schutz, Zuflucht oder auch nur die Hand zu reichen, damit sie besser über die eigenen Probleme hinwegkommen. Er handelt mit Sorgfalt, emotional geprägt, aus dem „Bauch" heraus, ist indirekt und hat schöpferische Veranlagungen. Der Krebs denkt subjektiv, einfühlsam, äußerst phantasie- und gefühlvoll. In partnerschaftlichen Bereichen ist er herzlich, zärtlich, romantisch, oft verträumt, voller Hingabe und hat mütterliche Züge. Die Krebs geborenen bringen Feingefühl, Verständnis und Geduld in Verbindungen mit ein und sind anlehnungsbedürftig, schwärmerisch und sehr sensibel. Der Partner wird sehr oft als Stütze und Tankstelle benötigt. Allerdings kann ein übertriebenes Bedürfnis nach Zuwendung und Aufmerksamkeit, vergangenheitsbezogenes Leben, sollte es nicht erfüllt werden, sehr belastend wirken. Es besteht dann die Gefahr, dass er sich in eine Traum- und Phantasiewelt zurückzieht. Bei Verlust von Geborgenheit, Ablösung einer Bezugsperson, bei Kritik mit Auseinandersetzungen und bei seelischer Entwurzelung kann leicht eine depressive Stimmung aufkommen. Körperliche Störungen machen sich oft bemerkbar durch Magenbeschwerden, Schleimhautproblemen, Lymphstauungen, Brust- und Gebärmutterthemen.

Unterstützung durch Farben: Die verschiedensten Möglichkeiten gibt es mit Farben zu arbeiten. Sie können die Farbe visualisieren, damit meditieren, Ihre Kleidung bewusst wählen,

Ihr Umfeld entsprechend gestalten (Räume kolorieren), Die Farbe einatmen.

Silber: Mit Silber ist hier der silbrige Mondschein gemeint. Der Mond als Planet des Krebses. Wenn Sie mit dieser Farbe arbeiten möchten, so wird es alle Krebseigenschaften wunderbar unterstützen und kanalisieren. Silber hat sehr viele weibliche Qualitäten. Stärken und harmonisieren Sie mit Silber Ihre weiblichen Züge, Ihre weiblichen Fähigkeiten. Für das männliche Geschlecht sei gesagt, dass man ruhig auch mal die weibliche Seite, die jeder in sich trägt, zeigen darf. Sprich: die Gefühle.

***Rosa*:** Die Farbe der Liebe, der bedingungslosen Liebe, der Herzlichkeit, der Fürsorge, des Mitfühlens. Mit *Rosa* an sich und mit sich zu arbeiten ist wie Balsam für das Herz, Streicheleinheiten für die Seele. Holen Sie sich mit *Rosa* in Ihr Bewusstsein zurück, dass Sie liebenswert sind, dass Sie es Wert sind geliebt zu werden – auch von sich selbst. Tanken Sie auf mit der Farbe *Rosa.*

Löwe – Orange

Löwe (Leo) – 22. Juli bis 22. August – ♌	
Element:	*Feuer: steht für Selbstbewusstsein, Leidenschaft, Wärme, Kraft, Dynamik*
Herrscherplanet:	*Sonne*
Qualitäten:	*fix, Kraft der Ausdauer, Sicherheit, Beständigkeit, Festigkeit, Zufriedenheit, Ruhe und Besonnenheit*
Geschlecht:	*männlich, bewusst, gestaltend, ehrgeizig, extrovertiert*
Temperament:	*manchmal cholerisch*
Jahreszeit:	*die Zeit in der die Früchte reif sind*

Körperzonen:	*Herz, Blutkreislauf, Wirbelsäule, Solarplexus*
Edelsteine:	*Rubin, Sonnenstein, Diamant*
Wochentag:	*Sonntag*
Tiere:	*Löwe, Adler, Pfau*
Beruf u. Interessen:	*Organisator, Unternehmer, Lehrer, Arzt, Schauspiel*
Farbe:	*Orange*

Kurzdeutung: Der Löwe glänzt durch Selbsterkenntnis, Zuversicht, Licht, Wärme, Individualität, Kreativität, Vitalität und den Drang nach Selbstverwirklichung. Er ist oft damit beschäftigt den Glauben an sich selbst zu fördern, herauszufinden, wer man ist und welche Fähigkeiten man hat. Er versucht stets alle Kraft zur Verwirklichung seiner Pläne und Ziele einzusetzen. Der Löwe hat ein starkes Bedürfnis zu jeder Zeit im Mittelpunkt des Geschehens zu stehen, wobei er seinen wichtigen, großen Freiraum nie außer Acht lässt. Er verlangt Anerkennung und Bestätigung für seine Arbeit und sein Handeln. Er wirkt entschlossen, souverän, ruhig, überzeugend und oft sehr selbstsicher. Seine Gedanken sind in der Regel kreativ, intuitiv, schöpferisch, positiv und sehr clever. Im Gefühlsleben bevorzugt der Löwe Romanik, Herzlichkeit, Unabhängigkeit, Leidenschaft und Großzügigkeit. Partnerschaften wünscht er sich voller temperamentvoller Stimmung, voller Wärme, Freude und Sinnlichkeit. Er braucht immer das Gefühl der Wertschätzung und des Wichtig-Seins, wobei genügend Raum für ihn vorhanden sein muss. Nicht so ganz positive Eigenschaften können sich beim Löwen durch Selbstgefälligkeit, Anpassungsschwierigkeiten und Einschränkungen zeigen. In einen depressiven Zustand kann er verfallen, wenn er nicht genügend Aufmerksamkeit bekommt oder das Gefühl hat, abgelehnt zu werden. Körperliche Störungen können sich zeigen in Herz- und Kreislauferkrankungen, hoher Blutdruck oder Rückenbeschwerden.

Unterstützung durch Farben: Die verschiedensten Möglichkeiten gibt es mit Farben zu arbeiten. Siehe meditative Übungen. Sie können die Farbe visualisieren, damit meditieren, Ihre Kleidung bewusst wählen, Ihr Umfeld entsprechend gestalten (Räume kolorieren), die Farbe einatmen.

***Orange*:** Diese Farbe wird dem Löwen helfen, wenn er wirklich einmal durch fehlende Aufmerksamkeit anderer, das Gefühl bekommt, nicht mehr im Mittelpunkt zu stehen und abgelehnt wird. *Orange* bringt die Lebensfreude zurück und macht bewusst in welchen Schockzuständen er vielleicht stecken geblieben ist.

***Blau*:** Die Komplementärfarbe von *Orange* ist *Blau.* Ist der Löwe einmal völlig überdreht und auf dem „Höhenflug“, so ist *Blau* die Farbe der Wahl. *Blau* bringt ihn zurück zur innen Ruhe und Ausgeglichenheit. *Blau* wird ihm den übergeordneten Blick über Situationen wieder zurückbringen. Mit *Blau* kann er sich außerdem gut schulen, die richtigen Worte in den richtigen Situationen zu den richtigen Menschen zu finden.

Jungfrau – Beige

Jungfrau (Virgo) – 23. August bis 22. September – ♍	
Element:	*Erde: steht für Stabilität und Festigkeit, Ruhe, Sachlichkeit, realistisch, praktisch, materiell*
Herrscherplanet:	*Merkur*

Qualitäten:	*beweglich, ausgleichend, anpassungsfähig*
Geschlecht:	*weiblich, hingabefähig, eindrucksstark, unbewusst, empfangend*
Temperament:	*manchmal melancholisch*
Jahreszeit:	*die Zeit der Ernte*
Körperzonen:	*Darm, Verdauungstrakt, Stoffwechsel*
Edelsteine:	*Citrin, gelber Jaspis, Achat*
Wochentag:	*Mittwoch*
Tiere:	*Insekten, Katzen, Hunde*
Beruf u. Interessen:	*Medizin, Ernährung, Naturwissenschaft, Techniker, Pädagoge, Psychologe, Anwalt*
Farbe	*Beige*

Kurzdeutung: Für Jungfrau steht: Analyse, Vernunft, Zweckmäßigkeit, Ordnung, Struktur, Organisation, Verarbeitung. Sie ist immer auf der Suche nach Erkenntnissen und Vollkommenheit, ein Vermittler zwischen Intuition und Logik. Sie versucht verschiedene Dinge und Bereiche miteinander zu verbinden und praktisch umzusetzen. Sie hat das Bedürfnis nach Sicherheit im Leben mit klaren und überschaubaren Regeln. Ihr Handeln ist ökonomisch, überlegt, effektiv, verantwortungsvoll, pflichtbewusst, fleißig und praktisch veranlagt. Ihr Denken ist oft methodisch, analytisch, realistisch, sehr kritisch, meist vorausschauend und objektiv. Im Gefühlsleben ist die Jungfrau scheu, vorsichtig, mit viel Feingefühl und Takt, treu, aufopfernd und umsorgend. Ihre Partnerschaften sollten stets berechenbar und verlässlich sein. Sind sie sich ihrer Partnerschaft sicher, können sie außerordentlich intensive Gefühle an den Tag legen. Doch wenn sie in Konflikt geraten zeigen sie meist Misstrauen, Pedanterie, Pessimismus, Mangel an Spontaneität. Sie verlieren sich dann in den „Kleinigkeiten“ des Tagesgeschehens und sind nicht mehr in der Lage den Überblick zu behalten. Depressiv können sie reagieren, wenn sie der Meinung sind, das ihr Leben oder altgewohntes aus den Fugen gerät. Körperliche Störungen zeigen sich oft als Erkrankung der Verdauungsorgane, Schlafstörungen sowie durch nicht einzuordnende Ängste.

Unterstützung durch Farben: Die verschiedensten Möglichkeiten gibt es mit Farben zu arbeiten. Sie können die Farbe visualisieren, damit meditieren, Ihre Kleidung bewusst wählen, Ihr Umfeld entsprechend gestalten (Räume kolorieren), die Farbe einatmen.

***Beige*:** Wenn Sie als Jungfrau mit diesem Farbton arbeiten, werden Sie sich das Bewusstsein von mehr Standfestigkeit und Halt stärken oder harmonisieren. Wenn irgendetwas in Ihrem Leben aus den Fugen gerät und dadurch nicht mehr einzuordnen und unüberschaubar wird, so kann ein *beiger* Farbton Ihnen helfen. Er stärkt zudem die Ausdauer und Geradlinigkeit. Wenn es sich um einen dunkleren *Beigeton* (ins *Braun* gehend) handelt, der ja dann viel mehr Rotanteile enthält, so wirkt das stärkend auf Ihren Energiehaushalt. Sind Sie ausgepowert, arbeiten Sie mit dunkleren *Beige*tönen oder ganz gezielt mit der Farbe *Rot.*

***Rosa*:** Die Jungfrau opfert sich gerne auf, für Menschen, für Dinge, für Situationen. Sie gibt dann alles. Doch wo bleibt die Jungfrau selbst, was bekommt sie zurück? So manches Mal eben gar nichts. In diesem Falle ist es ratsam mit *Rosa* zu arbeiten. Denn *Rosa* ist Balsam für alle Herzensangelegenheiten und für die Seele. Hiermit kann man sich einen Ausgleich verschaffen, um mit den fehlenden Streicheleinheiten besser zu Recht zu kommen.

Waage – Türkis (Blau/Grün)

Waage (Libra) – 23. September bis 21. Oktober – ♎	
Element:	*Luft: steht für geistige und intellektuelle Aktivitäten, Theorie, Objektivität, Neugier, Sammeln und Verteilen von Wissen, Ausdruck in Kunst, Sprache und abstraktem Denken, Gemeinschaftssinn*
Herrscherplanet:	*Venus*
Qualitäten:	*Kardinal, impulsgebend, entschlossen, aktiv, Streben nach Führung*
Geschlecht:	*männlich, bewusst, gestaltend, willensbetont, extrovertiert*
Temperament:	*Zurückhaltend*
Jahreszeit:	*Zeit der Balance, des Ausgleichs*
Körperzonen:	*Nieren, Blase, Lenden, Haut*
Edelsteine:	*Saphir*
Wochentag:	*Freitag*
Tiere:	*Taube, Schmetterling, Rehe*
Beruf u. Interessen:	*alle kreativen Berufe, Werbung, Kunst, Musik, Mode, Diplomatie, Rechtswissenschaft*
Farbe:	*Türkis (Blau/Grün)*

Kurzdeutung: Die Waage liebt den Austausch, die Begegnung, die Zusammengehörigkeit, die Harmonie und den Frieden. Sie ist für Gleichberechtigung und Fairness. Die Waage versucht immer Gegensätze auszubalancieren. Sie ist aktiv und erreicht in der Regel auch all ihre gesteckten Ziele. Als Grundbedürfnis hegt sie den Wunsch nach Abwechslung, Heiterkeit und gesellschaftlichen Kontakten. Ein Umfeld, mit dem sie harmonisieren kann, gibt der Waage das Gefühl, geschätzt und geachtet zu sein. Sie handelt in der Regel aktiv, diplomatisch und klug, dabei ist sie kompromissbereit und kooperativ. Sie denkt objektiv, fair, schöpferisch, phantasievoll und bildhaft, wobei alles sehr gefühlsbetont ist. In Partnerschaften zeigt sie sehr viel Charme, ist zärtlich, liebevoll, romantisch veranlagt und sehr hingebungsvoll, doch manchmal ein wenig naiv. Ein harmonisches Zusammensein ist das allerwichtigste für eine Waage. Bei einem drohenden Konflikt zeigt sie oft Unentschlossenheit, ist harmoniesüchtig. Aus Angst vor Ärger und Streit werden Schattenseiten des Lebens gern verdrängt und ausgeklammert. Sie hält dann nur noch nach Schönem und Positivem im Leben Ausschau. In eine depressive Stimmung verfällt sie, wenn Liebesentzug droht oder die Gefahr besteht verlassen zu werden. Körperliche Probleme zeigen sich oft in Hautproblemen, anfälligen Nieren und Harnwege und Probleme mit der Bauchspeicheldrüse.

Unterstützung durch Farben: Die verschiedensten Möglichkeiten gibt es mit Farben zu arbeiten. Sie können die Farbe visualisieren, damit meditieren, Ihre Kleidung bewusst wählen, Ihr Umfeld entsprechend gestalten (Räume kolorieren), die Farbe einatmen.

***Türkis*:** Die Kommunikation des Herzens. Diese Farbe unterstützt die Waage direkt aus dem Herzen zu sprechen. Tut sie das bereits ausschließlich, so hilft ihr *Türkis* richtig abzuwägen, wann es angebracht ist und wann doch lieber kopflastige Kommunikation stattfinden sollte. *Türkis* hilft außerdem ausgezeichnet vor Gruppen zu reden und das Wissen weiterzugeben.

Türkis besteht zu einem großen Teil aus *Blau.* Daher kann man auch gezielt mit *Blau* arbeiten, wenn die Seele nach Ruhe schreit. Möchte die Waage gerne wieder einen übergeordneten Blick bekommen und die Kommunikation kanalisieren, so ist *Blau* die Farbe der Wahl.

Türkis besteht auch zu einem großen Teil aus *Grün.* Daher kann *Grün* sehr gut angewandt werden, wenn es einmal eng wird. Wenn man sich eingeengt fühlt. *Grün* schafft Raum und stellt eine stärkere Verbindung zur Natur her.

Gelb: *Grün* besteht aus *Blau* und *Gelb.* Da der Waage die Körperzonen Nieren, Blase, Haut zugeordnet werden, so ist es möglich mit *Gelb* (auch mit *Blau)* hier Linderung zu verschaffen und zur Heilung beizutragen. *Gelb* harmonisiert auch bei Ängsten und alle Partnerschaftsangelegenheiten. Emotionen kann man mit *Gelb* leichter verstehen und in den Griff bekommen.

Rotorange: Die Komplementärfarbe von *Türkis* ist Rotorange. Mangelt es an Lebensfreude oder Power im täglichen Leben oder nach unliebsamen Auseinandersetzungen, die die Waage ja so hasst, kann man gut mit einem rötlichen *Orangeton* arbeiten.

Skorpion – Dunkelrot und Dunkelgrün

Skorpion (Scorpio) – 22. Oktober bis 21. November – ♏	
Element	*Wasser: sensibel, intuitiv, kreativ, hingebungsvoll, dominante Gefühle und Empfindungen*
Herrscherplanet:	*Mars und Pluto*
Qualitäten:	*fix, impulsaufnehmend, ausdauernd, Beständigkeit, Beharrlichkeit, schwer zu brechender Widerstand*

Geschlecht:	*weiblich, unbewusst, seelisch, hingabefähig, eindrucksstark, empfangend, passiv, fruchtbar*
Temperament:	*manchmal cholerisch*
Jahreszeit:	*Das Wachstum der Natur geht in eine Ruhephase*
Körperzonen:	*Genitalbereich, Sexualorgane*
Edelsteine:	*Granat, Hämatit, Onyx*
Wochentag:	*Dienstag*
Tiere	*Skorpion, Schlange, Wolf*
Beruf u. Interessen:	*Therapeuten, Forscher, medizinische Berufe, Pädagogen, Analytiker, Esoteriker*
Farbe:	*Dunkelrot und Dunkelgrün*

Kurzdeutung: Der Skorpion steht für Leidenschaft, Intensität, Macht, Wandlung, Regeneration, Sexualität, Geheime Dinge, starke Beziehung zum Unbewussten. Sein Thema ist die Erforschung der verborgenen Seiten der Menschen. Er will ergründen und zu tiefen spirituellen Erkenntnissen vordringen. Er hat das Bedürfnis sich mit dem Umfeld intensiv und sehr emotional auseinander zu setzen. Es ist dabei sehr wichtig eine gefühlsbetonte Verbindung zu den Mitmenschen herstellen zu können. Er handelt in der Regel diszipliniert, ausdauernd, manchmal provokant, jedoch beherrscht, ist oft zäh und konsequent. Er denkt analytisch, hintergründig, tiefgründig, kompromisslos und scharfsinnig. Er fühlt eher intensiv, emotional, leidenschaftlich, tief und sehr lustvoll. Seine Partnerschaften sollten tief, ernst und von Dauer sein und stets eine Herausforderung bieten, um sein eigenes Wachstum zu fördern. Skorpione brauchen lange, um sich zu öffnen und zu zeigen, wie und wer sie wirklich sind. Die Konfliktbereiche sind Voreingenommenheit, manchmal übertriebener Pessimismus, Verlustängste, Kontrolle, die Themen Macht und Ohnmacht sowie Besitzansprüche. Depressive Zustände können Anzeichen sein von tief sitzender, ohnmächtiger Wut und Zorn. Störungen im körperlichen Bereich zeigen sich oft im Unterleib und an den Geschlechts- und Ausscheidungsorganen.

Unterstützung durch Farben: Die verschiedensten Möglichkeiten gibt es mit Farben zu arbeiten. Sie können die Farbe visualisieren, damit meditieren, Ihre Kleidung bewusst wählen, Ihr Umfeld entsprechend gestalten (Räume kolorieren), die Farbe einatmen.

Dunkelrot: Dieses tiefe und dunkle *Rot* kann dem Skorpion wieder neuen Schwung geben, wenn er sich einmal völlig verausgabt hat. Ist jedoch bereits zuviel gelebte Power und Machtanspruch vorhanden, so wirkt dieses *Rot* noch verstärkend. Andererseits macht dem Skorpion das *Rot* seine manchmal doch heftige und fordernde Art bewusst, um dann mit frischer Energie den Skorpionschwung, unschädlich für das Umfeld, in die richtigen Kanäle zu leiten und gezielt einzusetzen.

Dunkelgrün: *Grün* hingegen wirkt für den Skorpion ausgleichend und führt ihn in seine Mitte zurück. *Grün,* als Komplementärfarbe von *Rot,* schafft mehr Freiraum für den Skorpion, sollte er sich eingezwängt fühlen.

Violett: Der Skorpion ist aufgeschlossen für alles Unbekannte, für alles „Nicht-Greifbare“. *Violett* würde seine spirituellen Neigungen unterstützen und fördern. Es verbindet ihn mit dem göttlichen in ihm selbst. *Violett* stärkt seine Verbindung zu den kosmischen Energien und seine heilerischen Fähigkeiten, die manchmal noch im Verborgenen schlummern und noch nicht gelebt werden.

Schütze – Dunkelblau/Königsblau

Schütze (Sagitarius) – 22. November bis 20. Dezember – ♐	
Element	*Feuer: steht für Willensstärke, Enthusiasmus, Intuition, Idealismus, Zukunftsorientierung*
Herrscherplanet:	*Jupiter*
Qualitäten:	*beweglich, ausgleichend, anpassungsfähig*
Geschlecht:	*männlich, bewusst, aktiv, fordernd, handelnd passiv, fruchtbar*
Temperament:	*manchmal cholerisch*
Jahreszeit:	*Die ruhende Natur*
Körperzonen:	*Hüfte, Oberschenkel, Lenden, Leber*
Edelsteine:	*Lapislazuli, Amethyst*
Wochentag:	*Donnerstag*
Tiere:	*Pferd, Pfau, Hirsch*
Beruf u. Interessen:	*Juristische Berufe, Sportler, Philosophie, Medizin, Lehrberufe, Globetrotter, Dichter, geistliche Berufe*
Farbe:	*Dunkelblau/Königsblau*

Kurzdeutung: Der Skorpion steht für Abenteuer, Unabhängigkeit, Sinnsuche, Den Glauben, Hoffnung, Weisheit, Gerechtigkeit, Ehrfurcht und Liebe. Sein Thema ist die Sinnerforschung des Lebens, er möchte es verstehen können. Er ist neugierig und stets dabei seinen Wissensdurst zu stillen um seinen eigenen Horizont zu erweitern und das Bewusstsein zu schärfen. Er hat das Bedürfnis die eigenen Phantasien und Pläne auszuleben, nach Neuem, Unbekannten zu suchen und danach zu jagen. Er ist in der Lage sich und andere immer wieder zu inspirieren, zu begeistern und zu motivieren. Er handelt in der Regel zielgerichtet, mutig, engagiert, souverän, motiviert, gerecht und ehrlich. Er denkt subjektiv, aufgeschlossen, weit blickend, positiv und ist optimistisch. Er fühlt mit Vertrauen und Idealismus, ist aufrichtig, großzügig und liebevoll. Seinen Partnerschaften begegnet der Schütze mit Respekt, Vertrauen und Großzügigkeit. Ihnen liegt sehr viel an der Verwirklichung gemeinsamer Ziele. Die Konfliktbereiche sind Selbstüberschätzung, Unaufrichtigkeit, Arroganz, Rechthaberei, sie haben Angst vor Demaskierung und können schlecht Kritik annehmen. Depressive Zustände können auftreten, wenn unüberwindbare Grenzen erkennbar werden oder bei drohendem Verlust von Visionen. Störungen im körperlichen Bereich zeigen sich oft als Hüftbeschwerden, Leberprobleme, Krampfadern, Übergewicht und Rückenschmerzen.

Unterstützung durch Farben: Die verschiedensten Möglichkeiten gibt es mit Farben zu arbeiten. Sie können die Farbe visualisieren, damit meditieren, Ihre Kleidung bewusst wählen, Ihr Umfeld entsprechend gestalten (Räume kolorieren), die Farbe einatmen.

Dunkelblau/Königsblau: Dieses tiefe und dennoch kräftige *Blau* bringt dem Schützen Ruhe und Frieden. Bei völliger Überanstrengung und Verausgabung seiner Kräfte bringt dieses *Blau* ein inneres Gefühl des Friedens und der Harmonie. Es macht bewusst, den Blick weiter schweifen zu lassen und das übergeordnete Thema erkennen zu müssen. Es schafft Raum für neue Sichtweisen und damit die Möglichkeit neue Lösungen zu finden, wenn der Schütze an scheinbare Grenzen gestoßen ist.

Hellorange/Koralle: Die Komplementärfarbe zu *Königsblau* ist dieses helle *Orange,* man könnte es auch *Apricot* nennen. Wenn man mit dieser Farbe arbeiten möchte, so konfrontiert man sich auf eine sehr sanfte Art und Weise mit tief im Innern verborgenen Verletzungen, die gut behütet dort schlummern um irgendwann einmal aufgelöst zu werden. Diese Farbe bringt die Lebensfreude zurück, die vielleicht irgendwann einmal auf der Strecke bleiben musste. Mit Hellorange fällt es dem Schützen leichter zu lernen, bzw. seinen unglaublichen Wissensdurst zu stillen. Denn im *Orange* ist *Gelb* vorhanden, das das Lernen, Lehren und generell die geistigen Aktivitäten stark unterstützen kann.

Steinbock – Dunkelbraun

Steinbock (Capricorn) – 21. Dezember bis 20. Januar – ♑	
Element:	*Erde: steht für den Realitätssinn, Struktur, Sicherheit, Klarheit, Streben nach Verantwortung und Autorität, starke Bindung an Materie*
Herrscherplanet:	*Saturn*
Qualitäten:	*kardinal, zielgerichtete Energien, ehrgeizig*
Geschlecht:	*weiblich, vergangenheitsorientiert, unbewusst, empfangend, passiv*
Temperament:	*manchmal melancholisch*
Jahreszeit:	*Wintersonnenwende, Kräfte sammelnde Natur*
Körperzonen:	*Knochensystem, Knie, Zähne, Nägel, Ohren, Milz*
Edelsteine:	*Bergkristall, Onyx*
Wochentag:	*Samstag*

Tiere:	*Steinbock, Ziege, Rabe*
Beruf u. Interessen:	*Rechtswesen, Management, Architektur, Bildhauerei, Politik*
Farbe:	*Dunkelbraun*

Kurzdeutung: Für den Steinbock gelten Verantwortung, Ehrgeiz, Gesetz, Recht, Ordnung, Beständigkeit, Verpflichtung, Selbstbeherrschung, Konzentration, Stolz und Selbstachtung. Seine Themen sind das Streben nach äußerer und innerer Entwicklung, das Streben nach Bedeutung, Macht und Einfluss, nach Eigenständigkeit, Sicherheit, nach materiellem Erfolg und Bewusstseinserweiterung. Sein Bedürfnis ist es, die Rolle des Beschützers und Versorgers zu übernehmen. Er liebt klare Richtlinien und Verhaltensregeln, um seine gesteckten Ziele zu verwirklichen, um Hindernisse zu überwinden und die Schwierigkeiten des Lebens zu meistern. Der Steinbock handelt entschieden, meist konsequent und diszipliniert, ist unermüdlich, tatkräftig, fleißig und pflichtbewusst. Sein Denken ist klug, klar, scharf und kritisch. Er ist vorausschauend und sehr praktisch veranlagt. Im Gefühlsleben ist der Steinbock dauerhaft, sinnlich, sehr anhänglich, ausdauernd und beherrscht. Seine Partnerschaften zeichnen sich aus durch treue, Zuverlässigkeit und Loyalität. Er braucht allerdings ein wenig Zeit um sein Herz voll und ganz zu öffnen, um dann tiefe Gefühle zeigen zu können. In Konflikte mit sich selbst und anderen gerät der Steinbock, wenn er unter Leistungszwang steht, wenn Misstrauen vorherrscht, bei Geiz und Intoleranz. Er hat allerdings auch die Neigung an alten Mustern und Strukturen festzuhalten, es fällt ihm schwer Macht und damit die Kontrolle abzugeben. Wenn der Steinbock den Eindruck hat, nicht gebraucht zu werden oder nicht anerkannt zu sein oder wenn gar kein erreichbares Ziel in Sicht ist, kann er in depressive Phasen geraten. Störungen im körperlichen Bereich äußern sich oft in Gelenkbeschwerden, Gallen- und Nierenproblemen, Stoffwechsel- und/oder Verdauungsstörungen.

Unterstützung durch Farben: Die verschiedensten Möglichkeiten gibt es mit Farben zu arbeiten. Sie können die Farbe visualisieren, damit meditieren, Ihre Kleidung bewusst wählen, Ihr Umfeld entsprechend gestalten (Räume kolorieren), die Farbe einatmen.

Braun: Das Symbol für Standfestigkeit und Verwurzelung. Wenn der Steinbock sich intensiv mit *Braun* auseinandersetzt, wird ihm bewusst, wie starr und unbeweglich manches Mal sein Verhalten sein kann. Es lohnt sich dann einmal darüber nachzudenken, ob der unerschütterlich feste Standpunkt immer seine Richtigkeit hat oder ob man nicht hier und da ein wenig nachgeben könnte.

Gelb: Mit einem schönen *Gelb* lohnt es sich zu arbeiten. Denn es kann sehr unterstützend und harmonisierend wirken bei den körperlichen Problemzonen des Steinbocks: Verdauung, Stoffwechsel, Galle, Nieren, Gelenkproblemen. Wobei die Nieren immer ein Hinweis sind auf partnerschaftliche Angelegenheiten. Dafür ist *Gelb* genauso einsetzbar.

Grün: Als sehr sinnvoll erweist es sich, mit *Grün* zu arbeiten, um den doch braunbetonten Steinbock ein wenig mehr Raum, Freiraum zu vermitteln. *Grün,* die Farbe des Herzens, der Kreativität, der Natur. Ein brauner, festverwurzelter Baum benötigt auch ein dichtes, raumgebendes Blätterwerk.

Wassermann – Blau, Türkis

Wassermann (Aquarius) – 21. Januar bis 18. Februar – ♒	
Element	*Luft: steht für geistige und intellektuelle Aktivitäten, Theorie, Objektivität, zukunftsorientiert sein, starke Verbindung zu alten Traditionen*
Herrscherplanet:	*Uranus und Saturn*
Qualitäten:	*fix, Beharrlichkeit, Ruhe, Sorgfalt und Ausdauer, Halt und Sicherheit*
Geschlecht:	*männlich, bewusst, aktiv, handelnd*
Temperament:	*manchmal sprunghaft*
Jahreszeit:	*kühle, klare und reine Winterzeit*
Körperzonen:	*Unterschenkel und Blutkreislauf*
Edelsteine:	*Aquamarin, Türkis*
Wochentag:	*Samstag*
Tiere:	*Vogel, Libelle, Schmetterling*
Beruf u. Interessen:	*Forscher, Techniker, Psychologie, Künstler, Erfinder*
Farbe:	*Blau, Türkis*

Kurzdeutung: Für den Wassermann sind wichtig: Idealismus, der Zeitgeist, Humanität, die Unabhängigkeit, Entdeckungen bis hin zu Erfindungen. Sein Thema ist die Freiheit im Denken, Handeln und Fühlen. Er muss eigene Wege gehen, Dinge, die bisher unklar und im Verborgenen waren, zum Ausdruck bringen und neue Ideen und Zukunftsperspektiven entwickeln. Ein starkes Bedürfnis des Wassermannes ist genügend Freiraum im physischen, psychischen und intellektuellen Bereich, damit er sich voll entfalten kann. Er will sich von Begrenzungen befreien, sich von der Masse abheben und seine Ideen verwirklichen. Im Handeln ist er ausdauernd, sorgfältig, ruhig, gelassen, manchmal auch unüberlegt und spontan. Er denkt analytisch, klar, sachlich, unpersönlich, manchmal sprunghaft, weitsichtig, äußerst schnell, ist einfallsreich und human. Er liebt die Aufrichtigkeit, Beständigkeit, Lebendigkeit und fühlt verständnisvoll und kameradschaftlich. Partnerschaften mit dem Wassermann können sich nur auf dem Boden der Toleranz und Unabhängigkeit entwickeln. Die Konfliktbereiche sind Rückzugstendenzen, Unnahbarkeit, Überlegenheitsgefühl, intellektueller Stolz und Minderwertigkeitskomplexe. Einerseits wünschen sie sich Nähe und Verbundenheit und andererseits verspüren sie den Drang nach Distanz. Das kann zur innerlichen Zerrissenheit führen. Wenn ein Wassermann das Gefühl hat, seine eigenen Wege nicht mehr gehen zu dürfen und eingesperrt zu sein, so kann es vorkommen, dass eine depressive Stimmung aufkommt. Körperlich anfällig ist der Wassermann an den Venen, kann unter allgemeiner Nervosität, Kreislaufbeschwerden oder Herzrhythmusstörungen leiden.

Unterstützung durch Farben: Die verschiedensten Möglichkeiten gibt es, mit Farben zu arbeiten. Sie können die Farbe visualisieren, damit meditieren, Ihre Kleidung bewusst wählen, Ihr Umfeld entsprechend gestalten (Räume kolorieren), die Farbe einatmen.

***Blau*:** Arbeitet der Wassermann mit *Blautönen,* so fühlt er sich zu Hause. *Blau,* die Farbe der Ruhe und Geborgenheit. Die Farbe des Ausdrucks mit klaren Worten. *Blau* bringt ihn in Kontakt mit seiner inneren Ruhe, die er im Außen leben kann. *Blau* bringt ihm das Gefühl der Weite des Kosmos.

Orange: Die Komplementärfarbe von *Blau* führt den Wassermann in Kontakt mit neuer Lebensfreude, sollte diese durch Einengung oder Begrenzungen einmal verloren gegangen sein. *Orange* macht ihm auch seine tiefen Wunden bewusst, Verletzungen, die er irgendwann einmal erleiden musste. Das ist die Farbe, die bei der Auflösung und der Befreiung der dadurch entstandenen Hindernisse helfen kann.

Türkis: Die Kommunikation des Herzens. *Türkis* hilft dem Wassermann seine geistig analytischen Denkmuster einmal durch das Kommunizieren direkt aus dem Herzen zu ersetzen oder zumindest zu vermischen. *Türkis* wirkt befreiend auf dieses Sternzeichen, denn es enthält einen großen Grünanteil, der traumgebend wirkt. Kreative Neigungen können hiermit gefördert werden.

Fische – Grün

Fische (Pisces) – 19. Februar bis 20. März – ♓	
Element:	*Wasser: steht für das Unbewusste, die Gefühle und Emotionen, intuitives Wissen, Nächstenliebe, Hingabe, die Auflösung und Überwindung der Materie*
Herrscherplanet:	*Neptun*
Qualitäten:,	*beweglich, anpassungsfähig, ausgleichend*
Geschlecht:	*weiblich, fruchtbar, unbewusst, hingebungsfähig, eindrucksstark, empfangend, passiv*
Temperament:	*Gefühlsbetont*
Jahreszeit:	*Aufgehen der Saat*
Körperzonen:	*Füße und Knöchel*

Edelsteine:	*Jade, Nephrit, Serpentin*
Wochentag:	*Donnerstag*
Tiere:	*Fische, Wasservögel, Möwe*
Beruf u. Interessen:	*Sozialberufe, Theologie, Musik, bildende Kunst, Film und Theater, Esoterik*
Farbe:	*Grün*

Kurzdeutung: Das Sternzeichen Fische steht für Grenzenlosigkeit, Sensibilität, das Unbewusste, Träume, Sehnsüchte, Ahnungen, Liebe und Leid, Anpassungsfähigkeit und Spiritualität. Das Fische-Thema ist das Gespür für den Zeitgeist und für Trends, das Bedürfnis, Grenzen aufzuheben und sich von materiellen Einengungen und Beschränkungen des Egos zu befreien. Das Grundbedürfnis ist der Wunsch, für andere zu sorgen, die Bedürfnisse der Umwelt zu erspüren, sie aufzunehmen und möglichst zu erfüllen. Sie möchten eins werden mit einem Menschen oder in einer Sache völlig aufgehen können. Sie handeln in der Regel instinktsicher, aufopfernd, oft selbstlos, intuitiv, passiv und sind sehr hilfsbereit. Das Denken der Fische ist oft phantasievoll, sogar poetisch, schöpferisch, sehr romantisch und kreativ, manchmal auch etwas utopisch. Fische lieben und fühlen meist hingebungsvoll, sehnsüchtig, zärtlich, sind feinfühlig, innig und mitfühlend. In partnerschaftlichen Angelegenheiten haben sie das große Bedürfnis nach seelischer Übereinstimmung, nach Nähe, Intimität und Vertrautheit. Die Konfliktbereiche der Fische-Geborenen sind Unentschlossenheit, Illusion, Sentimentalität, Depression und Unfähigkeit, einen objektiven Standpunkt anzunehmen und zu vertreten. Die Gefahr der Depression kann auftreten, wenn Entscheidungen gefordert werden, wenn Durchsetzungsvermögen verlangt ist, wenn die Realität einfach akzeptiert werden muss. Körperliche

Störungen zeigen sich oft als Neuralgien, Fußerkrankungen, psychische Leiden, Allergien, schwaches Immunsystem und im Suchtverhalten.

Unterstützung durch Farben: Die verschiedensten Möglichkeiten gibt es mit Farben zu arbeiten. Sie können die Farbe visualisieren, damit meditieren, Ihre Kleidung bewusst wählen, Ihr Umfeld entsprechend gestalten (Räume kolorieren), die Farbe einatmen.

Grün: Die Farbe der Heilung für Fisch-Geborene. *Grün* bringt sie zurück in ihre Mitte. *Grün* gibt ihnen wieder Luft zum atmen und genügend Freiraum. In Verbindung mit einem *Gelbton* fällt es leichter schwerwiegende Entscheidungen zu treffen. *Grün* gibt ihnen ein Gefühl der Harmonie mit sich und der Umwelt, mit der Natur. *Grün* hilft ihnen sich abzugrenzen und ihrer aufopfernden Art bewusst zu werden.

Rot: Die Komplementärfarbe von *Grün. Rot* gibt ihnen frische Kraft, neuen Mut und ein starkes Durchsetzungsvermögen, wenn sie mal wieder auf der Strecke bleiben. *Rot* bringt den manchmal träumenden Fisch wieder zurück in die Realität, um mit beiden Beinen fest auf dem Boden zu stehen, fest im Leben mit der Materie zu bleiben.

Farben und Düfte

Allgemeines (Gewinnung, der Weg in uns, die Auswahl)

Eine wundervolle Möglichkeit mit Farbe zu arbeiten, wenn man sie mit ausgewählten Düften kombiniert. Ende der Achtzigerjahre gab es einen richtigen Boom im deutschsprachigen Raum. Duftlampen kamen auf, damals eine neue Möglichkeit Räume zu beduften und zu energetisieren. Schlagartig schossen sie wie Pilze aus der Erde, die Hersteller und Abfüller von reinen ätherischen Ölen. Viele davon konnten den geforderten Bedürfnissen nach Reinheit nicht entsprechen und überlebten nicht. Mit dieser Aussage möchte ich Sie darauf aufmerksam machen, genau zu prüfen, woher die Öle, die Sie verwenden, stammen. Hinterfragen Sie beim Hersteller ob sie rein, unverfälscht und unverdünnt sind. Auf Märkten findet man oft Stände, die ätherische Öle oder Duftöle vertreiben. Wenn Sie sich hier die Preise anschauen, werden Sie sehr schnell feststellen, dass die Qualität hinterfragt werden sollte. Wenn z. B. alle Sorten den gleichen niedrigen Preis haben, ist das in der Regel ein Zeichen dafür, dass es sich um wahrscheinlich chemisch hergestellte Duftöle handelt. Denn jede Pflanze, jeder Pflanzenteil gibt das duftende ätherische Öl in unterschiedlich aufwendigen Verfahren und Mengen her. Der Aufwand und die Menge der Pflanzenteile, die benötigt werden, bestimmen den Preis. Im therapeutischen Sinne sind chemisch hergestellte Duftöle wertlos und für diesen Zweck nicht einsetzbar. Sie haben natürlich auch ihre Berechtigung, wenn Sie Ihr Blütenpotpourri oder die Gästetoilette beduften möchten. Als ich 1989 anfing unter anderem mit ätherischen Ölen zu handeln, fehlte mir das Vertrauen zu bereits vorhandenen Herstellern. Ich entschloss mich damals die Öle und Absolues in größeren Mengen aus seriösen Händen zu kaufen und selbst abzufüllen. So weiß ich zu jeder Zeit, was im Fläschchen ist und kann voll und ganz dahinter stehen (Bezugsadresse finden Sie im Anhang).

Eigentlich möchte ich mich in diesem Kapitel Farben in Zusammenhang mit Düften widmen und keinesfalls bereits existierende, sehr umfangreiche, Werke über Düfte ersetzten. Doch zum besseren Verständnis möchte ich Ihnen kurz schildern, wie ätherische Öle gewonnen werden. Es gibt drei Hauptgewinnungsarten:

Die Wasserdampfdestillation: Durch Wasserdampf werden die ätherischen Öltröpfchen den Pflanzenteilen entzogen. Den Dampf fängt man zusammen mit den Öltröpfchen in einem sich verjüngenden Rohr auf, das mit kaltem Wasser gekühlt wird. Das Destillat fängt man in einem Gefäß auf. Dort befindet sich dann das Wasser auf dessen Oberfläche das leichtere Öl schwimmt. Das Öl wird abgeschöpft oder abgegossen, somit hat man das reine ätherische Öl getrennt vom Wasser, das als Hydrolat oder Blütenwasser ebenfalls eine sinnvolle Verwendung findet.

Die Kaltpressung: Die Zitrusfrüchte lagern ihre ätherischen Öle in der Schale. Wir kennen es gut, wenn wir zum Beispiel eine Apfelsine schälen und aus der Schale spritzt Flüssigkeit heraus. Das ist das ätherische Öl. Die sanfteste Art ätherisches Öl zu gewinnen.

Gewinnung durch Lösungsmittel: Manche Pflanzen (eher wenige) benötigen ein chemisches Lösungsmittel, um das ätherische Öl von der Pflanze zu lösen. Die Lösungsmittel werden anschließend in einem Vakuum abdestilliert, wobei man zunächst das salbenartige Concréte erhält. Von diesem Concréte werden die Pflanzenwachsteile durch Alkohol gelöst. Was übrig bleibt ist ein hochwertiges Absolue (wie bei Jasmin, Vanille).

Um ein Kilogramm ätherisches Öl zu erhalten braucht man, je nach Pflanze, eine unterschiedliche Menge an Pflanzenteilen. Wenn man sich überlegt, dass man für einen Liter Rosenblütenöl ca. 5 Tonnen handgepflückte Rosenblütenblätter (die ja kaum was wiegen) benötigt, kann man vielleicht in Zukunft den etwas höheren Preis dieser Kostbarkeit akzeptieren.

Es gibt die verschiedensten Möglichkeiten hochwertige ätherische Öle anzuwenden:

Die Duftlampe: Sicherlich haben Sie mindestens eine Duftlampe griffbereit. Füllen Sie die Schale mit warmem Wasser und geben ja nach Raumgröße 3 – 8 Tropfen hinein. Das Öl wird auf dem Wasser schwimmen. Durch das unten angezündete Teelicht wird das Öl-Wasser-Gemisch sanft erwärmt und der Duft des ätherischen Öls oder die Duftmischung aus verschiedenen, gezielt gewählten, ätherischen Ölen wird im Raum verteilt. Man beachte hierbei eine Grundregel: Je mehr man riecht, desto körperlicher und je weniger man riecht, desto feinstofflicher ist die Wirkungsweise. Über die Luft atmen wir diesen Duftstoff ein. Er gelangt über unsere Nase auf dem direkten Weg in unser Gehirn, von da aus in das vegetative Nervensystem, stimuliert die Hormone und wirkt in die Gefühlswelt. Körperlich gelangt der Duft über unsere Lungen zu den Bronchien in unser Blut und über die Arterien und Venen in unsere Organe. Sie können sich gut vorstellen, dass diese Duftstoffe eine Wirkung auf unseren Körper, Geist und Seele haben.

Als Massageöle: Stellen Sie sich Ihr eigenes Massage- oder Hautöl her. Als fettes Basisöl kann ich Ihnen Jojoba-Öl empfehlen. Es wird in Kaltpressung aus der Nuss des Jojobabusches hergestellt und ist eigentlich ein flüssiges Wachs. Wenn Sie Jojobaöl in den Kühlschrank stellen, wird es sehr schnell fest, wie Wachs. In Zimmertemperatur wird es genauso schnell wieder flüssig. Jojobaöl macht eine sanfte, zarte Haut, da es nicht so fett ist – eben ein flüssiges Wachs. In dieses Basisöl können Sie wenige Tropfen ätherischer Öle geben und Sie haben das schönste Hautöl. Ein Rezeptvorschlag für die Farbe *Rosa:* Nehmen Sie 50 ml Jojobaöl und geben 8 Tropfen Rose, 3 Tropfen Rosenholz-Öl und 3 Tropfen Geraniumöl hinzu. Ein Körper- und Hautöl, das Ihr Herz und Ihre Seele umschmeicheln wird. Es entspricht der Farbe *Rosa.* So können Sie sich die verschiedensten „farbigen" Hautöle selber herstellen und wissen immer ganz genau, dass Sie reine Natur auftragen. Aus der unten stehenden Aufstellung können Sie sich die entsprechenden Öle aus den Farbzuordnungen entnehmen. Bitte prüfen Sie immer die Hautverträglichkeit an einer Stelle in der Armbeuge, bevor Sie sich ganz und gar einreiben. Bitte denken Sie immer an den Leitsatz „Weniger ist oft mehr". Falls Sie unsicher sind, holen Sie sich Rat bei einem erfahrenen Aromatherapeuten oder in Fachbüchern.

Cremes: Wenn Sie sich selbst eine Hautcreme herstellen möchten, so kann ich Ihnen empfehlen Melkfett zu nehmen. Es ist rein, vollkommen natürlich, sehr fett und absolut neutral. Geben Sie hier ein paar wenige Tropfen eines oder mehrer ätherische Öle hinein und Sie haben eine fettende Körper- und Gesichtscreme, die äußerst sparsam in der Anwendung ist. Bitte achten Sie dabei auf eine geringe Zugabe von ätherischen Ölen (2–3 Tropfen) und prüfen Sie vorher die Hautverträglichkeit z. B. in der Armbeuge. Völlig unbedenklich sind Lavendel und Rose. Viele Rezepte und Anwendungsbeispiele finden Sie in entsprechender Fachliteratur.

Als Bad: Baden Sie gerne? Es gibt nichts Schöneres als 20 Minuten in einem Aromabad zu liegen und das warme Wasser zusammen mit den Düften zu genießen. Auch hier können Sie wieder ganz gezielt Öle auswählen, die einer bestimmten Farbe zugeordnet sind, um Ihre Arbeit mit Farben zu unterstützen. Für ein Vollbad genügen insgesamt 10–15 Tropfen ätherische Öle. Doch nun hat Öl nun mal die Eigenschaft leichter zu sein als Wasser und würde demnach auf Ihrem Badewasser schwimmen. Öl und Wasser vermischt sich nun mal nicht, solange man kein Emulgator zufügt. Ein natürlicher Emulgator ist flüssige Sahne. Gehen Sie folgendermaßen vor: Nehmen Sie eine Tasse und geben 3–4 Esslöffel flüssige Sahne hinein. In diese Sahne (unseren Emulgator) träufeln Sie das ätherische Öl. Kurz umrühren und in das einlaufende Badewasser geben. Durch die flüssige Sahne wird sich das Öl mit dem Wasser verbinden und damit für eine gleichmäßige Verteilung sorgen. Hier wieder ein Rezept, diesmal für die Farbe *Violett:* Geben Sie in die Sahne 12 Tropfen Lavendelöl hinein. Das ganze dann in das einlaufende Badewasser gießen, hineintauchen und genießen.

Die innerliche Einnahme: Bitte niemals ätherische Öle einnehmen, ohne einen erfahrenen Aromatherapeuten zu befragen. Denn hier kann man ganz leicht etwas falsch machen. Genauer hierauf einzugehen, würde den Rahmen des Buches sprengen. Ich möchte hier nur erreichen, dass Sie wissen, dass die Einnahme ebenfalls möglich ist.

Es gibt noch weitere Anwendungsmöglichkeiten mit ätherischen Ölen, auf die ich an dieser Stelle nicht weiter eingehen möchte: Inhalation, Teilbäder, Saunaaufgüsse und einiges mehr. Doch die oben aufgeführten Möglichkeiten mögen uns für die Arbeit mit Farben in Verbindung mit Düften genügen.

Welche Farbe hat welcher Duft?

Hier möchte ich Ihnen die Wichtigsten Öle aufführen und zuordnen. Wenn ein Öl sehr vielschichtig ist, kann es unter verschiedenen Farben auftauchen. Die absoluten „Exoten" in der Welt der ätherischen Öle habe ich bewusst nicht mit aufgeführt.

Farbzuordnung der einzelnen Öle

Rot

Blutorange – Der Blutorangenbaum stammt aus der Familie der Rautengewächse und die Heimat ist Süditalien. Die Gewinnung erfolgt durch Kaltpressung der Schale. Die Wirkung ist luftverbessernd, erfrischend, nervenstärkend, erheiternd, entspannend, harmonisierend und wärmend. Sehr gut bei Stress, Nervosität, Kopfschmerzen und Migräne. Lässt sich gut mit Petit Grain und Minze mischen.

Cassia – Eine Zimtart, die aus dem chinesischen Raum stammt. Das Öl wird aus Rindenstücken und Blättern durch Wasserdampfdestillation gewonnen. Wirkt schnell auf den Kreislauf und damit stark durchblutungsfördernd und wärmend. Es wirkt antiseptisch, abwehrsteigernd, desinfizierend, krampflösend, seelisch wärmend, anregend, öffnend und erotisierend. Sehr gut bei Kreislaufschwäche, starkes Kälteempfinden, Erkältung, Grippe, Schnupfen, Verspannungen, Melancholie und Kontaktängsten. Lässt sich hervorragend mit allen Zitrusölen mischen.

Geranium – Die auch Rosengeranium genannte Pflanze ist in Südamerika und Afrika zu Hause. Das Öl wird durch Wasserdampfdestillation aus den Blüten und Blättern gewonnen. Es wirkt schnell harmonisierend, antidepressiv, beruhigend und aufmunternd gleichzeitig kommunikationsfördernd. Sehr gut bei Angst, Depression, nervöser und emotionaler Anspannung, nervlichen Überbelastungen, Disharmonie, Schlafstörungen und Stress. Lässt sich gut mischen mit Bergamotte, Neroli, Melisse.

Ingwer – Die Ingwer-Pflanze wächst an den verschiedensten Orten der südlichen Welthalbkugel. Das ätherische Öle wird per Wasserdampfdestillation aus den Wurzeln der Pflanze gewonnen Es wirkt erwärmend, kräftigend, löst innere Spannungen, aphrodisierend, potenzsteigernd, schweißtreibend, entzündungshemmend, antiseptisch, fieberregulierend. Sehr gut bei innerer Verhärtung, Kälte, Gefühllosigkeit, sexuelle Gefühlskälte, fiebrigen Erkrankungen, Kopfweh und Grippe.

Ylang-Ylang – Bis zu 20 Meter wird dieser Baum hoch. Zur Wasserdampfdestillation nimmt man nur die Blüten der Pflanze. Es wirkt aphrodisierend, erotisierend, blutdrucksenkend, beruhigend, entspannend, antidepressiv und senkt bei Ärger die Atemfrequenz. Sehr gut bei Depressionen, Schlaflosigkeit, Herzklopfen, Impotenz, Frigidität, sexueller Müdigkeit, bei nervösen Spannungen und Angstzuständen. Der Duft vertreibt Zweifel, Unruhe und Unsicherheit. Gut zu mischen mit Bergamotte, Grapefruit, Jasmin, Muskatellersalbei, Neroli, *Orange,* Sandelholz und Zitrone.

Orange

Bergamotte – Die Bergamotte, eine Pomeranzenart, ist eine birnenförmige, nicht genießbare Zitrusfrucht aus der Familie der Rautengewächse, die in Süditalien gedeiht. Den frischen, blumigen Duft gewinnt man durch Kaltpressung der unreifen Schale. Das Öl wirkt aufmunternd, stimmungshebend, antidepressiv, nervenentspannend, entzündungsmildernd für die Atemwege. Selbst bei Hysterie und schweren Angstzuständen kann es gut eingesetzt werden. Sehr gut bei Depressionen, bei starken Gefühlsschwankungen, wirkt Stress entgegen und ist wunderbar während der Gesundung nach einer Krankheit. Bergamotte lässt sich gut mischen mit Myrte und Zitrone. Ein Geheimtipp: Während des Aufkochens des Vanillepuddings geben Sie 1 Tropfen Bergamotte hinzu: Eine wahre Gaumenfreude. (Vorsicht: Das Zugeben von 2 Tropfen macht den Pudding ungenießbar).

Mandarine – Die Mandarine wächst im südeuropäischen Raum und das Öl wird durch Kaltpressung der Fruchtschale gewonnen. Es wirkt inspirierend, erheiternd, lockernd, seelisch aufbauend und harmonisierend. Empfehlenswert für leicht reizbare Menschen und Choleriker. Bei Kindern ist dieser Duft sehr beliebt. Sehr gut bei Verspannungen, Traurigkeit, Melancholie, Schlaflosigkeit, Aggression, Migräne und Angstgefühlen bei Kindern. Mandarinen-Öl ist gut zu mischen mit Lavendel und Neroli.

Orange – Die Orange wächst auf der südlichen Halbkugel unserer Erde. Das Orangenöl wird durch die schonende Kaltpressung der Fruchtschale gewonnen. Es wirkt wärmend, entspannend, antidepressiv, erheiternd, harmonisierend, aufmunternd und reguliert die Herztätigkeit. Ein von Kindern geliebter Duft. Sehr gut bei Stress, Fieber, Traurigkeit, Nervosität, Herzklopfen, Verbissenheit, Ängstlichkeit und Schlaflosigkeit. Orangenöl lässt sich sehr gut mischen mit Zimt, Anis, Ylang-Ylang, Lavendel.

Neroli – Neroli ist das ätherische Öl der zarten, weißen Blüten des Bitterorangenbaumes, auch Pomeranze genannt. In Südeuropa, Nordafrika und im nahen Osten ist diese Pflanze zu Hause. Das Öl gewinnt man durch Wasserdampfdestillation. Es wirkt stark antidepressiv, seelisch entkrampfend, herzrhythmusregulierend und aphrodisierend. Sehr gut bei Schock- und Angstzuständen, seelischer Erschöpfung, Hysterie, Depression, Nervosität, Dünnhäutigkeit, psychosomatische Beschwerden und Schlaflosigkeit. Neroli lässt sich sehr gut mischen mit Lavendel, Rose, Melisse und Jasmin.

Gelb

Limette – Die Frucht kommt ursprünglich aus Italien und das frische Öl wird durch Kaltpressung der Schale gewonnen. Es wirkt erheiternd, erfrischend, antidepressiv, energiespendend, antiseptisch und hat einen Schutzcharakter vor Ansteckungen, wirkt verdauungsfördernd. Sehr gut bei Lustlosigkeit, Müdigkeit, Antriebslosigkeit, Depressionen, neurovegetative Funktionsstörungen, Blähungen und Bindegewebsschwäche. Gut zu mischen mit Lavendel, anderen Zitrusölen, Vanille und Zypresse.

Grapefruit – Sie wächst im Mittelmeerraum, den USA und Südafrika. Durch Kaltpressung der Schale gewinnt man das ätherische Öl. Es wirkt leicht anregend, erfrischend, kühlend, luftverbessernd, antidepressiv und fördert die Kreativität. Sehr gut bei Depression, Antriebsschwäche, Müdigkeit, Überanstrengung und Appetitlosigkeit. Man kann es gut mischen mit anderen Zitrusdüften und Lavendel.

Vanille – Die Pflanze stammt aus der Orchideenfamilie und wächst in Süd- und Mittelamerika, Madagaskar und Ostafrika, auf den karibischen Inseln, Java und Sri Lanka. Durch Alkoholextraktion wird das wertvolle Absolue aus der Schote gewonnen. Es wirkt antidepressiv, appetitanregend, beruhigend, harmonisierend, wärmend, es öffnet verschlossene Menschen und hilft Kindern gegen Alpträume. Sehr gut bei Angstzuständen, Gefühlskälte, Reizbarkeit, Stress, nervöse Spannungszustände und Schlafstörungen. Lässt sich besonders gut mischen mit Mandarine, Limette, Mimose, Muskatnuss, Myrte, Nelke, Grapefruit, Rose, Zimt und Zitrone.

Zitrone – Die Zitrone ist mittlerweile an vielen Orten der südlichen Welthalbkugel zu Hause. Das Öl wird aus der Kaltpressung der Fruchtschalen gewonnen. Es wirkt konzentrationsfördernd, gedächtnisstärkend, erfrischend, inspirierend, fröhlich stimmend, fördert die Entschlussfreudigkeit, wirkt antiseptisch, fiebersenkend, blutdrucksenkend und regt das Immunsystem an. Sehr gut bei Überanstrengungen, Konzentrationsschwäche, Antriebslosigkeit, Infektionskrankheiten, Fieber, Bronchitis, Grippe und Migräne. Lässt sich gut mischen mit Lavendel, Fichte, Rose und anderen Zitrusdüften.

Olivgrün

Bergamotte – Die Bergamotte, eine Pomeranzenart, ist eine birnenförmige, nicht genießbare Zitrusfrucht aus der Familie der Rautengewächse, die in Süditalien gedeiht. Den frischen, blumigen Duft gewinnt man durch Kaltpressung der unreifen Schale. Das Öl wirkt aufmunternd, stimmungshebend, antidepressiv, nervenentspannend, entzündungsmildernd für die Atemwege. Selbst bei Hysterie und schweren Angstzuständen kann es gut eingesetzt werden. Sehr gut bei Depressionen, bei starken Gefühlsschwankungen, wirkt Stress entgegen und ist wunderbar während der Gesundung nach einer Krankheit. Bergamotte lässt sich gut mischen mit Myrte und Zitrone. Ein Geheimtipp: Während des Aufkochens des Vanillepuddings geben Sie einen Tropfen Bergamotte hinzu (Vorsicht: 2 Tropfen macht den Pudding ungenießbar). Eine wahre Gaumenfreude.

Fenchel – Ursprünglich stammt der Fenchel aus dem südlichen Europa. Das ätherische Fenchelöl wird durch Wasserdampfdestillation aus den Samenkörnern gewonnen. Es wirkt entkrampfend, magenstärkend, verdauungsfördernd, schleimlösend und beruhigend. Ein gutes Nerventonikum. Sehr gut bei Erkältung, Husten, Schluckauf, Übelkeit, Koliken, Blähungen und Nervosität. Es mischt sich besonders gut mit Anis, Kümmel oder Holzdüften.

Kamille – Die Kamille wächst in Süd-, Mittel- und Westeuropa. Das ätherische Öl wird mittels Wasserdampfdestillation aus den Blüten und Blättern gewonnen. Es wirkt seelisch erwärmend, entkrampfend, beruhigend, inneres Gleichgewicht fördernd und hilft Eindrücke zu verarbeiten. Sehr gut bei Angstgefühlen, Einschlafschwierigkeiten, schlechten Träumen, Depression, Hysterie, Gereiztheit, Ärger, Unruhe, Allergien, Blähungen, Krämpfen, Kopfschmerzen, Zahnen, Zahnschmerzen, Schnupfen, Nebenhöhlengeschichten, Husten, Heiserkeit und Asthma. Es lässt sich gut mischen mit allen blumigen Düften, wie Lavendel.

Lemongras – Das tropische Gras stammt aus den Tropen Asiens, Afrikas und Südamerikas. Das Öl wird durch Wasserdampfdestillation des Krautes gewonnen. Es wirkt erfrischend, leicht antidepressiv, energiespendend, aufmunternd und konzentrationsfördernd. Besonders gut anwendbar bei Depression, Schwächezuständen, Antriebsschwäche, Erschöpfung, Müdigkeit und Konzentrationsschwäche. Es lässt sich gut mischen mit allen Zitrusdüften.

Limette – Die Frucht kommt ursprünglich aus Italien und das frische Öl wird durch Kaltpressung der Schale gewonnen. Es wirkt erheiternd, erfrischend, antidepressiv, energiespendend, antiseptisch und hat einen Schutzcharakter vor Ansteckungen, wirkt verdauungsfördernd. Sehr gut bei Lustlosigkeit, Müdigkeit, Antriebslosigkeit, Depressionen, neurovegetativen Funktionsstörungen, Blähungen und Bindegewebsschwäche. Gut zu mischen mit Lavendel, anderen Zitrusölen, Vanille und Zypresse.

Petit Grain – Das ätherische Öl wird durch Wasserdampfdestillation aus den Blättern, Zweigen und unreifen Früchten verschiedener Zitrusarten gewonnen, wie zum Beispiel Limone und Bitterorange. Es wirkt gedächtnisstärkend, inspirierend, ausgleichend, entspannend, sehr erfrischend und antidepressiv. Besonders gut bei geistiger Erschöpfung, stressbedingter Nervosität, bei Gereiztheit und Stimmungsschwankungen. Gut mischen lässt sich Petit Grain mit Zedernholz, Eukalyptus und vielen Zitrusdüften.

Grün

Rosmarin – Aus Blüten- und Zweigspitzen wird das Rosmarin-Öl mittels Wasserdampfdestillation gewonnen. Die Pflanzen stammen in der Regel aus dem Mittelmeerraum. Es wirkt stärkend auf das Ich-Bewusstsein und die Willenskraft, appetitanregend, kreislaufanregend und kreislaufkräftigend, schweißtreibend, Gehirn- und Herztätigkeit stark anregend, energiespendend, nervenstärkend, konzentrationsfördernd, potenzsteigernd und erfrischend. Sehr gut bei geistiger Müdigkeit, Konzentrationsschwäche, Vergesslichkeit, Kreislaufschwäche, nervöse Herzbeschwerden, Bronchitis, Husten, Asthma, Migräne, Kopfschmerzen und Schwindelgefühle. Man kann Rosmarin gut mischen mit Origanum, Wacholder, Majoran, Nelke, Kamille und Zitrusdüften.

Salbei – Die Salbeipflanze gedeiht besonders gut im Mittelmeerraum. Das Öl wird durch Wasserdampfdestillation aus den Blüten und Blättern gewonnen. Es wirkt schweißhemmend, stark schleimlösend, krampflösend, stärkend, ausgleichend, blutdrucksteigernd, anregend, abwehrsteigernd und entzündungshemmend. Sehr gut bei Erkältungen, Bronchitis, Asthma, Husten, Schwächezuständen, übermäßiger Schweißbildung und bei niedrigem Blutdruck. Es lässt sich gut mischen mit Thymian, Eukalyptus, Zitrusdüften und Lavendel.

Teebaum – Die Pflanze wächst in den Wäldern Australiens. Das Teebaum-Öl wird durch Wasserdampfdestillation aus den Blättern des Baumes gewonnen. Es wirkt stark desinfizierend, keimtötend, abwehrsteigernd. Besonders gut bei grippalen Infekten, Viruskrankheiten, Beschwerden der Nasennebenhöhlen. Empfehlenswert um sich vor ansteckenden Krankheiten zu schützen. Lässt sich gut mischen mit Lavendel-Öl.

Wacholder – Das ätherische Öl wird aus den frischen Beeren oder aus dem Holz gewonnen. Die Wacholderpflanze ist auf der Nordhalbkugel unserer Erde zu Hause. Es wirkt antiseptisch und desinfizierend auf die Atem- und Raumluft, schleimlösend, entkrampfend, kräftigend, anregend, ausgleichend bei Stress- und Angstzuständen auf unsere Gefühle. Sehr gut bei Grippe, Bronchitis, Husten, Asthma, Energielosigkeit, niedriger Blutdruck, seelische und körperliche Verkrampfungen und Kopfschmerzen. Lässt sich gut mischen mit frischen Zitrusdüften.

Zypresse – Der Zypressenbaum wächst im Mittelmeerraum und das wohlriechende Öl wird durch Wasserdampfdestillation gewonnen. Es wirkt nervenstärkend, allgemein beruhigend, schleimlösend und antiseptisch. Gut bei Asthma, krampfartigem Husten und nervösen Spannungszuständen. Es lässt sich sehr gut mischen mit Wacholder, holzigen und zitrusartigen Ölen.

Rosa

Geranium – Die Pflanze stammt aus afrikanischen und südamerikanischen Gebieten. Das Öl wird durch Wasserdampfdestillation aus den Blättern und Blüten gewonnen. Es wirkt harmonisierend, antidepressiv, beruhigend und aufmunternd zugleich. Geranium schafft eine harmonische, liebliche Atmosphäre und wirkt daher auf unseren Herzbereich. Sehr gut bei Angst, Depression, nervöse und emotionale Anspannungen, nervlichen Belastungen, Disharmonie, Reizbarkeit, Schlafstörungen und Stress. Es lässt sich gut mischen mit Bergamotte, Neroli, Melisse und Lavendel.

Linaloe – Der Linaloe-Baum wächst in Mittelamerika. Das lieblich duftende Öl wird durch Wasserdampfdestillation aus der Rinde des Holzes gewonnen. Es hat eine ähnliche Wirkung wie das bekannte Rosenholzöl: emotional lockernd, gibt Raum und Selbstvertrauen. Lässt sich gut mischen mit Zitrusölen, Rose, Lavendel.

Rose – Die Rose wird in der Türkei, Marokko und Bulgarien angebaut. Das Öl wird aus handgepflückten, reinen Rosenblättern durch Wasserdampfdestillation gewonnen. Das Öl der Öle. Ein Traum im wahrsten Sinne des Wortes. Es wirkt stark antiseptisch, entzündungshemmend, hautreinigend, antidepressiv, krampflösend, aphrodisierend, die Herztätigkeit harmonisierend und schlaffördernd. Es ist Balsam für unser Herz, für unsere Seele und damit stimuliert es sachte unsere Gefühlsebene im Herzbereich. Gut bei Kummer, Enttäuschungen, Traurigkeit, Melancholie, Depression, nervösen Spannungen, Stress, Trauer, Hysterie, Kopfschmerzen und Schlafstörungen. Lässt sich gut mischen mit Rosenholz, Geranium, Lavendel, Zitrone.

Rosenholz – Ursprünglich ist der Rosenholzbaum in Südamerika beheimatet. Das lieblich duftende Öl wird aus dem Holz durch Wasserdampfdestillation gewonnen. Es wirkt emotional lockernd, phantasieanregend, wärmend, schlaffördernd, stärkt bei Unsicherheit und gibt Selbstvertrauen. Es ist anregend und zugleich harmonisierend, krampflösend und wirkt entspannend bei Stress, emotionaler Verspanntheit, schwachen, angegriffenen Nerven und Ängstlichkeit. Mischt sich gut mit Grapefruit, Zitrone, Limette, Fichte, Jasmin und Bergamotte.

Türkis

Fichte – Die Fichte ist auf der Nordhalbkugel unseres Planeten zu Hause. Das unverwechselbare Öl wird aus den Nadeln und Zweigspitzen durch Wasserdampfdestillation gewonnen. Es wirkt energetisierend, leicht schweißtreibend, desinfizierend, abwehrstärkend, gedankenklärend, schleimlösend, durchblutungsfördernd und raumgebend. Gut bei Erkältungen, Nebenhöhlenbeschwerden, Asthma, Husten, Bronchitis, Erkältungen und grippalen Infekten. Es mischt sich gut mit Pfefferminze, Eukalyptus und Zitrusölen.

Schafgarbe – Die Schafgarbe wächst in Europa, Nordasien und den USA. Das ätherische Öl wird durch Wasserdampfdestillation aus dem Kraut und der Blüte gewonnen. Es wirkt Antiseptisch bei Entzündungen der Atemwege, schleimlösend, schmerzstillend und krampflösend bei Migräne. Bei Depression körperlich und seelisch stärkend. Wirkt gegen Schwindelgefühl und Übelkeit. Es ist Bewusstseinserweiternd und fördert die intuitiven und kreativen Kräfte. Schafgarbe lässt sich gut mischen mit Rosmarin, Lavendel.

Blau

Kamille – Die fast weltweit wachsende Pflanze gibt ihr ätherisches Öl durch Wasserdampfdestillation der Blüten und Blätter her. Es wirkt schmerzlindernd, beruhigend, antiseptisch, krampfstillend, fiebersenkend, entzündungshemmend und schleimlösend. Sehr gut bei Depression, Erkältungen (gerade im Halsbereich), Migräne, Blähungen, Allergien, Entzündungen, Nasennebenhöhlengeschichten, Bronchitis und Asthma. Gut zu mischen mit Schafgarbe, Lavendel und Melisse.

Latschenkiefer – Die Latschenkiefer wächst in den Alpenregionen. Das ätherische Öl wird durch Wasserdampfdestillation aus Zweigen und Nadeln gewonnen. Es wirkt schleimlösend, keimtötend, durchblutungsfördernd auf die Atmungsorgane, gedankenklärend, luftreinigend. Latschenkiefer-Öl stärkt die körpereigenen Abwehrkräfte und ist gut bei Bronchialbeschwerden und Nervenüberreizungen. Es lässt sich gut mischen mit Eukalyptus, Myrte und Zitrusdüften.

Muskatellersalbei – Der Muskatellersalbei gedeiht meist wild in den südeuropäischen Ländern, Nordafrika, Kleinasien und Russland. Aus dem blühenden Kraut wird mittels Wasserdampfdestillation das ätherische Öl gewonnen. Es wirkt antiseptisch, entzündungshemmend, entkrampfend auf die Bronchien, schweißregulierend, blutdrucksenkend, entspannend und anregend zugleich, nervenstärkend, antidepressiv und inspirierend. Sehr gut bei Entzündungen der Atemwege, Bronchitis, Husten, Asthma, Migräne, Verspannungen, Nervosität, Unausgeglichenheit und Depression. Es mischt sich gut mit Orange und Lavendel.

Myrte – Seinen Ursprung hat diese Pflanze im Mittelmeerraum und wird 4–5 Meter hoch. Die immergrüne Myrte spendet ihr Öl aus blühenden Zweigspitzen durch Wasserdampfdestillation. Es wirkt antiseptisch, entzündungshemmend, schleimlösend, schmerzlindernd bei Bronchitis, harmonisierend, ausgleichend, inspirierend und stärkend. Gut bei Stirnhöhlen- und Halsentzündungen, Schnupfen, Husten, Heiserkeit, Reizbarkeit, Verzweiflung, Angst, Überarbeitung und fehlender Gelassenheit. Gut zu mischen mit Holzdüften.

Ysop – Die Pflanze wächst in Süd- bis Südosteuropa und Asien wild. Das ätherische Öl wird durch Wasserdampfdestillation aus dem blühenden Kraut gewonnen. Es wirkt krampflösend, schleimlösend, stark hustenstillend, fiebersenkend, schweißtreibend und blutdruckregulierend. Besonders nach langen Krankheiten wirkt Ysop aufbauend. Gut bei Asthma, Bronchitis, Husten, Schnupfen, Koliken, Verdauungsproblemen, bei zu hohem oder zu niedrigem Blutdruck. Der Duft vermittelt Klarheit und Reinheit. Ysop lässt sich gut mischen mit Lavendel, Muskatellersalbei, Rosmarin, Salbei und Weihrauch.

Violett

Lavendel – Der Lavendel für dieses Öl wächst in der Regel in Frankreich. Durch Wasserdampfdestillation der Blüten und feinen Blätter gibt der Lavendel sein ätherisches Öl frei. Ganze Bücher könnte man füllen um die Anwendungsgebiete von Lavendel zu erklären. Nicht umsonst nennt man dieses Öl auch „Das blaue Wunder". Doch hier eine Kurzzusammenfassung: Es wirkt emotional erwärmend, antidepressiv, harmonisierend, nervenstärkend, blutdrucksenkend, entkrampfend, luftreinigend, antiseptisch, stärkt das Immunsystem. Lavendel verhilft Menschen, die morgens ohne das Gefühl des Ausgeruhtseins aufwachen, ihren Schlaf wieder als solchen zu empfinden, zu regenerieren und entsprechend aufzuwachen. Sehr gut bei Nervosität, Überreiztheit, seelische Verstimmungen, Schwindelgefühl, Ohnmacht, Schlafstörungen, Alpträume, Depression, Angst, Melancholie, Stress, Herzklopfen, Migräne, Kopfschmerzen, fiebrigen Zuständen, Beschwerden der Atemwege, Immunschwäche und Bluthochdruck. Ganz besonders gut lässt sich Lavendel mit dem fruchtigen Orangen-Öl mischen, auch andere Zitrusdüfte sind möglich.

Veilchen – Ursprünglich kommt das Veilchen aus dem Mittelmeerraum, ist jedoch mittlerweile in ganz Europa kultiviert. Die Gewinnung von Veilchenöl ist äußerst komplex. Das Veilchenöl offenbart erst seinen wundervollen Duft, wenn es sehr stark verdünnt wird. Es wirkt stark schmerzlindernd, beruhigend, harmonisierend, antidepressiv, seelisch wärmend und entkrampfend. Sehr gut bei Kopfschmerzen, Migräne, Verspannungen, Schlaflosigkeit, Aggression, Depression, geistiger Müdigkeit. Der einzigartige Duft des Veilchens lässt sich wunderbar mit Orange oder Zitrone mischen.

Weiß

Weihrauch – Weihrauch olibanum ist das Harz des Boswellia-Baumes, der in Südarabien, Ägypten, Somalia und an den Küsten des Roten Meeres wächst. Das ätherische Öl wird durch Wasserdampfdestillation des Harzes gewonnen. Es wirkt gedankenvertiefend, wärmend, beruhigend, in andere Ebenen verbindend, wundheilend, luftreinigend und besänftigend auf das Gemüt. Gut bei Kurzatmigkeit, Lungenleiden, bei Kehlkopf- und Stirnproblemen. Es lässt sich sehr gut mischen mit Myrrhe, Benzoe, Zimtrinde und Lavendel.

Elemi – Diese Pflanze ist besonders in den Tropen Asiens, auf den Philippinen und im tropischen Afrika verbreitet. Das Öl wird durch die Wasserdampfdestillation des Harzes gewonnen. Es wirkt inspirierend, aufbauend, harmonisierend, stärkend und fördert meditative Zustände. Gut bei psychischen Belastungen und Schwächezuständen. Gut zu mischen mit Lavendel und Teebaum.

Braun/Beige

Sandelholz – Der Sandelholzbaum ist in Ostindien zu Hause. Durch Wasserdampfdestillation des zerkleinerten Holzes wird das unverwechselbare Sandelholz-Öl gewonnen. Es wirkt desinfizierend, entzündungshemmend, antidepressiv, krampflösend, stark aphrodisierend, erotisierend, stimmungsverbessernd, gedächtnisfördernd und erdend. Gut bei Husten, rauem Hals, Übelkeit, Depression, Aggression, Stress, Schlaflosigkeit, Impotenz, Frigidität, Egoismus, seelische und psychosomatische Leiden. Es lässt sich gut mit Neroli, Rose, Jasmin, Weihrauch und Ylang-Ylang vermischen.

Vetyver – Vetyver-Öl wird durch Wasserdampfdestillation der getrockneten Wurzeln des tropischen Khasgrases gewonnen. Es wirkt stark erdend, erdverbindend, entspannend, wärmend, aufbauend, stabilisierend, stärkend, durchblutungsfördernd, stressabbauend, antidepressiv, stimmungsaufhellend. Gut bei seelischen und nervlichen Verspannungen, Erschöpfungszuständen, Schwäche, Durchblutungsstörungen, Ängste, Gefühl der Haltlosigkeit. Es lässt sich gut mischen mit allen Zitrusölen.

Zedernholz – Die Zeder aus dem Atlasgebirge gibt das wunderbare Öl durch Wasserdampfdestillation des Holzes frei. Es wirkt antiseptisch, schleimlösend, leicht beruhigend und bringt Standhaftigkeit. Gut bei Bronchitis, Husten, Atemwegsbeschwerden. Lässt sich gut mischen mit Rose, Wacholder, Zypresse und anderen holzigen Duftnoten.

Amyris – Amyris-Öl stammt ursprünglich vom den in Westindien beheimateten Sandelholzbäumen und ist nicht ganz so vielschichtig wie das ostindische Sandelholz-Öl. Es wird durch Wasserdampfdestillation des Holzes gewonnen. Es wirkt kreislaufregulierend, krampflösend, schleimlösend, antidepressiv und aphrodisierend. Gut bei trockenem Husten, Bronchitis, Depression, Gefühlskälte, psychologisch bedingten Leiden, sexueller Lustlosigkeit. Mischt sich gut mit Neroli, Rose, Jasmin, Weihrauch und Ylang-Ylang.

Schwarz

Eichenmoos – Das Eichenmoos wird in Osteuropa, Frankreich und Marokko von den Bäumen gesammelt. Das Absolue wird mittels Lösungsmittel (i. d. R. Alkohol) extrahiert. Es wirkt ausgleichend, entspannend, leicht, antiseptisch, stark antibakteriell. Es mischt sich gut mit frischen, zitrusartigen Düften.

Patchouli – Die Pflanze wächst im ostasiatischen Raum und auf den Seychellen. Das unvergleichliche ätherische Öl wird durch Wasserdampfdestillation der Blätter gewonnen. Es wirkt gedankenklärend, aphrodisierend, stark erotisierend, antidepressiv, antiseptisch, desodorierend, luftreinigend. Ein hervorragendes Meditationsöl. Es ist gut bei Angstzuständen und Trauerarbeit, manische Depression, erhöhte Reizbarkeit und Lustlosigkeit. Es mischt sich besonders gut mit Ylang-Ylang, Sandelholz und Zitrone.

Vetyver – Vetyver-Öl wird durch Wasserdampfdestillation der getrockneten Wurzeln des tropischen Khasgrases gewonnen. Es wirkt sehr stark erdend, erdverbindend, entspannend, wärmend, aufbauend, stabilisierend, stärkend, durchblutungsfördernd, stressabbauend, antidepressiv, stimmungsaufhellend. Gut bei seelischen und nervlichen Verspannungen, Erschöpfungszuständen, Schwäche, Durchblutungsstörungen, Ängsten und dem Gefühl der Haltlosigkeit. Es lässt sich gut mischen mit allen Zitrusölen.

Farben im Feng-Shui

Feng-Shui, ein weitreichendes Thema. Vor Jahren begann mein Interesse am Thema Feng-Shui zu wachsen. Immer mehr Literatur besorgte ich mir und las und las …! Doch die Umsetzung bereitete mir erhebliche Schwierigkeiten, denn je mehr Informationen ich mir aus Büchern anlas umso widersprüchlicher wurde das Ganze. Letztendlich legte ich alles beiseite mit dem Gedanken „Na, wenn sich die Gelehrten selbst nicht einig sind, wie soll ein Laie dann eine korrekte Umsetzung der Theorie herbeiführen können". Bis ich mich eines Tages entschloss eine Feng-Shui-Beraterausbildung zu absolvieren. Derek Walters schien mir ein super Lehrer zu sein, denn er wurde als Engländer von den gelehrten Chinesen als Feng-Shui-Lehrer anerkannt. Sogar Feng-Shui-Ausbildungsseminare hielt er in China. Während dieser langen Ausbildung wurden die Zusammenhänge immer klarer. Laut Derek Walters gibt es das klassische Feng-Shui, das seit Jahrtausenden gelehrt und praktiziert wird und das Bagua-Feng-Shui zu dem es nachweislich keine Literatur vor 1986 gab. Die meisten Bücher, die es zu kaufen gab und gibt, beruhen auf dem Bagua-Feng-Shui. Ich entschloss mich für die klassische Feng-Shui-Lehre. Beide Systeme sind ausgezeichnet und stimmen in vielen Dingen überein. Doch vermischen sollte man sie in der Anwendung nicht, denn dann tauchen Widersprüchlichkeiten auf. Wenn auch Sie sich bereits mit dem Feng-Shui beschäftigt haben und nach ausreichender Literatur die gleichen Feststellungen machten wie ich, könnten Sie einmal prüfen, ob Sie hier nicht auch versehentlich die beiden Systeme vermischten. Doch wir wollen uns in diesem Kapitel mehr auf die Farben und Formen konzentrieren, die Sie für beide Systeme anwenden können. Selbst wenn Sie weiter nicht in das große Gebiet des Feng-Shui einsteigen möchten, können Sie Ihre Einrichtung, Dekoration und Accessoires in den passenden Farben und Formen wählen, um bestimmte Tätigkeiten in den verschiedenen Räumen zu aktivieren, gezielt zu bremsen oder zu harmonisieren. Wenn Sie tiefer in das Feng-Shui-Thema einsteigen möchten, so empfehle ich Ihnen entsprechende Fachliteratur (siehe Literaturverzeichnis) oder eine seriöse Feng-Shui-Beratung bei einem Berater Ihres Vertrauens.

Zunächst sollten wir uns kurz die Himmelsrichtungen anschauen, mit Elemente- und Farbzuordnungen, siehe Abb. auf Seite 389.

An den Himmelrichtungen und den zugeordneten östlichen fünf Elementen können Sie schon ablesen, welche Farbe zugehörig ist. Doch Vorsicht, nur mit den Himmelsrichtungen ist es nicht getan, daher möchte ich Ihnen noch die Elementenlehre im Feng-Shui kurz vorstellen, siehe Abb. auf Seite 391. In der oberen Grafik sehen Sie die fünf Elemente Feuer, Erde, Metall, Wasser, Holz in einer harmonischen Anordnung, wenn sie der Pfeilrichtung folgen. Es gibt eine kleine Eselsbrücke, mit der man sich die Reihenfolge gut merken kann: „Feuer brennt, die Asche hieraus wird zur Erde, die Erde wiederum bringt Metalle hervor, die bei der Verarbeitung mit Wasser gekühlt werden müssen, Wasser ist nötig, damit Holz als Baum wachsen kann und das Holz im Kamin wird zu Feuer.“ Dies ist die harmonische, sich unterstützende Abfolge der fünf Elemente im Feng-Shui.

Wenn Sie sich nun die Grafik auf Seite 391 ansehen und den Pfeilen folgen, so erkennen Sie eine disharmonische, sich zerstörende Anordnung dieser Elemente. Auch hierzu gibt es wieder eine Eselsbrücke in Form eines Satzes: „Feuer schmilzt Metall, Metall fällt das Holz (Baum, Axt), Holz entzieht der Erde Nährstoffe, die Erde verschmutzt das Wasser und Wasser löscht das Feuer." Sie sehen, hier ist immer ein Element ausgelassen, wenn Sie den Pfeilen folgen. Und schon wirken die Elemente in einer zerstörerischen Art aufeinander. Um wieder Harmonie in diese Abfolge zu bekommen, setzt man immer das fehlende Element ein, ein Beispiel: Sie haben in Ihrem Wohnzimmer

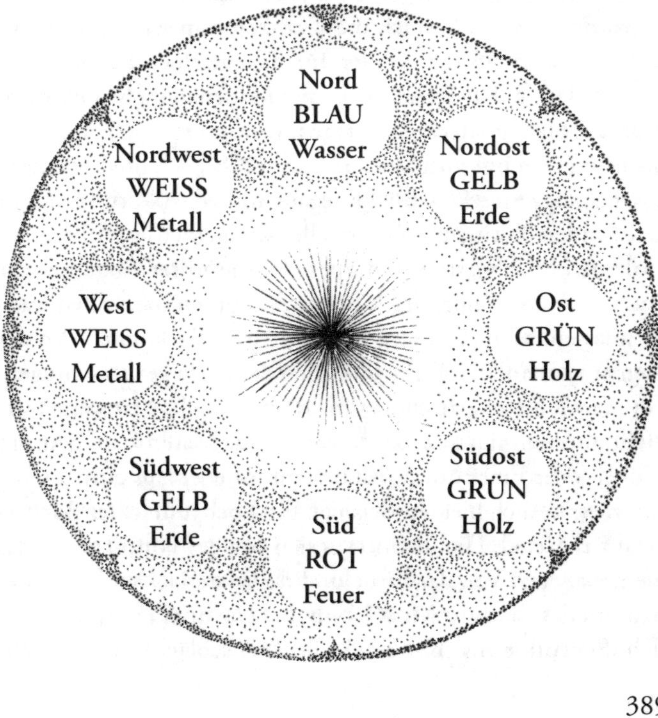

eine weiße Polstergarnitur und die Wände sind *grünlich* gestrichen. Hier treffen sich zwei Elemente: *Weiß = Metall,* die Polstergarnitur und *Grün = Holz,* die Wandfarbe. Eine nicht harmonische Farbwahl wurde für dieses Zimmer getroffen. Als fehlendes Element (Pufferelement) wäre es jetzt ratsam Wasser in Form von *blauer* Farbe oder *blauen* Dekorationsgegenstände mit einzufügen. Sie könnten vielleicht *bläuliche* Tischdekoration wählen, *bläuliche* Vorhänge oder Teppichboden. Schon ist die Elementeanordnung wieder in Harmonie: Metall, Wasser, Holz. Natürlich können Sie auch fehlende Elemente einfügen, wenn Sie Farben außer Acht lassen.

Das funktioniert mit Formen. Jedem Element ist eine Form zugeordnet. Wenn Sie sich die Grafiken nun wieder ansehen, können Sie bereits die Formen für die einzelnen Elemente erkennen. Feuer: Alle Dreieckigen, pyramidenähnlichen Formen. Erde: Alle langgestreckten Formen, die unser Auge bei der Betrachtung von links nach rechts und rechts nach links wandern lassen (langgestrecktes Bücherregal). Metall: Alle runden und halbrunden Formen. Wasser: alle unregelmäßigen Formen. Holz: Alle hochgestreckten Formen, die unser Auge bei der Betrachtung von oben nach unten und unten nach oben wandern lassen (schmales, hohes Bücherregal). Sie können also das Element anhand der Farbe und auch der Form gezielt einfügen, um Harmonie zu erreichen. Eine dritte Möglichkeit sollten wir nicht unerwähnt lassen, das Material. Das Material aus dem ein Möbel- oder Einrichtungsteil besteht, ist ebenfalls elementebestimmend. Auch hier ein Beispiel: Ein hochgestrecktes Bücherregal aus Metall. Hier handelt es sich von der Form her um das Element Holz. Von der Farbe und des Materials her handelt es sich um das Element Metall. Nun haben wir einen Konflikt in sich. Sie erinnern sich: Metall (die Axt) schlägt das Holz. Wir

Die fünf Elemente

… sich unterstützend!

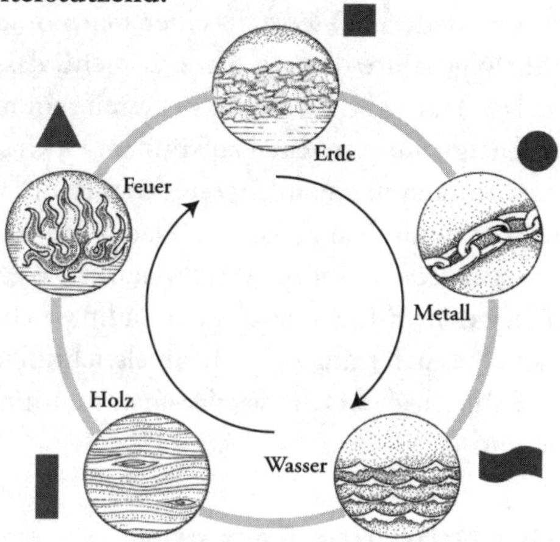

… sich zerstörend!

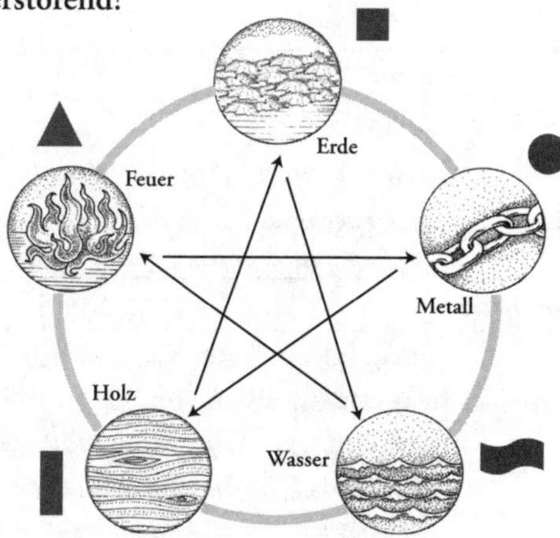

sollten also ein Pufferelement einfügen um wieder Harmonie herzustellen. Dieses Element wäre Wasser. Sie könnten jetzt in Ihr Regal vorwiegend *blaue* Dekorationsgegenstände stellen. Die Elemente wären dadurch wieder in einer Harmonie ausstrahlender Reihenfolge. Bitte denken Sie jetzt nicht, dass in jedem Raum, in jedem Haus alle Elemente vertreten sein müssen um einen guten Energiefluss erreichen zu können. Doch sollten Elemente, die zusammen in einem abgesteckten Raum vorhanden sind, in einer harmonischen Folge sein. Nachfolgende gehen wir gemeinsam verschiedene Räume durch, damit Sie einen Überblick erhalten, welche Farben in welchem Raum welche Wirkung hat. Bedenken Sie auch immer die Himmelsrichtung, in der ein bestimmter Raum liegt, welche wieder einer bestimmten Farbe zugeordnet wird.

Die Bedeutung der Farben im Feng-Shui

Rot, Orange	
Element:	*Feuer*
Himmelsrichtung:	*Süden*
Form:	*Spitze, dreieckig, pyramidenähnlich*
Eigenschaften:	*Energiegebend, Power, Kraft, Stärke, Sexualität fördernd, stark erdend, macht wach.*
Gelb, Braun, Beige	
Element:	*Erde*
Himmelrichtungen:	*Mitte/Nordost/Südwest*
Form:	*Langgestreckt, die unser Auge beim betrachten von links nach rechts und rechts nach links wandern lässt.*

Eigenschaften:	*Wissen, Lehren, Lernen, Konzentration, für handwerkliche Tätigkeiten geeignet.*
Weiß, Hellgrau, Seilber	
Element:	*Metall*
Himmelsrichtung:	*Westen*
Form:	*Rund, halbrund*
Eigenschaften:	*Wird von Menschen dringend benötigt, die Karriere machen möchten. Steht für Geld, Reichtum, Erfolg, Ruhm.*
Blau, Schwarz, Türkis	
Element:	*Wasser*
Himmelsrichtung:	*Norden*
Form:	*Unregelmäßig. Formen, die sich keinem anderen Element zuordnen lassen oder alle/viele andere Elemente beinhalten.*
Eigenschaften:	*Kommunikation, Austausch, Ruhe, Kälte, in Fluss sein.*
Grün, Oliv	
Element:	*Holz*
Himmelsrichtung:	*Osten*
Form:	*Hohe Formen, die unser Auge von oben nach unten und unten nach oben gleiten lassen.*
Eigenschaften:	*Familienleben, Nahrung, Nahrungsaufnahme, Stoffwechsel, raumgebend.*

Die einzelnen Räume

Eingangsbereich/Flur

Der Eingangsbereich ist der erste Eindruck, der ein Besucher erhält, wenn er an der Türe klingelt und Sie öffnen. Hier sollte man ganz besonderen Wert auf Harmonie legen, denn wie ein Besucher, so kommt auch hier das Chi, die positive Energie in Ihren Wohnbereich. Die Diele und der Flur sollten hell und freundlich gestaltet sein. Achten sie darauf, dass keine Mäntel und Jacken von der Garderobe weit in den Flur ragen, denn diese wirken meist „unordentlich“. Auch sollten Straßenschuhe nicht kreuz und quer im Eingangsbereich liegen. Ich weiß, das ist leichter gesagt als getan, wenn man kleinere Kinder hat. Liegt der Flur, die Diele, zum Beispiel im Norden, so könnten Sie wunderbar in *hellen Blautönen* diesen Bereich streichen oder dekorieren. Liegt die Zone im Süden des Hauses, so wären warme *Rot-* oder/und *Orangetöne* die Farben der Wahl. Schauen Sie einfach nach der Himmelsrichtung, um sich für eine bestimmte Farbgebung zu entscheiden.

Wohnzimmer

Ein Raum, in dem sich die Familie trifft. Sie könnten auch hier wieder schauen, in welcher Himmelsrichtung das Wohnzimmer liegt und die Grundfarbe danach wählen. Im Wohnzimmer soll Freude sein, Zusammenkunft stattfinden, Austausch erfolgen, aufgetankt werden können, Entspannung gegeben sein. In ein Wohnzimmer können alle Farben Einzug halten. Achten Sie auf Ihr persönliches Harmonieempfinden und ob die gewählten Farben keine Elementekonflikte hervorrufen können. Oft liegt der Wohnraum im Süden oder Westen eines Hauses, denn meist ist hier der Zugang zur Terrasse oder Balkon. Der Süden oder Westen ist Garantie dafür, möglichst lange Sonne auf einem Balkon oder einer Terrasse zu haben. Im Süden wären *Rot/Orangetöne* und im Westen die Farbe *Weiß* zu Hause. Als kleiner Tipp: Achten Sie darauf, dass von Sitzplätzen aus alle Zimmeröffnungen, wie Fenster und Türen, im Blickwinkel sind. Es ist ein wesentlich angenehmeres Sitzgefühl, was uns Sicherheit signalisiert. Vielleicht können Sie bei sich im Wohnzimmer beobachten, dass es einen Sessel gibt, der mit dem Rücken zu Fenster und Türen steht. Normalerweise setzt sich jemand nur auf diesen Sessel, wenn andere Sitzmöglichkeiten bereits besetzt sind.

Küche

Man nennt die Küche auch die Fabrik des Hauses. Hier ist alles vorhanden, wie in einer Fabrik: es wird gelagert, erhitzt, gekühlt, zubereitet, evtl. gegessen …! Doch letztendlich dient die Küche dazu für das leibliche Wohl der Familienmitglieder zu sorgen. Wir finden bereits ohne unser Zutun zwei gegensätzliche Elemente in der Küche: Feuer und Wasser. Unser Herd, der ja mit starker Hitze arbeitet wird dem Feuer zugeschrieben. Der Kühlschrank und die Spüle werden dem Element Wasser zugeordnet, kühlend fließend. Nun ist wirklich darauf zu achten, dass man diese beiden Elemente nicht direkt nebeneinander platziert. Sie würden einen Elementekonflikt konstruieren. Würde man nach Feng-Shui-Richtlinien neu bauen, würde man dafür sorgen, dass der Herd sich im Süden und die Wasserstelle im Norden der Küche befindet. Doch oft ist es in kleinen Küchen oder Küchenzeilen nicht möglich die Kochstelle vom Kühlschrank oder dem Wasseranschluss zu trennen. Hier sagen die chinesischen Feng-Shui-Gelehrten, sollte man einen kleinen Topf mit Speisesalz dazwischen oder auf die Grenze zwischen Spüle und Herd stellen, das neutralisiert. Achten Sie darauf, dass keine Gegenstände, wie Geschirr, Töpfe, Messer oder dergleichen höher angebracht sind als Ihr Kopf. Denn das verursacht ein unbewusstes Unbehagen, denn „es könnte ja etwas herunterfallen". Ein weiterer wichtiger Punkt ist, dass man am „Arbeitsplatz" in der Küche immer alle Zimmeröffnungen, wie Fenster und Türen, im Blick hat. Mit Arbeitsplatz ist der Bereich gemeint, an dem Sie vielleicht Essen zubereiten, Geschirr abwaschen oder ähnliches. Normalerweise sind jedoch alle Möbel und Geräte, in einer kleinen Küche, an den Wänden angeordnet. Dort gibt es Bereiche in denen man nicht immer alle Zimmeröffnungen im Blickwinkel haben kann. Um Abhilfe zu schaffen, eignet sich ein kleiner Spiegel, der vor Ihnen oder seitlich von Ihnen steht. Ihr Unterbewusstsein weiß dann genau, ein kleiner Blick genügt und Sie können die Türe hinter Ihnen sehen. Alleine das Wissen, dass dort ein Spiegel steht, genügt dem Unterbewusstsein um sich sicher zu fühlen. Dies nur als Tipp am Rande. Die beste Farbrichtung für eine Küche wären alle *Grüntöne*. Oft sind Küchen aus hellem oder dunklem Holz gefertigt, was das Element Holz repräsentiert, genauso wie die Farbe *Grün*. Und *Grün* steht im Feng-Shui für das Familienleben, für die Nahrungszubereitung und die Nahrungsaufnahme. Eine weiße Küche jedoch symbolisiert das Element Metall, wenn Sie dazu vielleicht lindgrüne Tapeten oder grüne Dekorationsgegenstände anbringen, erhalten Sie einen Elementekonflikt. Sie sollten dann das Pufferelement Wasser in Form von unregelmäßigen Formen oder/und der Farbe *Blau* oder *Türkis* mit einfließen lassen.

Bad/WC

Die „Nasszellen" des Hauses. Diesen Räumen werden die Farben *Blau, Türkis* und *Schwarz* zugeordnet, denn Sie haben mit Wasser zu tun und gehören zum Element Wasser und normalerweise in den Norden eines Hauses. Hier sollten Sie auf gar keinen Fall Rottöne verwenden, denn *Rot* gehört dem Element Feuer an und steht im absoluten Gegensatz zum Element Wasser, dem *Blau.* Am günstigsten sind hier wirklich die Farbtöne *Blau, Türkis* oder *Schwarz.* Ein paar nützliche Tipps: Schauen Sie niemals wegfließendem Wasser hinterher, weder in der Toilette noch in der Badewanne oder im Waschbecken. Wegfließendem Wasser hinterher zuschauen zieht Energie. In manchen Büchern steht, dass einem dort das Geld wegfließt. Das ist auch richtig, denn auch Geld ist eine Energieform. Es ist reine Gewohnheitssache. Verzeihen Sie mir, dass ich jetzt folgendes deutlich schildere: Wir sind doch so erzogen, dass wir unsere Toilette nach verrichtetem Geschäft ordentlich und sauber verlassen. Was tun wir also? Wir schauen schön dem Wasser hinterher, reinigen noch mit Toilettenbürste, drücken nochmals auf die Wasserspülung und schauen doch schon wieder dem Wasser hinterher. Es geht auch anders, man kann sich in diesem Bereich wirklich umerziehen, wie wäre es mit: Deckel zu, abziehen, Deckel auf, säubern, Deckel zu, erneut abziehen.

Nicht ein einziges Mal würde man dem Wasser hinterher schauen. Den Toilettendeckel sollte man bei Nichtbenutzung immer geschlossen halten. Auch die Badezimmertüre sollte immer geschlossen, zumindest angelehnt sein. Der Grund: Die Energie, die sich in diesem Raum befindet soll auch bitte darin bleiben. Durch die Abflüsse sind wir mit den Fäkalien der ganzen Gegend verbunden und Wasser ist ein sehr guter Leiter.

Kinderzimmer

Ein Kinderzimmer kann kunterbunt sein. Hier soll Lebensfreude gelebt werden, hier soll gelernt werden, gespielt werden und geschlafen werden. Sie können ein Kinderzimmer wirklich in allen beliebigen Farben gestalten. Achten Sie auch dabei ein wenig darauf, dass es keinen Elementekonflikt gibt. Den Bereich in dem das Bett steht, könnte man in etwas ruhigeren Tönen gestalten, wie zum Beispiel *Blau.* Sie könnten die Bettwäsche in *Blau* halten. Das Bett sollte übrigens immer so stehen, dass man beim Eintreten in das Zimmer nicht als erstes auf das Bett blicken kann. Der Platz unter dem Bett sollte nicht unbedingt als Stauraum für alte Bücher oder dergleichen benutzt werden. Bedenken Sie bitte, dass alles Energien hat, die in der Nacht ungehindert auf den Schlafenden strahlen können und im schlechtesten Fall zu Schlafstörungen führen. In Schlafbereichen sollte kein Spiegel vorhanden sein. Einer der Gründe ist die Möglichkeit der Irritation, wenn nachts Astralreisen stattfinden. Steht ein Schreibtisch im Zimmer des Kindes, an dem Schularbeiten gemacht werden und sehr viel gelernt werden soll, so können Sie diesen Bereich mit der Farbe *Gelb* stark unterstützen. Eine *gelbe* Schreibtischunterlage oder ein *gelber* Stifthalter könnten schon genug sein.

Schlafzimmer

Im Schlafzimmer sollten ruhige Farben zu Hause sein, wie *Blautöne, Grün* oder *Türkis.* Eines sollten Sie beim Einrichten Ihres Schlafzimmers beachten: Stellen Sie das Bett möglichst so auf, dass man nicht direkt draufschauen kann, wenn man das Zimmer betritt. Meist sind Schlafräume so geschnitten, dass es gar nicht anders möglich ist als sofort beim Eintreten drauf zu schauen. Sie können aber vielleicht Hindernisse platzieren, die den direkten Blick zunächst vom Bett ablenken. Achten Sie darauf, dass keine Spiegel im Schlafzimmer vorhanden sind. Lässt es sich nicht vermeiden, so kann man ihn abends zur Schlafenszeit mit einem Tuch bedecken. Während meiner Feng-Shui-Beratungen sind mir oft ganze Spiegelschränke begegnet. Viele haben sich eine Jalousie an der Decke angebracht, die abends herunter gelassen wird. Das sieht sogar wirklich schön aus. Wenn Sie eheliche Aktivitäten im Schlafzimmer aktivieren möchten, so lassen Sie die Farbe *Rot* mit einfließen, vielleicht mal eine Garnitur Bettwäsche in *Rottönen? Rot* fördert den sexuellen Liebesakt und gibt Kraft. Zum ruhigen Schlafen ist *Rot* allerdings weniger geeignet. Derek Walters (mein Lehrer) sagte, um nicht die ganze Nacht mit der *Rotenergie* konfrontiert zu werden, könnte man ein knallrotes Blatt Papier unter die Matratze legen. Einfach mal testen.

Arbeitszimmer

Achten Sie darauf, in welcher Himmelsrichtung dieses Zimmer liegt. Liegt es im Osten, könnten Sie hier zarte Grünpastelltöne verwenden. Liegt es im Westen, so wäre *Weiß* und ein *helles Grau* die Farbe der Wahl. Wenn Sie jedoch Ihre geistige Aktivität fördern möchten, so arbeiten Sie mit der Farbe *Gelb.* Vielleicht in Form der Schreibtischunterlage, der Vorhänge oder anderen Dekorationsgegenständen. Möchten Sie in diesem Zimmer eher sehr ruhig und entspannt einer Tätigkeit nachgehen, so ist ein *helles Blau* empfehlenswert. Achten Sie jedoch immer darauf, dass Sie bei verschiedenen Farben und Formen keinen Elementekonflikt konstruieren. Ein Tipp am Rande: Stellen Sie Ihren Schreibtisch so auf, dass Sie alle Zimmeröffnungen im Blickwinkel haben, wenn Sie arbeiten. Das schafft wohlbehagen und ein sicheres Gefühl. Der Lichteinfall vom Fenster sollte seitlich erfolgen. Kommt das Licht von hinten, werfen Sie mit Ihrem Körper Schatten auf den Arbeitsplatz, kommt das Licht frontal von vorne, kann es blenden und das Arbeiten am Computer fast unmöglich machen.

Gästezimmer

Ach hier können Sie sich bei der Wahl der Farben Hilfe holen, in dem Sie überprüfen in welcher Himmelsrichtung das Zimmer liegt. Davon abgesehen, könnten es ruhige Farben sein, wie *Blau-* oder *Türkistöne.* Hält sich der Gast jedoch auch tagsüber sehr oft in diesem Zimmer auf, so könnten Sie auch wärmere Farben mit einbeziehen, wie zum Beispiel ein helleres *Orange* oder *Braun-Beige-Töne.* Achten Sie Ihren Gästen zu Liebe darauf, dass man beim Eintreten in das Zimmer nicht zuerst auf das Bett blickt. Ist es ein reiner Schlafraum für Gäste, so sollte auch kein Spiegel in diesem Zimmer vorhanden sein.

Keller/Dachboden

Auf dem Dachboden und im Keller sind Farben relativ bedeutungslos, denn es sind keine Wohnräume. Dennoch möchte ich nicht versäumen, Ihnen noch einen Tipp zu geben: Prüfen Sie einmal welche Schwingungen in diesen Räumlichkeiten vorherrschend sind. Oft werden diese Räume als Stauraum genutzt, in denen alles wild durcheinander hingestellt wird. Ich kann Ihnen nur empfehlen, auch hier Struktur und Ordnung hinein zu bringen. Bei uns zu Hause war es auch immer so, dass auf dem Dachboden alles nur so hingestellt wurde, möglichst gleich in Treppennähe, damit man den Boden gar nicht groß betreten musste. Nachdem es dann wirklich soweit gekommen war, dass man keinen Schritt mehr tun konnte, war aufräumen und vor allem ausmisten angesagt. Es hatte mehrere Wochenenden gedauert, ein paar Regale gefordert. Doch jetzt findet sich hier eine gute Energie, die sich auch auf die Wohnräume darunter auswirken. Das gleiche gilt natürlich auch für den Keller. Ich kann Ihnen nur empfehlen tun Sie es, es lohnt sich. Gerade Dinge, die man in den Keller oder auf den Boden stellt, hat man seit mehreren Jahren nicht mehr benötigt. Es ist doch eigentlich davon auszugehen, dass Sie diese Dinge auch die nächsten Jahre nicht brauchen werden. Also, warum den Ballast aufbewahren. Verschenken, Flohmarkt, Abfall! Es ist ein unbeschreiblich befreiendes Gefühl und es schafft nebenbei auch wieder Raum für Neues.

Garten

Über die Gartengestaltung nach Feng-Shui-Richtlinien lassen sich ganze Bücher füllen. Sie können aber auch ganz einfach vorgehen, wenn es um die Bepflanzung und die Wahl der Farben geht. Gehen Sie nach den Himmelsrichtungen vor. So können Sie je nach Himmelsrichtung und deren Farb- und Formzuordnungen die Pflanzen auswählen, die Sie dort pflanzen möchten. Beispiel: Sie möchten im Süden Ihres Gartens gerne eine Blumenecke anlegen. Wählen Sie hierzu Pflanzen aus, die spitze Blätter haben und möglichst auch spitze Blüten bekommen. Die Blütenfarbe wäre in *Rot* oder *Orange* am geeignetesten. Wenn es um das Anlegen von Brunnen, Teichen, Brücken und dergleichen geht, so empfehle ich Ihnen entsprechende Fachliteratur oder eine/n fachkundige/n, ausgebildete/n Feng-Shui-BeraterIn, denn das würde sonst den Rahmen dieses Buches sprengen.

Geschäftsräume

In Geschäftsräumen ist es immer wichtig, dass der Chef oder Chefin sich wohlfühlen, denn dann wird es auch den Mitarbeitern/innen gut gehen, was sich ganz schnell auf die Zufriedenheit der Kunden übertragen kann. Die Farbwahl kann zum einen wieder von der Himmelrichtung abhängen, in dem ein bestimmter Raum liegt, zum anderen aber auch von der

Tätigkeit, die hier vollbracht wird. In jedem Fall ist darauf zu achten, dass die Farben einen Elementekreislauf darstellen. Doch hier ein paar Beispiele für die verschiedensten Arbeitsplätze:

Büros

Soll hier viel geistig und äußerst konzentriert gearbeitet werden, so können Sie *Gelb* in die Gestaltung mit einfließen lassen. Handelt es sich um ein Call-Center, in dem ja unentwegt telefoniert und damit gesprochen wird, wäre *Blau* angebracht. Handelt es sich zum Beispiel um ein Architekturbüro, wäre *Gelb, Braun, Beige* ratsam, denn das sind die Farben die mit praktischen Arbeiten zu tun haben. Ein Unternehmensberatungsbüro hingegen würde in sehr *hellen Tönen* und viel mit *Weiß* eingerichtet werden. *Weiß* steht für das Element Metall und das wiederum für Karriere, Reichtum und Wohlstand, denn das wollen die Kunden letztendlich erreichen. Dekorieren Sie hier und da mit etwas *Orange,* so kommt das Gefühl der Lebensfreude mehr in das Geschehen.

Praxen

Arztpraxen sollten sehr freundlich und hell gestaltet sein. Auch hier kann die Himmelsrichtung wieder Farbhinweise geben. Ein *helles Orange* oder ein heilendes Lindgrün wären vorstellbar. Auch kräftige Farbtupfer in Dekorationsartikeln sind wichtig.

Krankenhäuser

So oft sind Krankenhäuser, die ja eigentlich „Heilhäuser“ heißen müssten, in *Weiß, Grau, Beige* gehalten. Heilungsfördernd wären natürlich hier andere Farben, wie zum Beispiel ein *helles Pastellgrün* oder ein *helles Gelb.*

Handwerk

Fabrikhallen sehen oft sehr trostlos aus. Farblos bis *Schwarz* findet man hier in der Regel vor. Doch auch hier könnte man die Motivation stärken, würde man Farben mit hineinbringen. *Gelb* und *erdige Töne* würden eine handwerkliche Tätigkeit stark unterstützen.

Farben und Reiki

Reiki ist ein äußerst umfangreiches Gebiet. Ich möchte Ihnen hier keine allumfassende Reiki-Anleitung bieten, sondern Ihnen die schönsten Techniken mit Farben und Reiki darstellen. Zum selbst ausprobieren, zum Hineinspüren, zum Behandeln und Weitergeben. Wenn Sie tiefer in das Reiki-Thema einsteigen möchten, so kann ich Ihnen nur wärmstens die Bücher von Walter Lübeck empfehlen (siehe Literaturverzeichnis). Die nachfolgenden Übungen sind für Reiki-Anwender bestimmt, die mindestens im ersten Grad eingeweiht wurden. Wenn es jedoch um die Anwendung von Symbolen geht, benötigen Sie bereits die Einweihung im zweiten Reikigrad. Wenn Sie daran Interesse haben, so gibt es bestimmt in der Umgebung Ihres Heimatortes einige seriöse Reikimeister, die Ihnen über Einweihungen, Treffen und Fortbildungen gerne Auskunft geben. Bevor Sie nun an das Ausprobieren nachfolgender, erprobter und bewährter Übungen gehen, empfehle ich Ihnen sich geistig mit Ihrem Lieblingsritual zu schützen. Man sollte sich stets vor energetischen Arbeiten schützen, bzw. einen geistigen Schutz Kraft Ihrer Gedanken um sich herum aufbauen. Bitte bedenken Sie, dass Sie die Übungen vielleicht erst einmal an sich selbst ausprobieren, damit Sie die Unterschiede erspüren können. Auch hier gilt: Nicht alles ist für jeden gleich gut geeignet. Dies sind nur inspirierende Vorschläge, entscheiden Sie selbst, ob Sie bei

Ihren herkömmlichen Methoden bleiben oder intensiv Reiki-Farbenergie-Arbeit leisten möchten. Die nachfolgenden Übungen wurden von einer erfolgreich praktizierenden Reikimeisterin zusammen mit mir für Sie zu Papier gebracht.

1. Übung: Symbole einfärben

Für diese Übung sollten Sie den 2. Reikigrad haben und über ausreichend Erfahrung mit der Anwendung der Symbole haben: Kraftsymbol = Choku Rei, Harmoniesymbol = Sei Heki, Fernreikisymbol = Hon Sha Se Sho Nen.

Wenn Sie sich selbst oder jemand anderen behandeln, können Sie wunderbar Farben mit einfließen lassen. Wenn Sie vorher die Zeichen gedanklich malen und sich mit der Energie verbinden, können Sie während des Visualisierens die einzelnen Symbole farbig darstellen. Wenn Sie spüren, dass Sie (wenn Sie sich selbst behandeln) oder der/die zu Behandelnde eine bestimmte Farbe benötigt, malen Sie die Symbole in Gedanken in dieser Farbe. Was die einzelnen Farben bedeuten und was sie bewirken können, lesen Sie weiter vorne im Buch.

Sie können aber auch die feinstofflichen Körper abtasten und spüren, wo ein Defizit bestehen könnte. Vielleicht ist momentan Erdung nötig, so färben Sie die Symbole in ein kräftiges *Rot.* Oder vielleicht ist eine Blockade im Halsbereich fühlbar, bzw. eine Erkältung ist im Anmarsch. Dann würden Sie die Symbole in ein *helles Blau* färben.

Genauso gut können Sie die Symbole strikt nach den entsprechenden Körperzonen einfärben. *Rot* für den unteren Körperbereich, *Orange* für den Unterbauch, *Gelb* für die Magengegend/Solarplexus, *Rosa* oder/und *Grün* für die Herzgegend, *Hellblau* für den Halsbereich, *Königsblau* für den Stirnbereich und *Violett* oder *Weiß* für das Scheitelchakra.

Auch über die Fußreflexzonen erreichen Sie jeden Körperpunkt, bzw. jedes der sieben Hauptchakren. Auch hier können Sie die Symbole in bestimmten Farben darstellen und über die Füße die Chakren oder Körperzonen mit farbigen Reikienergien behandeln.

Trauen Sie sich. Es ist eine wunderschöne Erfahrung Reiki mit Farben zu kombinieren. Spüren Sie hinein, welche Unterschiede zu merken sind im Gegensatz zur herkömmlichen Methode ohne die Einfärbung der Symbole.

2. Übung: farbiger Lichtstrahl bei Behandlungen

Für diese Übung brauchen Sie lediglich den 1. Einweihungsgrad. Um die Behandlung intensiver zu machen, ist die Arbeit mit den Symbolen hilfreich (2. Grad).

Wenn Sie sich mit der Reikienergie verbinden und einen Strahl von oben kommend visualisieren, so können Sie diesen in eine Farbe tauchen, die momentan benötigt wird. Sollten Sie sich nicht ganz sicher sein, welche Farbe nun genau die richtige wäre, so wählen Sie *Weiß* oder *Violett.* Das ist in jedem Fall passend. Nach der Visualisierung behandeln Sie sich oder andere wie gewohnt. Möchten Sie während der Behandlung die Farbe wechseln, so reicht eine erneute Visualisierung des Strahls, wie er sanft und langsam seine Farbe wechselt.

3. Übung: Chakrenausgleich mit Farben

Diese Übung ist für alle Grade gleich wirksam.

Verbinden Sie sich mit der Reikienergie und spüren Sie, wie die Energie im Körper fließt. Spüren Sie nun, wie sich die gesamte Energie im Wurzelchakra-Bereich sammelt und visualisieren Sie, wie diese Energie im Wurzelchakra einen *roten* Farbton annimmt. Beide Hände werden hierbei auf das Wurzelchakra nebeneinander platziert. Spüren Sie hinein. Legen Sie langsam Ihre Hände auf Ihren Unterbauchbereich, dem Sakralchakra. Dabei lassen Sie das leuchtende *Rot* sachte zu einem kräftigen *Orange* werden. Spüren Sie, wie diese orangefarbene Reikienergie Ihren Unterbauch erfüllt, spüren Sie hinein. Anschließend legen Sie Ihre Hände auf den Solarplexus (Nabelchakra) und lassen dabei das kräftige *Orange* langsam zu einem strahlenden *Gelb* werden. Spüren Sie, wie diese Energie in Sie hineinfließt. Danach führen Sie Ihre Hände in die Mitte Ihres Brustkorbes auf Herzhöhe, zu Ihrem Herzchakra und visualisieren dabei die Farbe *Rosa* und/oder *Grün.* Diese *Rosa* bzw. *Grün* gefärbte Reikienergie erfüllt Ihres gesamten Herzbereich. Fühlen Sie hinein. Legen Sie nun Ihre Hände auf Ihren Halsbereich und lassen aus dem *Grün* oder *Rosa* langsam ein *helles Blau* entstehen, das in Ihr Halschakra hineinfließt. Spüren Sie hinein in Ihr Halschakra, wie es langsam mit dieser *hellblauen* Energie erfüllt und gestärkt wird. Nach einer Weile führen Sie beide Hände auf Ihre Stirn, Ihr 3. Auge oder Stirnchakra. Die Hände liegen nun nicht mehr nebeneinander, sondern übereinander, wobei die dominante Hand Ihre Stirn berührt und die andere auf der Dominanten Hand zu liegen kommt. Lassen Sie hierbei die Farbe *Königsblau* entstehen und in Ihren Stirnbereich mit hineinfließen. Spüren Sie hinein. Danach legen Sie Ihre Hände auf den Kopf und lassen zwischen beiden Händen, auf dem Kopf-Mittelpunkt einen Spalt frei, so dass die Hände sich nicht berühren, so dass das direkte Kronenchakra nicht bedeckt ist. Dabei lassen Sie das *Königsblau* langsam zu einem wunderschönen *Violett* werden und in Ihr Scheitelchakra hineinfließen. Danach führen Sie die Fingerspitzen beider Hände zusammen. Mit einer von oben nach unten gleitenden Bewegung (vom Scheitelchakra, vor Ihrem Körper entlang, bis kurz vor den Fußboden) ziehen

Sie diese Energie zur Erde zurück. Bitte beachten Sie, dass Sie mit Ihren Händen den Boden nicht berühren. Bleiben Sie einen Augenblick in dieser Stellung und bringen dann die Hände zum Sakralchakra zurück um nachzuspüren. In jeder Position, bzw. nach jedem Farbwechsel, sollten Sie ca. 3 Minuten innehalten und spüren. Falls notwendig, können Sie an der einen oder anderen Körperstelle auch länger verweilen.

Diese Übung kann auch in umgekehrter Reihenfolge angewendet werden. Sie fangen dann mit der entsprechenden Farbe am Kopf an und gehen den Körper weiter hinunter, Reihenfolge wie oben nur in umgekehrter Reihenfolge. Sie enden dann beim Wurzelchakra. Von hier aus wird die Energie nach oben „gezogen" ‚vor den Körper, die Fingerspitzen Ihrer Hände berühren sich, Handflächen nach oben gerichtet, die Hände werden, während dieser Ziehbewegung oben am Kopf gedreht und die Energie nach unten geschoben zum Wurzelchakra, wo sie mit den Handflächen zum Körper hin abgelegt werden.

4. Übung: Die Energie-Kugel

Stellen Sie sich bequem hin und strecken Ihre Arme nach oben aus. Die Handflächen sind hierbei nach oben gerichtet und die Fingerspitzen beider Hände berühren sich über der Mitte des Kopfes. Verbinden Sie sich mit der Reikienergie und spüren Sie, wie diese Energie in Sie hineinfließt und in Ihrem Körper kreist. In einer sanften Bewegung bringen Sie Ihre Hände nach vorne und führen Sie hinunter zur Erde (Erde nicht berühren), die Fingerspitzen bleiben zusammen. Fühlen Sie nun, wie die Erdenergie in Ihre Hände fließt. Diese Energie bringen Sie nun zu Ihrem 2. Chakra, dem Unterbauchbereich, in dem Sie Ihre Hände dort platzieren. Während Sie nun mit Ihren Händen in dieser Position bleiben, stellen Sie sich eine Energiekugel unter

Ihren Füßen vor, die sich nach und nach in ein *Dunkelrot* färbt, sie füllt sich komplett mit *Dunkelrot.*

Diese *dunkelrote* Energiekugel bringen Sie nun Kraft Ihrer Gedanken durch Ihre Füße, durch die Beine hoch bis zu Ihrem Wurzelchakra. Während die Kugel empor steigt, wechselt sie ihre Farbe in ein *knalliges Rot.* Lassen Sie dieses *kräftige Rot* nun in Ihrem Wurzelchakra kreisen und spüren Sie hinein. Nach einer Weile wandert die Kugel weiter zum 2. Chakra, dem Sakralchakra und nimmt dabei die Farbe *Orange* an. Spüren Sie, wie dieses *Orange* nun Ihren Unterbauchbereich aus- und auffüllt. Dann gleitet die Kugel weiter zu Ihrem 3. Chakra, dem Solarplexus, wobei das *Orange* zu einem strahlenden *Gelb* wird, spüren Sie diese *Gelbenergie,* wie sie in Ihren Solarplexus fließt.

Nun wandert die Kugel weiter zum 4. Chakra, Ihrem Herzchakra und nimmt dabei die Farbe *Grün* oder *Rosa* an. Spüren Sie hinein, während die Energie in Ihren Herzbereich fließt. Die Kugel wandert anschließend zum 5. Chakra, Ihrem Halschakra und wird dabei *hellblau.* Ihr Halsbereich wird mit diesem *hellen Blau* erfüllt, spüren Sie in diesen Vorgang hinein. Danach gleitet die Energiekugel vom 5. zum 6. Chakra, Ihrem Stirnchakra und verändert die Farbe in ein *Königsblau.* Spüren Sie, wie dieses *Königsblau* in Ihre Stirn hineinfließt. Anschließend gleitet die Kugel zu Ihrem Scheitelchakra und wird *Violett.* Spüren Sie am Scheitelchakra nicht hinein, sondern lassen die Kugel gleich in ein strahlendes *Weiß* übergehen und nach oben wegfliegen. Ende der Übung.

Anmerkung: Lassen Sie die Energiekugel in jeder Farb-/ Chakraposition so lange, wie es sich für Sie angenehm anfühlt, höchstens jedoch 3 Minuten. Außer bei dem Scheitelchakra. Nun schwebt die Kugel über dem Scheitelchakra und wird sich, nachdem sie zu *Weiß* geworden ist, über Ihrem Kopf entfernen. Die Hände bleiben während der gesamten Übung auf dem 2. Chakra liegen. Eine Übung, die auch wunderbar gemeinsam in Gruppen angewendet werden kann, um sich aufzutanken und sich auf Reiki- oder/und Energiearbeit einzustimmen.

Farben und Pendeln

An dieser Stelle möchte ich Ihnen gerne eine Kurzeinleitung zum Pendeln geben, denn dies ist ein nützliches Werkzeug um die richtigen Gebiete der Farbarbeit für sich zu wählen. Oder wählen Sie mit Hilfe Ihres Pendels die passenden Farben für eine intensive Arbeit und zur Bewältigung eines Themas oder eines Problems aus. Wenn Sie noch nie gependelt haben oder sich sehr unsicher dabei fühlen, so sind hier ein paar Hinweise und Tipps:

Generell kann jeder pendeln. Es ist weder von Alter, Geschlecht, sozialem Stand noch irgendwelchen anderen äußeren Umständen abhängig. Jeder kann pendeln. Natürlich bedarf das Pendeln der Übung. Es ist noch kein Meister vom Himmel gefallen. Es gibt Menschen, die nehmen ein Pendel in die Hand und es schlägt nach einer Fragestellung unglaublich weite Kreise. Bei anderen muss man anfänglich genau hinsehen, um eine Bewegung des Pendels feststellen zu können. Doch glauben Sie mir, jeder kann es. Von manchen wird das Pendeln als magischer Zauber oder Spinnerei abgetan. Davon kann keine Rede sein, die Erfahrung hat Anderes gezeigt.

Doch wie kann ein Pendel auf Grund einer gestellten Frage überhaupt reagieren? Dafür gibt es einleuchtende und sehr greifbare Erklärungen, wie Werner Giessing in seinem Buch „Das richtige Pendeln“ schreibt (siehe Literaturverzeichnis): Unser

Herz pumpt das Blut mit einer Pulsfrequenz von ca. 70 Schlägen pro Minute durch unseren Körper. Dieser Druck/Puls setzt sich fort bis in die Fingerspitzen und führt dort zu einer minimalen rhythmischen Umfangvergrößerung der Fingerspitzen.

Dieser Vorgang hilft das Pendel in Schwung zu versetzen. Zum anderen atmen wir 16 bis 20 Mal pro Minute, wobei der Brustkorb immer in rhythmischer Bewegung ist. Auch diese Bewegung setzt sich über den Arm fort bis zu unseren Händen und Fingerspitzen, wenn auch minimal. Dann gibt es noch die emotionale Erregung und die unbewusste Muskelbewegung, die wir nicht steuern können, die sich aber auf die Pendelbewegungen enorm auswirkt.

Das Thema Muskelbewegung oder Muskeltest kennen Sie vielleicht aus der Kinesiologie. Unsere Muskeln können nicht lügen und geben bei kinesiologischen Tests viele Informationen preis. Auch dieser Aspekt fließt in das Pendeln mit ein. Sie merken, es ist keine Zauberei, keine Spinnerei, es ist wirklich nachvollziehbar wie ein Pendel in Bewegung geraten kann. Nun fragen Sie sich vielleicht, welche Art Pendel Sie verwenden können? Es gibt Pendel aus verschiedensten Materialien, wie Holz, Metall, Glas, Kristall, Stein. Man sagt jedem Material andere Eigenschaften nach. Die Erfahrung hat jedoch gezeigt, dass man das Pendel benutzen sollte, zu dem man sich am meisten hingezogen fühlt. Denn jedes Pendel kann es! Theoretisch kann man sogar mit einer Nadel an einem Faden pendeln.

Wie gehen Sie nun praktisch vor? Zunächst haben Sie sicherlich eine Frage an das Pendel. Jetzt ist Ihr Kopf gefragt, denn auf die exakte Formulierung der Frage kommt es nun an. Lassen Sie bei der Fragestellung keine „Hintertürchen“ offen, um evtl. eine falsche oder Teilantwort zu bekommen. Stellen Sie Ihre Frage wirklich korrekt und konkret. Bevor ich anfange zu pendeln, bitte ich geistig um Schutz. Vielleicht haben Sie Ihre eigenen Schutzmechanismen, die Sie anwenden können. Dann setzen Sie sich ganz locker und bequem hin und halten das Pendel zwischen Daumen und Zeigefinger am oberen Ende der Kette oder der Schnur fest. Fragen Sie nun zunächst einmal, was für Sie „Ja" bedeutet. In vielen Büchern steht, dass *JA* immer eine Pendelbewegung von oben nach unten oder rechts herum im Kreis anzeigt und ein *NEIN* von links nach rechts oder links herum im Kreis schwingend angezeigt wird. Doch die Erfahrung hat gezeigt, dass dies bei jedem Menschen unterschiedlich sein kann. Von daher ist es ratsam erst einmal zu klären, wie ein JA bei Ihnen aussieht. Fragen Sie also „Was ist für mich ein Ja?" Danach können Sie die Gegenprobe ausführen und nach einem NEIN fragen. Bleiben Sie beim Pendeln locker und atmen Sie tief und entspannt. Falls Sie noch nie gependelt haben, ist es möglich, dass das Pendel nur ganz schwache Bewegungen ausführt.

Geben Sie diesen Impulsen nach. Mit der Zeit und einiger Übung, werden Sie sehen, wie die Bewegungen größer werden. Nachdem Sie nun wissen, was Ja und Nein, bzw. positiv und negativ, bedeutet, können Sie das Pendel fragen, ob es zugelassen ist jetzt zu pendeln. Vielleicht sagt Ihnen das Pendel, dass es im Moment nicht zugelassen ist. In diesem Falle können Sie davon ausgehen, dass Sie jetzt Ihre Frage nicht stellen sollten und dass auf Grund des von Ihnen zu lebenden Lernprozesses eine Antwort hinderlich wäre, da diese Ihnen vielleicht wichtige Erfahrungen nimmt. Ist es jedoch zugelassen jetzt zu pendeln, dann formulieren Sie Ihre Frage und schauen Sie auf die Antwort.

Damit Sie mit Hilfe des Pendels herausfinden können, welche Farben oder Arbeitsmethoden für Sie am geeignetesten sind, sehen Sie auf den Seiten 415 und 416 zwei vorbereitete Pendeltafeln. Hierbei wird die Frage nicht so formuliert, dass ein Ja oder ein Nein herauskommt, sondern so, dass die vorgegebenen Antworten passen. Ein paar Fragen habe ich Ihnen vorgegeben, doch Sie können Sie für Ihre Bedürfnisse abwandeln. Achten Sie bitte nur auf die präzise Formulierung. Halten Sie das Pendel über den Mittelpunkt der Pendeltafel und stellen Sie Ihre Frage.

Zu Pendeltafel 1: Hiermit können Sie erfragen, mit welcher Farbe Sie für ein ganz bestimmtes Thema oder Problem arbeiten können. Bedenken Sie bitte, dass es nicht nur eine Farbe sein muss, sondern, dass Sie nach dem Erpendeln einer Farbe, bzw. einer Antwort, noch weiter pendeln können. Vielleicht bekommen Sie 2 oder 3 Farben als Hinweis. Wenn Sie das Gefühl haben, dass die Auswahl komplett ist oder wenn das Pendel einfach ruhig stehen bleibt, können Sie sicher sein, dass Sie für die gestellte Frage das Pendeln auf dieser Pendeltafel beenden können.

Zu Pendeltafel 2: Vielleicht sind Sie ein wenig überwältigt von der Vielfalt der angebotenen Methoden zum Arbeiten mit Farben in diesem Buch. Diese Pendeltafel wird Ihnen zeigen, auf welches Thema, auf welches Kapitel Sie ganz besonderen Wert legen sollten. Vielleicht sind es mehrere Kapitel, die Sie gut kombinieren können. Wenn Sie das Gefühl haben, dass die Auswahl komplett ist oder wenn das Pendel einfach ruhig stehen bleibt, können Sie sicher sein, dass Sie für die gestellte Frage das Pendeln auf dieser Pendeltafel beenden können.

Für mich ist das Pendeln einfach ein Sichtbarmachen unseres Inneren. Hätten wir ständig Zugang zu unserem Inneren und zu unserer Intuition und würden dieser zudem auch noch uneingeschränkt Vertrauen schenken, wüssten wir alle Antworten aus unserem Inneren heraus und müssten das Pendel, als Sichtbarmachung unseres Inneren, nicht mehr zur Hilfe nehmen.

Pendeltafel 1

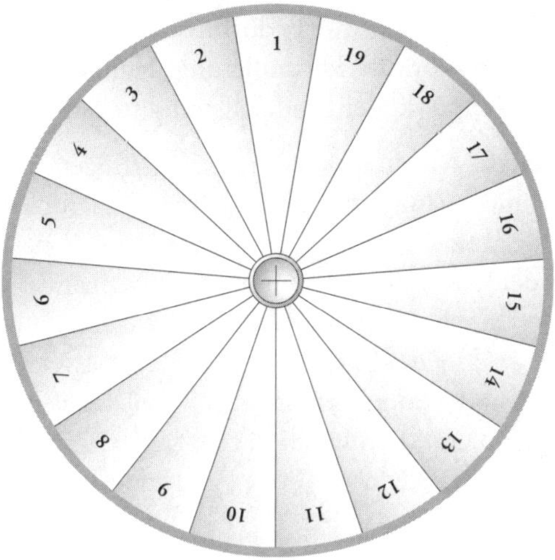

Fragen: „Mit welcher Farbe sollte ich jetzt arbeiten?“
„Welche Farbe hilft mir das Problem XY zu lösen?“
„Welche Farbe hilft mir bei meinen körperlichen Beschwerden XY?“

1 = Rot	11 = Weiß
2 = Orange	12 = Beige
3 = Gelb	13 = Braun
4 = Olivgrün	14 = Schwarz
5 = Grün	15 = keine der aufgeführten Farben
6 = Rosa	16 = eine Mischung aus mehreren Farben
7 = Türkis	17 = die Frage ist nicht zugelassen
8 = Hellblau	18 = bitte genauer fragen
9 = Königsblau	19 = über die Pendeltafel 2 erhalten Sie mehr Hinweise
10 = Violett	

Pendeltafel 2

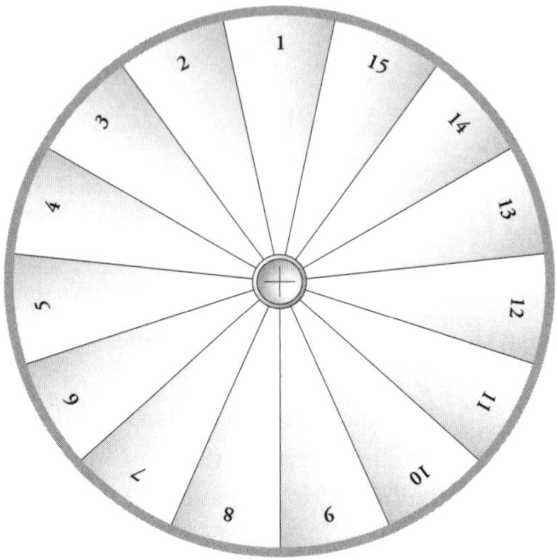

Frage: „Welche in diesem Buch beschriebene Arbeit mit Farben ist für mein Thema XY am besten geeignet?“

1 = Farbmeditation
2 = Farb-Kurzübungen
3 = Farb-Alltagsübungen
4 = Farben in der Kleidung
5 = Aura Soma
6 = Numerologie
7 = Mandalamalen
8 = Farben und Steine
9 = Farben der Aura
10 = Farben und Chakren
11 = Farben und Sternzeichen
12 = Farben und Düfte
13 = Farben im Feng Shui
14 = Farben und Reiki
15 = Farb-Orakel-Spiel

Das Farb-Orakel-Spiel

Dieses Spiel, was eigentlich mehr ist als nur ein Spiel, basiert auf dem so genannten „Zufallsprinzip". Wir wissen alle, *dass es keine Zufälle gibt* und somit werden Sie immer eine richtige Antwort von den Farben auf gestellte Fragen erhalten. Mit diesem Orakel können Sie Fragen stellen. Fragen, die man nicht mit Ja oder Nein beantworten kann. Das ist gar nicht so einfach, wenn wir etwas wissen möchten. Die Farben werden Ihnen Hinweise geben, wie Sie vielleicht ein Problem besser bewältigen können oder auf was Sie sich mehr konzentrieren sollten, um etwas bestimmtes zu erreichen. Es ist eine einfache Abwandlung aus dem Buch-/Kartenset „Die großen Farb-Diagnosekarten". Das Orakel malen Sie selbst, etwa nach dem Schema wie es auf Seite 419 dargestellt ist. Sie können runde, eckige oder andere Formen verwenden. Zeichnen Sie diese völlig unorganisiert auf ein Blatt Papier und malen Sie die Felder dann farbig aus. Lassen Sie Ihrer Kreativität freien Lauf! (Das farbige Beispiel von Seite 419 finden Sie unter www.windpferd.de zum Download, wenn Sie unter „Suchen" den Titel dieses Buches eingeben.)

Eine richtige Frage könnte beginnen mit: „Was soll ich beachten bei …" oder „Was kann ich tun, um …?" oder „Welche Farbe sollte ich tragen bei dem Gespräch mit …?". Stellen Sie auf keinen Fall solche Fragen wie „Soll ich das und jenes tun?"

oder „Werde ich das oder jenes erreichen?". Also immer Fragen stellen, die nicht mit Ja oder Nein zu beantworten sind.

Wenn Sie sich eine Frage gedanklich formuliert haben, so nehmen Sie einen spitzen Gegenstand, wie zum Beispiel einen Kugelschreiben (ohne die Mine auszufahren) oder eine Stricknadel oder was immer in irgendeiner Form eine Spitze aufweist. Nehmen Sie diesen Gegenstand in die linke Hand (egal ob Sie Links- oder Rechtshänder sind) und stellen Sie laut oder leise Ihre Frage. Danach drehen Sie Ihr Orakelblatt mit geschlossenen Augen mehrmals hin und her und pieksten mit der Spitze auf die Farbtafel. Schauen Sie sich die Farbe an, die Sie getroffen haben. Das ist die Antwort auf Ihre Frage. Sie können dann weiter unten unter der entsprechenden Farbe lesen. Da Farben immer positive Aspekte haben aber auch Negative, habe ich die Antworten unterteilt. Lesen Sie immer beide Variationen durch, um genau zu erkennen um welches Thema es geht und auf was Sie Ihre Aufmerksamkeit richten sollten. Bedenken Sie bitte, dass diese Antworttexte Ihre Frage nicht kennt und somit lediglich in der Lage ist Themen aufzuzeigen, es liegt an Ihnen die Zusammenhänge zu Ihrer Frage selbst herzustellen. Das bedarf ein wenig der Übung. Wenn Sie der Meinung sind, dass eine einzige Antwort noch nicht ausreicht, so stellen Sie die Frage erneut (oder verfeinern diese) und wählen wieder, ohne hinzuschauen, eine Farbe. Diesen Vorgang können Sie bis zu 3-mal wiederholen. Doch seien Sie ehrlich zu sich selbst, denn in der Regel ist die Frage nach einmaliger Farbauswahl bereits beantwortet. Fordern Sie das „Orakel" nicht zu sehr heraus, sonst können die Antworten wirr oder unklar werden. Und nun viel Spaß bei diesem „Spiel"!

Antworten des Farborakel-Spiels:

Rot

Positive Aspekte: Sie strotzen vor Kraft und sind voller Tatendrang. Jetzt heißt es von der Theorie in die Praxis gehen und alles umsetzen. Sie stehen mit beiden Beinen auf dem Boden und könnten Berge versetzen, wenn Sie nur wollten. Sie sind in der Lage Ihr ganzes Umfeld mit Ihrer Power anzustecken und können neue Dinge bewerkstelligen.

Weniger positive Aspekte: Sind Sie ausgepowert? Haben Sie sich kräftemäßig völlig verausgabt? Arbeiten Sie mit *Rot* um wieder zu Kräften zu kommen. Sammeln Sie all Ihre Kräfte, um zu einer anderen Zeit wieder voll durchstarten zu können. Doch Vorsicht ist geboten, wenn Macht im Spiel ist. Weder Sie sollten Macht auf jemanden ausüben noch sollten Sie unnötige Macht über sich ergehen lassen.

Orange

Positive Aspekte: Gehen Sie die Sache mit Leichtigkeit an. Lebensfreude wird Ihnen das Gelingen aller Dinge wesentlich erleichtern, denn Sie sind voller Freude am Leben. Werden Sie sich dessen bewusst.

Weniger positive Aspekte: Schauen Sie ganz tief in sich, ob hier noch alte Erlebnisse sind, die irgendwann einmal einen Schock bei Ihnen ausgelöst haben und Sie heute noch behindern. Jetzt ist es an der Zeit diese los zu lassen und Ihre Lebensfreude wieder zu spüren und zu leben. In diesem Fall wird die Arbeit mit *Orange* äußerst hilfreich sein.

Gelb

Positive Aspekte: Sie haben die Veranlagung zu Lehren und überdurchschnittlich gut zu lernen. Schauen Sie einmal, was Ihnen die von Ihnen gestellte Frage „lehren" möchte. Partnerschaftliche Dinge lassen sich leicht in jede Menge Positives verwandeln, nutzen Sie dazu Ihr inneres Wissen und Ihre Weisheit.

Weniger positive Aspekte: Haben Sie Angst? Vor was denn? Was könnte denn im schlimmsten Fall passieren? Versuchen Sie Ihre Emotionen wie Neid, Hass, Ungeduld, Eifersucht, in den Griff zu bekommen, dann wird sich das Problem viel leichter angehen lassen. Prüfen Sie, ob mit Ihrer feinstofflichen Verdauung alles in Ordnung ist. Diese Verdauung besteht wie im grobstofflichen aus Aufnahme, Verarbeitung und Abgabe. Können Sie vielleicht irgendetwas nicht richtig aufnehmen? Oder nicht richtig verarbeiten? Oder lassen Sie nicht los? Bringen Sie Ihre feinstoffliche Verdauung wieder in Einklang und sehen Sie auch mal wieder die Sonnenseite des Lebens.

Olivgrün

Positive Aspekte: Sie genießen es, im Mittelpunkt zu stehen und die weibliche Seite Ihres Lebens einzusetzen und zu leben.

Weniger positive Aspekte: Lassen Sie Ihre weiblichen Führungsqualitäten wieder erblühen. Schaffen Sie sich Raum für Ihre ganz persönlichen Dinge in allen partnerschaftlichen Angelegenheiten. Lernen Sie wieder auf die kleinen, schönen Dinge des Alltags zu achten und sich darüber zu erfreuen, damit Ihnen die großen „Begegnungen" nicht mehr wie selbstverständlich vorkommen, sondern etwas besonderes bleiben.

Grün

Positive Aspekte: Kreativität ist gefordert. Sie können es! Sie haben Ihren Raum gefunden, in dem Sie voller Sicherheit kreativ wirken können.

Weniger positive Aspekte: Überprüfen Sie Ihre abgesteckten Grenzen. Ist Ihr eigener Raum vielleicht zu eng abgesteckt, so dass Sie sich kaum bewegen können. Oder ist er vielleicht zu weit abgesteckt, so dass jeder Ihnen ungehindert zu nahe kommen kann? Überprüfen Sie Ihren eigenen Raum. Es ist ratsam vielleicht mal in die Natur zu gehen. Machen Sie einmal einen ausgedehnten Spaziergang im Wald oder auf schönen Wegen in weiten *grünen* Feldern. Lassen Sie sich von der Natur inspirieren um mal wieder richtig Atem holen zu können.

Rosa

Positive Aspekte: Sie lieben die Liebe. Sie sind bestens in der Lage andere zu lieben, weil Sie sich selbst so annehmen, wie Sie sind. Sie haben so viel zu geben, aus dem Herzen zu geben. Tun Sie es, ein Vielfaches davon wird zu Ihnen zurückfinden.

Weniger positive Aspekte: Nehmen Sie sich Zeit, wieder zu sich selbst zu finden, sich wieder lieben zu lernen. Wenn Sie das geschafft haben, so wird es ein leichtes sein auch andere wieder bedingungslos lieben zu können. Überprüfen Sie Ihre Gefühle und Ihr Handeln aus dem Gefühl der Liebe heraus. Geben Sie vielleicht zu viel Ihrer Liebe und Fürsorge anderen und erhalten zu wenig zurück? Oder können Sie mit übermäßiger Liebe von anderen schwer umgehen? Hier dreht sich alles um die Liebe zu sich selbst und zu anderen Dingen oder Personen, die wiedergefunden werden sollten oder zumindest der Überprüfung bedürfen.

Türkis

Positive Aspekte: Die Kommunikation des Herzens. Sie lieben es aus dem Herzen zu kommunizieren und haben durchaus alle Voraussetzungen vor Gruppen Ihr Wissen preiszugeben. Sie haben unendlich viel uraltes Wissen und Weisheit aus vergangenen Leben in sich verborgen. Finden Sie den Zugang wieder dazu.

Weniger positive Aspekte: Sind sie zu kopflastig, so dass das Herz überhaupt keine Gelegenheiten bekommt, sich auszudrücken? Oder tragen Sie Ihr Herz auf der Zunge, so dass Sie viel zu viel von Ihrem Inneren preisgeben? Überprüfen Sie das einmal und finden den richtigen Weg zur richtigen Zeit aus dem Herzen zu reden. Ist es vielleicht einmal angebracht zu mehreren Personen gleichzeitig zu reden? Doch Vorsicht vor Missbrauch der Massenkommunikation.

Hellblau

Positive Aspekte: Sie sind bestens in der Lage, sich über das gesprochene Wort auszudrücken. Der Ausdruck ist Ihre Stärke, nutzen Sie Ihre Stärke um vorwärts zu gelangen. Sie können Vertrauen zu sich und Ihrem Umfeld haben.

Weniger positive Aspekte: Was sprechen Sie nicht aus? Man erwartet von Ihnen das Sie reden und zwar das Richtige. Oder sprechen Sie zu viel, zerreden Sie die Dinge? Sie selbst wissen es am besten. Denn *Hellblau* steht für den Halsbereich und den Ausdruck. Natürlich ist auch hier ein Bedürfnis nach Ruhe und Frieden. Bringen Sie zum Ausdruck, zur richtigen Zeit am richtigen Ort zu den richtigen Menschen, was Sie etwa in Unruhe versetzt.

Königsblau

Positive Aspekte: Sie haben die göttliche Gabe, den ganzen Wald und nicht nur einzelne Bäume oder Büsche zu sehen. Sprich: Es ist ein leichtes für Sie den Überblick zu behalten und die Dinge hinter den Dingen zu erkennen und entsprechend zu handeln. Ihr Glaube und Ihr Vertrauen bringen Sie im Leben stets weiter nach vorne.

Weniger positive Aspekte: Bewahren sie den übergeordneten Blick. Versuchen Sie die Dinge hinter den Dingen zu erkennen, denn im Zusammenhang liegt die Lösung. Versuchen Sie herauszubekommen, was oder wer Ihre richtige Wahrnehmung verschleiert oder verschleiern möchte. Nehmen Sie Ihr Umfeld besser wahr, um gegebenenfalls spontaner zu handeln. Ihre Seele schreit zudem nach Ruhe. Wie wäre es denn mit einer kurzen Auszeit, ein Kurzurlaub oder einfach nur einmal einen freien Tag, an dem Sie nichts aber auch gar nichts tun müssen?

Violett

Positive Aspekte: Sie sind in der Lage Extreme zusammenzufügen, d. h. Heilung für Dinge, Situationen oder Personen herbeizuführen. Nutzen Sie Ihre medialen und heilerischen Fähigkeiten für sich selbst und andere. Über die Meditation können Sie viele Hinweise bekommen.

Weniger positive Aspekte: Heilung ist angesagt. Eine Situation oder Person möchte geheilt werden. Ist etwas um Sie herum „in Unordnung“ geraten? Schaffen Sie wieder „Ordnung“, verbinden Sie sich mit dem Göttlichen. Machen Sie sich vielleicht zu viele Gedanken über Dinge, die Sie viel gelassener sehen sollten? Fehlt es Ihnen an Erdung um mit beiden Beinen fest im Leben zu stehen? Hören Sie besser auf, sich Kopfzerbrechen zu machen, über Dinge, die Sie nicht betreffen oder die nicht zu ändern sind.

Weiß

Positive Aspekte: *Weiß* ist die Farbe der Entscheidung. Wägen Sie genau ab und treffen Sie jetzt die richtige Entscheidung. In *Weiß* sind alle Farben zu gleichen Teilen enthalten, was bedeutet, dass Sie aus dem vollen Schöpfen können. Sie brauchen sich nur zu bedienen, alles steht Ihnen offen, doch zuvor sollten Sie sich entscheiden, was sie genau möchten.

Weniger positive Aspekte: Weshalb tun Sie sich schwer eine Entscheidung zu treffen? Was in diesem Falle hilft, ist das Aufschreiben der Dinge, die dafür und der Dinge die gegen eine bestimmte Entscheidung stimmen. Sehr schnell werden Sie erkennen, was für Sie richtig ist und Ihre Entscheidungsfähigkeit zurückbekommen. Sie trauen sich nicht aus dem Vollen zu schöpfen, weshalb nicht? Entscheiden Sie sich und bedienen Sie sich aus den Aspekten aller Farben, die in *Weiß* enthalten sind.

Es könnte auch durchaus sein, dass Sie zu offen sind und daher Dinge, Personen oder Situationen zu nah an sich heranlassen. Sie sollten sich besser schützen um Verletzungen vorzubeugen.

Magenta

Positive Aspekte: Sie sind in der Lage mit der höchsten Form der Liebe Dinge wieder in Ordnung zu bringen. Das ist Ihre Stärke, nutzen Sie diese. Mit harmonischer Fürsorge werden Sie die Regeneration herbeiführen können.

Weniger positive Aspekte: Beginnen Sie wieder, die kleinen Dinge im Leben lieben zu lernen und so langsam an das große Thema Liebe neu herangeführt zu werden. Liebe ist in der Lage zu verzeihen und zu heilen, wenn man es nur zulassen kann. *Magenta* gibt Ihnen Energie Dinge im Leben wieder in Ordnung zu bringen. *Magenta* besteht aus *Rot* und *Violett,* die beiden Enden des Regenbogens. Es wird das erdige *Rot* mit dem hochspirituellen *Violett* vereint und es entsteht die höchste Form der Liebe. Ein Satz über den es sich lohnt in der jetzigen Situation einmal genauer nachzudenken.

Beige/Braun

Positive Aspekte: Sie haben Ausdauer, Mut und sind standfest. Das gibt Ihnen die Kraft, Ihr Leben zu meistern und kann die Lösung Ihres Problems sein.

Weniger positive Aspekte: Zuviel Standhaftigkeit kann leicht in Starrheit und Sturheit ausarten. Das macht verbissen und unbeweglich. Ein gewisses Maß an Ausdauer und Standhaftigkeit ist durch aus angeraten, doch ist es zu viel, kommen Sie im wahrsten Sinne des Wortes nicht mehr vom Fleck. Bedenken Sie, dass das Leben Veränderung ist.

Schwarz

Schwarz hat sehr starke Schutzkraft. Sind Sie momentan sehr schutzbedürftig, verletzlich und empfindlich? Überprüfen Sie für sich selbst, ob Ihr Schutzschild das richtige Ausmaß enthält. Schauen Sie, ob Sie sich vielleicht zu „dicht“ gegenüber Ihrer Umwelt einhüllen und nichts und niemanden mehr an sich heranlassen. Oder ist vielleicht das Gegenteil der Fall? Sind Sie zu offen und sind schutzbedürftig um schmerzende Situationen oder Begebenheiten emotionslos an sich abprallen zu lassen? Das richtige Maß an Schutz ist wichtig.

Möchten Sie vielleicht momentan Ihr Licht und Ihre Leuchtkraft nicht zeigen? Schade! Lassen Sie andere teilhaben am Leuchten Ihres Inneren.

Liebe Leserin, lieber Leser!

Sie sind nun am Ende dieses Buches angelangt und ich hoffe, dass ich Ihnen viele Impulse geben konnte, mit Farben umzugehen und ganz gezielt zu arbeiten. Ich finde, Farben sind so etwas Schönes und bereichern unser Leben unbeschreiblich. Wenden Sie Farben an, wo immer Sie können. Es ist eine einfache, leicht durchschaubare Sache, die auch immer wieder Spaß und Freude bringt, auch bei den kleinen Erdbewohnern, unseren Kindern. Gerade Kinder gehen mit Leichtigkeit und wenig kopfgesteuert mit Farben um. Daran können wir uns oft ein Beispiel nehmen. Ich möchte an dieser Stelle noch einmal erwähnen, dass alle dargestellten Übungen und Informationen keinen Heilpraktiker- oder Arztbesuch im Krankheitsfalle ersetzen. Die Arbeit mit Farben kann begleitend und eigenverantwortlich sehr nützlich sein.

Ich wünsche Ihnen von ganzem Herzen viel Farbe im Leben
Ihr Jürgen Pfaff

Bezugsadresse für Steine, ätherische Öle, Chakra-Ölmischungen, farbige Seidentücher, Pendel, Entspannungs-CD's, Aura-Soma, Literatur, Räucherwerk und vieles mehr: Kevala Laden & Versand, Neustadt 15, 25813 Husum, Telefon 04841/770850, Fax 04841 770851, Kevala@t-online.de, www.kevala.de

Literaturverzeichnis

Narciso Silvestrini und Ernst Peter Fischer: Farbsysteme in Kunst und Wissenschaft, ISBN 3-8321-7203-3
Heidelore Kluge: Mit Farben heilen, ISBN 3-612-20548-X
Arthur E. Powell: Der Ätherkörper, ISBN 3-89427-180-9
Arthur E. Powell: Der Astralkörper, ISBN 3-89427224-4
Arthur E. Powell: Der Mentalkörper, ISBN 3-89427-234-1
Irene Dalichow u. Mike Booth: Aura Soma, ISBN 3-426-87032-0
Louise L. Hay: Heile Deinen Körper, ISBN 3-363-03021-5
Annemarie Strebel: Farben Kinder des Lichts, ISBN 3-89385-353-7
Michael Gienger: Die Steinheilkunde, ISBN 3-89060-015-8
Christa Muths: Farbtherapie, ISBN 3-453-09371-2
Jürgen Pfaff: Die großen Farb-Diagnose-Karten, ISBN 3-89385-349-9
Alexander Gosztonyi: Anatomie der Seele, ISBN 3-89385-401-0
Flower A. Newhouse und Stephen Isaac: Die 7 Körper des Menschen, ISBN 3-89427-144-4
Leila Parker: Das Praxisbuch der Kinesiologie, ISBN 3-442-13934-1
Mike Booth: Das Aura-Soma Handbuch, ISBN 3-89427-151-5
Johann Heyss: Einweihung in die Numerologie, ISBN 3-89385-417-7
Michael Gienger: Die Steinheilkunde, ISBN 3-89060-015-8
J.A. Mazur u. R.G. Pade: Aura, Farben des Lichts, ISBN 3-931652-88-2
Kalashatra Govinda, Chakra Praxisbuch, ISBN 3-7787-5029-1
Kalashatra Govinda, Atlas der Chakras, ISBN 3-7787-3816-x
Gerti, Samel: Aromastoffe, ISBN 3-517-01997-6
Patricia Davis, Aromatherapie und Chakren, ISBN 3-426-72241-0
Ohne Verfasser: Taschenlexikon der nat. äth. Öle, ISBN 3-9803422-0-4
Anna Haebler: Atlas der Astrologie, ISBN 3-7787-3985-9
Nicholas Campion: Der praktische Astrologe, ISBN 3-88102-092-6
Erich Keller: Die Welt der Düfte, ISBN 3-934058-05-1
Susanne Fischer-Rizzi: Himmlische Düfte, ISBN 3-85502-874-5
Waldmann, Chong Lee: Feng Shui Atlas, ISBN 3-7787-3874-7
Derek Walters: Feng-Shui-Praxisbuch, ISBN 3-502-67621-6
Werner Giessing: Das richtige Pendeln, ISBN 3-89385-328-6
Walter Lübeck: Das Pendel Handbuch, ISBN 3-89385-093-7
Schirner-Pendelset, ISBN 3-930944-65-0
Walter Lübeck: Das große Reiki-Heilbuch, ISBN 3-89385-430-4
Walter Lübeck, Frank Arjava Petter: Reiki die schönsten Techniken, ISBN 3-89385-391-x
Dr.Mikao Usui,Frank A.Petter: Original Reiki-Handbuch des Dr. Mikao Usui, ISBN 3-89385-320-0

Musik zu den Farben des Regenbogens

Let's swing. Jeden Tag aufs Neue, bei Sonne, Regen, Hagel oder Sturm. Äußere Faktoren können uns nicht länger etwas anhaben, solange wir einen CD-Spieler und Musik aus der Reihe **„Farben"** von Jürgen Pfaff und Arne Herrmann griffbereit haben. Neben der entsprechenden Musik enthält jede CD zusätzlich geführte Meditationen, die uns zur Essenz der jeweiligen Farbe führen. Das Spektrum reicht über rot, orange, blau, grün, violett, türkis und gelb bis zu der alles vereinenden Farbe Weiß.

Die Farben des Regenbogens rühren an unsere Gefühlswelt, sanfte Klänge hallen in der Seele wieder und entführen in die unendlichen Gefilde von Phantasie, Sensibilität, Ruhe und Erdung. Jede Farbe hat ihre Energie, so wie jede der CDs ihre eigene Klangwelt transportiert.

Violett setzt in besonderer Weise Heilenergien frei. Ein violetter Lichtstrahl erfüllt unseren Körper mit heilsamer Energie. Wir vertiefen unser spirituelles Erleben.

In eine ruhige und friedliche Welt führt uns die Erlebnismeditation **Blau**, die uns schließlich entspannt in den Weiten des tiefblauen Kosmos ankommen lässt. Stille, Ruhe, Frieden, eines der größten Heilmittel unserer Zeit.

Türkis kommt aus dem Meer – in liebevoller Berührung mit dem Delfin und seiner Botschaft ist diese Erlebnismeditation für alle geeignet, die Kreativität als Ausdruck ihrer Herzensenergie erleben möchten.

Mit **Grün** bringen wir mehr Leichtigkeit in unsere äußeren und in die persönlichen inneren Räume, wir lernen, loszulassen

oder genießen einfach nur die wundervoll harmonisierende Entspannung dieser starken Farbe.

Ein Gute-Laune-Macher ist die CD zu den Farben **Orange** und **Gelb**. Orange, die reine Lebensfreude, wandelt sich zu Gelb, der Farbe des Geistes und des Wissens. Eine Meditation, wenn wir unsere Zweifel besiegen und zu neuen Freuden vordringen möchten.

Die Erlebnismeditation **Rot** und **Rosa** arbeitet mit den starken Kräften des Feuers und mit den sanften Energien einer rosafarbenen Rose. Klänge und Meditation verstärken die Erdung und aktivieren die Gefühlswelt.

Weiß enthält alle Farben und ist damit ein Wundermittel – mit dem Erleben dieser Farbe müssen wir uns nie mehr alleine fühlen, denn wir werden geführt.

Jürgen Pfaff · Arne Herrmann
Rot Rosa – Liebesmeditation der Kraft
CD 41112 · ISBN 3-89385-987-X
Orange Gelb – Sonnenmeditation der Weisheit
CD 41113 · ISBN 3-89385-988-8
Grün – Freiheit und Natur
CD 41114 · ISBN 3-89385-989-6
Türkis – Die Delfin-Meditation
CD 41115 · ISBN 3-89385-990-X
Blau – Die Friedens-Meditation
CD 41116 · ISBN 3-89385-991-8
Violett – Heilungs-Meditation
CD 41117 · ISBN 3-89385-992-6
Weiß – Schutzengel-Meditation
CD 41118 · ISBN 3-89385-993-4

je € 12,90*

* unverbindliche Preisempfehlung

Jürgen Pfaff

Die großen Farb-Diagnose-Karten

Farben als Spiegel von Körper, Geist und Seele. Das intuitive Farb-Selektionssystem für Farbkarten und farbige Seidentücher.

Mit den großen Farb-Diagnose-Karten können wir mehr über uns selbst erfahren. Hier dient die intuitive Wahl einer bestimmten Farbe als Spiegel unseres körperlichen, geistigen und seelischen Befindens. Die Farbe hat eine Botschaft an uns. Mit ihr erfahren wir etwas über unsere aktuelle Situation, über Hindernisse, die unserer Entwicklung noch im Wege stehen, wie wir sie auflösen können und welche neuen Möglichkeiten sich dann für unser ganzheitliches Wohlbefinden ergeben. Die großen Farbkarten dienen zudem als farbige Meditationsvorlage zu den sehr einfühlsamen Meditationen, die der Autor zu jeder Farbe entwickelt hat.

Handbuch mit 112 Seiten + 33 Farbkarten
ISBN 3-89385-349-9 · www.windpferd.de

Lise Bourbeau · Micheline St-Jacques

Handbuch für die innere Kraft

Höre auf deinen Körper, lerne dich neu zu sehen und bedingungslos anzunehmen

Lise Bourbeau dechiffriert überkommene Glaubenssätze, um sie mit inneren Werten wie Selbsterkenntnis, Öffnung für die spirituelle Welt und innere Kraft neu zu beleben. Das „Handbuch für die innere Kraft" zeigt, wie wir uns selbst besser kennen lernen und so sein können wie wir wirklich sind. Es gibt Antworten zu Fragen des Seins, des Tuns und des Habens. Über 500 Stichworte geben Inspiration für die kleinen und großen Themen des Lebens. Lise Bourbeaus Botschaft lautet: Es liegt einzig und allein an uns selbst, uns den Quellen zu öffnen und uns unserer Werkzeuge zu bedienen, um unsere Lebensqualität zu verbessern.

376 Seiten · ISBN 3-89385-460-6 · www.windpferd.de